JN452726

FINANCIAL ENGINEERING

금융공학

김 창 기

문우사
MoonWoo

이 저서는 2014년 정부(교육부)의 재원으로 한국연구재단의 지원을 받아 수행된 연구임(NRF-2014S1A3A2036037)

머리말

금융공학은 금융자산 및 금융파생상품 등을 설계하고 가치를 평가하며, 금융기관의 위험을 관리하는 등 제반 금융 문제를 수학적(공학적) 방법을 동원하여 해결하는 첨단 학문 분야라고 정의할 수 있다. 불과 수십 년 이내의 기간에 금융공학은 눈부시게 발전해왔다. 금융공학의 발전은 금융산업과 실물경제에 혁신과 창조적 사고를 제공해 왔으며 세계 경제에 일대 전환을 가져왔다는 점에서 긍정적인 찬사를 받아왔다. 하지만 그와 동시에 인간의 탐욕을 부추기고 황금만능주의를 불러일으켜 세계금융위기를 초래하였다는 부정적인 비판도 받아왔다.

금융공학은 다양한 금융상품, 특히 파생상품 개발에 많이 사용되었으며 일반금융상품과 파생상품을 이용한 재정거래전략을 발전시키는 데에도 기여하였다. 금융공학은 상업은행과 투자은행 등 금융산업에서 많이 쓰이지만, 금융의 최종 사용자인 가계, 기업, 정부의 측면에서도 자금조달, 투자관리, 위험관리 등 여러 영역에 적용될 수 있다. 전통적으로 기업은 자금조달을 위하여 채권과 주식 등 단순한 형태의 금융상품에 의존하여 왔으나 금융공학에서 개발된 새로운 금융상품은 기업에게 기업의 특성과 여건을 감안한 다양한 자금조달 수단을 제공하기 시작하였다. 금융공학을 이용하여 고수익의 파생상품 등 새로운 금융상품을 개발하여 투자할 수 있는 상품을 다양화할 수 있고, 혁신적인 사고에 의해 고위험의 투자수단을 저위험의 투자수단으로 전환시키는 등의 투자관리가 가능해진다. 또한, 기업은 이자율, 환율 및 상품가격 등 시장상황이 변함에 따라 야기되는 여러 위험에 노출되어 있는데, 금융공학은 기업이 당면하고 있는 이러한 여러 가지 위험을 예측하고 이를 효율적으로 관리할 수 있는 방안을 제시하여 준다.

금융공학은 경제의 여러 분야에서도 활용될 수 있다. 예를 들면 인수합병(M&A: Merger and Acquisition) 또한 금융공학 개념이 많이 사용된 분야이다.

금융공학은 인수기업에 적대적 또는 우호적 인수합병의 수단을 제공하는 한편 피인수 기업이 적대적 인수합병에 대한 방어전략을 고안하는 데 활용되어 왔다.

하지만 우리나라의 금융 현실은 세계 선진국에 비하여 아직 선진화되지 못한 부분이 많다. 이는 굳이 우리나라의 금융분야가 세계 순위에서 몇 위 정도를 차지하는지 언급하지 않더라도 최근 대통령의 담화에서 우리나라의 낮은 금융수준이 언급되며 금융개혁이 시급히 이루어져야 할 것으로 강조된 사실만 보아도 짐작할 수 있다. 또한 우리나라 기업들이 외국 금융기관들과의 다툼에서 어떻게 대응했는지 살펴보면 우리나라 금융이 선진국에 비하여 얼마나 열악한 수준인지 알 수 있다. SK텔레콤과 타이거 펀드, 외환은행과 론스타, 삼성물산과 엘리엇 등에서 그 예를 찾아볼 수 있다.

우리나라의 금융수준을 단기간에 선진국 수준으로 끌어올리는 방법은 오직 금융에 대한 고급 교육의 강화와 금융전문가의 양성 및 확보일 것이다. 왜냐하면 금융산업은 사람의 두뇌를 이용한 산업이기 때문이다. 그리고 고급 금융인력과 충분한 자금력을 바탕으로 세계적인 투자은행(IB: Investment Bank)과 헷지펀드 등 첨단 금융기업들을 우리 힘으로 세워서 세계 금융시장과 세계 경제 무대에서 활약할 수 있도록 해야 한다.

저자는 금융공학에 대한 기본 개념을 소개하고 금융공학의 여러 가지 기법들과 상품들을 소개하는 본서가 금융업계에 진출한 인재들, 학교에서 금융을 배우는 학생들, 그리고 국민들에게 금융공학을 이해하는 좋은 안내서가 될 것이라는 믿음을 가지고 집필하였다. 또한 본서가 우리나라를 금융강국(金融强國)으로 우뚝 서게 하는 초석이 될 것이라고 기대한다.

끝으로 본서의 내용을 풍부하게 할 수 있도록 많은 조언과 자료를 제공한 금융업계의 여러분들과 원고 집필 과정에서 많은 도움을 준 고려대학교 학생들에게도 감사의 말을 전한다.

2015년 11월

고려대학교 경영대학 연구실에서

김창기

차 례

CHAPTER

01

금융공학

CHAPTER

01

I. 금융공학 개요

1. 금융공학의 정의

금융공학에 대한 정의는 보는 관점에 따라 약간의 차이가 있으나 공통된 정의는 다음과 같다. 금융공학이란 금융거래 시 금융에 관련한 여러 이론들을 금융시장 또는 금융상품에 적용함으로써 시장의 변화와 고객의 요구를 충족하는 금융상품을 '만들고', 이미 있던 상품을 '혁신하는' 것으로 이러한 금융상품을 만들고 분석하는 과정에 물리학, 화학, 수학, 생물학, 산업공학 등 자연과학 이론이 사용되기 때문에 공학의 개념을 첨가해 "금융공학"이라 부른다. 이러한 금융공학기법에 의해 과학적, 합리적으로 분석된 증권정보를 제공하게 된다.

금융공학은 보는 관점에 따라 financial engineering, or computational finance, mathematics in finance 등으로 불리기도 하는데 약간의 차이는 있으나 컴퓨터 공학분야에서 금융쪽으로 접목시킬 때는 computational finance, 수학분야에서 볼 때는 mathematics in finance라 부른다. 하지만 전체적으로 추구하는 방향은 같다.

금융공학이란 금융(finance)과 공학(engineering)의 합성어로서, 경상계의 재무이론에 이공계의 수학 및 통계이론을 접목한 첨단 학문이다. 금융공학을 기존 시장의 변화와 고객의 요구를 충족하는 금융상품을 만드는 것이라고 정의한 바와 같이 파생금융상품은 현물시장 상품을 기반으로 금융공학에 의해 만들어진다고도 할 수 있다. 결론적으로 금융공학의 의의는 다음과 같다.

첫째, 혁신과 창조는 사고의 획기적 도약을 의미한다. 예를 들어, 스왑(swap), 모기지 증권(mortgage bond), 무이표채권(zero coupon bond), 정크본드(junk bond)와 같은 혁신적인 금융상품은 사고의 획기적 도약에 의해 창조된 것이다.

둘째, 혁신과 창조는 구사고의 일대전환에서 비롯된다. 예를 들어 새로운 선물상품을 도입하거나 새로운 스왑을 개발하거나 기존의 스왑을 새로운 시각에서 변형시키는 것은 구사고의 일대전환에 해당한다.

셋째, 기존의 금융상품이나 금융절차를 새로운 환경에 맞추어 재활용할 수도 있다. 이러한 재활용은 금융공학에서 매우 중요하다. 왜냐하면 기업에서는 기존의 금융상품이나 금융절차를 적절히 재활용함으로써 재무위험과 자금조달비용을 감소시키고 회계적 이익을 증대시킬 수 있기 때문이다. 이 중에서 사고의 획기적 도약과 구사고의 일대전환을 구별하기가 어렵다. 예를 들어, 프로그램거래는 주식시장과 주가지수 선물시장의 가격불일치를 이용하기 위한 지수재정거래에 사용되는데, 지수재정거래는 이미 100년 전부터 곡물시장에서 사용되어 온 기존의 재정거래를 개량시킨 것이다.

그러나 기존의 재정거래를 지수재정거래에 확장하기 위해서는 매우 복잡한 수학적 모형의 설계, 소프트웨어의 개발, 주식거래의 전산화 등이 요구된다. 따라서 프로그램거래를 재정거래의 측면에서 보면 구사고의 일대전환에 해당하고, 수학적 모형의 설계, 소프트웨어의 개발, 주식거래의 전산화 등의 측면에서 보면 사고의 획기적 도약에 해당한다.

2. 금융공학의 범위

금융공학은 상업은행과 투자은행에서 많이 적용되지만, 금융의 최종 사용자인 기업의 측면에서도 자금조달, 투자관리, 위험관리 등 여러 영역에 적용된다.

첫째, 금융공학은 자금을 조달하기 위한 새로운 금융수단을 개발하는 데 적용된다. 특히, 기업이 M&A를 수행하는 데 필요한 자금을 조달할 때 금융공학이 이용된다. 최근의 대표적인 사례는 기업 인수나 LBO(leveraged buyouts)에 필요한 자금을 조달하기 위해 정크본드나 브리지 금융을 도입한 것을 들수 있다.

둘째, 금융공학은 투자관리에도 적용된다. 금융기술자들은 금융공학을 이용하여 고수익의 상호기금, 화폐시장기금(MMF) 자동이체시스템, 환매조건부 채권(RP) 등과 같은 새로운 투자수단을 개발하였으며, 리패키징과 과잉담보화와 같은 혁신적인 사고에 의해 고위험의 투자수단을 저위험의 투자수단으로 전환시키는 금융시스템을 개발하였다.

셋째, 금융공학은 위험관리에도 적용된다. 금융공학은 한동안 위험관리와 동의어로 사용되어 왔는데, 그 이유는 금융기술자라는 용어의 기원에 유래된다. 금융기술자라는 용어는 1980년대 중반에 런던의 투자은행이 기업의 위험노출을 해결할 목적으로 전문가팀으로 위험관리부서를 신설한 데서 비롯된다. 각 투자은행의 위험관리부서에서는 기업의 재무위험을 분석·확인하고 재무위험의 크기를 측정한 후 이를 관리할 수 있는 금융공학적인 수단을 제시하였다. 그들은 스왑, 선물, 금리캡, 금리플로어, 금리칼러, 금리선도 등 기존의 파생상품을 이용하여 기업의 재무위험을 관리하였으며, 이러한 금융서비스의 대가로 수수료를 받기도 하였고, 기업을 고객으로 유치하는 효과를 얻을 수 있었다.

금융공학은 또한 증권과 파생상품을 이용한 재정거래전략을 발전시키는데 기여하였다. 금융기술자들은 금융공학을 이용하여 다음과 같은 재정거래전략을 개발하였다.

첫째, 공간적 재정거래가 많이 개발되었는데 이는 지리적 재정거래라고도 한다. 예컨데, 미국 선물시장에서 과소평가된 Nikkei 225 지수선물에 매입포지션을 취하고 일본 선물시장에서 과대평가된 Nikkei 225 지수선물에 매도포지션을 취하면 공간적 재정거래이익을 얻을 수 있다. 공간적 재정거래는 거래방법의 획기적 발전에 속하며, 전 세계적으로 24시간 거래를 가능하게 하였다.

둘째, 상품 간 재정거래는 합성증권과 현금흐름의 리패키징을 반전시키는데 기여하였다. 합성옵션, 미이표채권, 다계층 모기지 증권은 상품 간 재정거래에 의해 창출된 것이다. 금융기술자는 자신이 수행하는 거래에 관한 재무이론과 그 거래의 이론적 바탕이 되는 수학적 논리를 잘 알고 있기 때문에 어떤 금융문제가 발생하면 문제의 본질을 세부적으로 분석하여 해결방안을 제시한다. 그래서 금융기술자는 틀에 박힌 사고방식에서 벗어나서 금융시장을 동태적으로 파악할 수 있어야 하며, 문제의식과 도전의식을 가져야 한다.

이와 같이 금융기술자는 그들의 활동상 서로 유사한 특성을 가지고 있지만, 때에 따라 각자의 고유한 특성을 나타내기도 한다. 예컨대, 어떤 금융기술자는 새로운 금융전략을 연구·개발하기 위해 복잡한 시계열 자료를 분석하거나 난해한 수리모형을 다양하게 이용하는데, 이러한 특성을 가진 금융기술자를 숫자파괴자라 한다. 또 금융기술자는 현재의 시장상태에 존재하는 기회를 신속하게 포착하여 다른 사람보다 먼저 이용하기 때문에 기회주의자라고도 한다.

그들은 다른 상대방이 가격변동의 기회를 포착하기 전에 신속한 행동으로 거래기회를 포착하는데, 이러한 특성을 가진 금융기술자를 시장 속어로 rocket scientists라 하며, 이들은 최고의 quant jocks인 동시에 민첩한 기회주의자인 것이다.

II. 파생금융상품

파생금융상품거래를 거래기법에 따라 분류해 보면 기본적으로 네 가지 거래형태가 있다. 선도거래, 선물거래, 옵션거래, 스왑거래가 그것인데 이러한 거래들은 각각 그 자체로서도 중요한 의미를 지니면서 독립적으로 거래가 일어나기도 하지만 상호 간의 결합이나 기타 금융수단과의 결합에 의해서 복합적인 금융거래를 형성하는 데에 기본이 되기도 한다. 예를 들어 기본적인 채권과 옵션의 결합은 투자자의 선호도에 맞는 흥미있는 금융수단을 창출하는 데에 기여하게 된다. 한편 파생금융상품의 거래대상이 되는 기초자산은 외환, 금리, 채권, 주가지수, 상품 등으로 구분해 볼 수 있다. 또한 파생금융상품을 해당상품이 거래되는 개념적 장소에 따라 구분해 보면 장내거래상품과 장외거래상품으로 구분해 볼 수 있고 파생금융상품을 거래목적에 따라 분류해보면 투기적 거래, 헷지거래, 차익거래, 스프레드거래 등으로 나누어 볼 수 있다. 여기에서는 이처럼 다양한 파생금융상품의 기본유형들에 대해 그 특성과 장단점을 논의해 보고자 한다.

1. 선도거래(Forward Contracts)

선도거래는 파생금융상품의 거래에 있어서 가장 기본이 되는 형태로서 비교적 간단한 구조를 지니고 있다. 선도거래를 이해하는 것은 매우 간단하다. 선도거래의 가장 쉬운 형태로는 밭떼기 거래가 있다. 주지하다시피 밭떼기 거래는 기본적으로 가을에 배추값이 얼마가 될지 알 수 없다는 전제에서 출발한다. 가을에 수확될 배추를 미리 확보하기 위한 목적을 지닌 농산물업자는 가을에 시장에 내다 팔 배추물량을 미리 확보한다는 의미가 있고 한편 배추재배농은 자신이 재배하여 판매할 배추가격의 폭락을 우려하는 상태에서 적절한 가격에 이를 미리 매도함으로써 이러한 우려에서 벗어날 수 있다는 장점이 있는 것이다. 따라서 이러한 두 주체의 욕구가 서로 맞아떨어질 때 밭떼기 계약이 발생하게 되는 것이다. 이러한 거래가 외환시장에서 외환을 대상으로 일어나는 경우가 바로 선물환거래, 즉 외환선도거래가 되는 셈이다. 선물환거래의 본질은 외환선도거래인데 거래소가 없이 거래된다는 점에서 선물거래와는 차별화된다고 볼 수 있다.

이렇게 보면 선물환거래는 기본적으로 두 시점에 걸쳐서 일어난다고 볼 수 있다. 즉 현재시점에서는 계약이 일어나고(계약시점) 미래의 일정시점에서 이 계약에 대한 실행이 이루어지게 되는 것이다. 이처럼 계약시점에서의 계약과 계약실행시점에서의 계약이행이라는 두 가지 거래가 합쳐져서 선도거래를 형성하는 것이다. 예를 들어보자. 수출업자인 A는 3개월 후에 100만 달러의 수출대금을 수령하게 되어 있다. 이때 A는 두 가지 선택을 할 수 있다.

첫째, A는 현재 아무런 조치도 취하지 않고 3개월을 기다린 후에 100만 달러를 수령하여 이를 외환시장에서 그 시점의 현물환율로 매도할 수 있다. 이 경우 A는 최종적으로 얼마의 원화수입을 올리게 될 지 알 수 없다.

둘째, A는 100만 달러를 3개월 후에 매도하는 선도계약을 체결할 수 있다. 만일 A가 이 계약을 체결한 계약가격이 달러당 1300원이라고 하면 A는 3개월이 지난 후 당시 환율에 상관없이 자신이 수령하게 될 달러에 대한 원화수입이 13억 원이 될 것을 미리 알 수 있게 된다. 이처럼 선도계약을 체결한 두 계약자는 3개월 후 그 시점의 현물환율에 상관없이 100만 달러를 달러당 1300원에 매수와 매도를 하게 되고 선도계약은 만료가 된다. 이처럼 선도계약은 미리 매수와 매도의 가격을 정하고 뒤에 가서 이를 이행하도록 함으로써 경제주체들이 가격변동의 위험을 회피할 수 있게 하는 효과적인 수단이 된다.

선도거래의 특징은 두 가지로 요약될 수 있다. 첫째, 선도거래에는 계약시점과 이행시점이 있고 두 시점 사이에는 시간적 차이가 있게 된다. 둘째, 선도거래는 사후적으로 한쪽 당사자의 이익이나 손해가 다른 쪽 당사자의 손해와 이익에 의해 정확히 상쇄되는 제로섬 게임이 된다.

선도거래의 이러한 특징으로 인해 사후적으로 손해를 보게된 투자자에게는 계약을 불이행하려고 하는 유인이 존재하게 된다. 즉 누군가 이익을 보면 항상 그에 상응하는 손해를 보게되는 당사자가 존재한다는 점은 선도거래를 기본적으로 불안한 거래로 만들게 되는 요인이 되는 것이고 이로 인해 선도거래는 신용도가 확실하고 서로 신뢰할 수 있는 상대방 사이에서만 성립할 수 있는 거래로 성격이 규정되게 되었다.

이러한 특성은 모든 파생금융상품거래에 공통적인 것으로서 보험적인 성격과 고수익/고위험의 투자기회라는 두 가지 상반된 성격이 마치 동전의 양면처럼 동시에 하나의 상품에 내재되어 있다는 면에서 매우 독특한 형태의 거래기법이라고 볼 수 있다.

2. 선물거래(Futures Contracts)

위에서 언급한대로 선도거래는 경우에 따라 매우 편리하고 간단하게 사용이 될 수 있는 측면이 있다. 즉 위험을 회피하려는 투자자나 고수익/고위험의 투자기회를 얻으려는 투자자들이 서로 쌍방계약을 통해 원하는 자금흐름의 구조를 얻을 수 있다는 점에서 매우 편리하게 이용이 될 수 있는 형태의 거래인 것이다. 그러나 쌍방계약에 의거한 선도거래는 곧 이 거래가 일반적으로 이용되기에는 한계가 있다는 것을 의미하므로 이에 대한 적절한 보완을 통해서 보다 안전하게 거래가 행해질 수 있도록 제도적 손질을 가한 것이 선물거래이다.

선물거래에 대한 정확한 이해를 위해 우선 앞의 예를 다시 이용해 보자. 앞에서 보면 만기에서의 환율에 대해 B는 달러당 1300원에 선물환 매수포지션, A는 매도포지션을 취하였다. 이때 앞에서와는 달리 양 투자자의 포지션이 실수요와는 무관하게 순수한 투기적 포지션으로 구축되었다고 하자. 이 경우 사후적으로 환율이 1300원보다 상승하면 매수투자자가 이익이 되고 1300원보다 하락하면 매도투자자가 이익이 된다. 이처럼 같은 가격에 한쪽은 매수 다른 쪽은 매도포지션을 구축하는 것이 가능한 이유는 두 경제주체 사이에 예상의 차이가 존재하기 때문이라고 볼 수 있는데 이는 정보집합의 차이, 혹은 위험에 대한 태도의 차이에서 기인한다고 볼 수 있다. 이처럼 투자자들은 예상의 차이를 근거로 일종의 베팅 형태의 거래를 하게 되는데 원하는 투자자들은 모두 모여서 이러한 베팅을 만기일까지 지속적으로 할 수 있도록 만든 거래가 선물거래이다.

예를 들어보자. 만기가 3월말인 통화선물계약, 즉 3월 셋째 수요일의 원/달러 환율에 대해 수많은 투자자들이 베팅을 한다고 가정하자. 우선 3월 셋째 주 수요일의 환율은 아무도 모른다. 따라서 투자자들의 예상도 천차만별이다. 이 상황에서 만일 선물가격이 달러당 1300원에 형성된다면 이는 만기시점 환율이 달러당 1300원보다 오르리라고 예상하는 투자자들과 달러당 1300원보다 떨어지리라고 예상하는 투자자의 숫자가 대충 비슷하다는 얘기가 된다. 즉 수많은 투자자들이 모여 주어진 가격보다 오르면 이익을 보는 매수베팅, 그리고 주어진 가격보다 떨어지면 이익을 보는 매도베팅을 시행한다고 할 경우 형성되는 가격은 매도세력과 매수세력이 팽팽하게 맞서는 수준에서 결정이 된다. 만일 지나치게 높은 가격이 제시되면 대부분의 투자자가 이 수준보다는 떨어질 것이라고 예상하여 주어진 수준에 대해 매도베팅을 시행하게 되어 가격의 하락압력이 작용하게 될 것이고 거꾸로 지나치게 낮은 가격이 제시되면 대부분의 투자자가 이 가격보다는 오를 것으로 보아 매수베팅전략을 구사하여 가격은 높아지게 될 것이다. 결국 많은 투자자가 만나서 미래에 대한 예상을 토대로 베팅을 할 경우 가격은 매수세력과 매도세력이 비슷해지는, 다시 말해 그 가격보다 오를 것으로 보는 포지션의 수와 그 가격보다 떨어질 것으로 보는 포지션의 숫자가 어느 정도 맞아떨어지는 수준에서 결정이 될 것이다. 결국 이 상황에서 투자자 A가 달러당 1300원의 가격에 매수 포지션을 취했다고 하자. 이는 A가 기본적으로 만기시점의 환율이 현재 선물가격인 달러당 1300원보다 높아질 것이라고 예상을 하기 때문이라고 해석할 수 있다. 반면 투자자 B가 이 가격에 매도 포지션을 취했다면 그는 환율이 떨어질 것이라는 예상을 했기 때문일 것이다. 자, 그러면 이 게임에서 누가 이길 것인가? 이는 결국 만기에 가서 결정된다. 만일 1달러의 가격, 즉 환율이 1200원이 되면 매도 계약을 한 B가 이익을 보고 A는 손해를 보게 된다. 만일 한 계약의 크기가 5만 달러로 책정이 되어 있다면 두 사람은 5만 달러×100원=500만 원을 결제하게 된다. 즉 사후적으로 환율이 하락함으로써 게임에서 진 A가 이긴 B에게 500만 원을 지불함으로써 게임은 끝나게 되는 것이다. 따라서 계약가격보다 오르면 매수(long position)가 이익, 떨어지면 매도(short position)가 이익이라는 공식이 그대로 적용이 되는 것이다. 그러나 실제 상황은 이보다는 조금 더 복잡하다. 왜냐하면 선물의 가장 큰 특징은 자신의 포지션을 반대매매를 통해 중도청산할 수 있다는 점이다.

예를 들어보자. 투자자 A는 1300원의 가격에 오전 10시에 5만 달러 1계약에 매수 포지션을 취하였다. 그런데 오후 들어 갑자기 해외신용평가사가 한국에 대한 신용등급을 하향 조정하겠다는 의사를 밝혔다고 한 외신이 전했다. 시장은 어떻게 될까? 3월 셋째 수요일의 달러 환율에 대한 투자자들의 예상치인 베팅가격이 1300원에 그냥 머무르게 될까? 그렇지는 않을 것이다. 투자자들은 한국의 리스크 프리미엄이 상향조정된다는 뉴스에 대해 확실하게 반응할 것이다.

즉 달러가치가 오를 것이라는 쪽으로 예상이 급격히 바뀌면서 당장 현물 달러 환율과 통화선물가격이 동시에 급등하게 될 것이다. 만일 통화선물가격이 1400원 정도로 상승한다면 이는 투자자들이 만기시점 환율을 1400원 정도로 보게 되었다는 뜻이고 이는 곧 1400원 수준을 기준으로 이보다 오를 것이라는 예상을 가진 세력과 이보다 떨어질 것이라는 예상을 가진 세력이 팽팽하게 맞서게 되었다는 것을 의미한다. 따라서 투자자 A는 환율이 1400원보다 오르리라고 예상하는 어떤 투자자(예를 들어 투자자 C)에게 자신의 계약을 물려줄 수 있다. 즉 1400원의 가격에 A는 매도, C는 매수포지션을 취하면서 A는 100원의 이익을 챙기는 것이다. 즉 1300원부터 1400원까지 오른 만큼 100원은 A가 챙기고

C는 1400원 이상 오르는 부분에 대해 이익을 챙기게 되는 것이다. 그러면 손해는 누가 책임지는가? 바로 B이다. B는 떨어질 것을 예상하여 1300원에 매도포지션을 취한 죄(?)로 1300원 이상 오르는 부분만큼 손해를 보면서 해당액수를 지불하게 되는 것이다. 따라서 B가 손해보는 부분 중 1300원에서 1400원까지 100원은 A에게, 그리고 1400원 이상 올라서 손해보는 부분은 C에게로 지불이 되는 것이다.

또한, 선물시장에는 일일정산제도가 있다. 1400원에 잠시 진정되는 듯하던 통화선물가격이 다시 1450원까지 올라가면서 끝났다면 이제 선물시장의 참여자들은 하루를 정리하며 돈을 정산하게 된다. A는 1300원에 매수하고서 1400원까지 오른 후에 반대매매를 했으므로 100원 이익, B는 1300원에 매수 후 1450원까지 올랐으므로 150원 손해, C는 1400원 매수 후 1450원까지 상승했으므로 50원 이익. 결국 거래소는 B의 계좌에서 150원을 꺼내서 100원은 A에게, 50원은 C에게 입금시킨다. 다음 날 오를지 떨어질지 모르지만 1450원까지는 확실하게 정산이 된 셈이다. 이와 같은 일일정산제도는 선물시장에서 손해를 본 투자자에게는 고통스러운 제도이다. 그날 본 손해는 그날 실현이 되어 버린다. 그리고 돈이 모자라면 가차없이 추가예치를 하라는 통보가 온다(마진콜). 그러나 이 제도는 동시에 이익을 본 투자자에게는 신나는 제도이다. 이익 본 만큼 그 즉시 입금이 되기 때문이다.

이처럼 선물계약은 만기를 정해놓고 현재시점부터 만기시점까지 만기일 자산가격에 대한 베팅을 계속하는 거래라고 볼 수 있다. 이때 시장에 자산가격에 대한 긍정적인 정보가 도착하면 만기시점의 자산가격에 대한 예상치는 상승하게 되고 이에 따라 선물가격도 상승하게 된다. 거꾸로 부정적인 정보가 도착하면 선물가격은 하락하게 될 것이다. 이처럼 선물시장에의 참여자들은 모두가 베팅의 주체가 될 수 있는데 향후 가격이 현재 시장선물가격보다 떨어질 것 같은 경우 매도포지션을 취하고 현재 가격보다 오를 것 같은 경우에는 매수포지션을 취하게 된다.

이를 기호를 통해 표현해보자. 현재시점을 t, 선물계약만기시점을 T라고 하자. T시점에 만기가 되는 선물계약의 현재가격인 Ft, T는 만기시점의 현물환율인 ST에 대한 예상이 반영되어 결정된다. 이제 투자자 A와 B가 t시점에 Ft, T의 가격으로 선물에 매수포지션과 매도포지션을 취하였다고 하자. 이때 A는 Ft, T의 가격이 저평가되어 있다는 예상을 토대로 이보다 가격이 오를 것이라는 것을 전제로 매수포지션을 취하였다고 볼 수 있고 B는 Ft, T의 가격이 고평가되어 있다는 견해를 토대로 이보다 더 가격이 떨어질 것이라는 것을 전제로 자신의 포지션을 구축하였다고 볼 수 있다.

이러한 거래가 이루어진 후 다음날 시장에 새로운 정보가 도착하여 달러가 강세가 될 것이라는 예상이 지배적이 되었다고 하자. 이 경우 선물가격은 상승하게 되고 이에 따라 $Ft+1$, T는 Ft, T보다 커지게 된다. 즉 $t+1$시점을 기준으로 본 T시점에 대한 예상환율수준이 올라가 버린 것이다. 이때 일단 이 시점에서 $Ft+1$, T를 기준으로 보면 매수포지션을 취한 A는 Ft, T에 사기로 계약을 했는데 $Ft+1$, T로 계약가격이 상승하였으므로 일단 이익을 본 셈이고 매도포지션을 취한 B는 일단 손해를 본 상태가 된다. 이제 ($t+1$)일의 거래가 종결된 후 선물거래소와 연결된 청산기관은 이러한 잠정적 이익과 손실을 실제로 실현시킨다. 즉 손해를 본 B의 계좌에서 A의 계좌로 자금이 이동되는 것이다. 이처럼 매일 매일의 손실 혹은 이익을 실제로 실현시키는 것을 일일정산(marking to market)이라 한다.

결국 선물거래는 장기 선도거래를 여러 개의 하루만기 선도거래로 잘라 놓은 형태의 거래로 볼 수 있으며 이처럼 보유하고 있는 매수포지션을 매도를 통해 청산하는 것을 전매도(long liquidation)라 하고 반대로 보유하던 매도포지션을 매수를 통해 청산하는 전략을 환매수(short covering)라 한다.

3. 옵션거래

옵션거래란 통화, 채권, 주식, 주가지수 등 특정자산을 장래의 일정시점에 미리 정한 가격으로 팔고사는 권리를 말한다. 이는 일반적인 자산들과는 다른 독특한 형태의 자금흐름을 창출하는 파생금융자산이다. 옵션에는 콜옵션(call option)과 풋옵션(put option)이 있는데 콜옵션은 미래의 일정한 시점(옵션만

기 : maturity)에 주어진 자산(기초자산 : underlying asset)을 미리 정한 가격(행사가격 : exercise/strike price)으로 매수할 수 있는 권리이고, 풋옵션은 매도할 수 있는 권리이다. 이때 만기시점에 한번만 행사할 수 있는 옵션을 유럽식 옵션이라 하고 만기시점 이전에 아무 시기나 한번 행사가 가능한 옵션을 미국식 옵션이라 한다.

이때 옵션의 소유자는 권리를 소유하고 있는 상태이므로 자신에게 불리한 경우에는 이를 사용하지 않고 유리한 경우에만 이 권리를 사용하게 된다. 따라서 옵션은 그 자체가 가치있는 자산이므로 옵션을 매입하는 자는 선물의 경우와는 달리 일정한 프리미엄을 지급하고 옵션을 구입하게 된다. 일단 가격을 지불하고 옵션을 보유한 순간부터 옵션매수자는 권리를 보유하게 되고 반대로 옵션의 매도자는 옵션프리미엄을 받는 대신 옵션매수자의 옵션행사를 책임져 주어야하는 의무를 지니게 된다.

옵션거래는 매매 쌍방간에 위험부담을 적게 하는 효과가 있다. 또한 옵션거래는 투기목적으로도 사용되고 있다. 즉 투자자가 어느 채권의 콜옵션을 매입한다면 그는 그 채권의 금리가 하락(채권가격이 상승)될 것이라는 예상하에 투기를 하는 것이다. 옵션의 경우 만료일은 옵션매수자가 권리를 행사할 수 있는 마지막 날로서 만료일의 일정시간(만료시간)까지 권리를 행사하지 않으면 옵션은 소멸된다.

옵션이 가장 간단한 형태인 투기적 목적에 사용되는 경우를 간단히 살펴보자. 투자자들은 자산가격이 현재보다 상승하리라는 예상을 할 경우 자산을 구입하게 된다. 이때 자산가격의 상승을 예상하는 투자자들은 현물기초자산을 매입할 수도 있고 선물매입포지션을 취할 수도 있다.

그리고 또 하나 가능한 것이 콜옵션 매수전략이다. 일반적으로 콜옵션을 매수할 경우 투자자는 현물주식의 가격보다 훨씬 싸게 매수할 수 있다. 만약 옵션가격이 1만 원, 주식가격은 10만 원이라면 주식 한 단위를 매입할 수 있는 비용으로 옵션은 10단위를 매입할 수 있다. 주식이 예상대로 올라서 13만 원이 되었다면 주식을 매입하는 자는 3만 원의 이익을 얻어 수익률이 30%가 되는 것이다. 반면 옵션을 매입한 사람은 총 30만 원의 수입을 올리게 되고 여기서 10만

원의 구입비용을 제외하면 순익이 20만 원이 된다. 즉 200%의 수익률을 가질 수 있는 것이다.

그러나 주식가격이 9만 원이 된다면 주식매수자는 10%의 손실을 보지만 옵션을 매입한 자는 100%의 손실을 보게 된다. 이처럼 콜옵션은 가격이 상승시 그 수익률이 매우 커지면서 상당히 강한 leverage를 줄 수 있는 수단으로 사용될 수 있다.

이처럼 옵션은 주식의 대용투자로 종종 사용되며 주식보다도 투기성이 강한 전략이 될 수 있는데 이를 옵션에 내재된 leverage 효과라고 한다. 그러나 옵션은 손실폭이 옵션프리미엄만큼으로 제한된다는 특성도 동시에 지니고 있으므로 투기적 성격에 있어서는 선물보다는 덜 위험하다고 말할 수 있다. 선물의 경우 증거금 이상으로 손해를 볼 확률이 얼마든지 있게 된다. 즉 10만 원을 모두 증거금으로 사용하여 투자한 경우에 20만 원의 손실을 보게될 수도 있는 것이다. 물론 옵션이나 선물의 이용방법은 상당히 다양하므로 일률적인 비교는 매우 어렵다고 볼 수 있으나 투기적 목적만으로 투자를 할 경우 옵션은 선물보다는 덜 위험하다고 볼 수 있는 것이다. 이렇게 보면 옵션은 일종의 복권처럼 해석할 수도 있다. 예를 들어 주식에 대한 콜옵션의 경우 10만 원보다 오르면 오른만큼 이익을 보게 되는데 이를 주식에 대한 복권으로 해석해 볼 수도 있는 것이다. 주식이 10만 원보다 오르면 당첨, 10만 원 이하가 되면 탈락되는 복권이라고 정의하고 이때 당첨금은 10만 원보다 얼마나 올랐는가, 즉 10만 원보다 오른 폭에 의해 결정된다고 할 수 있는 것이다. 이렇게 보면 콜옵션은 주어진 수준보다 오르면 오른만큼 당첨금이 커지는 복권이라고 볼 수 있고 반대로 풋옵션은 주어진 수준보다 떨어진 만큼 당첨금이 커지는 복권이라고 볼 수 있는 것이다.

따라서 아주 간단한 예로 우리는 양다리 걸치기 작전을 생각해 볼 수 있다. 만일 시장이 어디로 갈지는 모르지만 매우 큰 폭으로 변할 것 같다고 예상이 될 경우 투자자는 재미있는 전략을 세울 수 있다. 즉 시장가격이 올라갈 경우 당첨금이 증가하는 콜옵션과 시장가격이 떨어질 경우 당첨금이 증가하는 두개의 복권을 다 사놓는다고 할 경우 이 투자자는 시장의 변동방향에 상관없이 변동폭만 크면 이익을 충분히 볼 수 있는 상황을 만들 수 있다. 이처럼 변동폭만 크면 이익을 보는 전략은 선물이나 현물을 가지고는 만들어낼 수 없는 옵션의 고유하고 독특한 전략인바 이처럼 방향과는 상관없이 변동폭에만 의존하는 전략을 변동성매매전략이라 부른다. 여기서 본 양다리 걸치기 전략은 소위 straddle 전략이라고 부르는데 상황에 따라 아주 유용하게 쓰일 수 있는 투자전략이 된다.

이제 위의 예를 토대로 조금 더 복잡한 다음과 같은 경우를 분석해 보자. 현재의 주가가 10만 원인 상태에서 투자자 A가 행사가격이 10만 원, 만기 1달인 유럽식 콜옵션을 1만 원을 지불하고 구입하였다고 하자. 이때 옵션프리미엄 1만 원은 투자자가 1달 후까지 기초자산가격이 1만 원 이상 오를 것이라는 예상을 토대로 지불한 액수라고 볼 수 있다. 그런데 옵션을 매수한 다음 날 주식가격이 11만 원으로 1만 원만큼 상승하였다고 하자. 이 경우 전일에 1만 원이었던 옵션가격은 어떻게 될까? 당연히 옵션가격은 상승하게 된다. 왜냐하면 투자자 A가 보유한 콜옵션은 이제 1만 원의 당첨금을 확보한 복권이 되었기 때문이다. 물론 남은 기간동안의 주가흐름에 대한 불확실성은 남아있지만 콜옵션의 가격은 주식의 가격과 함께 상승하게 된다. 문제는 상승폭이다. 주식가격이 1만 원 상승 시에 옵션가격은 주식과 같이 상승하지만 그 상승폭은 주식가격의 변동폭보다는 작을 것이라고 유추해 볼 수 있다. 왜냐하면 잔여기간 동안 주식가격이 떨어질 가능성도 계속 존재하기 때문이다. 이 경우 투자자 A는 옵션을 계속 보유할 수도 있고 이를 시장에서 매각하여 이익을 실현할 수도 있게 되는데 이때 만기가 89일 남은 옵션을 매입하는 투자자는 기초자산의 가격이 더욱 상승할 것이라는 예상 하에 이러한 전략을 실행한다고 볼 수 있다.

이처럼 콜옵션은 기초자산에 대한 일종의 대용투자로도 사용이 될 수 있게 되는데 위에서 본 것처럼 주식가격의 상승분에 따른 옵션가격의 상승분의 비율을 옵션델타라 한다. 옵션델타는 이외에도 여러 가지 의미로 해석이 될 수 있으며 기본적인 개념은 이로부터 도출이 된다고 볼 수 있다.

위의 논의를 토대로 보면 풋옵션 보유자는 주식가격이 떨어질 때 이익을 보게 되므로 풋옵션은 직관적으로 볼 때 대주(貸株)에 상응하는 대체수단으로 사용될 수 있다. 예를 들어 보자. 현재 10만 원이고 행사가격이 10만 원인 주식에 대한 풋옵션을 1만 원을 지불하고 매수하였을 경우 구입 후에 주가가 하락 시에 풋옵션의 가치는 상승하게 된다. 이때 풋옵션을 매입한 투자자는 이를 매도하여 이익을 조기에 실현할 수 있는 기회를 얻게 되므로 풋옵션은 주가가 하락 시에 이익을 보게 되는 매수포지션과 비슷한 효과를 가져오게 된다. 이처럼 콜옵션은 주식의 매수포지션과 비슷하게 되고 풋옵션은 주식의 매도포지션과 비슷한 현금흐름을 가져오게 되므로 투자자들은 이 특성에 대한 정확한 이해를 바탕으로 투자전략을 수립하여야 할 것이다.

또한 옵션에는 선물결제 타입 옵션도 존재한다. 선물결제 타입 옵션의 특징은 옵션프리미엄의 지급방식이 위에서 설명한 것과는 다르게 선물의 결제와 동일한 방식으로 이루어진다는 데에 있다. 즉 콜옵션의 구입자가 옵션프리미엄 전부를 일시에 지불하고 구입하는 방식이 옵션에 대한 주식형결제(stock type settlement)이고 이와는 달리 일부 마진만을 지불하고 옵션을 구입한 후에 옵션의 가격이 올라가면 일일정산에 의해 자신의 계좌로 자금이 유입이 되고 가격이 떨어질 경우 계좌에서 자금이 유출 되도록 한 결제시스템을 선물형결제(futures type settlement)라 한다. 이러한 시스템은 영국의 금융옵션거래에서 채택이 되고 있는데 이는 옵션에 내재된 leverage 효과와 선물의 leverage 효과가 동시에 작용하게 된다. 따라서 이러한 결제 시스템 하에서 옵션에 투기적 포지션을 취할 경우 아주 작은 초기자금으로 커다란 이익이나 손해를 낼 수 있는 투기성이 아주 강한 포지션이 된다.

4. 스왑거래

스왑이란 두 거래 당사자 간에 서로 다른 형태의 미래 현금흐름을 미리 정해진 조건대로 교환하는 계약으로, 장래 특정일이나 특정기간 동안 일정상품, 금융자산(부채)을 상대방의 상품, 금융자산(부채)과 교환하는 거래를 스왑거래라고 한다.

이때 교환대상이 상품인 경우를 상품(commodity)스왑이라 하고 금융자산 또는 부채인 경우를 금융(financial)스왑이라 한다. 상품스왑의 대표적 거래상품으로는 원유, 벙커씨유, 곡물 등이 있고, 금융스왑의 거래대상으로는 외환·채권 등이 있다.

스왑거래는 장래의 자산·부채거래이며 일정장소가 있는 거래소에서의 거래가 아닌(장외거래) 일종의 선도거래에 속한다. 따라서 스왑의 가치를 평가하는 것은 실질적으로 선도계약의 가치를 평가하는 것과 동일하다.

시기적으로 통화스왑은 70년대 후반에, 금리스왑은 80년대 초에 유로시장에서 선을 보였는데 80년대 중반에 와서 급속하게 팽창하였다. 신규 발행되는 유로본드의 대부분이 스왑거래를 하기 위해서 또는 스왑거래에 연계되어 발행되었다. 스왑거래는 원래 유로시장에서 생성되었지만 근래에 와서는 각국의 국내 자본시장에서 거래가 확산되고 있다. 스왑거래는 다음과 같은 기능들을 가진다.

첫째, 자금의 조달과 운용 면에서 금융기관은 조달비용이 가장 저렴한 장소에서 자금을 조달하고 수익률이 가장 높은 장소에서 투자함으로써, 대내적으로 금융시장 간 연계성을 강화하고 대외적으로는 전 세계의 금융시장을 통합시키는 기능을 한다.

둘째, 금융자산가격의 변동성확대로 인한 금리 및 환위험을 관리하는 측면에서 기존의 자산 또는 부채를 시기적절하게 관리함으로써 잠재적 손실을 피하거나 투자 이익을 확정함으로써 효율성 제고에 기여한다.

스왑은 대상이 되는 기초자산의 종류에 따라 상품스왑(commodity swap)과, 금리스왑(interest rate swap), 통화스왑(currency swap), 외환스왑(FX swap)과 같은 금융스왑으로 분류할 수 있다.

(1) 상품스왑(Commodity Swap)

거래상대방에게 일정수량의 상품에 대해서 고정된 단위당 가격을 적용하여 정기적으로 수령하고 그 상대방으로부터는 고정가격 대신에 현재의 시장가격을 지급하는 스왑이다. 원유, 천연가스, 비철금속, 벙커씨유, 곡물 등의 국제간 거래상품의 고정가와 변동가의 정기적 교환결제가 이루어진다.

(2) 금융스왑(Financial Swap)

금융스왑이란 두 당사자가 일정 기간 동안 주기적으로 원금이나 이자 지급 등의 현금 흐름을 교환하는 것을 말한다. 금융스왑의 대상으로는 외환·채권 등이 있으며, 금융스왑은 금리·통화스왑과 외환스왑 등으로 대별된다.

금리·통화스왑은 채무 또는 자산의 교환거래로서, 동일통화표시의 채권·채무를 상호 교환하는 금리스왑과 표시통화가 다른 채권·채무를 교환하는 통화스왑으로 분류된다. 그리고 외환스왑은 현물환을 매도하는 동시에 선물환을 매입하거나 반대로 현물환을 매입하는 동시에 선물환을 매도하는 것과 같은 외환의 매매거래를 말한다.

(3) 통화스왑(CRS, Currency Swap)

통화스왑은 서로 다른 통화표시의 현금흐름을 교환하는 계약이다. 즉, 두 거래 당사자가 일정한 계약 기간 동안 주기적으로 이종통화의 일정한 원금에 대한 이자지급을 서로 교환하기로 하는 계약을 말하는데, 만기에는 항상 원금의 교환이 행해진다. 한편 신규차입의 경우에는 계약 시에도 원금의 교환이 이루어지는 경우가 많다.

통화스왑에서 각 통화의 이자지급형태는 서로 같을 수도 있고(변동–변동금리, 고정–고정금리), 다를 수도 있다(변동–고정금리). 고정금리–고정금리 통화스왑의 경우에는 각 이자지급 시점에 각 지급통화의 금액을 미리 정해진 각 이자지급 시점을 만기로 하는 선도환계약의 모음으로 볼 수 있다. 그리고 변동금리–고정금리 금리스왑은 각 이자지급 시점을 만기로 하는 선도금리계약의 모음과 동일하다.

통화스왑은 원래 환위험의 헷지를 위한 상품으로 도입되었으나, 오늘날에는 자본시장의 불완전성을 이용하여 차입비용의 감소를 가져오는 신규차입재정으로 널리 활용되고 있다.

(4) 외환스왑(FX Swap, Foreign Exchange Swap)

외환스왑은 현재의 계약환율에 따라 서로 다른 통화를 교환하고 일정 기간 후 미리 정한 선물환율에 따라 원금을 다시 교환하는 일종의 환포지션 커버 거래를 말한다.

외환스왑의 거래형태로는 환리스크회피와 금리차익거래 등을 위하여 거래 방향이 서로 반대되는 현물환거래와 현물환거래, 현물환거래와 선물환거래 또는 선물환거래와 선물환거래가 있다.

III. 금융공학을 이용한 최근의 신용파생상품

1. 부도스왑(Default Swap), 토탈리턴스왑(Total Return Swap)

90년대 중반부터 신용위험에 대한 관심이 제고되기 시작하면서 소위 신용위험관련 파생상품이 대거 시장에 등장하였는데 이 중에서 주목할만한 것이 J. P. Morgan이 중심이 되어 발매하기 시작한 신용스왑(credit swap) 및 부도스왑(default swap)이다. 그리고 이러한 거래가 조금 더 발전한 것이 토탈리턴스왑(total return swap)이라고 볼 수 있다. 이러한 스왑거래들은 일반적인 금리스왑기법을 신용위험의 거래에 응용한 것으로서 현금흐름이 신용도의 변화에 따라 달라진다는 특징을 가지고 있다. 예를 들어보자. A은행은 X회사에 3000만 달러를 대출해주고 있는데 X회사의 신용위험에 대해 관리를 할 필요성을 느낀다고 하자. 이때 A는 X의 신용위험을 거래하기 위해 J증권과 부도스왑을 체결한다고 하자. 이 경우 일반적으로 기준채권이 설정되는 것이 보통인데 기준채권으로서 X사가 발행한 유로본드가 설정되었다고 하자. 이제 A와 J사이에 스왑계약이 체결된 후 A는 J에게 적절한 수수료, 예를 들어 총액의 25bp를 지불하게 된다. 만일 X사에 아무 일도 생기지 않고 정상적인 영업활동이 이루어질 경우 A는 수수료만을 내고 J는 아무런 지급도 하지 않게 된다. 그러나 스왑의 계약 기간내에 X회사가 부도를 낼 경우 J는 해당 유로본드 가격의 하락 분에 비례한 액수만큼을 A은행에 지불해야 한다. 만일 해당 유로본드가 정크본드가 되어

100이었던 가격이 50이 되어 변화율이 -50%가 되었다면 J는 A은행에게 3000만 달러의 50%인 1500만 달러를 지불해야 하는 것이다.

토탈리턴스왑도 이와 비슷한데 이보다 조금 더 발전된 형태를 띠고 있다. 즉 이는 채권의 가격변화 전체에 대한 스왑으로 파악될 수 있는데 기존의 주식스왑(equity swap)과 비슷한 형태를 지니고 있다.

2. 스트럭쳐드 채권(Structured Bond)

스트럭쳐드 채권이란 채권의 이표 또는 원금 혹은 둘다 모두 다른 기초자산내지는 지표에 연동이 되어 있는 채권을 의미한다. 이 채권은 혼성채권(hybrid debt products), 혹은 파생채권(derivative securities)으로 불리기도 한다. 스트럭쳐드 채권은 일반적인 파생금융상품과 혼동이 되기도 하는데 그 이유는 이 상품의 현금흐름은 기존의 일반적인 채권상품과 파생금융상품의 결합으로 구성이 가능해지기 때문이다. 그러나 스트럭쳐드 채권과 일반적인 파생금융상품의 차이는 세 가지 정도를 들 수 있다.

첫째, 일반적인 파생금융상품은 부외거래(off-balance sheet contracts)인 반면 스트럭쳐드 채권은 부내거래(on- balance sheet items)의 범주에 포함된다. 둘째, 대부분의 스트럭쳐드 채권은 증권거래법상의 "유가증권"인 반면 일반적 파생금융상품은 이러한 유가증권의 범주에 들어가지 않는다. 셋째, 스트럭쳐드 채권은 일반적인 채권상품과 파생금융상품의 결합으로 간주될 수 있는데 이때 채권부분은 파생금융상품에 대한 담보의 역할을 하는 것이 보통이다. 장외파생상품거래에서 가끔은 양 당사자가 모두 담보를 예치하는 경우가 있다. 스트럭쳐드 채권의 경우에는 이 상품을 구입하는 투자자가 채권의 가격을 모두 지불하고 이를 매입하게 되는데 이 경우 매입 금액은 스트럭쳐드 채권에 내재되어 있는 파생금융상품에 대한 담보의 역할을 하는 것이 보통이다. 스트럭쳐드 채권은 일반적으로 자금조달기능과 위험관리기능을 하나의 상품에 모두 결합시킨 것으로 간주될 수 있으며 이는 순수한 파생금융상품과는 기능이 다르다고 볼 수 있다.

스트럭쳐드 채권은 크게 보아 이자율 연동상품과 기타지표 연동상품으로 나누어 볼 수 있는데 이자율 연동상품에는 FRN, inverse FRN, levered floaters, range notes, step-up bonds, dual-indexed FRN, principal-indexed debt securities 등을 들 수 있다. 기타지표 연동상품에는 dual currency bonds, PERLS(principal exchange rate linked securities), gold-indexed notes, copper-indexed notes, equity-indexed notes 등이 있다. 이러한 상품들은 투자자와 발행자에게 모두 이익이 될 수 있는 여지가 있는 바 투자자에게는 위험관리와 운용수익 향상을 동시에 도모할 수 있도록 해주고 발행자에게는 자금조달비용절약, 신용경색해소, 대리인비용감소, 제도적 마찰감소 등의 효과를 거둘 수 있도록 해준다. 그러나 이러한 스트럭쳐드 채권은 그 구조가 지나치게 복잡하거나 제대로 이해하지 못하고 투자할 경우 일반적인 채권에 비해 커다란 실수를 야기할 수 있다는 면에서 매우 조심해서 투자해야 할 대상 중에 하나로 지적될 수 있다.

IV. 금융공학의 적용 및 활용

1. 기업과 금융공학

전통적으로 기업은 자금조달을 위하여 채권과 주식 등 단순한 형태의 금융상품에 의존하여 왔으나 금융공학에서 개발된 새로운 금융상품은 기업에게 기업의 특성과 여건을 감안한 다양한 자금조달 수단을 제공하여 왔다. 기업이 자금조달에 활용할 수 있는 금융상품은 지금까지 개발된 것만도 일일이 열거할 수 없을 정도로 많으며 새로운 금융상품이 계속하여 개발되고 있다. 이러한 금융상품은 자금 조달의 수단으로만 활용되는 것이 아니라 다음에 설명하는 여러 가지 기능을 동시에 수행할 수 있다. 이와 같이 금융상품을 다목적으로 활용할 수 있도록 고안하는 것이 금융공학의 강점이라고 하겠다. 또한, 기업은 항상 이자율, 환율 및 상품가격 등 시장상황이 변함에 따라 야기되는 위험에 노출되어 있다. 금융공학은 기업이 당면하고 있는 여러 가지 위험을 예측하고 이를 효율적으로 관리할 수 있는 방안을 제시하여 준다.

예를 들면 이자율위험을 관리하기 위하여 금리선물 또는 금리옵션을 활용하거나 정유회사의 경우 원유선물을 매입하여 원유가격의 변동에 따른 위험을 관리하는 방안은 선진국에서는 널리 알려져 있는 위험관리 기법이다. 국내 기업들이 과거에 지나친 차입경영에 의존하여 재무구조의 악화를 초래한 것이 현재 우리 경제의 커다란 부담으로 되어 있다. 부실한 재무구조는 자금조달의 과정에서 위험관리를 외면하여 초래된 결과로서 우리 기업들이 위험관리의 개념을 경영에 적극적으로 도입하여 재무구조 개선을 추진할 필요가 있다고 하겠다.

금융공학 활용의 예를 들어보자. 기업경영에서 임직원의 사기를 진작시켜 열심히 일할 수 있는 동기를 부여하고 유능한 인재가 능력을 최대한 발휘하도록 하는 것은 매우 중요한 문제이다. 금융공학에서 개발된 스톡옵션(stock option) 또는 이와 유사한 제도는 이러한 인센티브 문제를 해결하기 위한 하나의 수단이 될 수 있다. 스톡옵션 제도는 기업의 임직원에게 보상의 일환으로 주식매수권을 제공하는 것으로서 임직원으로 하여금 회사의 경영성과를 호전시켜 이에 따른 주가의 상승을 유도하기 위해 열심히 일할 동기를 부여하게 된다.

M&A(Merger and Acquisition) 또한 금융공학 개념이 사용된 분야이다. 금융공학은 인수기업의 적대적 또는 우호적 인수합병의 수단을 제공하였으며 또한 피인수 기업이 적대적 인수합병에 대한 방어전략을 고안하는 데 활용되어 왔다. 1980년대 미국에서 활발하게 진행된 M&A 가운데 많은 경우가 그 당시로는 새로운 금융수단인 정크본드(junk bonds)에 의해서 이루어졌으며 최근에 국내에서 시도된 적대적 M&A의 방어 수단으로 사모전환사채가 활용된 적이 있다. 앞으로 M&A를 통하여 국내 기업의 구조조정을 신속히 진행하여야 하는 우리의 여건을 감안할 때 금융공학기법을 활용하여 M&A를 활성화하는 방안에 관심을 가질 필요가 있다.

2. 금융권과 금융공학

(1) Hedging(헷징)

현재 또는 예정된 현물포지션에 있어 발생하는 가격변동 위험을 없애거나 줄이기 위한 행위를 통칭하는데, 선물을 이용할 경우는 기존의 또는 예정된 현물포지션에 대해 선물시장에서 반대포지션을 취하는 거래를 가리킨다. 여기서 기대하는 효과는 현물포지션에서 발생할 수 있는 손실이나 이익을 선물의 반대포지션의 이익이나 손실로 상쇄하여 가격을 고정시키는 것에 활용된다. 이것으로 외환 리스크관리, 금리 리스크관리, 주가 리스크관리, 상품(원자재)가격 리스크관리에 적절하게 대응하게 되는 것이다.

(2) Speculation(투기)

기초자산 가격의 변동에 대한 주관적인 전망을 기초로 리스크를 취함으로써 이익을 얻고자 하는 행위 즉, 특정자산의 시간적 가치변동을 이용하여 그 차액(capital gain)을 얻는 것을 목적으로 매매거래를 행하는 경우에 활용된다. 투기를 위해 반드시 파생상품을 이용할 필요는 없지만 금융공학수단을 활용하는 것은 손익증폭효과(적은 증거금으로 인한 높은 레버리지)와 파생상품을 활용하면 투자자의 리스크 선호도에 따라 복잡한 투자전략의 조합이 가능하다는 장점이 있기 때문이다. 변동성을 이용한 옵션 투자전략을 예로 들 수 있다.

(3) Arbitage(시세차익)

어떤 상품의 가격이 시장간에 상이할 경우 가격이 싼 시장에서 매입하여 비싼 시장에서 매각함으로써 매매차익을 얻을 때 적용되는 것으로 다음과 같이 활용된다.

- Index Arbitrage(지수차익거래) : 주가지수선물의 시장가격과 이론가격 사이에 괴리(mispricing)가 발생할 경우 고평가된 것을 매도하고 저평가된 것을 동시에 매수함으로써 무위험 수익을 얻는 것에 활용된다. KOSPI 200 선물을 예로 들 수 있다.

- Synthetic Futures Arbitrage(합성선물 차익거래) : 동일한 기초자산에 대해 동일한 만기를 갖는 콜옵션과 풋옵션을 일정한 비율로 조합하여 합성선물(synthetic futures) 포지션을 창출한 후 실제 선물가격과 괴리가 있을 경우 무위험 차익 실현하는 것으로 활용된다.

- Gold Futures Arbitrage(금선물 차익거래) : 금선물 이론가격과 시장가격 사이에 괴리가 있는 경우, 무위험 수익을 창출한다.

(4) Structured Financing(맞춤금융)

- 부채관련 맞춤금융 : 자본시장의 수급상황에 따라 차입자(채권발행자)와 투자자의 니즈(needs)가 다르거나, 시장가격의 변화 방향에 대한 견해가 다른 경우 파생상품을 이용하여 쌍방이 모두 만족할 수 있도록 금융상품의 구조를 효과적으로 전환시킬 때 사용된다.

- 자산관련 맞춤금융 : 자산관련 맞춤금융을 모색하는 가장 중요한 목적은 투자자가 리스크를 부담하는 대가로 수익성을 향상시킬 수 있다.

(5) 금융압박비용의 경감을 위한 헷지

기업이 헷지함으로써 현금흐름의 변동성을 감소시킨다면 이는 금융압박 및 그로 인한 비용 발생의 가능성을 감소시킨다고 할 수 있는데 금융압박비용 경감의 기대효과는 기업이 헷지를 하지 않음으로써 금융압박 또는 그로 인한 비용의 발생 확률, 그리고 그 비용의 크기에 의해 결정될 것이다. 기업은 수익이 부채를 충분히 감당하지 못하게 될 때 부도에 직면하게 되는데, 금융압박 및 그로 인한 부도 발생의 확률은 부채비율과 현금흐름(수익)의 변동성에 의존하게 되는 것이다.

투자보호를 위한 헷지 기업의 부채비율이 높은 경우 외부에서 자금을 조달하는 비용은 더욱 높다고 할 수 있다. 따라서 부채 비율이 높은 기업은 헷지를 함으로써 추가적인 부채에 대한 금융압박 프리미엄을 줄일 수 있고, 자본 잠식을 회피할 수 있으며 나아가 현금흐름을 안정화시킬 수 있을 때 사용된다.

3. 금융공학 적용사례

(1) 국내의 파생상품 창출 사례

1) Samsung Electronics Linked Note(SELN) : 주식연계채권(equity linked note)으로 삼성전자 주가수익률에 연계하여 만든 structured product 형태의 장외파생상품이다. 거래상대방 입장에서는 100억 원을 6개월간 투자하여 삼성전자 주식수익률의 최대 38%의 수익율을 얻을 수 있으며, 삼성전자 주가가 하락하더라도 최대 13%로 손실을 제한할 수 있는 투자상품이다.

① 거래조건

- 발행자 : 한화증권
- 명목금액 : 100억 원
- 만기 : 발행일로부터 6개월
- 대상고객 : 국내외 은행, 보험사, 일반기업 등

② SELN의 수익구조는 다음 세 가지 콜옵션의 포트폴리오로 구성되어 있다.

- 행사가격 150,000원 콜옵션 1.5개 … 매입
- 행사가격 200,000원 콜옵션 1.9개 … 매도
- 행사가격 300,000원 콜옵션 0.4개 … 매입

③ SELN의 특징

삼성전자 주가가 6개월 후 20만 원 근처에서 결정될 경우 최대 38%의 수익율을 보장하며 20만 원이상 20만5천 원까지 사이에서 결정될 경우에도 삼성전자를 보유할 때보다 더 높은 수익율을 향유할 수 있다. 삼성전자 주가가 15만 원 이하로 하락할 경우에도 원금의 87%를 보장하여 투자자의 손실을 제한할 수 있다. 이 상품은 향후 6개월 후 삼성전자 주식이 현재가격인 15만 원에서

20만5천 원 사이에서 결정될 확률이 높다고 생각하는 투자자에게 최대 38%라는 수익과 또한 주가하락에 따른 리스크관리까지도 제공하여 줄 수 있다.

(2) 신용파생상품의 사례

신용연계채권(Credit Linked Note, CLN) : 국내 생보사는 공기업 등 국내 4개 기관의 외화표시채권을 기초로 외국금융기관이 발행하는 CLN에 3천만 달러를 투자하였다.

- 만기 : 3년(2001.3~2004.3)
- 금리 : 3개월 LIBOR + 275bp
- 신용사건 발생시 국내 생보사는 CLN을 반납하고 기초자산인 국내기관 발행 외화표시채권의 실물을 수령

(3) 주식연계채권(Equity Linked Note, ELN)을 이용한 사례

계약기간 중 이자를 지급하지 않는 대신 향후 주가 등락에 따라 추가수익을 지급하는 원금보장형 ELN을 개인투자자들에게 판매

- 대상지수 : KOSPI 200
- 채권만기 : 3년(2001.7~2004.7)
- 만기지급액 : 원금 외에 원금의 8%와 매월 KOSPI 200지수의 등락률의 합 중 큰 금액을 추가 지급

(4) Exotic Option을 이용한 사례

투신사 등은 최초 투자금액의 80~97%를 국내 국공채(통안증권 등 할인채)에 투자하여 만기시 원금의 102~103%를 확보하고, 나머지 3~20%의 자산으로는 외국금융기관에 premium을 지급하고 향후 주가상승 이익을 수취하기 위한 equity option을 매입하여 추가수익을 도모하는 '원금보장형 exotic option' 펀드를 일반투자자를 대상으로 판매했다. 이는 최근의 저금리 추세하에서 원금을 보장하면서 option을 이용한 레버리지를 통하여 보다 높은 수익(예상수익률 : 연 8~18%)이 가능하게 한다.

(5) Orange County의 실패사례

1) Orange County 파산

- 기본구조 : 장단기 금리차, Reverse repo를 이용, 단기로 자금을 차입하여 장기 채권인 미국채에 투자하여 그 금리차를 수익원으로 하는 전략으로, Yield curve의 변화에 따라 pay-off가 변하게 된다.

- Yield curve flat : 단기금리 상승 또는 장기금리 하락, 단기금리 상승에 따라 차입금리 상승 및 국공채권 가격상승, FRN 상승

- Yield curve steepen : 단기금리 하락 또는 장기금리 상승, 단기금리 하락에 따라 차입금리 하락 및 국공채권 가격하락, FRN 하락

2) 상황

미국 연준위는 경기 진정 및 인플레이션 방지를 위해 1994년 1월 3일 ~ 12월 30일 중 여섯 차례에 걸쳐 미국 연방기금금리를 3.0%에서 5.5%로 인상하여 이 투자전략에서 총 17억 달러의 손실이 발생했다.

3) 문제점

- 오렌지 카운티의 재정담당관은 Reverse repo를 통한 차입으로 레버리지 투자를 함으로서 손익변동폭이 커지게 되었다.

- 장단기 스프레드에 대한 헷지가 없었다는 것이다. Reverse repo 차입의 채권담보가치 보전요구로 조달금리를 상승하고 보유채권의 가격은 하락했다.

(6) NatWest Bank 사례

NatWest Bank는 1996년 12월에 퇴직한 옵션 전문거래자 Kyriacos가 독일마르크와 스털링에 대한 금리 스왑과 옵션거래를 하면서 2년 동안 손실은 감추고 거짓 이익을 창조한 것을 감지한 사례로, 그 손실 규모는 9000만 파운드로 추정된다.

1) 사건발생의 원인

- 외가격 옵션의 가격 고평가 : Kyriacos가 변동성을 조정, 높은 변동성의 입력으로 옵션 장부가의 고평가 현상 발생. 이때 그의 상사는 검증능력 및 옵션의 이해부족으로 Kyriacos가 제시한 변동성 측정평가방법에 동의.

- 장부조작 : 손실은 감추고 조작된 이익을 옮기기 위해 장부 이동.

2) 문제점과 교훈

- 파생상품 전문가의 양성 및 확보의 중요성
- 전문화된 위험 관리시스템과 관리자
- 장외파생상품 가격의 더블 체크 시스템 구축

CHAPTER

02

선도 및 선물계약

CHAPTER
02

I. 서론

선도계약은 법인이나 투자자에게 미래에 특정한 가격으로 거래를 할 수 있도록 보장하는 수단으로써 기본적인 재무적 위험 관리 도구이다. 본 장의 목적은 선물과 선도의 연구를 통해 가격결정 과정과 위험 헷지(hedge) 과정에 대한 이해에 있으며, 이를 위해 금융선물, 선도계약의 개념을 파악하고 구체적으로는 주식, 주가지수, 통화 이자율에 관한 선도 및 선물계약을 살펴볼 것이다.

II. 주식선물선도계약

1. 주식구매의 대안

특정 주식을 구매하는 것은 세 가지 요소인 가격 결정, 구매자의 판매자에 대한 지불, 주식의 소유권 전달로 구성되어있다. 만약 대가의 지불과 실제 소유권의 전달이 서로 다른 시점에 가능하다면(time 0, time T), 주식 구매시 네 가지 경우의 수가 발생한다.

표 2-1 주식구매의 대안

구분	지불 시점	소유권 이전 시점	지불 금액
현물거래	0	0	S_0 at time 0
차입구매	T	0	S_0e^{rT} at time T
선불선도계약	0	T	?
선도계약	T	T	? * e^{rT}

(1) 현물거래

일반적 주식 구매 방법으로서 주식의 대가로 현금을 지불하고 주식의 소유권을 받는다.

(2) 차입구매

주식의 가격을 빌려 주식을 구매하는 방법으로 주식의 가격을 0시점에 빌린다고 가정하면 T시점에 상환할 때는 0시점의 주식가격 S_0에 e^{rT}(이자율 r로 연속복리 가정)를 적용한 금액 S_0e^{rT}를 상환한다.

(3) 선불선도계약

주식의 가격을 0시점에 지불하고 소유권을 특정계약 시점(T)에 받는 구매방식으로 T시점에서 지불하는 가격이 꼭 주식의 가격일 필요는 없다.

(4) 선도계약

현재시점(0)에서 특정시점(T)에 주식을 특정가격에 거래하기로 한 계약방식이다.

2. 선지급선도계약

선지급선도계약은 현재에 주식가격을 지불하고 주식을 미래에 인도받는 방식으로 이루어진다. 선지급선도계약은 현재시점 주식 보유자에게 주식을 일정 기간 보유하면서 주식을 판매할 수 있게 한다. 선지급선도계약에는 세 가지의 가격 결정 방식이 있다.

(1) 비교를 통한 가격 선정

선지급선도계약의 당사자는 주식의 소유권이 나중에 이전됨으로써 배당 등의 가치를 포기하게 된다. 이 가치를 현재 선물계약의 가치에 반영해야 한다. 따라서 식 (2.1)과 같이 배당이 없는 가정에서는 선지급선도계약의 가격과 현재의 주식가격이 일치한다.

$$F^{P}_{(O.T)} = S_O \tag{2.1}$$

(2) 현재가치 할인가격선정

주식의 T시점에서의 가격을 예상하고 이를 유효이자율 r을 적용하여 현재가치로 할인하면 선물계약의 현재가치로부터 선물계약의 가격을 도출할 수 있다. 여기서 미래의 주식가치가 분명하지 않으므로 적절한 위험적용이 필요하다. 현재시점 0에서 예상한 미래의 주식가치를 $E_O(S_T)$라고 했을 때, 선지급선도계약의 가치는 아래와 같다.

$$F^{P}_{(O.T)} = E_O(S_T)e^{-aT} \tag{2.2}$$

CAPM에서 결정된 α를 이용하여 미래의 주식 가치를 결정하면 아래와 같다.

$$E_O(S_T) = S_O e^{aT} \tag{2.3}$$

따라서 이를 정리하면 $F^{P}_{(O.T)} = E_O(S_T)e^{-aT} = S_O$임을 알 수 있다. 결과적으로 주식의 배당이 없는 상황에서 선지급선도계약은 현재주식의 가격이다.

(3) 차익거래 이론을 이용한 가격결정

일반적으로 차익거래란 순투자와 위험없이 지속적으로 초과이윤을 낼 수 있는 상태를 말한다.

이제, $F^{P}_{(O.T)} > S_O$ 상황을 가정해보자. 투자자는 현재시점에서 가격이 낮은 주식을 사고, 상대적으로 가격이 높은 선지급선도계약을 판매할 것이다. 그리고 특정 만기시점 T에 현재시점 0에 구매한 주식을 선지급선도계약 당사자에게 양도할 것이다. 이 경우, 만기시점에서 현금흐름은 0이지만 현재시점 0에서는 $F^{P}_{(O.T)} - S_O$만큼의 현금흐름이 가능하다.

이 경우, 이 투자자는 자기자본의 순투자나 위험 없이 수익창출이 가능하다. 반대의 경우(선지급선도계약가격보다 현재주식의 가격이 높은 경우) 또한 마찬가지의 방식으로 차익거래에 의한 수익창출이 가능하다. 이를 표로 정리하면 다음과 같다.

표 2-2 차익거래의 기저

	현금흐름	
거래	현재시점 0	만기시점 T
현재시점 주식 구매	$-S_0$	$+S_T$
선지급선도계약 판매	$+F^P_{(0,T)}$	$-S_T$
총액	$F^P_{(0,T)} - S_0$	0

일반적으로 시장에서는 차익거래가 지속적으로 일어나면 안되기 때문에 이를 토대로 가격을 결정할 수 있다.

(4) 배당이 있는 선불선도계약의 가격결정

배당이 있는 경우라면 선불선도계약의 가격은 현재의 주식가격보다 낮다. 주식보유자는 배당을 받지만, 선불선도계약 구매자는 배당을 못 받는다는 단순한 논리에서 기인한다. 따라서 선불선도계약 구매자는 받지 못하는 '배당'의 가치를 선불선도계약 가격에 반영해야 한다.

1) 불연속배당

1년 후의 선불선도계약을 생각해보자. 364일 후 즉, 선불선도계약 만료시점일 하루 전에 5달러의 배당이 나오는 주식의 선불선도계약이다. 선불선도계약자는 1년 후 5달러의 배당을 받지 못하므로, 이를 현재에 반영하여 5달러를 현재가치화하고 현재 주식가격에서 제외한 것이 선불선도계약의 가격일 것이다. 이처럼 만료시점 전까지 주식 보유자가 받는 배당을 현재가치로 만들어 현재의 주식가격에서 제한 것이 선불선도계약의 가격이 되고, 이를 식으로 표현하면 다음과 같다.

$$F^P_{(0,T)} = S_0 - \sum_{i=1}^{n} PV_0,\ t_i(D_{t_i}) \tag{2.4}$$

2) 연속배당

한 번씩의 주기를 갖고 배당을 하는 것이 아닌 꾸준히 연속해서 배당을 하는 주식은 그 가격결정 방식이 불연속배당모형과 다르다. 기본적으로 연속배당을 하루로 나누어 계산하는데, 연속배당률을 δ라고 가정하면 하루의 달러 배당은 아래와 같다.

$$\text{Daily dividend} = \frac{\delta}{365} \times S_0 \tag{2.5}$$

그리고 받은 배당을 다시 그 주식에 투자한다고 가정하면, T기간 후 보유하게 되는 주식의 수는 아래와 같다.

$$\text{Number of Shares} = \left(1+\frac{\delta}{365}\right)^{365\times T} \approx e^{\delta T} \tag{2.6}$$

다시 말해, T기간 후에는 현재시점에서 가지고 있는 주식에 $e^{\delta T}$을 곱한 만큼을 가지게 된다. 이렇게 후에 받게 될 배당을 상쇄하기 위해 현재보유량을 조절하는 것을 tailing position이라 하며 이를 적용하면 선불선도계약의 가격은 $S_0e^{-\delta T}$가 된다.

3. 주식선도계약

선불선도가격을 통해 선도가격을 계산할 수 있다. 선불선도계약과 선도계약의 차이는 주식에 대한 지급의 시점이다. 선불선도계약은 즉시 이루어지지만 선도계약은 미루어진다. 지급의 연기가 존재하기 때문에 선도계약은 처음에 구매자와 판매자 모두에게 비용이 없어 프리미엄은 0이다. 또한 선도가격은 선불선도가격의 미래가치이다.

$$F_{0,T} = FV(F^P_{0,T}) \tag{2.7}$$

이 식은 배당지급의 경유에도 유지된다. 연속배당의 경우는 아래와 같다.

$$F_{0,T} = erT\, S_0e^{-\delta T} = S_0e^{(r-\delta)T} \tag{2.8}$$

위의 식 (2.8)에서 r은 선도계약과 만기가 같은 무이표채의 만기수익률이다. $e^{-r(T-t)} = P(t,T)$에서 $P(t,T)$는 t시점에 만기가 T인 무이표채의 가격이다. 그러므로 식 (2.8)을 다음과 같이 선불선도계약의 가격÷무이표채 가격으로 나타낼 수 있다.

$$F_{0,T} = S_0 e^{-\delta T} / P(0,T) \tag{2.9}$$

선도가격은 일반적으로 현재가격과 다르다. 선도 프리미엄은 선도가격에 대한 현재가격의 비율이다.

$$\text{선도계약 프리미엄} = \frac{F_{0,T}}{S_0} \tag{2.10}$$

선도 프리미엄을 연간으로 환산하여 비율로 표현하면 다음과 같다.

$$\text{연간 선도 프리미엄} = \frac{1}{T} \ln\left(\frac{F_{0,T}}{S_0}\right) \tag{2.11}$$

연속 배당의 경우 식 (2.5)에 연간 선도 프리미엄은 무위험 이자율과 배당률의 차이$(r-\delta)$이다.

때때로, 기초자산인 주식 또는 주가지수의 가격을 알 수 없어도 선도가격을 알 수 있다. 위의 선도가격 식에 의해 암시된 자산의 가격은 기초자산인 주식 또는 주가지수의 공정가치이다. 식 (2.8)은 주가지수의 가치를 추론하는 경우에 사용된다.

(1) 선도계약 가격결정

식 (2.8)에 따르면 선도가격이 자산의 위험 프리미엄에 대한 할인을 적용한 미래 시점의 예상되는 가격과 같다. 그러므로 선도가격으로 미래 주식가격을 예측하는 경우에는 실수가 발생할 수 있다. 만일 자산이 양(+)의 위험 프리미엄을 지니고 있다면, 미래 시점 가격은 평균적으로 선도가격보다 높을 것이다. 주식의 보유는 기회비용과 주식의 가격변동 위험을 발생시키기 때문이다. 대체로 화폐의 시간가치에 대한 보상은 이자이며, 주식의 위험에 대한 보상은 위험 프리미엄이다. 대수적으로 주식에 대한 기대수익은 다음과 같다.

$$\alpha = \underline{r} + \underline{\alpha - r} \tag{2.12}$$

(시간에 대한 보상 위험에 대한 보상)

선도계약을 체결할 때 투자는 없으므로 화폐의 시간가치에 대한 보상은 없지만 선도계약은 주식의 위험이 내재되어 있기 때문에 위험에 대한 보상을 포함한다. 이것은 선도계약이 위험 프리미엄만큼의 추가적 수익이 있다는 것을 의미한다. 이러한 경우는 선도가격이 너무 낮은 주식가격을 예측하는 때에 발생한다. 즉, 선도계약은 미래 주가의 편향된 예측값으로, 식 (2.12)에서 위험 프리미엄에 의한 할인으로 설명된다.

식 (2.5)에 의해서 편향을 또 다른 방법으로 설명할 수 있다. 선불선도가격은 미래시점의 기대가격의 현재 가격이며, 선도가격은 선급선도가격의 미래가치이다. 그러므로 아래와 같은 식을 얻을 수 있다.

$$F_{0,T} = e^{rT}F^{P}_{0,T} = E_0(S_T)e^{-(\alpha-r)T} \tag{2.13}$$

선도가격은 위험 프리미엄으로 할인한 예상되는 미래시점의 가격이다.

(2) 합성선도계약

투자전문기관 또는 중개인은 선도계약의 위험을 상쇄할 수 있어야 한다. 이것은 실제 선도계약에서의 포지션을 상쇄시키기 위해 합성선도계약을 만들어냄으로써 가능하다.

이 논의에서 배당은 연속적이고 d의 이율로 지급된다고 가정한다. 주식을 사고 자금을 빌리는 포지션으로 합성선도계약매입을 만들 수 있다. 합성 포지션이 어떻게 작용되는지 알기 위해, 주가지수에 대한 선도 매입포지션의 만기손익은 $S_T - F_{0,T}$ 이다.

이와 같은 손익을 얻기 위해, $S_0e^{-\delta T}$를 투자하여 주식에 테일드 포지션을 취한다. 이것은 T시점에 주식 한 주를 얻게 한다. 우리는 0시점에 추가적인 지급이 필요하지 않도록 그만큼을 차입한다. T시점에 우리는 $S_0e^{(r-\delta)T}$를 상환해야하고 St의 가격에 주식을 팔 것이다. 〈표 2-3〉은 주식을 사기 위해 차입하는 것이 선도계약의 만기손익을 복제한 것이라는 것을 보여준다.

합성선도계약을 만들기 위해 주식과 차입을 사용한 것처럼, 합성주식과 채권을 만들기 위해 선도계약을 사용할 수 있다. 〈표 2-4〉는 합성주식을 만들기 위해 선도계약을 매입하고 선도가격의 현재가치만큼 대출하는 것을 보여준다. 〈표 2-5〉는 주식을 사고 선도계약을 매도한다면, 무위험 채권과 같은 현금

표 2-3 선도계약의 만기손익 복제

	현금흐름	
거래	0시점	T시점(만기)
주가지수 $e^{-\delta T}$개 매입	$-S_0e^{-\delta T}$	$+S_T$
$S_0e^{-\delta T}$ 차입	$+S_0e^{-\delta T}$	$-S_0e^{(r-\delta)T}$
합계	0	$S_T-S_0e^{(r-\delta)T}$

표 2-4 주식의 만기손익 복제

	현금흐름	
거래	0시점	T시점(만기)
선도계약 1개 매입	0	$S_T-F_{0,T}$
$-S_0e^{-\delta T}$ 대출	$-S_0e^{-\delta T}$	$+S_0e^{(r-\delta)T}$
계액	$-S_0e^{-\delta T}$	S_T

표 2-5 채권의 만기손익 복제

	현금흐름	
거래	0시점	T시점(만기)
주가지수 $e^{-\delta T}$개 매입	$-S_0e^{-\delta T}$	$+S_T$
선도계약 1개 매도	0	$F_{0,T}-S_T$
합계	$-S_0e^{-\delta T}$	$F_{0,T}$

흐름을 얻을 수 있는 것을 증명한다. 합성채권의 수익률은 내재환매수익률이라 불린다.

$$\text{선도계약} = \text{주식} - \text{무위험 채권}$$

다른 합성 등가물을 유도하기 위해 이 방정식을 재배열할 수 있다.

$$\text{주식} = \text{선도계약} + \text{무위험 채권}$$

$$\text{무위험 채권} = \text{주식} - \text{선도계약}$$

이러한 모든 합성 포지션을 반대로 하면 매도 포지션을 취할 수 있다.

(3) 투자전문기관과 중개인의 합성선도계약

고객이 선도계약 매입포지션으로 계약하고 싶다고 가정하면 투자전문기관은 반대의 입장으로 선도계약 매도포지션을 취한다. 투자전문기관은 합성선도계약 매입포지션을 만듦으로써 이 위험을 상쇄시킬 수 있다.

〈표 2–6〉의 거래와 현금흐름과 같이 투자전문기관은 선도계약을 매도하고 〈표 2–3〉에서 만든 합성선도계약을 매입한다. T시점의 전체 현금흐름이 $F_{0,T}-S_0e^{(r-\delta)T}$이기 때문에 위험은 없다. 이 현금흐름의 모든 부분(선도가격, 주식가격, 이자율, 배당률)은 0시점으로 하며, 결과는 무위험포지션이다.

표 2–6 합성선도계약 매입포지션을 통한 헷징 전략

	현금흐름	
거래	0시점	T시점(만기)
$S_0e^{-\delta T}$를 투자하여 주식에 테일드 포지션 매입	$-S_0e^{-\delta T}$	$+S_T$
$S_0e^{-\delta T}$ 차입	$+S_0e^{-\delta T}$	$-S_0e^{(r-\delta)T}$
선도계약 매도	0	$F_{0,T}-S_T$
합계	0	$F_{0,T}-S_0e^{(r-\delta)T}$

유사하게 투자전문기관이 선도계약 매입포지션을 헷지하길 원한다고 가정한다면 이것은 〈표 2–6〉의 포지션을 반대로 하면 가능하다. 결과는 〈표 2–7〉과 같다.

표 2–7 합성선도계약 매도포지션을 통한 헷징 전략

	현금흐름	
거래	0시점	T시점(만기)
$S_0e^{-\delta T}$를 받고 주식에 테일드 포지션 매도	$+S_0e^{-\delta T}$	$-S_T$
$S_0e^{-\delta T}$ 대출	$-S_0e^{-\delta T}$	$+S_0e^{(r-\delta)T}$
선도계약 매도	0	$S_T-F_{0,T}$
합계	0	$S_0e^{(r-\delta)T}-F_{0,T}$

기초자산을 매입하고 선도계약을 매도하는 계약을 cash-and-carry라고 부른다. cash-and-carry는 위험이 없다. 또한, 자산을 인도해야 할 의무뿐만 아니라 보유하고 있어야 할 의무를 가진다. 투자전문기관은 cash-and-carry로 선도

계약 매도포지션을 상쇄한다. 기초자산을 매입하고 선도계약을 매도하는 것과 관련된 차익거래를 cash-and-carry 차익거래라 한다. 역 cash-and-carry는 주가지수를 매도하고 선도계약을 매입하는 포지션을 취하는 것이다. 선도계약의 가격이 식 (2.5)에 따라 결정된다면 cash-and-carry의 손익은 0이다. 투자전문기관에 의한 위험관리로써 〈표 2-7〉의 cash-and-carry를 사용할 수 있을 것이다. 그러나 중개인 또한 cash-and-carry에 관여한다.

(4) 거래비용이 있는 무차익거래영역

〈표 2-6〉과 〈표 2-7〉은 만약 $F_{0,T} \neq S_0 e^{(r-\delta)T}$이라면 중개인이 비용을 들이지 않고 이익을 만들어 낼 수 있다는 것을 증명한다. 이 분석은 매매수수료, 매매가격차이, 차입금리와 대출금리의 차이, 거대한 규모의 매입 또는 매도시 가격이 변할 수 있다는 것을 무시한다. 이러한 비용의 영향은 하나의 무차익거래 가격이 아니라 무차익거래영역을 만들어 낸다. 낮은 가격 F^+와 높은 가격 F^-의 영역 사이에 선도가격이 존재할 때 차익거래는 수익성이 없다.

(5) 유사차익거래

지금까지는 명백한 차익거래를 다루었다. 하지만 낮은 이율의 포지션을 더 높은 이율의 포지션으로 대체함으로써 내포된 차익거래도 가능하다. 이것을 유사차익거래라 부른다.

예를 들어 기업이 8.5%로 차입하고 7.5%로 대출 가능하다고 가정하자. 또한 8%의 내재환매수익률로 cash-and-carry 거래가 있다고 가정하자. 기업에게 순수한 차익거래 기회는 없다. 그러나 7.5%로 자산을 대출하는 것을 8%의 cash-and-carry로 대체한다면 가능하다. 만일 8%의 cash-and-carry 수익을 얻기 위해서 8.5%로 차입함으로써 명백한 차익거래를 시도한다면 거래는 수익을 낼 수 없다. 오직 대출로만 차익거래 이익을 얻을 수 있다.

(6) 선도가격식의 이해

주가지수에 대한 선도가격식은 무위험 이자율과 배당률의 차이인 $r-\delta$에 따른다. 이 차이를 보유비용이라 부른다. S만큼의 비용으로 주가지수선물을

1개 매입하고 무위험 이자율로 차입하는 포지션을 취했다고 가정하자. 차입에 대해 rS를 지불해야 하지만 배당률에 의해 δS만큼의 상쇄되는 수익을 얻을 수 있다. 따라서 $(r-\delta)S$만큼의 차이를 지급하게 된다. 만일 자산에 대해 매입포지션을 취한다면 이 차이는 순현금흐름이다. 그러므로 이것을 보유비용이라 부른다.

선도가격＝

$$\text{현재가격}+\underbrace{(\text{현물보유 시 발생비용}-\text{현물소유자에게 지불되는 현금})}_{\text{보유비용}} \qquad (2.14)$$

주식과 달리 선도계약은 투자를 요구하지 않으므로 보유비용이 없다. 선도계약이 보유비용을 지불하는 것을 절감해 준다는 점에서 기꺼이 더 높은 가격을 지불할 용의가 있는 것이다.

III. 지수선물계약

주가지수선물의 계약은 주가지수를 사는 것과 유사하다. 주가지수선물은 주식 인덱스의 거래 종목들을 실제로 거래하는 것보다 낮은 가격으로 거래할 수 있다는 장점이 있다.

1. 자산 배분전략

자산 배분전략은 주식, 단기금융상품, 채권과 같은 자산군에 투자하며, 이 비중을 조정하는 것을 의미한다. 앞에서 언급했듯이, 개별적인 자산들을 거래하는 것에는 적지 않은 비용이 발생한다. 이 때문에 자산 배분전략은 포트폴리오 매니저가 주식을 보유하지 않고서 주가지수에 투자를 가능하게 하고, 실제 원자재를 보유하지 않고서 원자재에 투자를 가능하게 한다는 점에서 유리하다.

(1) 주식에서 단기 국채로의 포지션 변경

한 투자자가 S&P 500 주가지수에 투자한 상태에서 잠시 동안 주가지수 대신 단기국채에 투자하고 싶어한다고 가정해보자. 이 경우 실제로 500개의 주식 종목을 팔고 단기국채에 투자하는 대신, 투자자는 주식 포트폴리오를 유지하면서 S&P 500 지수선물에 매도 포지션을 취하면 된다. 이 방식은 인덱스를 통해 생성된 국채 포지션을 만들면서 투자자는 cash-and-carry와 같은 포지션을 가지게 된다. 투자자가 다시 주식 투자 포지션으로 돌아가고 싶다면, 선도거래를 통해 cash-and-carry 포지션을 상쇄시키면 된다.

(2) 일반적인 자산 배분전략

좀 더 정교한 자산 배분전략을 구사하기 위해서 선도와 선물을 같이 사용할 수 있다. 한 투자자가 자산을 주식 대신 장기채권에 투자하고 싶어한다고 가정해보자. 투자자는 두 개의 선도포지션을 활용해 자산을 재배분하여 이를 달성할 수 있다. 즉 S&P 500 선도거래에 숏 포지션을 취하고 장기채권에 롱 포지션을 취하면 된다. 첫 번째 거래는 투자자의 포트폴리오를 주가지수 투자에서 장기채권투자로 변환시킨다. 두 번째 거래는 포트폴리오를 단기채권투자에서 장기채권투자로 변환시킨다. 이처럼 하나의 자산군(주식)에서 다른 자산군(채권)으로 포지션을 변경시키기 위해 선물을 사용하는 것을 futures overlay라고 부른다.

2. 주가지수 선물을 활용한 교차헷징

인덱스 선물은 종종 포트폴리오를 헷지하기 위해 사용되는데, 이를 교차헷징이라고 한다.

(1) 완전한 상관관계를 가진 자산들의 교차헷징

한 투자자가 S&P 500과 다른 종목으로 구성되어 있는 포트폴리오를 가지고 있으며 포트폴리오를 단기채권으로 변환시키고 싶어한다고 가정해보자. 이 경우에 투자자는 포트폴리오와 S&P 500과의 상관관계에 따라 S&P 500 선물계약의 사용여부를 결정할 수 있다. 포트폴리오가 S&P와 다르게 움직일수록, 위험은 커질 것이다.

투자자가 S&P 500에 대해 베타 계수가 1.4인 포트폴리오에 1억 달러를 투자한 상황을 가정해보자. 투자하는 순간에는 두 포트폴리오는 완전히 연동되어 있었다. 완전히 연동되어 있었다는 것은 두 포트폴리오의 움직임이 완전히 예측 가능하다는 것을 의미한다. CAPM모델을 사용한다면, 포트폴리오의 수익률인 r_p는 포트폴리오의 베타 계수에 의해 결정된다.

$$r_p = r + \beta_p (r_{S\&P} - r) \tag{2.15}$$

추가로 S&P 500 인덱스는 1100 수준이며 배당은 0%이고 무위험 이자율은 6%라고 가정해보자. 따라서 선물가격은 1100 × 1.06 = 1166이 될 것이다.

만약 투자자가 선물을 사용하여 지수를 단기채권으로 변환하고 싶다면, 투자자는 S&P 500의 일정량에 대해 숏 포지션을 취해야 한다. 선물의 숏 포지션 양을 계산하기 위해서는 두 단계가 필요하다.

제 1단계, 투자자의 포트폴리오와 S&P 500 선물거래의 차익을 조정한다. 이 경우 하나의 선물거래는 $250 × 1166 = 291,500의 가치를 가지고 있다. 이를 현재 가치로 환산하면 $291,500/1.06 = $275,000이 된다. 따라서 1억 달러의 주식 포트폴리오에 필요한 계약 수는 다음과 같다.

$$\frac{\$100 \text{ mil}}{\$0.275 \text{ mil}} = 363.636$$

제 2단계, 베타 계수를 조정한다. 포트폴리오의 베타가 1을 넘기 때문에, 포트폴리오는 어느 방향이든 S&P 500보다 더 많이 움직인다. 따라서 투자자는 S&P 500보다 더 큰 정도의 포트폴리오의 움직임을 관리하기 위해 S&P 500 선물의 포지션을 더 증가시켜야 한다. 즉, 이는 최종적으로 필요한 헷지의 양이 363.636 × 1.4 = 509.09 라는 것을 보여준다.

〈표 2-8〉은 헷지 포지션의 성과이다. 결과적으로, 헷지 포지션은 무위험 이자율인 6%의 수익률을 낸다.

표 2-8 헷지 포지션의 성과

S&P 500 인덱스	509개 선물계약의 수익	포트폴리오의 가치	총 합
900	33,855	72,145	106,000
950	27,491	78,509	106,000
1000	21,127	84,873	106,000
1050	14,764	91,236	106,000
1100	8,400	97,600	106,000
1150	2,036	103,964	106,000
1200	−4,327	110,327	106,000

(2) 불완전한 상관관계(상관계수 1 이하)를 가진 자산들의 교차헷징

앞의 예는 포트폴리오와 S&P 500 인덱스가 완전히 동일하게 움직인다고 가정했었다. 하지만 현실에서는 두 개의 포트폴리오의 상관 정도는 대부분 1보다 낮다. 이 경우 포트폴리오를 헷지하기 위해 S&P 500 인덱스를 사용하는 것은 베이시스 위험(basis risk)을 수반하며 잔차 위험(residual risk)을 만들어낸다.

포트폴리오의 수익률과 투자된 양을 각각 r_p, I_p라고 표기한다. 투자자가 N의 양에 해당하는 H개의 선물계약에 숏 포지션을 취한다고 가정해보자. 투자자의 포지션은 $r_{S\&P}-r$의 수익을 얻게 된다. 따라서, 헷지 포지션에서 총 수익은 $r_pI_p + H \times N \times (r_{S\&P}-r)$이며, 이를 the variance-minimizing hedge position,[1] 즉 H^*로 변환하면 아래와 같다.

$$H^* = -\frac{I_p}{N}\frac{Cov(r_p, r_{s\&p})}{\sigma^2_{S\&P}}$$

$$= -\frac{I_p}{N}\beta_p \qquad (2.16)$$

헷지의 양은 선물계약의 양으로 표현되어 표기된다. 위 공식에서 $Cov(r_p, r_{S\&P})/\sigma^2_{S\&P}$는 S&P 500과 포트폴리오의 수익률을 회귀 분석을 통하여 구할 경우

1) 해당 공식은 Robert L. McDonald, Derivatives Markets, Pearson, 2013, p.113, 식 (4.2)의 variance of hedged profit을 참조하여 계산함.

에 나오는 기울기의 계수값이기 때문에 두 번째 방정식이 성립한다. 위의 방정식에 따른다면, 앞서 완전히 동일하게 움직이는 경우와 같이, 투자자는 509.09개의 계약의 숏 포지션을 취해야 한다.

위의 방정식은 헷지 비율이 S&P 500 계약의 가치와 포트폴리오의 시장 가치인 I_p의 비율을 통해 구해진다는 것을 보여준다. 따라서, 포트폴리오의 가치가 S&P 500과 다르게 움직인다면, 헷지 비율은 다시 계산되어야 한다. 이러한 리밸런싱(rebalancing)은 수익변화비율을 통해 헷지 비율을 구할 때 필수적인 과정이다.

투자자가 H^*개의 선물을 포트폴리오에 추가한다면, 헷지된 포트폴리오의 분산은 다음과 같다.

$$\sigma^2_{Hedged} = \sigma^2_p I^2_p (1-\rho^2) \quad (\text{단, } \rho : \text{포트폴리오와 S\&P 500의 상관계수}) \qquad (2.17)$$

IV. 통화선물 및 선도계약

통화선물 및 선도계약은 환율의 변동을 헷지하기 위하여 주로 사용된다. 통화계약의 가격 결정 방법은 앞에서 살펴본 여타 계약들과 같다.

많은 기업들은 단기 헷징을 위하여 통화선물 및 선도계약을 사용한다. 예를 들어, 한 가전 수입업자가 제조사에게 90일 이내에 150억 엔을 지불해야 한다고 가정해보자. 해당 제품을 국내에서 판매하여 원화로 벌어들이는 수익은 충분히 예측할 수 있기 때문에, 수입업자는 엔화로 확정되어 있는 금액인 150억 엔을 지불해야 할 '순수환율위험'을 짊어지게 된다. 이 경우 90일 기간의 선도거래에 롱 포지션을 취함으로써 수입업자는 제조사에게 지불해야 할 엔화에 대한 달러의 가치를 확정시킬 수 있다.

1. 선지급 통화선도계약

만약 1년 후 1엔을 확보하기 원한다고 가정해보면, 선지급 선도계약을 통해 1년 후에 지정된 가격에 1엔을 확보할 수 있다. 선지급 선도가격의 결정과정은 다음과 같다. 엔화로 표시된 이자율을 r_y라고 하고 현재의 환율을 x_0(₩/엔)이라고 하자. 만약 1년 후에 1엔을 원한다면 오늘 e^{-ry}엔을 가지고 있어야 한다. 따라서 1년 후 원하는 양의 엔화를 얻기 위해 필요한 엔화를 얻기 위해서 $x_0\ e^{-ry}$원을 엔화로 환전해야 한다. 즉 선지급 선도계약의 가격은 아래와 같다.

$$F^{p}_{0,T} = x_0 e^{-ry} \text{ (단, } T\text{는 선도계약의 만기)} \tag{2.18}$$

선지급 통화선도계약에 있어서 경제적 측면의 핵심 원리는 주식에서의 그것과 같다. 즉, 기초자산의 지불을 늦춘다면, 소득을 잃게 된다. 통화계약에서 통화를 즉시 받는다면, 해당 통화로 표시된 채권을 구입해 이자를 얻을 수 있다. 선지급 선도가격은 현재 대신 미래에 계약이 체결되기 때문에 발생되는 이자의 손실을 반영한다. 이는 주식의 선지급 선도가격이 배당소득의 손실을 반영하는 것과 같은 원리인데, 이 때문에 통화계약은 주식계약과 같은 산식으로 계산된다.

2. 통화선도계약

선지급 선도계약은 미래에 1엔을 얻기 위해 지불해야 하는 원화 가격이다. 따라서, 선도가격을 구하기 위해서는, 원화로 표기된 이자율을 사용하여 미래가치를 계산해야 한다.

$$F^{p}_{0,T} = x_0 e^{(r-ry)T} \tag{2.19}$$

국내 무위험 이자율이 해외 무위험 이자율보다 높을 경우, 선도통화비율은 현재 환율보다 높을 것이다.

3. 위험제거이자차익거래

한 통화를 빌려서 다른 통화에 투자하는 것을 통해 선도계약을 만들 수 있다. 만약 원화로 확정된 가치로, 1년 뒤에 1엔을 원한다면, 현재에 원화를 차입해서 엔화에 투자할 수 있다. 1년 뒤에 1엔을 얻기 위해서 필요한 투자 금액은 x_0e^{-ry} 원이며, 원화로 해당 액수만큼을 빌린다면 미래에 되갚아야 할 금액은 $x_0e^{(r-ry)T}$ 원, 즉 선도교환비율과 같다. 이와 같이 한 나라의 통화를 빌려 다른 나라의 통화에 투자하는 것은 선도계약과 같은 현금 흐름을 창출한다. 선도거래를 사용해 위와 같이 특정 통화를 빌리기 위해 특정 통화에 투자하는 것과 같은 효과를 구사하는 전략을 위험제거이자차익거래라고 한다.

요약하자면, 선도환율은 각국 간의 이자율 차이를 반영한다. 1년 후 1달러를 원한다고 가정해보면 달러로 발행되는 채권을 구입하거나, 혹은 달러를 환전해 다른 나라 화폐로 발행되는 채권에 투자할 수 있다. 후자의 경우, 미래에 해당 화폐를 달러로 환전할 때 환율을 고정시키기 위하여 선도계약을 사용할 수 있다. 선도계약 가격결정의 핵심 원리는 해외의 무위험 채권은, 환율 위험이 헷지된다면, 국내 무위험 채권과 같은 수익률을 제공한다는 것이다.

V. 상품선물계약

상품선물은 농산물, 축산물, 에너지, 임산물, 비철금속, 귀금속 등 이와 유사한 상품을 대상으로 한 선물거래로서 1848년 4월 미국 시카고상품거래소의 설립(곡물선물거래)으로 개시되었다. 상품선물거래소의 설립으로 인해 농산물의 생산자와 소비자들은 필요한 곡물을 필요한 시기에 필요한 양만큼 정해진 가격으로 언제든지 사고 팔 수 있게 되었다. 선물거래소에 상장되어 거래되는 상품은 거래소마다 다르며 각 거래소 별로 상품을 특화하여 경쟁체제를 유지하기 위해 노력하고 있다. 선물상품은 상품의 성질 및 저장성, 가격구조 및 헷징의 수요, 현물시장의 규모 등 여러 가지 조건을 고려하여 설계된다. 선물계약의 거래대상이 되는 상품에 따라 크게 전통적인 상품선물과 금융선물로 구분할 수 있다. 주식 관련 선물은 선물업 겸영허가를 받은 증권회사와 선물회사를 통해 거래가 가능한 데 반해 상품선물을 비롯한 금리, 통화 관련 선물은 선물회사를 통해서만 거래가 가능하다. 선물계약의 종류는 다음과 같다.

표 2-9 선물계약의 종류

구분		대상상품	
선물계약	상품선물	농산물	면화, 고무, 옥수수, 콩, 팥, 밀, 감자 등
		축산물	소, 돼지, 닭 등
		에너지	원유, 난방유 등
		임산물	목재, 합판 등
		비철금속	전기동, 아연, 니켈, 납
		귀금속	금, 은, 백금, 구리, 조석, 알루미늄 등
	금융선물	주가지수	S&P 500, Nikkei 225, KOSPI 200 등
		금리	T-bond, T-note, T-bill, KTB, MSB 등
		통화	달러, 엔, 유로 등

출처 : 한국거래소

상품선물의 가격결정은 현물의 보유비용에 의해 설명된다. 보유비용은 선물의 기초자산인 현물을 선물의 만기시점까지 보유하는 데 발생되는 비용을 의미한다. 실제로 이 보유비용에는 상품의 저장에 따르는 창고료, 보험료, 이자비용과 기타 기회비용 등이 포함되고, 상품을 실제로 보유했을 때 발생하는 수익인 편의수익률을 차감하는데 이는 선물은 계약시점부터 선물계약 만기까지 현물을 보유할 때 발생하는 비용이 들지 않고 현물보유에 따르는 수익을 가질 수 없으므로 이를 반영하기 때문이다. 식 (2.20)처럼, 파생상품의 가격은 현물가격에 순보유비용을 더한 금액이다.

$$F_{t,T}=S_t+C=S_t(1+c) \quad (2.20)$$

(단, C : 보유비용($S_t \times c$), c : 보유비용 비율(백분율))

이때 보유비용(C)은 순보유비용의 개념으로서 이자비용(r)에서 편의수익률(y)을 차감한 값이다. 따라서 식 (2.20)은 아래와 같이 변형될 수 있다.

$$F_{t,T}=S_t[1+(r-y)] \quad (2.21)$$

(단, r : 이자비용, y : 편의수익률)

그리고 변형된 식은 만기 1년의 상품선물의 가격을 결정하는 식이라고 할 수 있으며, 만기가 1년 미만인 경우에는 잔존만기일수를 고려하여 아래와 같이 조정해 주어야 한다.

$$F_{t,T}=S_t\left[1+(r-y)\times\left(\frac{t}{365}\right)\right] \quad (2.22)$$

(단, t : 잔존만기일수)

VI. 선물 및 선도거래 실패사례

1. 선도거래 실패사례 – 쇼와쉘(Showa Shell) 석유회사

(1) 선도거래 발생배경·과정

쇼와쉘 석유회사는 다국적기업인 로열더치쉘의 일본 자회사로 1985년 쉘석유㈜와 쇼와 석유㈜가 합병해 쇼와쉘 석유㈜로 발족한 이후로 원유를 정제한 뒤 자국 내의 소매시장에 판매하는 사업을 하고 있다. 쇼와쉘 석유가 수입하는 원유가격이 미국 달러화로 표시되기 때문에 쇼와쉘은 원유가격의 변동위험과 엔/달러 환율변동위험에 동시에 노출되어있다. 당시, 정부가 일본시장의 석유가격 및 판매량을 통제하고 있어 쇼와쉘 입장에서는 매우 안정적인 공급자의 역할을 수행할 수 있었지만, 비용 측면에서는 단기간에 원유매입단가를 크게 변동시킬 수 있는 서로 연관된 위험을 고려해야 했다. 정부가 휘발유 가격을 통제하고 있어 단가 인상분을 판매가격에 반영시키는 것이 어렵기 때문에 원유가격의 급등으로 예상치 못하게 운영비용이 증가할 경우 이는 그대로 영업 이익의 감소로 연결되므로 쇼와쉘 입장에서는 달러화 계약에 따른 위험과 원유가격 변동에 대한 위험을 회피해야 할 필요가 존재했다.

하루 약 50만 배럴의 정제 능력을 보유한 쇼와쉘은 매월 평균 1500만 배럴의 원유를 수입했는데, 외환 위험에 대한 노출을 제거하기 위해 일반적으로 90일 만기 선도거래를 활용했다. 선도거래를 체결하면서 미 달러화로 표시되는 원유의 일본 엔화가격을 고정해 미 달러화 가격 상승위험을 회피하고자 했다. 쇼와쉘은 선도거래를 체결하는 대신 일본의 거래은행으로부터 대출을 받은 뒤 대출금을 곧바로 달러화로 환전해서 이자를 지급하는 달러화 계좌에 예치해 두고 3억 달러로 불어날 때까지 기다리는 방법, 즉 머니마켓 헷지 혹은 합성 선도거래 방법을 쓸 수도 있었지만, 재무제표에 기록이 남을 것을 우려하여 선도거래를 통한 헷징을 선택했다. 선도 유가가 배럴당 20달러였기 때문에 쇼와쉘은 3억 달러(1500만 배럴 × 20달러)를 선도환율 145엔/달러에 매입하는 선도환 계약을 체결함으로써 원유 구매에 따른 거래 노출을 헷지했다. 이는 결과적으로 헷징 계약에서 결제까지 90일의 기간 동안 최대 9억 달러의 선도환 달러 매입 거래가 미결제 상태로 존재한다는 뜻이다. 다시 말해 어떤 특정 시점에 원유수입 대금을 헷지하기 위해 발생시킨 달러화에 대한 노출은 9억 달러 이하여야 한다. 두 가지 경우 모두 쇼와쉘 석유의 실제 미청산 계약 규모였던 64억 달러와는 큰 차이가 있는데, 이는 64억 달러 중 55억 달러에 달하는 포지션이 정상적인 헷지로 설명할 수 없는 명백한 투기였다는 것을 의미한다.

(2) 결과

정상적인 경우 선도환거래는 거래 만기 시에 현금 결제가 이루어진다. 쇼와쉘은 1989년 9월 30일에 90일 만기 달러화 선도환 매입 거래를 달러당 145엔에 체결함으로써 3억 달러를 인수함과 동시에 435억 엔을 인도하기로 약속했다. 그런데 만기일인 12월 30일이 됐을 때 엔/달러 현물환율은 달러당 140엔에 머물러 있었고, 3억 달러의 현물가치가 420억 엔으로 하락하면서 쇼와쉘은 15

억 엔에 이르는 손해를 보았다. 현금결제와 동시에 손실이 실현되면 선도거래가 손익계산서에 드러나 더 큰 손실을 막을 수 있었겠지만, 쇼와쉘은 특이한 일본 회계규정과 선도환 거래의 상대 역할을 했던 은행들의 협조 덕분에 초기에 설정된 145엔/달러의 선도환율에 선도환 계약을 갱신해 손실이 실현되는 것을 막았다. 하지만 이 손실은 현금으로 결제되지 않았을 뿐 축적되는 속도가 빨랐기 때문에 결국 쇼와쉘에게 호의적이었던 은행들도 점차 채무불이행 상황을 우려하기 시작했다. 만약 손실을 실현시켜야 하는 시기가 오면 쇼와쉘은 거래은행에게 1250억 엔에 달하는 금액, 즉 1992년 예상 순이익의 5배에 달하는 액수를 지불해야 했다. 선도거래에 대한 채무불이행 상황도 가능할 정도의 손실이었지만 쇼와쉘은 모기업 로열더치쉘의 도움으로 가까스로 파산을 면했다.

2. 선물거래 실패사례 – 메탈게젤샤프트(Metallgesellschaft AG)사

(1) 선물거래 발생배경·과정

독일의 14번째 기업집단으로 종업원이 58000명인 메탈게젤샤프트사의 미국 내 자회사인 메탈게젤샤프트 정유 및 판매회사(MG Refining and Marketing : MGRM)는 1993년 여름에 미국 내 석유류 구매업자에게 향후 10년간 고정가격으로 1억6천만 배럴의 석유제품을 공급한다는 장기 선도공급계약을 체결하였다. 선도공급계약시 약정된 장기공급가격은 계약 당시의 현물가격보다 배럴당 3~5달러 높은 가격으로 수익성이 있는 계약으로 판단되었다. 선도공급계약시 석유제품의 시장가격이 과거에 비해 낮아 주유소, 대형 제조업체, 그리고 정부기관 등의 구매자는 저렴하고 안정된 가격으로 장기간 동안 석유제품을 공급받을 수 있고, 메탈게젤샤프트사는 고객을 확보함으로써 미국 시장에서 영업발판을 구축할 수 있는 기회가 되어 선도공급계약은 수요자와 공급자 모두에게 바람직한 계약으로 여겨졌다.

이러한 선도공급계약에 의한 석유제품의 고정가격부 장기공급은 원유가격이 하락하면 이익이 증가하지만, 원유가격 상승시에는 막대한 손해가 초래되므로 가격상승에 따른 손해를 방지하기 위하여 메탈게젤샤프트사는 55000 계약의 석유선물(oil futures)과 1억 내지 1억1천만 계약의 스왑을 매입하였다. 즉, 가격상승시 장기 선도공급계약에 따른 손해를 보전하기 위하여 단기 선물계약과 스왑을 정기적으로 갱신하는 롤링헷지(rolling hedge) 전략을 채택하고, 위험헷지비율은 1대 1을 유지하였다. 이론상 고정가격부 장기공급계약에 따른 손실은 rolling hedge시 선물거래의 이익에 의해 보전될 수 있으나 메탈게젤샤프트사가 사용한 헷지전략에는 결함이 있었다. 더구나 선물에 의한 헷지전략은 위험을 완전히 배제하는 것이 아니라 현물가격위험을 베이시스 위험으로 대체하는 것이므로 가격변동위험이 완전히 제거된 것은 아니었다.

(2) 결과

롤링헷지(rolling hedge) 전략 사용시에 단기선물가격이 장기선물가격보다 높으면(backwardation) 이익이지만, 낮다면(contango) 손해가 발생한다. 즉, 높은 가격으로 선물을 매입한 후 만기가 도래하면 낮은 가격으로 매입한 선물을 매각하고 다시 높은 가격으로 새로운 선물을 매입하여야 하므로 손실이 발생한다. 과거 10년간의 추세에 의존한 메탈게젤샤프트사의 롤링헷지 전략은 선물시장의 가격구조가 안정적이고 과거 추세를 따를 것이라는 가정과 추세분석 기간으로서 10년이 충분하다는 가정을 전제로 하고 있으나, 현실에서는 가정들이 적절하지 못하였음이 드러났다. 메탈게젤샤프트사가 계약을 한 직후에 석유가격이 배럴당 19달러에서 15달러 이하로 더욱 하락하여 선물계약에서 평가손실을 입고 만기도래시 손실이 실현되어, 평가손실에 따라 약 10억 달러에 달하는 추가증거금의 누적적 지출과 손실발생에 따른 자금부담으로 1993년 하반기에 자금사정이 악화되었다. 또한, 지속적으로 단기선물가격이 장기선물가격보다 낮게 형성되어 선물계약 갱신시 추가자금이 필요하였다. 이러한 결과로 인하여 메탈게젤샤프트사는 1993년 12월에 유동성 부족 현상이 발생하여 경영진을 교체하였다. 신 경영진은 선물포지션과 장기 현물공급계약을 정리하였고, 이에 따라 13억 달러의 손실이 발생하여 결국 메탈게젤샤프트사는 파산하였다. 메탈게젤샤프트사의 대주주인 도이치은행 등 거래은행들은 이러한 정리계획을 지원하기 위하여 24억 달러의 구제금융을 실시하였다.

3. 선물거래 실패사례 – 아마란스 투자자문(Amaranth Advisors)사

(1) 선물거래 발생배경·과정

미국의 헷지펀드인 아마란스 투자자문(Amaranth Advisors)사는 2000년에 설립되었다. 설립 초기에는 전환사채 차익거래를 통해 주로 수익을 창출해왔다. 이후 합병 차익거래, 옵션거래, 레버리지 론, 에너지 거래 등 다양한 금융상품을 통해 수익을 올리는 주요 헷지펀드로 성장한다. 그러나 2004년부터 아마란스는 에너지 거래를 주된 투자분야로 삼기 시작한다. 이러한 추세는 계속 이어져 2006년에는 아마란스의 운용자금 중 50%, 수익의 75% 가량을 에너지 거래가 차지하게 된다. 아마란스는 에너지 중에서도 특히 천연가스 거래에 집중하였는데 이는 2005년 미국을 강타한 허리케인 카트리나로 인해 천연가스 생산량이 크게 감소하면서 가격변동이 심했기 때문이다.

아마란스는 2004년 이래 천연가스 시장에서 여름철 인도분 선물가격보다 겨울철 인도분 선물가격이 항상 더 높았다는 점에 착안하여 천연가스 가격이 더욱 오를 것이라 예상하고 천연가스 선물거래 비중을 계속하여 높인다. 즉, 계절에 따른 가격 변동이 심한 것을 이용하여 여름철 인도분 천연가스 선물에 숏 포지션, 겨울철 인도분 천연가스 선물에 롱 포지션을 유지하는 전략을 취한 것이다. 이러한 전략은 손실과 수익을 반복하였다. 실제로 2006년 5월에 아마란스는 천연가스 선물거래로 9억7천만 달러 가량의 손실을 보게 되지만 2006년 8월에 천연가스 선물거래를 통해 21억 달러의 수익을 올리면서 더 큰 투기에 빠지게 된다. 2006년 9월에 거래된 2007년 3월분 천연가스 선물거래에서 아마란스는 10만 계약을 매입한다. 하지만, 이러한 천연가스 선물 매입의 위험을 헷지할 다른 스왑 등을 전혀 매입하지 않았다. 이들은 몇 년간 겨울철 인도분 천연가스 선물가격이 항상 여름철 인도분 선물가격보다 높았다는 점 하나만을 믿고, 손실을 보더라도 다시 수익을 낼 수 있다는 생각으로 무리한 선물거래를 지속하였다.

(2) 결과

아마란스의 전략은 단기선물가격이 장기선물가격보다 높으면(backwardation) 이익이지만, 낮다면(contango) 손해가 발생한다. 즉, 높은 가격으로 선물을 매입한 후 만기가 도래하면 낮은 가격으로 매입한 선물을 매각하고 다시 높은 가격으로 새로운 선물을 매입하여야 하므로 손실이 발생한다. 과거 3년간의 추세에 의존한 아마란스의 전략은 천연가스 선물시장의 가격구조가 안정적이고 과거 추세를 따를 것이라는 가정과 추세분석 기간으로서 3년이 충분하다는 가정을 전제로 하고 있으나, 현실에서는 가정들이 적절하지 못하였음이 드러났다. 2005년 천연가스 선물가격은 100BTU 당 7달러 수준을 유지하였고, 아마란스는 2006년 이후 가격이 10달러를 넘을 것이라는 예상을 하여 큰 수익을 얻을 수 있었다. 그러나 아마란스가 계약을 한 직후인 2006년 9월부터 원유가격이 하락하였고, 미국 정부의 천연가스 재고량 증가 발표가 이어졌다. 또한, 예년보다 따뜻할 것으로 예상되는 겨울 등으로 인해 천연가스 현물가격이 1주 사이에 12% 하락하여 천연가스 선물가격이 100BTU 당 5달러 수준으로 급락하면서 2006년 4월에 거래한 천연가스 선물계약에서 큰 평가손실을 입고 만기도래시 손실이 실현되어, 추가증거금의 누적적 지출과 손실발생에 따른 자금부담으로 총 평가손실이 62억 달러에 달하게 되었다. 또한, 레버리지 비율이 7배를 넘었기에 더 이상 손을 쓸 수 없는 상황에 이르렀다. 아마란스는 모건스탠리와 JP 모건, 미국 내 연금 등의 자금을 운용하고 있었는데 이러한 결과로 인한 여파가 해당 기업으로까지 확장되었다. 이후 아마란스는 손실을 이기지 못하고 청산하게 된다.

CHAPTER

03

옵션

CHAPTER
03

I. 옵션의 의의

옵션이란 유가증권, 통화 등의 목적물을 일정한 기간 이내라면 그 시장가격에 관계없이 일정 가격(권리행사가격)으로 매입 또는 매도할 수 있는 권리를 말하며, 이러한 권리의 거래를 옵션거래라고 한다. 매입(또는 매도) 선택권의 매입자(또는 매도자)는 계약내용에 따라 일정 기간 안에 계약할 때의 가격으로 주식을 팔 수 있는 권리 또는 살 수 있는 권리를 취득할 수 있는데, 그 선택권의 매매에 대한 거래를 가리킨다.

옵션은 권리를 행사할 수 있는 선택권의 종류에 따라 풋옵션(put option)과 콜옵션(call option)으로 구분할 수 있다.

풋옵션은 기초자산을 매도할 수 있는 권리를 의미하며 매도선택권이라고도 한다. 그 매입자는 일정 기간 동안에는 언제라도 풋옵션의 매도자에게 계약가격으로 특정 수량의 주식을 팔 수 있는 권리를 가지고 있으며, 매출자는 권리가 행사되었을 경우 언제라도 그에 응해야 하는 의무를 가지게 된다. 콜옵션은 그 행사 방향이 반대이며 매입선택권이라고도 한다. 풋옵션과 콜옵션은 모두 매입자의 경우 손실은 한정되고 이익은 무한대이며, 매도자의 경우 이익은 한정되고 손실은 무한대인 특징을 가지고 있다.

예를 들면, 매도자인 투자가 A가 100원의 주식 100주를 6개월 이내에는 150원의 주가로 매도할 수 있는 권리를 1000원에 판다. 기간 내에 주가가 200원이 되었다면 옵션의 매입자 B는 A로부터 주식을 사서 시장에 팔면, $(200\times100)-(150\times100)-1000=4000$원의 이익을 얻는다. 그러나 반대로 50원으로 떨어졌을 경우 매입자 B가 권리를 포기한다면 1000원의 손해를 본다. A로서는 본래 5000원의 손해이지만 4000원의 손해로 끝나므로 매도자나 매입자의 리스크(risk)가 줄어드는 효과가 있다.

옵션은 선택권을 행사할 수 있는 기간에 따라 유로피언옵션(European option)과 아메리칸옵션(American option)으로 구분할 수 있다. 유로피언옵션은 만기일에만 권리를 행사할 수 있는 선택권을 의미하고, 아메리칸옵션은 만기일이 도래하기 전까지는 언제라도 권리를 행사할 수 있는 옵션을 의미한다.

옵션은 현물의 현재시장가격과 행사가격에 따라 등가격(ATM : At-The-Money), 내가격(ITM : In-The-Money), 외가격(OTM : Out-Of-The-Money)으로 구분된다.

- 기초자산(underlying asset) : 옵션거래의 대상이 되는 기초자산은 주가지수옵션의 경우 KOSPI 200 지수이다.

- 행사가격(exercise price or strike price) : 행사가격은 옵션거래에서 기초자산에 대한 콜옵션(매수가격) 또는 풋옵션(매도가격)을 말하며, 즉 다시 말해 권리행사의 기준가격을 의미한다.

- 만기일(expiration date) : 권리를 행사될 수 있는 특정시점 혹은 일정기간의 마지막 날을 의미하며, 만기일이 지나면 해당 옵션은 그 가치를 상실하게 되며 더 이상 그 권리를 행사할 수 없게 된다.

- 프리미엄(premium) : 옵션매수자는 만기일이 되었을 때 유리한 경우에는 그 권리를 행사하면 된다. 반면 옵션매도자는 옵션매수자의 권리행사에 응해야 하는 의무를 가지고 있다.

이처럼 옵션매도자는 옵션매수자에 비해서 일방적으로 불리한 상황에 처하게 되기 때문에 옵션매수자로부터 권리 부여에 대한 일정한 대가를 얻게 되는데 이것을 프리미엄 또는 옵션가격이라 한다.

II. 옵션의 역사와 발달

옵션거래는 17세기경 네덜란드의 튤립 투기 열풍이 일어나던 때부터 존재하게 되었다. 이와는 다르게 아주 먼 그리스 시대부터 옵션거래가 시작되었다는 이야기도 전해지는데 철학자 탈레스의 일화가 그것이다.

1. 옵션의 역사

(1) 그리스의 탈레스 이야기

그리스에는 밀레투스의 탈레스라는 철학자가 있었다. 그는 매우 가난하였는데 주위에서는 가난하다고 항상 조롱을 했다. 주위의 그런 조롱이 싫었던 탈레스는 자신의 가난은 스스로 선택한 것이라는 것을 증명해 보이고 싶어 했다.

그러던 어느 날 탈레스는 점성술로 그해의 날씨를 예측하여 올리브가 대풍작을 이루게 될 것이라고 예상하게 되었다. 그는 올리브 열매가 열리기 전에 그 지역에 있는 모든 압착기 소유주에게 선금(옵션가격)을 주고 그가 필요할 때 언제든지 압착기를 빌릴 수 있는 권리를 샀다.

압착기는 올리브유를 짜는 데 사용되었다. 그리고 압착기를 실제로 빌리는 데 필요한 대여금(행사가격)도 압착기 주인들과 협상을 통해 결정해 두었다. 마침내 올리브 수확기가 되었을 때 그가 예상한 대로 올리브는 대풍작이 되었고 압착기 소유주들에게 미리 협상한 대여금을 지불하고 그 지역의 모든 압착기를 빌려 두었다.

올리브 생산자들은 엄청나게 수확된 올리브를 가공하기 위해 압착기가 필요했으나 압착기를 가지고 있는 사람은 오직 탈레스 한 사람 뿐이었다. 탈레스는 자신이 지불한 대여금보다 훨씬 높은 가격을 압착기 대여금으로 책정하여 놓았지만, 올리브 생산자들은 울며 겨자 먹기로 압착기를 빌릴 수밖에 없었다. 그 결과 탈레스는 막대한 돈을 벌었으며, 그 이후부터는 누구도 탈레스를 가난하다고 놀리는 일이 없었다고 전해진다.

(2) 네덜란드의 튤립

현대적 의미의 옵션거래는 네덜란드의 튤립 투기 붐이 있었던 17세기 경이다. 1630년대 네덜란드에서는 튤립재배가 유명하였고 많은 사람들이 튤립재배로 돈을 벌고 있었는데 작황에 따라 가격변동의 폭이 커짐에 따라 재배자들과 중개업자들은 안정적인 가격으로 거래하는 방법을 찾게 되었다. 이때 옵션을 이용하게 되었는데 튤립을 매입할 중개인들은 콜(call)을 매입함으로써 일정 기간에 정해진 가격으로 튤립을 매입할 수 있게 되었으며, 튤립 재배자는 풋(put)을 매입함으로써 일정한 가격에 팔 수 있게 되었다.

2. 옵션의 발달

주식을 대상으로 하는 옵션거래는 17세기 말 런던에서 처음 시작되었으며, 그 후 18세기 말부터 미국에 도입되어 옵션이란 용어 대신 권리(privilege)라는 의미로 뉴욕 월가의 증권브로커들에 의해 장외주식옵션거래가 시작되면서 현대적인 의미의 옵션거래로 발전하였다. 옵션이 표준화된 계약으로 거래소에 상장되어 활발하게 거래되기 시작한 것은 1973년 시카고 옵션거래소(CBOE)가 개설된 이후에 이루어진 옵션거래였다. 주식옵션이 상장된 지 약 10년이 경과한 1982년에 T-bond와 T-note를 기본자산으로 하는 금리옵션이 상장되었고 12월 필라델피아 증권거래소(PHLX)에서 영국 파운드화에 대한 옵션거래가 시작되어 통화옵션거래도 이루어지게 되었다. 1983년 3월에 시카고 옵션거래소가 S&P 100 지수옵션을 상장함으로써 주가지수옵션거래가 시작되었다. 우리나라에는 1997년 7월 7일 KOSPI 200 주가지수옵션이 도입되었다.

3. 선물거래

선물거래(futures contracts)란 장래 일정 시점에 미리 정한 가격으로 매매할 것을 현재 시점에서 약정하는 거래로, 미래의 가치를 사고파는 것이다. 선물의 가치가 현물시장에서 운용되는 기초자산(채권, 외환, 주식 등)의 가격변동에 따라 파생적으로 결정되는 파생상품(derivatives)거래의 일종이다. 미리 정한 가격으로 매매를 약속한 것이기 때문에 가격변동에 따라 생길 수 있는 손실을 피할 수 있다. 위험회피를 목적으로 시작되었으나, 첨단 금융기법을 이용하여 위험을 능동적으로 받아들임으로써 오히려 고수익·고위험 투자상품으로 발전했다.

표 3-1 옵션과 선물의 비교

구분	옵션	선물
거래대상	기초자산의 매매권리	기초자산
포지션 청산	반대매매 및 권리행사	반대매매 및 실물인수도
권리와 의무	매수인 : 권리만 존재 매도인 : 의무만 존재	매수/매도인 모두 권리와 의무 존재
일일 정산	매도인만 일일 정산	매수/매도인 모두 정산
위탁증거금	매도자만 납입	매수/매도자 모두 납입
프리미엄	매도자가 매입자에게 권리를 부여하는 대가로 프리미엄을 받음	프리미엄의 수수가 없음

III. 옵션의 기능과 특징

옵션(option)은 주식이나 선물과는 다르게 손익구조가 비대칭인 특징을 가지고 있다. 이러한 특징으로 인해 옵션이 매수자에게는 권리만 부여받게 되고 의무는 부과하지 않게 된다는 것이다. 즉, 옵션매수자의 측면에서 보면 기본자산의 가격이 유리한 방향으로 움직이면 이익이 무한대로 정비례하는데, 그와 반대의 경우에는 손실이 프리미엄(옵션가격) 수준으로 한정되어 있어서 손실은 정비례하지 않는다. 이처럼 옵션거래에 있어서는 매수자가 매도자에 비해서 절대적으로 유리한 입장을 가지게 되므로, 실거래 시 매도자에 비해 매수자가 상대적으로 많을 수밖에 없으며, 수요-공급의 원칙상 옵션가격은 항상 고(高)평가되도록 되어 있다. 이러한 옵션가격(프리미엄)의 고평가수준은 만기일에 가까워 질수록 줄어드는 특성을 가진다.

1. 옵션거래의 기능

(1) 헷지 효과가 있다.

대상자산을 보유하고 있는 투자자는 풋옵션을 매수함으로써 대상자산의 가격하락에 따른 위험을 회피할 수 있다. 또한, 미래에 대상자산을 매수하려는 투자자는 콜옵션을 매수함으로써 그동안의 대상자산 가격상승에 따른 위험을 회피할 수 있다.

(2) 레버리지 효과를 기대할 수 있다.

옵션거래의 매수자는 대상자산의 가격보다 훨씬 적은 금액의 프리미엄으로 그 대상자산을 거래하는 유사한 효과를 얻을 수 있다.

(3) 매수자는 위험한정의 효과가 있다.

콜옵션거래의 매수자는 대상자산의 가격이 상승하면 권리를 행사하여 대상자산의 가격상승에 따른 이익을 실현하든지, 또는 옵션을 반대 매매하여 프리미엄의 상승에 따른 이익을 실현하든지 자유롭게 선택할 수 있다. 풋옵션거래의 매수자도 대상자산의 가격이 하락하면 권리를 행사하여 대상자산의 가격하락에 따른 이익을 실현하든지, 또는 옵션을 반대 매매하여 프리미엄의 상승에 따른 이익을 실현하든지 자유롭게 선택할 수 있다. 그런데, 이러한 옵션거래에 있어서 매수자는 시세변동에 따라 이익이 무한대로 정비례하는 반면 손실은 유한한(정해진) 범위 내에서 발생하며 정비례하지 않는다. 반면, 콜옵션이든 풋옵션이든 옵션거래에 있어서 매도자는 매수자의 권리행사에 무조건 응해야만 하기 때문에 시세변동에 따른 이익은 프리미엄(옵션가격)으로 미리 정해져 있다. 다시 말해서 이익은 유한하게(정해진 범위 내) 발생하며, 손실은 무한대로 정비례한다.

2. 옵션거래의 특징

(1) 파생상품이다.

옵션의 가격은 대상자산의 가격 움직임과 연동된다. 옵션은 그 자체로는 하나의 금융상품이지만 대상자산의 가격변동을 기초로 가격이 형성되는 상품이기 때문에 파생상품이라 한다.

(2) 기한부 상품이다.

옵션거래는 권리에 대한 거래이며, 그 권리는 채권과 같이 일정한 기간으로 제한되어 있다. 따라서 기간 내에는 권리를 행사할 수 있지만 기간이 지나면 권리를 행사할 수 없다.

(3) 소모성 상품이다.

옵션의 프리미엄은 내재가치와 시간가치로 구성되어 있는데, 시간가치는 만기일이 가까워질수록 감소하여 만기일에는 제로(0)가 된다. 따라서 옵션을 소모성 상품이라 하며, 만료일에는 내재가치(행사가치)만 남게 된다.

IV. 옵션의 종류

옵션의 종류는 여러 가지 기준에 따라서 나눌 수 있는데, 가장 일반적인 방법인 콜옵션(call option)과 풋옵션(put option)으로 분류하는 것이다. 콜옵션이란 특정 자산을 일정시점에 미리 협상을 통하여 정한 가격으로 살 수 있는 권리를 말한다. 그리고 그 반대로 특정 자산을 일정 시점에 미리 정한 가격으로 팔 수 있는 권리를 풋옵션이라고 한다. 이 밖에도 여러 가지 다양한 분류 기준이 있지만, 모든 종류의 옵션에는 살 수 있는 권리를 뜻하는 콜옵션과 팔 수 있는 권리를 뜻하는 풋옵션이 존재한다.

1. 콜옵션(Call Option)

콜옵션에는 매수자와 매도자가 존재하고 옵션 자체의 가격을 프리미엄이라고 지칭한다. 즉, 콜옵션의 매수자는 매도자에게 프리미엄을 지불하는 대신 기본자산을 살 수 있는 권리를 소유하게 되고, 콜옵션의 매도자는 프리미엄을 지급받는 대신에 매수자가 권리를 행사할 경우 미리 정한 가격에 따라 기본자산을 팔아야 할 의무를 지닌다. 하지만 선물계약과는 다르게 옵션계약은 권리만을 가지고 있기 때문에 매수자에게 불리할 경우, 매수자는 단순히 프리미엄 가격에 해당하는 돈만을 손해로 입은 채 권리를 포기할 수 있다. 반면에 매도자는 위에서도 말한 대로 프리미엄 가격에 해당하는 돈을 미리 받았기 때문에 자신에게 불리할 경우에도 매수자가 원할 경우 계약을 이행해야만 한다.

2. 풋옵션(Put Option)

콜옵션과 마찬가지로 풋옵션에서도 매수자와 매도자가 존재한다. 하지만 풋옵션의 매수자는 콜옵션과는 반대로 매도자에게 프리미엄을 지불하고 기본자산을 팔 수 있는 권리를 소유한다. 그리고 풋옵션의 매도자의 경우에는 프리미엄을 지급받는 대신에 매수자가 권리를 행사할 경우 미리 정한 가격에 따라 기본자산을 사야 할 의무를 지닌다. 이때에도 콜옵션과 마찬가지로 매수자는 의무가 아닌 권리만을 가지고 있기 때문에, 원치 않을 경우 프리미엄만큼의 손해를 감수한 채 권리를 포기할 수 있다. 하지만 매도자는 의무를 가지고 있기 때문에 매수자가 원할 경우 자신에게 아무리 큰 손해가 있더라도 기본자산을 사주어야 한다.

위에서 언급한 대로 옵션을 나누는 기준은 여러 가지가 있는데, 콜옵션과 풋옵션 외에도 행사방법과 기초자산에 따라 옵션을 분류할 수도 있다.

3. 행사방법에 따른 옵션 분류

우선 행사방법에 따라 옵션을 나눌 경우, 유럽형 옵션(European option), 버뮤다형 옵션(Bermudan option), 미국형 옵션(American option)으로 나눌 수 있다. 여기서 행사방법이란 행사(exercise)가 가능한 시기를 말하는데, 유럽형 옵션은 만기에만 행사할 수 있고, 유럽형 옵션과 미국형 옵션을 섞은 버뮤다형 옵션은 미리 정한 특정 시기에만 옵션을 행사할 수 있다. 마지막으로, 미국형 옵션은 만기까지 아무 때에나 매수자가 원하는 시기에 행사를 할 수 있다. 매수자의 입장에서는 행사시기가 더 유동적이고 포괄적일수록 수익을 내기가 쉽다. 반면에 매도자의 입장에서는 행사시기가 유연해짐에 따라 손해가 날 가능성이 더욱 높아진다. 그렇기 때문에, 이러한 매수자와 매도자의 입장차이는 결국 옵션가격인 프리미엄의 차이로 나타나는데, 옵션의 행사방법이 유연할수록 옵션 가격 또한 높아진다. 자연스럽게 만기 시까지 아무 때에나 권리 행사가 가능한 미국형 옵션의 가격이 가장 비싸고, 그 뒤로 버뮤다형, 유럽형 옵션순이다.[1)]

4. 기초자산에 따른 옵션 분류

다음으로 기초자산에 따라서도 옵션을 분류할 수 있는데, 현대에는 옵션 시장이 매우 발달하여 천 가지도 넘는 옵션의 종류가 존재한다. 그중에서 가장 주된 기초자산들에 따른 옵션을 소개하자면, 주식옵션, 주가지수옵션, 금리옵션, 통화옵션, 선물옵션, 그리고 중첩옵션을 이야기할 수 있다.

(1) 주식옵션(Stock Option)

주식옵션이란 일종의 포상금으로써 주로 기업이 임직원에게 일정량의 자사 주식을 일정한 가격에 살 수 있는 주식매입선택권을 주는 것을 의미한다. 쉽게 말해, 기업의 임직원이 자신의 업무에 있어 일정 기준 이상의 성과를 거둘

1) 옵션의 가격(프리미엄) : 미국형 옵션 〉 버뮤다형 옵션 〉 유럽형 옵션

경우 미리 정해진 가격으로 나중에 일정 주식을 살 수 있는 권리를 주는 것인데, 임직원의 좋은 성과로 자연스럽게 기업의 주가가 올라갈 경우 해당 임직원은 미리 결정한 가격보다 주가가 더 높아질 경우 권리를 사용하여 주식을 매입해 차익을 남길 수 있는 것이다. 따라서 해당 임직원은 자신과 회사 모두의 이윤을 위해 더욱 열심히 일할 동기를 부여받고, 회사는 이에 따라 더욱 큰 성장을 한다는 것이 주식옵션의 논리이다.

(2) 주가지수옵션(Stock Index Option)

주가지수옵션이란 주가지수를 기초자산으로 하여 만들어지는 옵션계약이다. 주식옵션과 유사해 보이지만 결정적인 차이는 옵션권리행사에 따른 수익의 형태이다. 앞에서 이야기한 주식옵션의 경우에는 옵션을 행사하면 주식을 기초자산으로 하기 때문에 수익 또한 주식의 매입을 통하여 이루어진다. 반면에 주가지수옵션을 행사할 경우에는 직접적으로 현금을 받을 수 있다. 즉, 주가지수옵션의 발행자는 옵션이 행사될 경우 주가지수와 행사가격의 차이에 일정 상수를 곱한 만큼의 돈을 현금으로 지급하여야 한다.

(3) 금리옵션(Interest Rate Option)

금리옵션이란 대표적으로 유로달러예금, T-bond 등의 금리상품을 기초자산으로 하는 옵션계약을 말한다.

(4) 통화옵션(Currency Option)

통화옵션이란 다른 나라의 통화를 기초자산으로 한 옵션거래로 특정통화를 장래 특정시점 혹은 특정기간 내에 미리 협상을 통하여 약정한 가격으로 매입 또는 매도할 수 있는 권리이다. 옵션 매입자는 콜옵션 혹은 풋옵션 종류에 따라 구매하거나 판매할 수 있는 권리를 취득하는 반면, 옵션 매도자는 상대방의 권리행사에 따른 이행 의무를 지니게 된다.

(5) 선물옵션(Future Option)

선물옵션이란 위에서 언급한 세 가지 옵션계약의 기초자산 중 하나를 기초자산으로 하여 만들어진 선물계약을 기초자산으로 한 옵션거래이다. 쉽게 말해, 하나의 기초자산을 가지고 만들어진 선물옵션이 있다고 할 때, 이 선물옵션 자체를 하나의 기초자산으로 보고 만들어진 옵션계약이 선물옵션이라고 할 수 있다. 이러한 선물옵션은 선물계약을 매입하거나 매도할 수 있는 권리를 지칭하는 것으로 옵션이 행사되면 그 결과에 따라 선물포지션이 발생하게 된다. 즉, 선물옵션의 매입자는 대상이 되는 선물의 포지션을 취할 수 있는 의무가 아닌 권리를 갖는다. 콜옵션의 경우 옵션 소지자가 권리를 행사하면 미리 정해진 가격으로 선물의 매수포지션이 되며, 반대로 풋옵션의 경우 옵션 소지자가 권리를 행사하면 그 가격으로 선물의 매도포지션이 된다.

(6) 중첩옵션(Compound Option)

중첩옵션이란 옵션계약 자체를 기초자산으로 보고 만들어지는 옵션거래이다. 선물옵션과 유사하지만 선물옵션은 어떠한 기초자산에서 만들어지는 선물을 기초자산으로 보는 반면, 중첩옵션은 어떠한 기초자산에서 만들어지는 옵션을 기초자산으로 다시 한 번 옵션을 중첩시켜서 만드는 것이다. 중첩옵션은 기초자산으로써의 옵션과 그 위에 생겨난 새로운 옵션에 따라 또 다시 분류할 수 있다. 쉽게 말해, 기초자산인 옵션이 콜옵션인지 풋옵션인지와 기초자산을 토대로 만들어진 새로운 옵션이 콜옵션인지 풋옵션인지에 따라서 네 가지로 나누어진다. 첫째, 콜온콜옵션(call on call option)은 콜옵션을 매입할 수 있는 옵션을 말한다. 둘째, 풋온콜옵션(put on call option)은 콜옵션을 매도할 수 있는 옵션이고, 셋째, 콜온풋옵션(call on put option)은 풋옵션을 매입할 수 있는 옵션이다. 넷째, 풋온풋옵션(put on put option)은 풋옵션을 매도할 수 있는 옵션이다. 쉽게 말해, X온X옵션이라고 할 때에 뒤의 X가 중첩옵션의 기초자산인 옵션의 형태를 지칭하고, 앞의 X가 옵션이라는 기초자산에 다시 만들어진 옵션의 형태를 지칭한다.

위에서 간략하게 설명한 여섯 가지의 옵션종류 외에도 수많은 옵션들이 존재한다. 하지만 가장 중요한 것은, 모든 옵션은 유형이든 무형이든 상관없이 어떠한 기초자산을 토대로 그 기초자산을 사거나 팔 수 있는 권리의 계약이라는 것이다. 이때에, 살 수 있는 권리를 계약하는 것을 콜옵션, 그리고 팔 수 있는 권리를 계약하는 것을 풋옵션이라고 한다.

V. 옵션을 이용한 투자전략[2)]

옵션 자체를 이용해서도 수익을 낼 수 있지만, 주식의 매수나 매입 혹은 다른 옵션과의 연계를 통한 여러 가지 투자전략이 존재한다.

1. 헷지성 옵션 전략

(1) 커버드 콜(covered call) 전략 = 주식매수 + 콜옵션 매도

커버드 콜 전략이란 주식을 매수함과 동시에 콜옵션은 매도하는 전략이다. 이 전략을 통해 주가가 하락할 경우에는 콜옵션을 매도하지 않았을 때보다 콜옵션을 매도하면서 받은 옵션의 가격만큼 손실이 줄어들게 된다. 반면에 주가가 상승하는 경우에는 옵션의 가격만큼 수익을 남길 수 있다.

(2) 보호적 풋(protective put) 전략 = 주식매입 + 풋옵션 매수

보호적 풋 전략이란 주식을 매입함과 동시에 풋옵션은 매수하는 전략이다. 이를 통해 주가가 하락할 경우에 손실은 옵션 가격에 한정되고, 반대로 주가가 상승할 경우에는 주가상승 분에서 옵션가의 가격을 제외한 만큼의 수익을 남길 수 있는 전략이다.

2. 스프레드 전략

(1) 강세 스프레드 전략(bull spread) = 행사가격 낮은 옵션매수 + 행사가격 높은 옵션매도

스프레드 중 가장 많이 이용되는 스프레드로, 만기일과 콜/풋의 종류가 동

2) p73 Exhibit 1 참조

일한 옵션들 중 행사가격이 낮은 것은 매수하고, 행사가격이 높은 것은 매도하는 전략이다. 기초자산의 시장가격이 오를 것으로 예측되지만 이에 대한 확신은 없을 때에 사용하는 전략이다. 이 전략을 통해 시장가격이 예상과는 반대로 움직였을 때의 손실을 제한시킬 수 있지만, 이와 동시에 시장가격이 엄청나게 오를 때에조차 얻을 수 있는 수익이 제한된다.

(2) 약세 스프레드 전략(bear spread) = 행사가격 높은 옵션매수 + 행사가격 낮은 옵션매도

강세 스프레드와는 완벽히 반대되는 시장상황에서 사용할 수 있는 같은 원리의 반대 전략으로, 기초자산의 시장가격이 하락할 것으로 예측되지만 이에 대한 확신이 없을 때에 사용할 수 있는 전략이다. 이 전략 또한 수익과 손실의 상한선을 동시에 제약한다.

강세/약세 스프레드 모두는 손실의 최대치를 제한시켜주지만, 동시에 수익의 최대치마저 제한시켜버리는 단점을 가지고 있다. 그렇기 때문에 시장상황을 확신할 수 없을 때에 사용하는 전략이지, 확신할 수 있을 때에는 사용하면 안 된다고 할 수 있다.

3. 컴비네이션 전략(Combination Strategy)

(1) 스트래들 전략(Straddle)

스트래들이란 행사가격과 만기일이 같은 콜/풋 옵션을 함께 매수하거나 매도하는 전략으로, 스트래들 매수 전략과 스트래들 매도 전략으로 나눌 수 있다.

1) 스트래들 매수 전략 = 행사가격/만기일이 같은 콜옵션/풋옵션 매수

기초자산의 현재 가격전망에 대한 견해가 양쪽 모두 치열하게 대립하고 있어서 장래에 어느 쪽으로든지 가격이 크게 움직일 가능성이 높을 때에 주로 사용하는 전략이다.

2) 스트래들 매도 전략 = 행사가격/만기일이 같은 콜옵션/풋옵션 매도

스트래들 매수 전략과는 반대로 기초자산의 가격변동이 현재에서 크게 변동할 가능성이 적은 경우에 사용할 수 있는 전략이다. 이 전략을 통해 이익을 옵션의 가격만큼 제한시키는 동시에 손실은 무제한으로 만들 수 있다. 이 전략은 가능한 이익에 비해 손실이 매우 크기 때문에 시장상황에 대한 확신이 있을 때에만 써야 하는 전략이다.

(2) 스트랭글 전략(Strangle)

스트랭글이란 만기일은 같지만 행사가격은 다른 콜/풋옵션을 함께 매수하거나 매도하는 전략으로, 스트래들과 같이 스트랭글 매수 전략과 스트랭글 매도 전략으로 나눌 수 있다.

1) 스트랭글 매수 전략 = 만기일 동일, 행사가격 상이한 콜/풋옵션 매수

스트래들 매수 전략과 효과가 비슷하다. 만기일은 같지만 행사가격은 다른 콜/풋옵션을 함께 매수하는 전략으로, 이익은 무제한인 반면 손실은 옵션의 가격으로 제한된다.

2) 스트랭글 매도 전략 = 만기일 동일, 행사가격 상이한 콜/풋옵션 매도

이 또한 스트래들 매도 전략과 효과가 비슷하다. 만기일은 같지만 행사가격은 다른 콜/풋옵션을 함께 매도하는 전략으로, 이익은 프리미엄으로 제한되는 반면 손실은 무제한으로 가능하다.

이 밖에도 다른 많은 옵션 전략들이 존재하지만, 위의 전략들이 가장 대표적인 전략이라고 할 수 있다.

VI. 옵션의 가격결정 요인[3)]

옵션의 가격인 프리미엄은 만기 시에는 내재가치에 의하여 결정되지만, 만기일 전까지는 다른 여러 가지 변수들에 의해 영향을 받아 그 가격이 결정된다.

---

3) 〈표 3-2〉 참조

이러한 변수들은 매우 다양하지만, 그중 주요한 변수들로는 옵션의 행사가격, 기초자산의 가격, 잔존기간, 무위험 이자율, 기초자산의 가격변동성, 그리고 기초자산의 현금배당률이다.

1. 행사가격

행사가격이 높을수록 콜옵션의 가격은 낮아지고, 풋옵션의 가격은 높아진다. 반면에 행사가격이 낮을수록 콜옵션의 가격은 높아지고, 풋옵션의 가격은 낮아진다.

2. 기초자산의 가격

옵션의 가격을 결정하는 가장 중요한 요인으로 기초자산의 가격이 높을수록 콜옵션의 가격은 높아지고, 풋옵션의 가격은 낮아진다. 반대로 기초자산의 가격이 낮을수록 콜옵션의 가격은 낮아지고, 풋옵션의 가격은 높아진다.

3. 잔존기간

옵션의 잔존기간이 길어질수록 미래 기초자산의 가격이 미리 정해놓은 행사가격보다 유리하게 형성될 가능성이 커지므로 콜/풋옵션의 종류와 상관없이 옵션의 가격은 높아진다. 반면에 잔존기간이 짧아질수록 두 옵션의 가격은 모두 낮아진다.

4. 무위험 이자율

무위험 이자율이 커질수록 미리 정해놓은 행사가격의 현재가치는 더욱 감소하게 된다. 그렇기 때문에 이자율이 상승할수록 콜옵션의 가격은 높아지고, 풋옵션의 가격은 낮아진다. 반면에 이자율이 하락할수록 콜옵션의 가격은 낮아지고, 풋옵션의 가격은 높아진다.

5. 기초자산의 가격변동성

기초자산의 가격변동성이 커질수록 콜/풋옵션의 종류와 상관없이 옵션의 가격은 올라간다. 반대로 기초자산의 가격변동성이 작을수록 두 옵션의 가격은 모두 낮아진다.

6. 기초자산의 현금배당률

마지막으로 기초자산의 현금배당의 경우, 배당금을 지급하면 주식보유자는 그 배당금을 받지만 옵션보유자는 배당금을 받지 못하기 때문에 배당 당일의 기본자산은 배당금액만큼 가격이 하락된다. 즉, 기초자산의 현금배당률이 클수록 콜옵션의 가격은 낮아지고, 풋옵션의 가격은 높아진다. 반대로 기초자산의 현금배당률이 낮아질수록 콜옵션의 가격은 높아지고, 풋옵션의 가격은 낮아진다.

표 3-2 옵션의 현재가격에 영향을 미치는 요인

	콜옵션	풋옵션
행사가격	−	+
기초자산의 가격	+	−
잔존기간	+	+
무위험 이자율	+	−
기초자산의 가격변동성	+	+
기초자산의 현금배당률	−	+

Exhibit 1

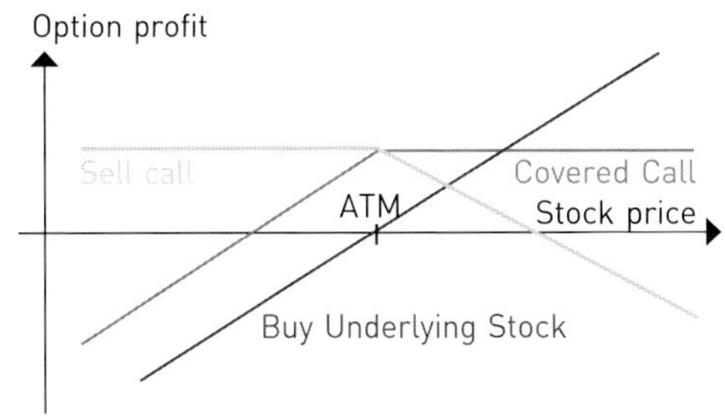

커버드 콜

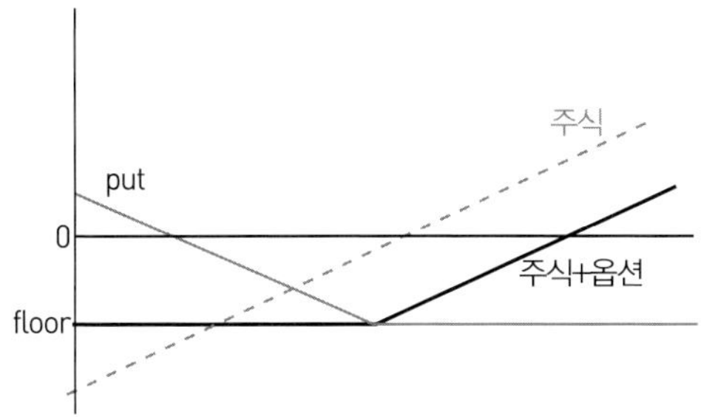

보호적 풋

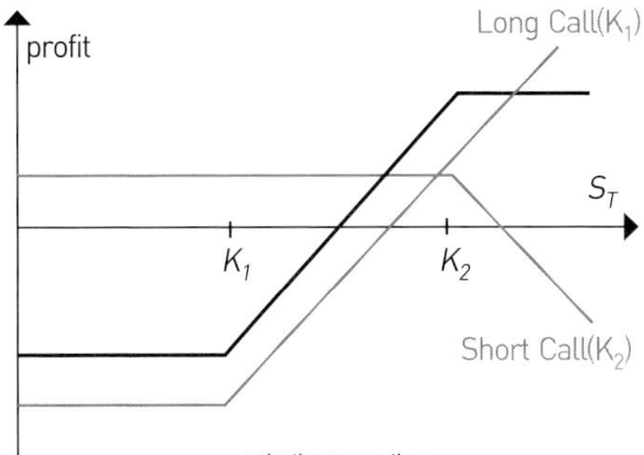

강세 스프레드

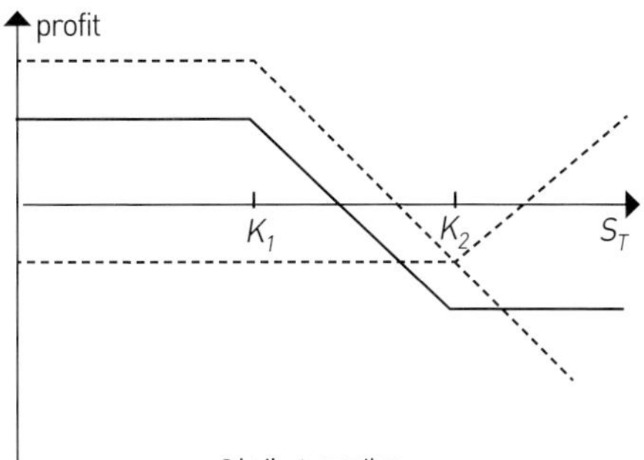

약세 스프레드

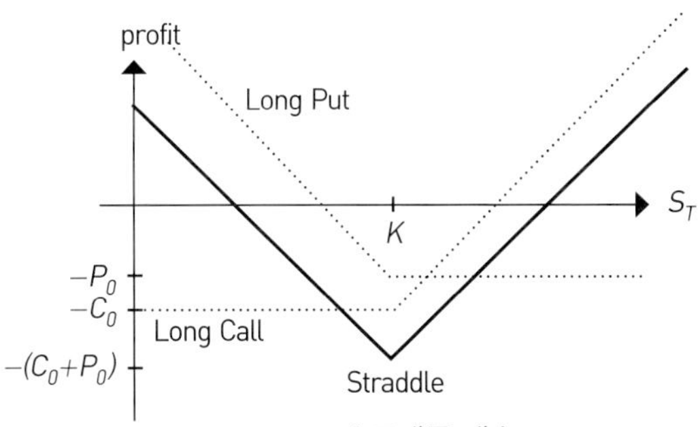

스트래들 매수

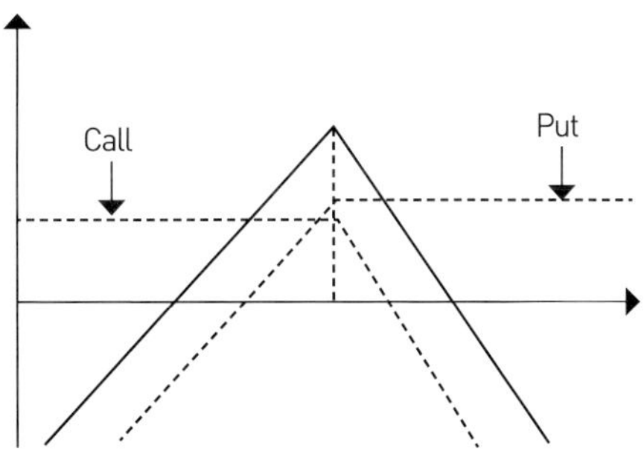

스트래들 매도

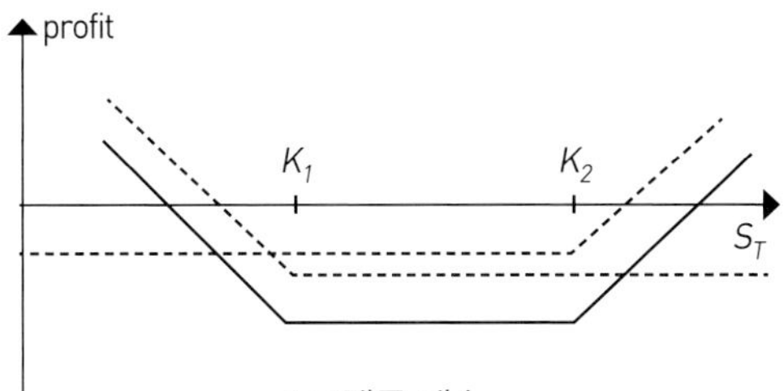

스트랭글 매수

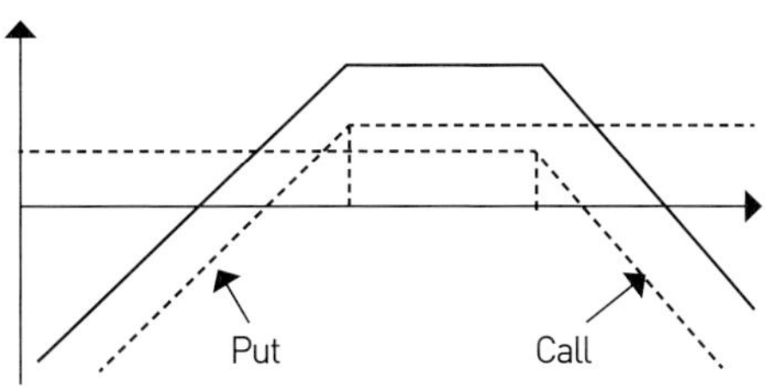

스트랭글 매도

Ⅶ. 옵션의 손익계산[4)]

옵션의 가격에 따른 손익을 살펴보기 전에, 옵션 행사가격에 따른 상태를 나누어볼 수 있다.

- 내가격(In-The-Money)

내가격은 한마디로 말해 이익을 볼 수 있는 상황인데, 옵션의 내재가치가 (+)값을 가지고 있는 것을 말한다. 콜옵션의 경우, 행사가격이 자산의 시장가격보다 낮은 상황을 내가격 콜옵션이라 한다. 반면에 풋옵션의 경우에는 행사가격이 자산의 시장가격보다 높은 상황을 내가격 풋옵션이라 한다.

- 등가격(At-The-Money)

등가격은 옵션의 행사가격과 해당 자산의 시장가격이 같은 경우를 말한다. 이때의 옵션을 등가격 옵션이라고 한다. 콜옵션이든 풋옵션이든 해당 상황에서 권리를 행사한다면 아무 이득도 손해도 보지 않게 된다.

- 외가격(Out-of-The-Money)

외가격은 한마디로 말해 손해를 보는 상황인데, 옵션의 내재가치가 (−)값을 가지고 있는 것을 말한다. 콜옵션의 경우, 행사가격이 자산의 시장가격보다 높은 상황을 외가격 콜옵션이라 한다. 반면에 풋옵션의 경우에는 행사가격이 자산의 시장가격보다 낮은 상황을 외가격 풋옵션이라 한다. 외가격의 상황은 이론적으로 옵션의 가치가 없으므로, 옵션 매수자는 권리를 행사하지 않는 것이 맞다.

1. 콜옵션의 손익계산

콜옵션을 매입한 경우, 만기일에 자산의 시장가격이 행사가격보다 높으면 매수자는 옵션권리를 행사하여 시장가격과 행사가격의 차이만큼 이익을 볼 수

---

4) p76 Exhibit 2 참조

있다. 이는 가격이 오를 것으로 예상되는 종목을 미리 싼 가격에 사는 것과 같은 의미이다. 콜옵션의 매수자는 옵션을 매수하는 시점에 매도자에게 옵션 프리미엄을 지급하므로 콜옵션을 행사하게 되면 실제 이익은 아래와 같다.

콜옵션 행사시 이익 = (만기일의 시장가격 - 행사가격) - 옵션 프리미엄 (3.1)

하지만 만기일에 자산의 시장가격이 행사가격보다 낮은 경우, 매수자는 높은 가격으로 자산을 살 이유가 없어져 옵션권리를 포기하게 된다. 따라서 콜옵션 매수자는 옵션의 매입가격(옵션 프리미엄)만큼의 손해를 보게 된다. 즉, 자산의 시장가격이 행사가격보다 높은 경우만 콜옵션 매수자는 옵션권리를 행사하게 되고, 매도자는 의무를 이행하게 된다. 자산의 시장가격이 행사가격보다 낮은 경우는 아무런 일도 일어나지 않게 된다.

콜옵션 매수자의 손익구조는 Exhibit 1에서 볼 수 있듯이, 콜옵션의 매수자는 자산의 시장가격이 행사가격보다 상승할 경우 상승한 폭만큼 무한대의 이익을 얻을 수 있다. 하지만 시장가격이 하락할 경우, 옵션권리를 포기함으로써 옵션의 매입가격(옵션 프리미엄)만큼의 한정된 손실만을 보게 된다.

반면, 콜옵션 매도자의 손익구조는 Exhibit 1에서 볼 수 있듯이, 콜옵션 매도자의 손익구조는 콜옵션 매수자와 대칭을 이루고 있다. 자산의 시장가격이 행사가격보다 하락할 경우, 옵션 프리미엄만큼의 이익을 얻지만, 시장가격이 상승할 경우 손실이 무한대로 커지게 된다.

2. 풋옵션의 손익계산

풋옵션을 매입한 경우, 만기일에 자산의 시장가격이 행사가격보다 낮으면 미리 정한 높은 행사가격에 자산을 매도하는 것이 이익이다. 따라서 풋옵션의 매수자는 옵션권리를 행사하게 된다. 매수자는 풋옵션을 매수할 때 매도자에게 옵션 프리미엄을 지불하였으므로 풋옵션을 행사하게 되면 실제 이익은 다음과 같다.

풋옵션 행사시 이익 = (행사가격 - 만기일의 시장가격) - 옵션 프리미엄 (3.2)

하지만 만기일에 자산의 시장가격이 행사가격보다 높을 때, 풋옵션의 매수자는 비싼 가격에 시장에 파는 것이 더 이익이므로 옵션권리를 포기하게 된다. 따라서 풋옵션의 매수자는 옵션의 매입가격(옵션 프리미엄)만큼의 손해를 보게 된다.

풋옵션 매수자의 손익구조는 Exhibit 2에서 볼 수 있듯이, 자산의 가격이 하락할 경우 매수자의 이익은 무한대로 커질 수 있지만, 가격이 상승할 경우에는 옵션권리를 포기함으로써 옵션 프리미엄만큼의 손해만 볼 수 있다.

반면, 풋옵션 매도자의 손익구조는 Exhibit 2에서 볼 수 있듯이, 풋옵션 매도자의 손익구조는 매수자의 손익구조와 대칭을 이룬다. 자산의 시장가격이 행사가격보다 상승할 경우, 옵션 프리미엄만큼의 이익을 얻을 수 있지만, 가격이 하락할 경우에는 무한대의 손해를 입게 된다.

Exhibit 2

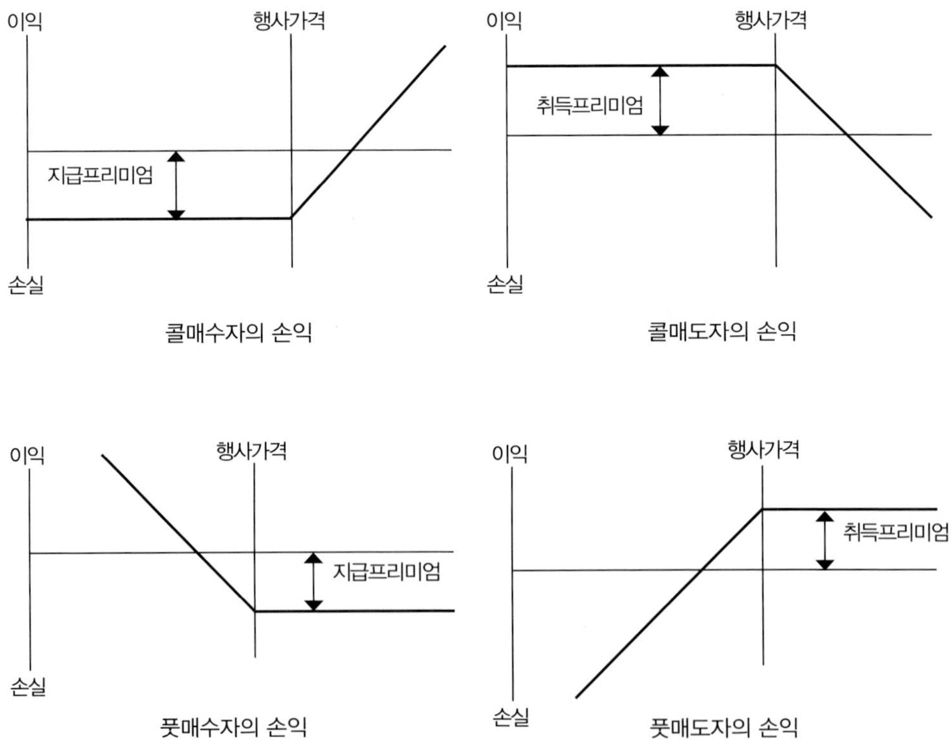

VIII. 우리나라의 옵션시장

1. 옵션시장의 구조

우리나라의 주가지수옵션거래는 1997년 7월 7일 시작되었다. 이 옵션거래는 KOSPI 200지수를 대상으로 한다. 우리나라 옵션시장에서 거래되고 있는 옵션은 유럽형 옵션뿐이다. 유럽형 옵션은 만료일에만 권리행사가 가능하며 만료일 전에는 권리행사가 불가능하다. 유형은 콜옵션과 풋옵션 두 가지가 있으며 만기는 네 가지가 있고, 행사가격은 다섯 가지가 있다.

우리나라 옵션시장은 모든 선물과 옵션의 거래가 증권거래소에서 이루어진다. 결제회사의 기능도 거래소가 담당한다. 기존 주식시장에서 거래를 하던 증권회사가 옵션거래를 할 수 있는 회원이 된다.

투자자들이 옵션거래를 하려면 증권회사에 설정된 선물옵션계좌에 500만원의 기본 예탁금을 예치해야 한다. 투자자들은 증거금의 의무를 부담해야 하므로 거래를 했을 경우 위탁증거금을 납입해야 한다. 유럽형 옵션이기 때문에 만기일에서야 옵션거래를 통해 얻은 손익이 최종적으로 확정된다.

옵션시장은 옵션거래소와 옵션거래중개인, 결제기관으로 구성된다.

(1) 거래소

우리나라의 주가지수옵션거래는 오직 증권거래소에서만 가능하다. 증권거래소는 다음과 같은 일을 한다.

- 거래대상이 되는 주가지수의 선정
- 거래의 기준과 방법에 대한 규칙의 제정
- 회원 등 시장참여자의 감독과 규제
- 관련 정보의 공시
- 회원의 자격심사 및 감리
- 결제업무

거래소의 회원으로 등록된 증권회사는 거래소의 결제기구에 대해 결제를 이행할 의무를 가지게 된다.

(2) 옵션거래중개인

옵션거래중개인은 고객의 주문처리, 고객의 미결제약정 수량에 관한 기록 유지 및 증거금 등 예약금 관리를 하며 그 대가로 수수료 수익을 얻는다. 옵션거래중개인도 역시 옵션거래의 회원이지만, 주로 투자자들의 옵션거래를 중개하는 역할을 한다. 옵션거래소는 회원제로 운영되고 있으며 회원의 자격을 얻기 위해서는 일정 기준 이상의 업무처리능력, 재무능력, 사회적 신뢰도 등을 갖추어야 한다.

(3) 옵션결제회사

옵션결제회사는 옵션거래소에서 거래된 모든 옵션계약을 결제한다. 선물거래에서의 청산소 기능을 담당하고 있다고 보면 된다. 옵션결제회사는 옵션거래체결의 역할을, 옵션발행자에게는 옵션매수자의 역할을, 옵션매수자에게는 옵션발행자의 역할을 하여 옵션계약의 이행을 중간에서 보증한다.

옵션결제회사는 옵션발행자나 회원으로부터 개시증거금과 유지증거금을 징수한다. 또한 반대매매를 통하여 옵션포지션을 청산하는 투자자들에게 증거금을 지급한다. 결제회사는 만기에 권리를 행사할 때 옵션을 발행한 회원으로부터 기초자산이나 현금을 인도받아서 이를 옵션소유자에게 인수한다. 이로써 옵션계약은 종결된다.

우리나라는 거래소가 옵션결제회사의 업무까지 담당하고 있다.

2. 옵션매매제도

(1) 거래대상

우리나라의 주가지수옵션거래의 대상은 KOSPI 200이다. KOSPI 200 옵션거래는 직접적인 매매대상이 ‘주가지수’가 아니라 ‘주가지수를 이용한 옵션’이다. 즉, 지수를 이용해서 옵션거래의 조건을 정하고, 옵션에 따른 권리를 매매 대상으로 하는 거래인 것이다. 이러한 점에서 '주가지수'를 직접적인 매매대상으로 하는 주가지수 선물거래와 다르다.

(2) KOSPI 200 지수(Korea Stock Price Index 200)

KOSPI 200 지수는 1996년 5월 3일 시작된 KOSPI 200 주가지수 선물거래와 1997년 7월 7일 시작된 KOSPI 200 주가지수옵션거래를 위해 한국거래소(KRX)에서 산출과 함께 발표하기 시작한 주가지수이다. 시가총액이 상위군에 속하고 거래량이 많은 종목 서열에 따른 200 종목이 편입된다. 지수 산출 기준 시점은 1990년 1월 3일이다. 이날의 시가총액을 100.00 포인트로 정하고 현재의 시가총액과 증감을 비교하는 식으로 장 운영시간 동안 매 2초마다 산출하여 발표한다. 개장 30분 전(일반적으로 오전 8시 30분)부터는 단일가매매에 따른 체결가격을 추정한 예상지수가 발표된다. 한편 2007년부터는 대주주의 지분, 보호 예수 물량 등 비유동성/비유통 주식수를 산출에서 제외하여 시세 반영률을 높였다고 한국거래소는 주장한다.

(3) 거래방법

개인투자자가 옵션거래를 하기 위해서는 증권회사에 선물옵션계좌를 개설해야 하고 계좌를 개설했다면 선물과 옵션을 동시에 거래할 수 있다. 계좌를 개설할 때는 기본예탁금으로 1500만 원의 현금 혹은 현금대용증권(채권 등)이 필요하고, 위탁증거금으로 보유한 선물 × 옵션 포트폴리오의 13.5%에 해당하는 금액을 납부해야 한다.

(4) 주문방법

주문방법은 가격 지정방법에 따라 세 가지로 나뉜다.

1) 지정가 주문

지정가 주문은 종목, 수량 및 가격을 지정하여 주문하는 방법이다. 매매는 지정된 가격 또는 지정된 가격보다 유리한 가격일 때만 성립된다.

2) 시장가 주문

시장가 주문이란, 종목 및 수량은 지정하되 가격은 지정하지 않고 주문하는 방법이다. 매매는 시장가격으로 이루어지므로, 즉시 거래성립이 가능하다.

3) 조건부 지정가 주문

조건부 지정가 주문은 마감동시호가거래(15:05 ~15:15) 전까지 매매가 안 될 경우 마감동시호가가 자동으로 시장가 주문방식으로 전환될 것을 조건으로 하는 지정가 주문방법이다.

(5) 매매계약 체결방식

매매계약은 가격 우선의 원칙, 시간 우선의 원칙, 수량 우선의 원칙에 의해 체결된다.

첫 번째로 전산시스템에 의한 개별경쟁 매매방식이 있다. 증권거래소가 투자자별 호가 및 수량을 접수하여 일정한 매매체결원칙에 따라 일치되는 호가끼리 거래를 체결한다.

두 번째로 집단경쟁매매란 매수자와 매도자가 한 장소에 모여 공개적으로 가격과 수량의 경합을 거쳐 계약을 체결하는 것이다.

(6) 거래의 중단

선물·옵션시스템에 장애가 발생하여 10분 이상 정상적인 매매거래가 불가능한 경우 또는 주식시장시스템에 발생한 장애가 10분 이상 지속되어 KOSPI 200 구성종목 중 100종목 이상에 대하여 매매거래를 할 수 없는 경우에 거래가 중단된다.

주가지수 선물거래가 매매거래중단제도(circuit breaker)에 의해 중단되는 경우도 있다. 전 영업일 거래량이 가장 많은 선물종목의 가격이 전 영업일 선물종가 대비 5% 이상 변동하여 1분 이상 지속되고 선물가격과 이론가격 간의 괴리율이 3% 이상 변동하여 1분 이상 지속되는 경우 모든 선물거래를 5분간 중단하는 제도이다. 매매거래중단은 1일 1회로 한정되고 14시 20분 이후에는 발동하지 않는다.

(7) 거래단위

옵션의 거래단위는 '계약'으로 표시된다. 최소거래단위는 1계약이다. 주가지수옵션의 대상은 실물이 없는 주가지수를 대상으로 하기 때문에 매수자가 결제이행을 요구할 때 당일의 주가지수와 사전에 약정한 가격인 매입(매도)가격과 행사가격의 차이에 일정금액을 곱한 값을 결제해야 한다.

우리나라 주가지수옵션의 거래단위는 KOSPI 200 지수에 50만 원을 곱한 금액, 즉 포인트당 50만 원을 곱한 금액으로 산정된다.

(8) 거래시간

거래시간은 오전 9시부터 오후 3시 15분까지이며, 토요일은 거래가 되지 않는다. 그리고, 최종거래일의 후장 마감시간은 25분 빠른 2시 50분으로 당겨진다.

표 3-3 주가지수옵션거래

구분	주가지수옵션
거래소	KSE
거래시간	월~금 : 전장 09:00~12:00 후장 13:00~15:15 최종거래일 : 전장 09:00~12:00 후장 13:00~14:50

(9) 결제월

KOSPI 200 옵션의 결제월은 연속 3월과 그 외의 월중 가장 가까운 1개의 월이다. 따라서, 항상 4개의 결제월 종목이 상장되어 거래된다. 거래기간은 3월, 6월, 9월, 12월의 4개 결제월 종목은 6개월씩이며, 그 외에는 결제월 종목마다 3개월이다.

(10) 최종거래일

최종거래일은 만기월의 두 번째 목요일이다. 이날이 휴장일인 경우에는 순차적으로 앞당기게 된다. 최종거래일은 옵션계약의 만기일(expiration date)이며, 만기일 이후 옵션거래의 모든 권리와 의무는 소멸되므로 각 결제월의 두 번째 목요일이 되면 해당 종목은 당일 매매거래시간 종료 후 상장이 폐지된다. 그 후 새로운 종목이 자동적으로 상장되어 거래된다.

(11) 호가단위

1계약의 크기는 지수 1포인트당 10만 원이다. 호가가격단위(가격변동폭)는 포인트로 표시되는데 옵션가격이 3포인트 이상일 경우는 0.05포인트, 즉 5000원이고 3포인트 미만일 경우는 1000원인 0.01포인트이다.

가격단위는 최소 가격변동폭으로써 가격이 3포인트 이상인 경우에는 0.05포인트(금액환산 5000원)로 정하고 있으며, 가격이 3포인트 이하인 경우에는 0.01포인트(금액환산 1000원)로 정하고 있다.

원칙적으로 상하한가 제한이 없다고 보면 된다. 다만, KOSPI 200 지수의 상하한폭인 30% 변동폭을 기준으로 이론가 이내에서 호가를 제한하고 있으므로, 이를 가격제한폭으로 보면 된다. 최종결제가격은 최종거래일의 KOSPI 200 지수 종가라고 볼 수 있다.

IX. 옵션과 관련된 사고사례

1. 베어링스(Barings) 은행과 닉 리슨(Nick Leeson)

(1) 베어링스 은행

1995년 2월 26일, 233년 전통의 베어링스 PLC는 파산했다. 베어링스 은행은 1762년부터 1995년까지 존재했던 영국의 은행이다. 1762년에 프란시스 베어링과 그의 형인 존 베어링에 의하여 "존 앤 프란시스 베어링스 컴퍼니"로 창업되었다. 영국 왕실과 관계가 깊어, "여왕 폐하의 은행"이라고까지 불리었으나, 이 은행은 28세의 니콜라스 리슨(Nicholas Leeson)이라는 한 거래자에 의해 추락하여 단 1파운드에 네덜란드의 ING사에 의해 팔려갔다. 리슨은 선물, 옵션을 활용한 파생상품 거래로 은행에 총 13억 달러의 손실을 입혔다. 이 손실 규모는 은행의 전체 자기자본을 완전히 잠식시키기에 충분한 규모였다.

(2) 베어링스 은행의 파산

베어링스사는 아시아 선물시장에 진출하려는 목적으로 싱가포르에 자회사인 BFS(Barings Futures Singapore)를 설립하였다. 리슨은 1992년 3월부터 BFS에서 일본 오사카 증권거래소와 싱가포르 증권거래소 간 Nikkei 225 차익거래를 담당했다. 리슨은 당시 경영진들도 잘 모르던 고위험의 파생금융상품거래에서 엄청난 수익을 올렸다. 1993년에는 싱가포르지점 수익의 20%를 혼자서 벌어들여 베어링스의 최대 스타로 떠올랐고 최고경영진의 신임을 한 몸에 받아, 한때 30만 파운드의 연봉과 수백만 파운드의 보너스를 받았다.

주가 선물거래에서 큰 재미를 보았던 리슨은 95년 일본 닛케이주가지수 선물에 일생일대의 도박을 걸었다. 그러나 그해 1월 고베 지진과 미국의 금리 정책 변경으로 예측이 빗나가면서 14억 달러라는 천문학적인 손실을 입었다.

베어링스사의 몰락을 가져온 13억 달러의 손실은 선물계약을 통해 일본주식시장에 노출된 대규모의 위험에서 비롯되었다. 싱가포르 베어링스사 선물거래부의 선임거래자인 리슨은 일본 주식 포트폴리오인 Nikkei 225에 대한 주가지수선물에 매입포지션을 늘려가고 있었고, 싱가포르와 오사카 증권거래소에서 베어링스사의 포지션은 액면가 기준으로 70억 달러까지 다다랐다. 95년 첫 2개월 동안에 시장이 15% 이상 하락하자 베어링스은행의 선물포지션은 막대한 손실을 입었다. 이러한 손실은 옵션매도포지션으로 인해 더 커졌다. 손실이 늘어났지만 리슨은 그의 투자전략이 옳다고 완고한 믿음하에서 비밀계좌에 손해부분을 감추는 대신 포지션의 규모를 증가시켰고 그 결과 거래소에서 요구하는 현금지불을 하지 못하게 된 2월 23일에 그는 자취를 감추었다.

리슨은 콜옵션과 풋옵션을 동시에 발행하는 스트래들 매도(Short Straddle) 포지션을 취하였다. 이 포지션으로 리슨은 콜옵션과 풋옵션의 프리미엄을 한꺼번에 확보할 수 있었다. 시장의 높은 변동성이 반영되어 당시 프리미엄은 상당히 높게 형성되어 있었다.

리슨은 그동안의 손실을 모두 '88888'이라는 특별계정을 이용하여 감추고 있었는데 이 계정은 금융회사들이 실수를 정리하거나 또는 고객지원 등을 위해 특별히 고안된 일종의 비밀계정이었다. 그러나 리슨은 이 계정을 활용하여 모든 손실을 회사 몰래 숨기고 그동안의 모든 손실을 한꺼번에 만회하고자 보다 위험하고 액면금액이 큰 무모한 투자전략을 세우게 되었다.

리슨의 투자행위가 전혀 규제되지 않은 이유 중에 하나는 그가 과거에 엄청난 실적을 올렸기 때문이다. 1994년에 리슨이 베어링스사에 벌어 준 이익은 회사 이익의 약 5분의 1에 해당하는 2천만 달러였다. 이런 실적은 리슨과 그의 상사들에게 엄청난 보너스를 안겨 주었다. 또, 리슨의 투자행위가 규제되지 않은 이유는 그 당시의 소홀한 관리감독 및 보고 구조체계 때문이라고 비난되기도 한다. 리슨의 부서는 지역적인 라인과 기능적인 라인을 밟아 투자과정을 보고했으나, 본질적으로 분권화된 이러한 인사조직 구조하에서는 감독기능이 제대로 발휘될 수 없었기 때문이다.

베어링스사가 보수적인 은행으로 평가되었기 때문에, 이 은행의 파산은 전 세계 금융기관에 큰 경종을 울렸다. 이 파산은 베어링스사의 통제기능이 놀라울 정도로 결핍되어 있었음을 보여 주었다. 리슨은 거래부서와 지원부서를 모두 통제하고 있었는데, 지원부서의 기능은 모든 거래가 지침에 의해 행해지고 있는지를 확인하고 검사하는 것이었다.

싱가포르와 오사카 거래소도 포지션 규모를 통보하지 못한 이유로 어느 정도 따가운 비판을 받았다. 오사카 거래소에서 베어링스사는 선물포지션을 2만 계약(1단위 계약금액은 20만 달러)까지 증가시켰고, 이것은 그 다음으로 규모가 큰 포지션(2500계약)의 8배에 해당한다.

또한 리슨은 싱가포르 거래소에서 Nikkei 지수선물 43000계약에 매입포지션을 취하고 있었는데, 이 포지션은 싱가포르거래소 Nikkei 지수선물 모든 미결제 계약수의 약 30%에 달하는 엄청난 크기였다. 미국 선물거래소의 어떤 직원은 이런 포지션이 만약 미국에서 취해졌으면 훨씬 더 빨리 주목받게 되었을 것이라고 말했다. 결국 베어링스사의 주주들은 이 손실을 모두 책임져야 했고 약 10억 달러에 이르는 자기자본의 시장가치가 완전히 소멸되어 베어링스사의 주가는 0이 되었다. 채권자들은 1달러당 5센트씩 지급받았고, 추가적인 손실의 일부는 네덜란드의 금융서비스그룹인 국제네덜란드그룹(International Netherlands Group : ING)에게 돌아갔다.

(3) 닉 리슨의 향방

닉 리슨은 사기와 서류위조 등의 죄목으로 1995년 12월 구속돼 6년 6개월 징역형을 받았다. 싱가포르 타나메라 특별감옥에서 복역해 오던 그는 1998년 대장암에 걸려 대장의 일부를 제거하는 수술을 받았으며 부인 리사에게서 이혼 당했다. 하지만 모범수 생활을 해온 점이 인정돼 1999년 3년 6개월 만에 석방되었다.

리슨은 출소 직전 자신의 파란만장한 인생역정을 담은 『악덕 거래인(rogue trader)』이란 책을 내놓아 판권계약을 확보했으며 영국의 여러 타블로이드 신문과는 자신의 이야기를 게재하는 대신 거액의 돈을 받기로 하기도 했다.

그림 3－1 베어링스 파산의 주범, 닉 리슨

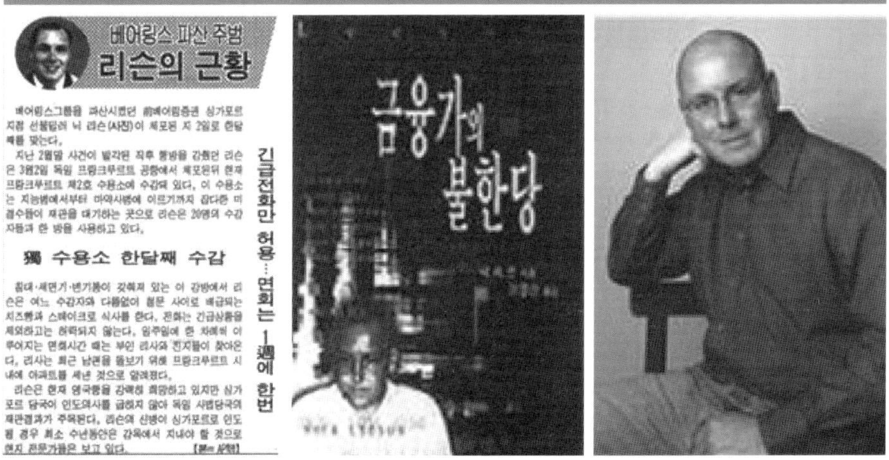

기사 출처: 1995년 4월1일자 경향신문

2. 도이치뱅크(Deutsche Bank) 옵션 쇼크

2010년 11월 11일 도이치뱅크는 장 마감전 코스피지수 풋옵션을 16억 원 상당 매수한 뒤 보유 중인 주식을 동시호가 때 대량 매도해 주가를 급락시키는 수법으로 448억 원의 시세차익을 챙겼다. 이는 금융시장 참여자의 책임 문제 등을 야기시키며 큰 충격을 준 사건이다. 이 옵션쇼크로 국내 자본시장이 큰 충격을 받았으며 해외자본에 대해서 국내에서 어떻게 대처하느냐를 두고 큰 논쟁이 벌어졌다.

(1) 도이치뱅크 옵션 쇼크 상황

2010년 11월 11일 옵션만기일인 이날, 마감 동시호가에서 도이치증권을 통해서 무려 1조6천억 원이라는 한국증시사상 초유의 최다 외국인 매물이 쏟아졌다. 이 충격으로 마감 동시호가의 10분이라는 짧은 시간에 29조 원의 천문학적인 돈이 허공으로 증발했고, 종합주가지수는 53.12포인트 내려간 1914.73으로 주저앉고 말았다.

이날은 외국인의 꾸준한 매수유입으로 1970선을 넘나들며 꿈의 2000선을 목전에 두고있던 상황이었고, 동시호가 직전에 프로그램 매매는 1300억 원 매수우위에서 10분 만에 9300억 원 매도우위라는 충격적인 사건이 벌어졌다. 그 사건의 중심에는 도이치증권이 있었다. 도이치증권은 코스피 시가총액 1위 삼성전자에서 36위 삼성엔지니어링까지 36개 종목 매도 1위의 매도폭탄을 던지며 한국증시를 일순간에 패닉장세로 만들었다. 다음날 장 초반 1960선에 육박하며 전날의 도이치쇼크를 벗어나는 듯 했으나, 기관들은 6324억 원 상당의 매물을 내놓으며 시장을 끌어내렸고, 도이치뱅크 옵션 쇼크의 충격에서 벗어나지 못한 채 1.61포인트 내린 1913.12로 마감했다.

이 사건으로 인하여 와이즈에셋자산운용은 하나대투증권을 통해 거래한 옵션에서 890억 원의 손실을 기록했다. 이뿐만 아니라 옵션투자에 손을 댄 증권사, 연기금, 사모펀드 등 적게는 수억 원에서 크게는 1000억 원대의 손실을 본 것으로 나타났고, 금융당국에서는 아직도 피해 손실규모가 얼마인지 정확히 집계가 불가능하며, 지금까지도 소송이 진행되고 있다.

(2) 도이치뱅크 옵션 쇼크로 인한 피해사례

그림 3-2 도이치 옵션 사태

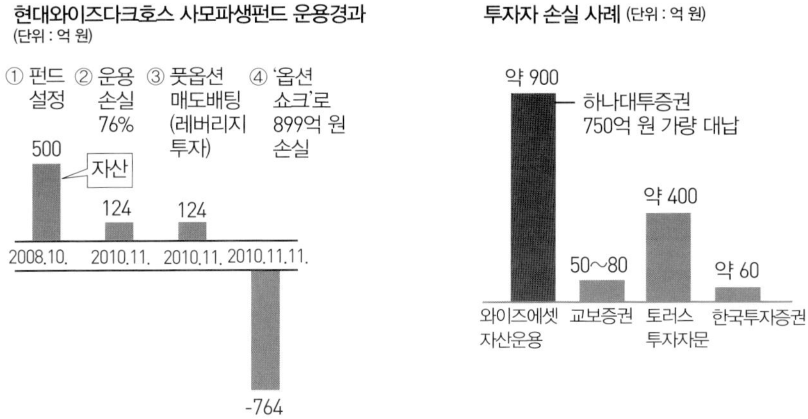

와이즈에셋자산운용은 도이치뱅크 옵션 사태로 인하여 898억 원의 손해를 봤다. 당시의 와이즈에셋자산운용의 포지션을 보면 다음과 같다. 우선 Wise Asset이란 곳이 취한 포지션이 스트랭글 매도 포지션이다. Wise Asset이 취했던 스트랭글 매도 포지션이 문제가 되었는데, 이러한 스트랭글 매도 포지션은 외가격(이익실현구조가 아닌 가격)의 콜옵션과 풋옵션을 동시에 매도하는 전략이다. 즉, 프리미엄의 가격 이익만 취하겠다는 구조가 되는 것이다.

그림 3-3 와이즈에셋자산운용의 '양매도' 전략 구조

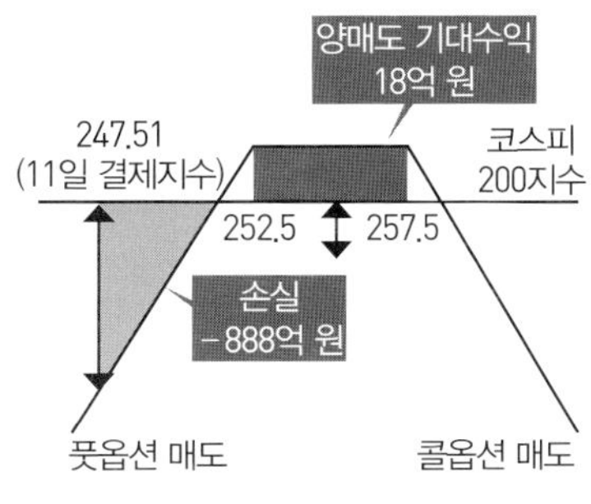

그림과 같이 Wise Asset은 코스피 지수 252.5에서 풋 매도를 하였고, 257.5에서 콜 매도를 했다. 즉 코스피 지수가 만기일에 이 안에만 존재하게 되면, 프리미엄 가격을 받게 되는 것이었다. 단, 252.5~257.5에서 코스피 지수가 마감하게 되면 옵션 매수자는 이 프리미엄의 행사를 포기하게 될 것이고 그것에 상승분(하락분)만큼 손실을 입게 되는 것이다. 즉 스트랭글 매도 포지션은 시장의 변동성에 대해서 약할 것을 예상하고 그 예상에 대해서 이익을 취하려는 포지션이다.

그런데 도이치뱅크로 밝혀진 11.11 옵션쇼크로 인해서, 프로그램 매도 폭탄이라는 사건이 발생하였고, 지수는 247.57로 급락하게 되고 이러한 하락분만큼 손실을 입었다.

(3) 옵션 쇼크 후의 향방

옵션 쇼크에 대한 도이치뱅크의 검찰조사 결과 풋옵션을 미리 매수해둔 한국 도이치증권과 도이치은행 홍콩지점이 고의적으로 보유 물량을 대거 매도하는 시세조종으로 드러났고 이익으로 448억 원을 챙긴 것으로 드러났다. 이로 인해 도이치증권에 대해서 관련 직원에 대해 유죄가 선고되었으며 도이치증권에 대해서는 지금도 제재가 가해지고 있다.

이런 사후적인 대책으로 위법 대상자를 처벌하는 수준이 아니라, 사전적으로 이런 사건이 재발할 수 있는 제도와 투자자를 보호할 수 있는 장치가 하루빨리 마련되어야 하며, 파생상품에 대한 올바른 이해와 교육이 필요하다.

3. 한맥투자증권 옵션거래사고

2013년 12월 12일 한맥투자증권에서 옵션주문사고가 발생하였다. 옵션 주문사고는 PC 변수값 설정오류 때문이라고 밝혀졌는데 코스피 200 지수 옵션주문에서 오류가 발생하여 막대한 손실을 입게 된 것이다.

한맥투자증권은 12월 18일 보도자료를 통해 “지금까지 인지된 사항으로는 착오거래일 당일 주문PC의 변수값 설정 오류에 따른 착오주문이 실행됐다”며 “파생상품결제대금 총 미납금액은 415억 원”이라고 밝혔다. 오류거래로 발생한 총 손실액 462억 원 중 13억4000만 원은 익일 거래소에 결제대금으로 납입한데 이어 지난 12월 16일 10억 원을 추가로 거래소에 납부했고 손해배상공동기금 기납부액 24억 원이 결제에 충당됐다는 설명이다.

특히, 한맥투자증권은 지난 12일 파생상품 거래로 회원사 자기매매분에서 이익이 있을 것으로 추정되는 7개 회원사들과 착오거래에서 발생한 특별이익과 특별손실에 대해 전액 원상복구하는 데 합의했다고 밝혔다. 다만 12일 착오거래의 상세한 거래내역 자료는 제반규정 때문에 아직 확보하지 못해 양해각서를 체결한 7개 회원사로부터 환급받을 수 있는 금액은 확정되지 않은 상태다.

회사 측은 "외국의 거래상대방과도 이런 방법을 통한 구제에 최선을 다하고 있고 실패할 경우를 가정해 여러 가지 방안을 강구하고 있다"고 밝혔다. 또, "고객자산 보호와 원활한 타사 이관 및 출금을 위해 전력을 다하고 있고, 현재 고객자산은 안전하게 출금되거나 관리되고 있다"며 "어떤 경우에도 고객피해는 없을 것"이라고 강조했다.

(1) 오류사건 이후 국내거래 현황

금융감독원은 오류주문 사건 이후에 특정 외국계 투자사 및 관련기관을 지목하여 국내 증권사에게 거래하지 말 것을 권고한 것이 주목받고 있다. 애당초 지난 12월 한맥투자증권 오류사태는 시스템상 오류로, 이로 인한 피해규모는 막대하지만 원리는 단순한 사고로 알려졌는데, 이 오류거래로 인한 천문학적인 이득을 얻은 곳이 외국 투자자와 외국 투자기관이라는 사실이 알려지면서 논란이 되고 있다. 그리하여 금융감독원이 한맥투자증권의 코스피 200 옵션 주문 실수로 이득을 본 미국계 헷지펀드 C사에 대해 압박 강도를 높이고 있다. 불공정거래 여부를 파악하기 위한 예비조사에 들어간 데 이어 국내 모든 증권사에 "C사와 거래를 끊으라"고 권고했다. 감사원은 '한맥 사태'의 원인을 분석하기 위해 한국거래소에 대한 정밀 감사에 착수했다. 언론사들이 "현미경 감사"라고 할 정도로 금감원은 강도 높게 지난번보다는 이 사건을 조사하고 있다.

금융감독원은 최근 거래소 및 국내 증권사 해외영업 담당자들과 회의를 열고 "C사는 비상식적인 거래 행태로 국내 파생시장의 안정성을 떨어뜨렸다"며 "거래소의 파생상품시장 업무규정에 근거해 C사가 당분간 국내에서 영업하지 못하도록 할 방침이니 협조해달라"고 요청했다. 또한 거래소는 금감원의 요청에 따라 NH농협증권, BS투자증권, 신영증권 등 C사의 국내 위탁계좌를 운영하고 있는 3개사에 대해 "C사의 신규 주문을 받지 말라"고 권고했다. 다른 증권사에 대해선 "C사의 신규 계좌개설 요청을 거부해 달라"고 당부했다.

거래소의 '파생상품시장 업무규정' 124조 5항은 '회원 증권사는 공익, 투자자 보호, 시장 거래질서 안정을 위해 필요하다고 인정하는 경우 거래의 수탁을 거부할 수 있다'고 규정하고 있다. 금감원은 C사의 행태가 공익 및 시장질서 안정을 해쳤던 만큼 수탁 거부 요건에 부합한다고 판단한 것으로 알려졌다. 해외업체가 국내 주식이나 파생상품을 거래하기 위해선 국내 증권사에 계좌를 개설해야 하는 만큼 이번 조치는 사실상 C사의 '한국 파생시장 퇴출'을 의미한다.

(2) 금융당국의 향후 대처

이런 오류로 인한 금융사고가 발생하자 금융당국에서도 감사는 감사대로, 조사는 조사대로 진행하면서, 제도적 장치를 마련하기 시작했다. 한맥투자증권의 대규모 옵션투자 주문 사고를 계기로 증권업계의 거래 시스템 전반에 대한 점검이 시급하다는 판단이 있었고 향후 유사한 사태를 방지하기 위함이다. 금융감독원장은 최근 "한맥증권 사고는 주문처리의 신속성·편리성만 강조하고 위험관리는 경시하다 발생한 것"이라며 "증권사들의 옵션거래 실태에 대한 면밀한 점검에 나서 달라"고 주문하기도 했다. 금융당국도 제도적 장치를 보완하는 한편 각 투자사와 은행들도 스스로 꼼꼼히 그들의 시스템을 살펴봐야 한다고 강조하였다. 금감원 고위 관계자는 더불어, "동양증권에 대한 검사가 마무리되는 다음달부터 증권업계 선물·옵션거래 내부통제 시스템 현황에 대한 검사를 실시할 예정"이라고 밝혔다. 금감원은 이미 파생상품 거래 주문 실수에 대한 주의를 촉구하는 내용의 공문을 각 증권사에 발송했다. 금감원이 증권업계 선물·옵션거래 시스템에 대한 검사를 추진하는 것은 한맥증권 사고에서 드러났듯이 일부 중소형 증권사가 위험감지 기능조차 제대로 갖추지 않은 거래 시스템에 기반해 거액의 파생상품 거래에 나서고 있다고 판단했기 때문이다.

한국거래소는 시가와 차이가 큰 호가의 경우 접수를 제한하는 방향으로 알고리즘 거래에 대한 위험관리를 강화해 나갈 방침이다. 킬 스위치 제도라는 옵션자동매매 같은 알고리즘 거래 시 거래소 측에 관련 계좌 등을 등록해 두면 주문 실수 시 해당 계좌에 제출된 모든 호가를 한꺼번에 취소하는 제도도 도입할 준비를 하고 있다.

CHAPTER

04

스왑

CHAPTER

04

I. 서론

단일한 시간에 시작되는 많은 파생계약들이 존재한다. 예를 들어, 선도계약은 미래의 특정시점에서 발생하는 거래에 대한 가격을 고정시킨다. 그러나 많은 거래들은 반복적으로 일어난다. 채권을 발행하는 회사는 규칙적으로 기간마다 이표지급을 실행하고 다국적회사는 자주 각국의 화폐를 교환하고는 한다. 생산에 투입되는 상품을 사거나 파는 회사는 상품과 연계된 가격을 지불하거나 지불받는다.

이러한 상황에서 한 가지 의문이 생길 수 있다. 만약 관리자가 계속적으로 위험의 요소가 있는 상품에 관하여 위험을 줄이고자 하는 방법을 찾는다면, 위험을 상쇄시킬 수 있는 가장 쉬운 방법은 무엇일까? 한 가지 분명한 답은 우리는 각각의 지불금에 대하여 분리된 선도계약을 하는 것이다. 그러나 만약 일련의 지불에 관하여 하나의 거래로 위험을 상쇄할 수 있다면 보다 편리하고 편의성이 높을 것이다.

II. 상품스왑의 예시

간단한 상품스왑의 예시를 통하여 스왑에 대해 알아보고자 한다. 우리의 목적은 스왑이 어떻게 선도계약과 관련되어지는지, 왜 사람들이 스왑을 이용하는지 그리고 시장조성자들이 어떻게 위험을 피할 수 있는지에 대해 이해해 보고자 한다. 후반부에 가서는 스왑의 가격 공식과 스왑이자율, 총수입 스왑, 그리고 더욱 복잡한 상품스왑에 관련한 예를 알아볼 것이다.

생산자 IP회사는 100,000배럴의 오일을 지금으로부터 1년 후와 2년 후에 구매할 것이다. 1년 후의 선도가격이 배럴당 110달러, 2년 후의 선도가격이 배럴당 111달러라고 해보자. 또한 제로쿠폰채의 이자율은 각각 6%와 6.5%이다.

IP는 2년 동안의 오일의 비용을 확정할 수 있는 선도계약을 이용할 수 있다. 명확하게 말하면, IP는 다음 2년 동안 매년 100,000배럴의 오일에 대한 선도계약에서 롱포지션을 취하고, 1년 후에 배럴당 110달러, 2년 후에 배럴당 111달러를 지불하는 것이다. 비용에 대해 현재가치를 구해보면 다음과 같다.

$$\frac{110}{1.06}+\frac{111}{1.065^2}=-201.638$$

IP는 오늘 시점에 이만큼의 금액을 투자해서 1년 후와 2년 후의 오일을 살 수 있는 자본에 대해 확신할 수 있다. 다른 방법으로는, IP는 오일 공급자에게 201.638달러를 지불하고, 공급자는 2년 동안 1배럴씩 배달해 주는 것이다. 미래의 단일 배달에 관한 오늘의 단일 지불을 선물스왑이라고 한다.

비록 선물스왑 시장에 들어가는 것이 가능할지라도, 구매자는 신용위험에 관한 걱정이 있을 것이다. 구매자들은 아직 배달되지 않은 2년 동안의 오일을 위해서 모든 비용을 지불했기 때문이다. 같은 이유로 인해, 다른 상대편은 오일은 미리 배달이 되고 지불은 2년 뒤에 발생하는 postpaid스왑에 관한 걱정을 가지고 있다. 양자에게 모두 매력적인 해결책은 총 금액은 고정시켜놓고 오일이 배달될 때까지 지불을 미루는 것이다.

여러 실현 가능한 방법이 있지만, 보통의 스왑은 매년마다 동일한 금액을 지불하는 것을 말한다. 1배럴에 관해 매년 지불하는 금액을 X라고 했을 때

$$\frac{X}{1.06}+\frac{X}{1.065^2}=-201.638$$

이 방정식이 성립하기 위하여 매년마다 110.483달러를 지불해야 한다. 우리는 2년의 스왑가격을 110.483달러라고 말할 수 있다.

1. 실물과 금융의 비교

지금까지 스왑의 상대편이 오일이라는 실제물건을 구매자에게 공급할 때의 스왑을 살펴보았다. 그러나 금융상품으로도 스왑을 거래할 수 있다. 예를 들어, 시장의 가격이 115달러라면 상대방은 IP에게 밑에 나오는 만큼을 지불해야 한다.

$$\text{spot price} - \text{swap price} = 115 - 110.483 = 4.517$$

이러한 경우처럼, 오일의 구매자인 IP의 입장에서는 오일의 시장가격이 얼마인지와 상관없이 비용은 110.483달러만큼이 된다.

우리는 지금까지 1배럴을 가지고 얘기해 보았다. 따라서 100,000배럴의 스왑이라면, 단순히 모든 현금흐름에 100,000을 곱해주면 된다. 이 예에서 100,000은 스왑의 notional amount라고 하는데, 이는 총 지불금액의 규모를 결정하기 위한 것이라고 할 수 있다.

2. 왜 스왑가격이 110.50달러가 아닐까?

스왑가격인 110.483달러는 오일의 두 선도가격의 평균인 110.50달러와 비슷하다. 하지만 정확히 같지는 않은 이유는 무엇일까?

스왑가격이 110.50달러라고 가정해보자. 오일의 구매자는 첫해에는 선도가격보다 0.50달러를 더 지불하고 그 다음해에는 선도가격보다 0.50달러 덜 지불하게 된다. 그러므로 구매자는 상대방으로부터 이자가 없는 대출을 받은 것과 비슷하다. 다시 진짜 스왑가격인 배럴당 110.483달러를 생각해보자. 선도가격인 첫해의 110달러와 다음해의 111달러와 비교했을 때, 우리는 첫해에 0.483달러를 더 지불하고 다음해에 0.517달러를 덜 지불한다. 그러므로 이 스왑은 두 개의 선도계약에서 롱포지션을 취하면서 첫해에 0.483달러를 빌려주고 다음해에 0.517달러를 받는 것과 동일하다고 할 수 있다.

이것의 이자율은 $0.517/0.483 - 1 = 7\%$ 이다. 그렇다면 이 7%는 어디서 나왔을까? 우리는 1년 제로쿠폰채의 이자율을 6%, 2년짜리를 6.5%로 가정했었다. 이 7%의 이자율은 첫해와 둘째 해의 사이에 있는 내재선물이자율이라고 할 수 있다.

3. 스왑 상대방

스왑의 상대방은 스왑에서 발생하는 오일 가격의 위험을 회피하고자 하는 딜러라고 할 수 있다. 딜러는 여러 방법으로 위험을 회피한다. 첫째로, 오일 판매자가 오일의 판매가격을 고정하고 싶다고 생각해보자. 이 경우에는, 딜러가 한 쪽에서 받은 금액을 다른 쪽으로 전달하면서 오일 판매자와 구매자 사이에서 스왑의 중개자 역할을 한다. 실제로는 구매자가 지불한 고정 금액은 판매자가 받는 고정 금액보다 크다. 이 차이가 바로 딜러의 수수료라고 할 수 있다.

그림 4-1 스왑거래구조

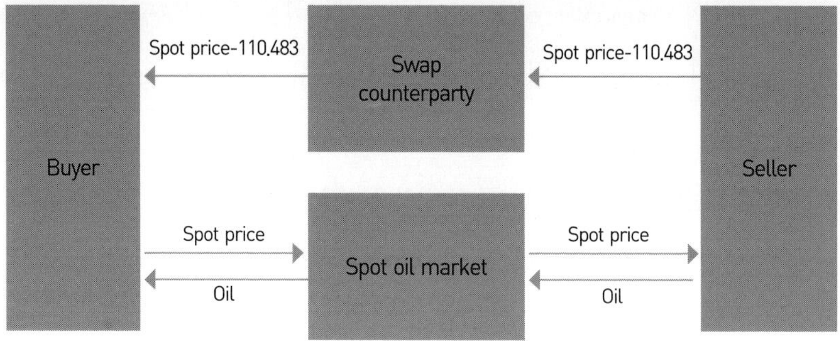

위의 그림이 이 스왑거래가 어떻게 작동하고 있는지 나타낸 그림이라고 할 수 있다. 오일 판매자는 오일의 현물가격과 스왑가격에서 현물가격을 뺀 만큼을 받는다. 오일 구매자는 현물가격을 지불하고 현물가격에서 스왑가격을 뺀 만큼을 받는다. 딜러가 구매자와 판매자를 맞춰주는 상황을 백투백 거래라고 한다. 딜러는 두 당사자의 신용리스크를 감내해야 하지만 가격리스크에는 노출되지 않는다.

딜러입장에서 자연스러운 위험 회피는 선도계약에서 롱포지션을 취하거나 선물계약을 하는 것이다.

표 4-1 스왑거래의 효력

year	Payment from oil buyer	Long forward	net
1	110.483 - year 1 spot price	Year 1 spot price - 110	0.483
2	110.483 - year 2 spot price	Year 2 spot price - 111	-0.517

위의 표는 어떻게 이 전략이 효력을 발생하는지에 대해 나타낸 것이다. 앞서 말했듯이, 스왑거래에는 내재적인 이자율이 있고, 이는 위 표에 명백하게 나타난다.

III. 스왑의 시장가치

스왑의 구매자가 처음으로 계약할 때 스왑의 가치는 0이다(수수료 및 bid-ask spread 제외). 구매자의 관점에서 스왑은 2개의 선도계약과 돈을 빌려주는 계약과 동일하다. 하지만 스왑계약이 체결된 이후의 가치는 0이 아니다. 그 이유로는, 첫째로 기초자산의 선도계약 가격 및 빌려준 돈에 대한 이자율이 변하기 때문이다. 둘째로, 만약에 기초자산의 선도가격 및 이자율이 변하지 않는다고 해도 첫 번째 스왑 지급/수취가 발생한 다음에는 한쪽이 더 지불한 만큼 스왑계약을 해지할 때 지불해야 하고, 그러므로 스왑의 가치가 0이 아니다.

스왑에 대한 포지션을 헷지할 때에는 두 가지의 방법이 있다. 첫째로, 기존 스왑계약의 상대방과 협의하에 기존 스왑계약을 헷지하는 것이다. 둘째로, 기존 스왑을 유지하고 그 거래의 반대 방향(예를 들자면 floating을 받고 fixed를 지불하는 형태였다면 fixed를 받고 floating을 지불하는)의 새로운 스왑을 계약하여 기존 스왑의 포지션을 상쇄하는 것이다. 두 번째의 방식을 취하게 뒤면 fixed 스왑 지불의 차이만이 다를 뿐, 기존 포지션을 상쇄할 수 있다. 더 나아가, 그 차이는 미리 알 수 있기 때문에 변동성의 위험은 사라진다. 하지만 만약에 기존 스왑의 상대방과 반대 포지션의 스왑 상대방이 동일한 인물이 아닐 경우, 신용 리스크가 존재하고 그러므로 첫 번째 방식을 선호하는 경향이 있다.

예를 들어 원유에 대한 스왑 거래에 들어가서 위에서 언급한 두 번째 방식, 즉 새로운 계약으로 기존 포지션을 상쇄하는 방법을 보자. 기존 스왑거래가 floating을 받고 fixed를 지불하는 거래였다면, 포지션은 floating Spot price of oil−fixed($100)으로 표현할 수 있다. 그리고 상쇄하는 거래를 맺는다면, fixed $105−floating (Spot price of oil)이 된다.

그렇다면 최종 포지션은 floating (Oil Spot)−fixed($100)+fixed($105)−floating (Oil Spot)이 되고, fixed의 차이인 5달러의 현재가치가 스왑계약의 시장가치이다.

스왑 레이트는 기존 스왑의 가치와 fixed 스왑 지불의 현재가치를 일치시켜주는 비율이다.

1. 기초자산의 수량이 고정된 스왑

노셔널이 정해져 있고 기초자산의 수량이 고정된 스왑을 고려해보자. 그 스왑에는 n개의 스왑 지불/수취가 있고 각 지불은 t_i, $i=1,2,\ldots,n$의 시기에 발생한다. 그리고 선도계약의 가격은 F_{0,t_i}로 주어진다고 가정한다. 이자율은 채권의 가격으로부터 계산한다. t_i에 만기하는 제로쿠폰 채권의 가격은 $P(0,t_i)$로 주어지고, 이 가격에서 구한 이자율로 스왑 지불 금액을 현재가치로 할인한다.

기존 스왑의 포지션은 각 시기에 한 단위씩 선도계약에 들어가는 것과 동일하므로 기존 스왑의 가격은 각 시기의 선도계약을 현재가치로 할인한 것과 동일하다. 그러므로 기존 스왑의 가치는 $\sum_{i=1}^{n} F_{0,ti}P(0,t_i)$이다. 고정 스왑의 가치는 스왑 지불의 현재가치가 기존 스왑의 가치와 일치하게 하는 것으로 구할 수 있다. 그러므로 아래의 공식이 성립하면 고정 스왑의 가치 R을 구할 수 있다.

$$\sum_{i=1}^{n} RP(0,t_i) = \sum_{i=1}^{n} F_{0,t_i} P(0,t_i) \tag{4.1}$$

$$R = \frac{\sum_{i=1}^{n} F_{0,t_i} P(0,t_i)}{\sum_{i=1}^{n} P(0,t_i)} \tag{4.2}$$

분자의 경우 선도계약의 가격에 의해 암시된 지불가격들의 현재가격이고, 분모는 1달러를 영구적으로 지불하는 것의 현재가격이다.

스왑의 가치 R을 또 다른 방법으로 구할 수 있다. 이 방법은 스왑가격과 선도계약의 가격의 차이를 현재가치로 할인한 값의 합이 0과 일치하게 하는 방법이다.

$$\sum_{i=1}^{n} P(0,t_i)[R-F_{0,t_i}]=0 \tag{4.3}$$

처음에 구한 R의 공식을 조금 변형하면 다음과 같이 나타난다.

$$R = \sum_{i=1}^{n}\left[\frac{P(0,t_i)}{\sum_{i=1}^{n}P(0,t_i)}\right]F(0,t_i) \tag{4.4}$$

위의 식을 이해하자면, 스왑 가치 R은 선도계약의 가격에 가중치를 둔 것의 합이고, 그 가중치는 제로쿠폰 채권을 사용하여 구한 것이다.

2. 기초자산의 수량 및 고정 지불 비용이 변화하는 스왑

위에서 우리는 기초자산의 수량이나 지불하는 비용이 고정된 스왑 거래의 가치를 계산하는 방법을 살펴보았다. 이번에는 수량 및 비용이 변화하는 스왑 거래의 가치를 계산할 것이다. 그렇다면 왜 이런 변화하는 스왑 거래가 필요할까? 기초자산이 가스같은 경우에는 겨울에 난방 등을 통해 가스 사용량이 증가하여 가스 수요에 계절성이 있으므로 수량이나 지불 비용에 변동성이 있으면 더 좋기 때문이다.

이런 경우에 기존 스왑의 가격은 $\sum_{i=1}^{n}Q_{t_i}F_{0,t_i}P(0,t_i)$, where $Q_{t_i}=$ 시간 t에 구매할 기초자산의 수량이다. 구매자가 기초자산 Q_{t_i}만큼의 개수를 RQ_{t_i} 달러만큼 지불하고 구매하는 스왑을 고려해보자. 이 지불한 금액들의 현재가치들이 바로 위에서 구한 기존 스왑의 가치와 일치해야 한다.

$$\sum_{i=1}^{n}Q_{t_i}RP(0,t_i) = \sum_{i=1}^{n}Q_{t_i}F_{0,t_i}P(0,t_i) \tag{4.5}$$

이것을 다시 R로 정리하면 다음과 같다.

$$R = \frac{\sum_{i=1}^{n}Q_{t_i}F_{0,t_i}P(0,t_i)}{\sum_{i=1}^{n}Q_{t_i}P(0,t_i)} \tag{4.6}$$

앞의 식에서 보듯이, 만약에 구매자가 기초자산 선도계약의 가격이 상대적으로 비쌀 때 구매하려고 하면 가중치를 더 줘야 한다.

스왑의 가치 R을 구하는 다른 방법은 수량-가중치를 둔 스왑의 가격과 선도가격이 0이 되게 하는 것이다.

$$\sum_{i=1}^{n} Q_{t_i} P(0,t_i)[R - F_{0,t_i}] = 0 \tag{4.7}$$

추가적으로 계절성을 고려하여 가격을 시즌/비시즌으로 나누어서 구할 수 있다. 위에서 본 예처럼 가스의 가격을 고려할 때 시즌인 겨울과 여름으로 나눠서 구하면, 다음과 같이 구할 수 있다.

$$R_{겨울} \sum_{i=겨울}^{n} Q_{t_i} P(0,t_i) + R_{여름} \sum_{i=여름}^{n} Q_{t_i} P(0,t_i) = \sum_{i=1}^{n} Q_{t_i} F_{0,t_i} P(0,t_i) \tag{4.8}$$

IV. 이자율스왑(Interest Rate Swaps)

1. 단순 이자율스왑

많은 기업체에서 이자율 위험 노출을 조정하기 위해서 이자율스왑계약을 체결한다. 이는 이자율의 변동에 따른 위험을 최소화하기 위한 계약으로서 금융시장에서 두 차입자가 각자의 이자율 조건을 교환하는 계약을 말한다. 적용대상은 기존 부채와 신규 부채 모두이며, 이를 통해서 거래 당사자들은 차입비용을 절감하거나 금리 변동의 위험을 줄일 수 있다.

일반적으로 이자율스왑은 변동금리와 고정금리 간의 전환하는 방식이 사용된다. 거래 대상자인 두 차입자가 각각 서로 다른 금리에 있어서 유리한 조건의 차입이 가능할 때 거래가 이루어진다. 각각의 거래 당사자가 자기가 속한 변동금리 또는 고정금리 중 비교우위에 집중하고 이자율을 서로 교환함으로써 비용 또는 리스크를 줄이는 방식인 것이다.

다음의 사례를 통해서 왜 스왑계약이 다른 헷징 방식보다 유리하며 어떻게 이루어져 있는지 구체적으로 살펴보자.

예컨대, XYZ 회사가 LIBOR 기준 변동금리로 2억 달러를 차입하려고 한다고 가정해 보자. 즉, XYZ사는 매년 변동하는 LIBOR 기준의 이자율을 적용받는다. 그런데 만약 XYZ사가 이러한 이자율 변동 위험을 줄이고자 고정금리를 선호한다면 다음의 세 가지 방법을 통해서 실현시킬 수 있을 것이다.

첫째, XYZ사는 변동금리 약정을 해지하고 고정금리로 새로운 차입을 시행할 수 있다. 그러나 이 과정에서는 거래 비용이 발생하게 된다.

둘째, XYZ사는 남은 기간 동안의 이자율을 고정시키기 위해서 매년 선도금리계약(forward rate agreements)을 체결할 수 있다. 그러나 선도금리계약의 이자율은 매년 다르기 때문에 회사의 차입 비용은 매년 다양하게 나타날 수밖에 없다.

셋째, 스왑계약을 체결하는 것이다. 고정금리를 받고 변동금리를 지불하는 스왑계약을 통해서 이자율 변동 위험을 회피할 수 있다. 현재 XYZ사가 6.9548%의 변동금리를 적용받고 이 이자율로 스왑계약을 체결하였다고 가정해 보자. 앞으로 XYZ사는 6.9548%의 이자율을 계약 상대방에게 지불하고 LIBOR 금액을 받아서 채무자에게 LIBOR금액을 지불하면 된다. 따라서 XYZ사는 이 스왑계약을 통해 LIBOR의 변동에 관계없이 항상 6.9548%의 이자율만 적용받게 된다. 즉, XYZ사의 순 지불금액＝－LIBOR+LIBOR－6.9548%＝ －6.9548%가 되는 것이다.

스왑계약에는 선도금리계약과 비슷하게 시간제약이 존재한다. 연초에는 차입 이자율이 알려져 있지만, 이자 지급액의 기준이 되는 시점은 연말이 된다. 따라서 변동이자율의 결정일은 그 기간의 초가 될 것이다. 또한 선도금리계약과 마찬가지로 스왑계약에서의 지불도 기말에만 이루어질 것이라고 생각할 수 있다.

이자율스왑이 이루어지면 오직 순스왑지불액만이 이루어진다. 위의 사례의 경우 LIBOR금액과 6.9458%의 차이만큼만 이루어지는 것이다. 만약 스왑계약의 상대방이 파산하게 되면 그들은 최대 순스왑지불액의 현재가치만을 지불할 의무를 지게 된다. 이러한 사실은 스왑이 채권보다 신용위험이 덜함을 의미한다. 이는 채권의 경우 파산시 원금을 회수하지 못할 위험에 처하게 되지만 스왑의 경우는 순스왑지불금액만이 위험의 대상이 되기 때문이다.

그림 4-2 스왑계약의 구조

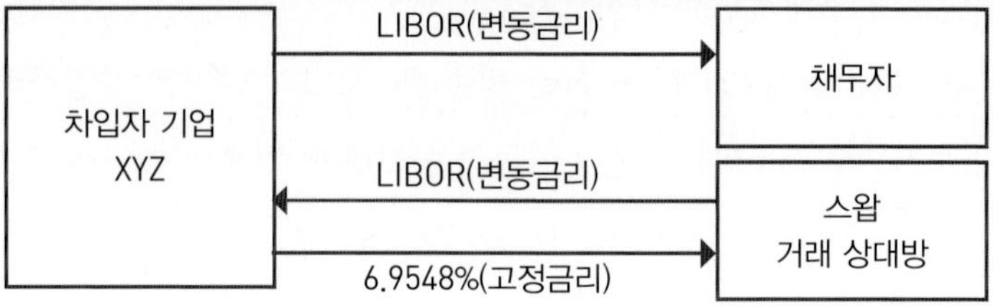

2. 스왑의 가격 결정

스왑의 가격 결정 구조를 이해하기 위해서 스왑계약에 참여하는 서로 다른 상대방의 입장에서 생각해 볼 필요가 있다. 먼저, 계약 상대방의 하나인 시장조성자(투자전문기관 등)의 입장에서 생각해 보자.

시장조성자인 투자전문기관은 스왑계약을 체결함으로써 수수료를 받는 것을 목적으로 할 뿐 이자율 위험을 떠안기 위하여 참여하지 않는다. 따라서 그들은 거래에서 발생하는 위험을 헷징하고자 할 것이다. 이들은 스왑계약에서 고정이자율을 받고 변동이자율 금리를 대신 부담해주는 역할을 한다. 따라서 이들의 위험은 변동이자율이 상승하는 것이다. 변동이자율위험은 선도이자율계약에 참여함으로써 헷지할 수 있다.

시장조성자인 투자전문기관은 최대한 높은 금액의 고정금리를 받고자 할 것이다. 그러나 시장조성자들 간의 경쟁으로 인해서 이들이 받는 고정금리의 수준은 헷지된 현금 흐름의 현재가치가 0이 되는 수준으로 떨어질 것이다. 그 결과 액면가로 발행한 같은 만기의 쿠폰채권 이자율과 같게 될 것이다.

스왑 이자율과 액면가로 발행되는 쿠폰채 이자율이 같으므로 거래 비용을 고려하지 않는다면 차입자의 입장에서는 스왑과 채권이 무차별하게 보일 수도 있다. 물론 앞서 밝힌 바와 같이 다른 방법들을 통해서도 이자율을 고정시키는 효과를 얻을 수 있다. 그러나 다른 계약의 경우 다른 비용들이 발생하며 스왑 계약은 채권보다 신용위험이 덜 하므로 스왑계약이 이점이 있다고 할 수 있을 것이다.

3. 스왑 이자율과 채권

스왑 이자율의 계산은 내재선도이자율과 선물가격에 다음의 공식을 적용하여 계산할 수 있다.

$$R=\frac{\sum_{i=1}^{n}P(0,t_i)F_{0,t_i}}{\sum_{i=1}^{n}P(0,t_i)} \quad (4.9)$$

그러나 스왑금리를 표현하는 다른 방법이 있는데, 이자율스왑의 경우에는 다른 방법이 더욱 효과적이다. 이 방법은 t_1과 t_2 사이의 내재선도금리와 무이표채권 가격과의 비율에 의해 제공되는 $r_0(t_1,t_2)$에 의한 것으로 다음과 같다.

$$r_0(t_1,t_2)=P(0,t_1)/P(0,t_2)-1 \quad (4.10)$$

다시 이 공식을 정리하면, 다음과 같다.

$$\sum_{i=1}^{n}P(0,t_i)[R-r(t_{i-1},t_i)]=\sum_{i}^{n}P(0,t_i)[R-\frac{P(0,t_{i-1})}{P(0,t_i)}+1] \quad (4.11)$$

이 공식을 0이 되게 하는 R을 풀어보면, 다음을 얻게 된다.

$$R=\frac{1-P_0(0,t_n)}{\sum_{i=1}^{n}P_0(0,t_i)} \quad (4.12)$$

이 공식은 액면가로 발행된 쿠폰채를 구하는 공식의 변형을 통해서도 산출할 수 있다.

$$R\sum_{i=1}^{n}P(0,t_n)+P(0,t_n)=1 \quad (4.13)$$

위의 공식은 이자율이 R일 때의 액면발행 쿠폰채를 구하는 공식이다. 결국 스왑 이자율은 액면발행 쿠폰채의 이자율과 같음을 확인할 수 있다. 이러한 결론은 직관적으로 의미를 주는데, 변동이자율로부터 고정이자율로 스왑을 체결하는 회사는 고정 금리의 채권과 경제적으로 동등한 결론에 도달하기 때문이다.

스왑과 채권 계산에서의 일치는 또한 이자율이 변동할 때 스왑의 가치가 어떻게 변할지에 대한 계산으로도 확장될 수 있다. 이자율의 증가는 고정된 지불액의 현재가치를 하락시키는 효과가 있다. 고정금리 수용자는 채권 소유자와 같은 위험(가치의 하락)에 노출된다. 따라서 스왑의 가격 민감도를 측정할 때에는 DV01(PVBP) 계산을 하는 것이 보편적이다. 가령, 관념적 가치가 1억 달러인 스왑이 있을 때, 6.95485% 액면채권에 대한 Macaulay 듀레이션이 2.80915년이라고 생각해 보자.

$$
\begin{aligned}
DV01 &= \text{Duration} \times 0.001 \times 100{,}000{,}000 \\
&= 2.80915 \times 0.0001 \times 100{,}000{,}000 \\
&= 28{,}091.50
\end{aligned}
$$

즉, 수익률 1bp의 변화로 채권 가격은 28,091.50달러만큼 변하게 된다.

V. Swap Rate Curve

1. 신용위험

지금까지 기본적인 스왑의 구조와 swap rate의 개념에 대해 살펴보았다. 그러면 이러한 swap rate와 채권 수익률 curve, 그리고 KTB rate와의 관계는 어떻게 될 것인가. 커브 간의 관계를 알기 위해서는 각 커브 안에 반영되어 있는 신용위험을 이해하는 것이 선행되어야 한다. 변동금리지표의 상대금리로서의 swap rate 수준에 영향을 미칠 수 있는 요인은 스왑시장의 수급상황을 제외한다면 스왑거래 상대방의 신용위험과, 변동금리지표의 절대금리 수준에 영향을 주는 지표 자체의 신용위험이 있다.

2. 거래 상대방의 위험

먼저, 스왑거래에서의 거래상대방 위험은 채권투자에 있어서의 거래상대방(채권발행자) 위험과 비교할 때 매우 작다고 할 수 있다. 거래상대방의 부도발생시 채권투자자는 원리금 전액에 대해 손실을 입을 수 있지만 스왑거래자의 손실은 부도발생시의 양의 스왑가치(max(swap value, 0))에 한정된다. 이 자산정을 위해 명목상으로만 존재하는 스왑거래의 특성상, 그리고 스왑가치의 산정방식(수취현금흐름의 현가의 합 – 지급현금흐름의 현가의 합)을 고려할 때 스왑가치는 원금의 크기에 영향을 받는 채권가치에 비해 매우 작다고 할 수 있으며, 거래상대방의 신용위험을 떨어뜨리는 한 요인이 된다. 이와 함께 스왑계약상의 early termination 조항 및 cash margin 같은 담보조항으로 인해 스왑시장의 관행은 swap rate 수준을 결정할 때 거래상대방 위험을 반영하지 않는 것이 일반적이다.

3. 변동금리지표 위험

거래상대방 위험을 무시한다면, swap rate에 영향을 미칠 수 있는 요인은 변동금리지표가 내포하고 있는 신용위험에 있다. 예를 들어, 한국의 은행들의 전반적인 신용도 악화로 CD금리가 급등한다면 이의 상대금리인 KRW IRS 금리 역시 상승하게 되며, IRS Receive 거래자(고정금리 수취 거래자)는 평가손실을 입게 될 것이다. 즉, CD금리에 영향을 주는 은행의 신용위험 변화가 이의 상대금리인 KRW IRS 금리수준에 영향을 미칠 수 있는 것이다. 그러나 KRW IRS 거래시 변동금리지표는 개별은행이 아닌 증권업협회에서 고시하는 CD91일물을 사용하는게 일반적이기 때문에, 협회의 CD금리 산정기준을 고려해 볼 때 협회CD금리가 내포하는 신용위험은 개별은행의 CD금리에 내포된 신용위험과 다를 수 있으며, 이는 KRW IRS rate와 개별 은행채 수익률 수준의 차이를 가져오는 요인이 된다.

4. IRS 커브와 KTB

이를 좀 더 살펴보기 위해 먼저 USD IRS 시장을 참고하는 것이 좋을 것으로 판단된다. USD IRS는 BBA(British Banker's Association)에서 발표하는 LIBOR 3개월물과 교환되는 USD 고정금리 간의 금리스왑을 말한다.

BBA는 회원 은행들이 제시하는 3개월 단기금리를 받아서 최고, 최저를 제외한 평균치를 LIBOR 금리로서 고시하게 되는데, 만약 회원은행 중 신용위험이 악화된 곳이 있다면 LIBOR산출 대상에서 제외시키게 된다. 따라서 BBA가 발표하는 LIBOR에는 개별은행의 신용위험 악화가 미반영되며 결과적으로 LIBOR금리의 상대 금리로서의 USD IRS rate는 개별회원은행들의 동일 만기 은행채 수익률보다 낮은 수준을 나타내게 된다. BBA의 LIBOR 금리 산출기준과 이에 따른 USD IRS rate와 은행채 수익률 간의 관계를 고려할 때 KRW IRS rate와 한국 AAA 은행채 수익률 간의 관계를 짐작해볼 수 있다. 증권업협회는 매일 두 차례(11시 30분, 15시 30분) 10개 증권사로부터 국내 AAA은행 6개사(국민, 신한, 하나, 우리, 한국씨티, SC제일)의 CD수익률을 통보받아 상하 각각 2개사의 수익률을 제외한 6개의 수익률을 산술 평균하여 그날의 CD 유통수익률로 고시하고 있다.

만약 CD금리 고시 기준이 되는 6개 은행 중 신용도 악화로 신용등급하향이 예상되거나 등급이 하락한 경우 CD금리의 대표성을 고려할 때 증권업협회는 해당은행을 제외하거나 새로운 AAA은행을 편입하여 CD금리 고시에 사용하게 될 것이다. 이때 증권업협회가 어느 정도의 강도로 6개 은행의 신용도 변화를 CD금리 산정에 반영하느냐 하는 문제가 있지만, KRW IRS rate의 수준이 개별 은행채 수익률보다 낮을 수 있음을 쉽게 짐작해 볼 수 있다. 또한 한국의 은행의 신용도가 국가신용도를 넘어설 수 없다는 점에서 KRW IRS rate > KTB rate 의 관계가 성립될 수 있다.

5. IRS와 CRS

IRS rate와 CRS rate의 변동금리지표는 각각 CD91일물과 LIBOR6개월물로 이 두지표에 내포되어 있는 신용위험을 고려하더라도 IRS rate > CRS rate의 관계를 생각해 볼 수 있으며, IRS rate가 국내은행의 원화조달금리에 해당하고, CRS rate가 외국계은행들의 원화조달금리임을 고려해보더라도 IRS rate가 보다 높은 위치에 있어야 함을 알 수 있다. 이는 역으로 생각하면 국내은행이 해외에서 LIBOR + a로 외화를 차입한 후 CRS계약을 통해 원화부채로 전환시키고자 한다면 CRS rate + a 수준을 pay하게 됨으로, 차익거래가 발생하지 않기 위해서는 동일한 원화조달금리인 CRS rate + a = IRS rate가 되어야 함을 알 수 있다. 즉, 달러 수급에 따른 일시적인 요인을 제거한다면 국내은행의 해외 차입 스프레드만큼 CRS와 IRS 간의 스프레드가 발생하게 된다.

따라서 국가신용위험 증가와 이로 인한 국내기관들의 해외차입비용이 증가할수록 CRS와 IRS 간의 스왑 스프레드(swap spread)는 더욱 확대되게 된다. 이러한 이유로 swap spread는 외평채 가산금리, CDS프리미엄과 함께 국가신용도를 가늠할 수 있는 지표역할을 하게 된다. 지금까지 살펴본 신용위험 측면에서의 IRS, CRS, KTB rate 간의 관계를 고려해 볼 때 아래의 왼쪽 그림과 같은 형태가 성립되어야 한다.

그림 4-3 신용위험 측면에서의 IRS, KTB, CRS Rate 관계

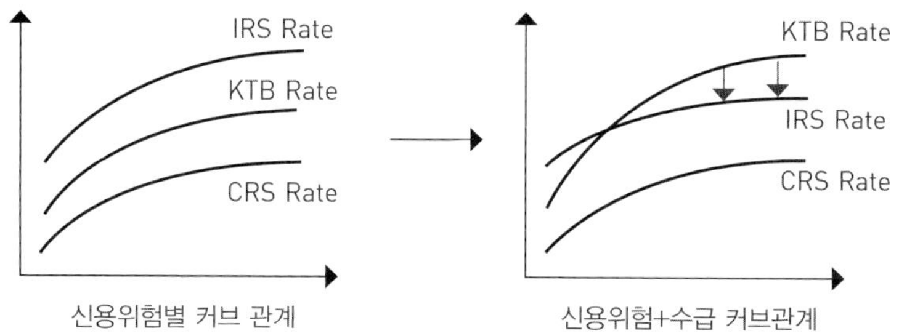

VI. Related Swaps

앞에서 살펴본 plain vanilla swap 이외의 related swap에는 Overnight Index Swap과 Inflation Swap 두 가지가 있다.

1. Overnight Index Swap

초단기 대출은 금융 시장에서 쉽게 찾아볼 수 있다. 미국에서 가장 중요한 초단기 대출 시장은 많은 은행들이 참가하는 연방 기금 시장이며, 여기에서 형성되는 초단기 대출 금리를 연방 기금 금리라고 부른다. OIS(Overnight Index

Swap rate)는 국내외 금융기관 간의 하루짜리 초단기 외화대출 금리를 의미하며 콜금리 변동성을 헷지하기 위해 고안된 스왑이다. 금리 스왑에서는 거래 당사자들은 원금교환없이 변동금리와 고정금리의 차이만 교환하게 되는데, OIS 금리는 연방기금 1일물 가중평균금리(우리나라의 콜금리)와 같은 1일물 자금거래 금리와 교환되는 고정금리를 뜻한다. 특히 리보금리(LIBOR)에서 1일 만기 스왑금리(OIS : Overnight Index Swap rate)를 빼준 값인 리보-OIS 스프레드는 자금시장의 흐름을 보여주는 중요한 지표로 간주된다. 2008년 리보금리는 2~3%였지만 10월 세계 4대 투자회사인 리먼브라더스가 파산하자 리보금리가 5%에 육박할 정도로 치솟았다. 그 이유로 리보는 은행 간의 금리를 말하는데 엄청난 규모의 투자회사가 망하는 것을 보자 어떤 은행도 믿을 수 없는 상태가 되어 버렸고 서로가 자금을 빌려주지 않았기 때문이다. 이후 중앙은행의 지급 보증과 자금 투입으로 신용 경색이 상당부분 완화되었고 미국 등 선진국들의 기준금리가 제로에 가깝기 때문에 리보금리는 상당히 낮아졌다.

이처럼 단기 금융시장은 은행 및 금융기관들의 자금 조달의 주요 창구가 되고 있기 때문에 단기금융시장 지표의 불안은 금융시장의 불확실성이 증가하고 있음을 의미한다. 금융위기가 발생하면서 OIS 스프레드는 이미 금융기관들의 유동성 환경이 악화되고 있음을 알려줘 리스크 관리 시점을 정확하게 알려주는 역할을 한다. 그러나 금융시장이 안정된 상황에서는 일일 단위의 등락은 크게 의미가 없는 경우가 많기 때문에 주의해야 한다.

그림 4-4 OIS 스프레드 추이

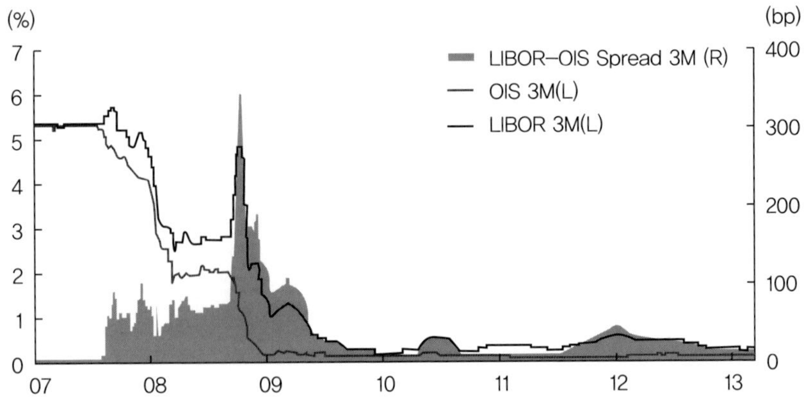

출처 : Bloomberg

그림 4-5 OIS 스프레드와 주식시장

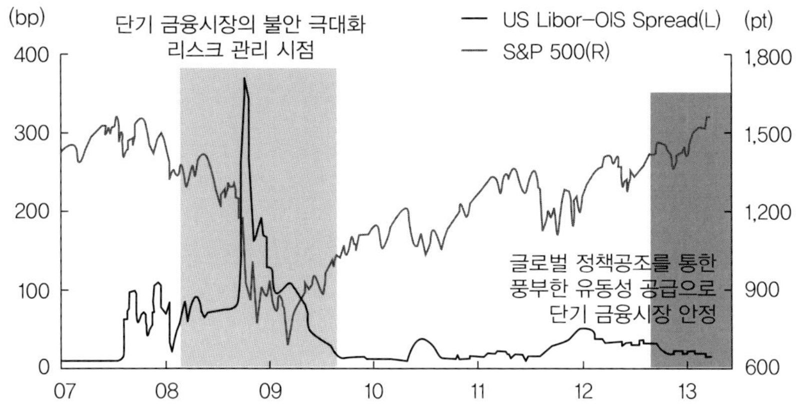

출처 : Bloomberg

2. Inflation Swap

Inflation Swap(물가연계 스왑)은 인플레이션에 연동된 현금흐름과 명목 금리 기준 현금흐름을 교환하는 스왑이다. 통상적으로는 무이표 스왑과 연율 스왑 방식으로 구분된다. 무이표 스왑이 거래쌍방 간 현금이 만기에 단 한번 교환되는 반면에 연율 스왑은 계약기간을 복수 분기로 나누어 분기별로 현금흐름이 발생하게 된다는 점에서 차이를 보인다.

물가연동채권(TIPS)은 투자 원금에 물가상승률을 반영한 뒤 그에 대한 이자를 지급하는 채권으로, 인플레이션이 일어나더라도 채권의 실질가치를 보전해준다는 점에서 대표적인 인플레이션 헷지 상품으로 꼽힌다. 국채처럼 입찰을 통해 발행수익률이 정해지며 수익률은 만기까지 불변이지만, 원금이 물가에 연동해 있어서 물가가 오르면 채권의 원금도 따라서 올라가고 물가가 내리면 원금도 떨어져 원금을 고정하고 이자를 물가상승률에 연동시키는 'I-Bond'와 다르다. 예를 들어, 연 1.7%의 10년 만기 물가채와 연 4.0%의 국고채 간 금리차가 2.3% 포인트일 때, 예상 물가상승률이 2.3% 이상이라면 물가채에 투자하는 것이 이득이다. 따라서 투자자가 금리차 이상의 인플레이션을 예상한다면 표면금리가 낮은 물가채에 투자하는 것이 더 많은 이자 소득을 기대할 수 있으며, 반대로 향후 디플레이션이 예상되는 상황에서는 물가채의 투자가치가 떨어진다.

TIPS의 원금 혹은 액면가는 비계절조정 소비자 물가에 연동되며, 금리는 고정된다(단, 원금이 오르면 이자는 증가, 원금이 낮아지면 이자 역시 감소). 이 때문에 TIPS는 잠재 인플레이션을 헷지하거나 만기보유시 인플레이션을 감안한 실질 수익을 보장받기 위해 사용된다. 뿐만 아니라, TIPS 금리는 절대수준도 낮을 뿐더러 역사적으로도 상당히 낮은 수준을 유지해 왔다. 이러한 현상에 대한 이유는 미국 경제의 성장률이 낮고 연방준비위원회가 단기 금리를 제로 수준으로 유지시키면서 TIPS를 포함한 장기 국채를 매입하고 있어서, 전체 만기의 금리가 하락 압력을 받고 있기 때문이다. 이처럼 연준의 조치는 금리를 낮게 유지함으로써 경제성장과 물가상승을 촉진시키고, 그로 인해 민간과 기업의 대출이 늘어 주택, 유가증권, 설비투자와 고용이 개선되길 원하는 취지에서 비롯된 것이다. 투자자들은 낮은 금리 수준에서 인플레이션 헷지 수단인 TIPS를 이용할 수 있는 방법이 다양하다.

3. 원금증가형/감소형/롤러코스터 스왑

(1) 원금증가형 스왑(Accreting Swap)

스왑기간이 경과함에 따라 명목원금(notional principle)이 증가하는 형태의 이자율스왑으로 특정의 건설공사를 계속하는 동안 해당 공사를 위한 자금조달 규모가 증가하는 경우에 매우 적합한 스왑이다.

(2) 원금감소형 스왑(Amortizing Swap)

스왑기간이 경과함에 따라 명목원금이 감소하는 형태의 이자율스왑으로 원금이 분할 상환되는 차입금을 보유한 기업이나 금융기관에게 적절하다.

(3) 롤러코스터 스왑(Roller-coaster Swap)

어떤 기간에서는 명목원금이 증가하다가 다른 기간에는 감소하는 형태의 스왑으로 특정 프로젝트를 위한 자본조달을 위해서 처음에는 점차 차입액을 늘리다가 이후 단계적으로 차입금을 상환하고자 하는 경우의 프로젝트 금융

(project financing)에서는 롤러코스터 스왑을 이용하여 각 기간에서의 미상환 차입금과 스왑의 명목원금을 잘 대응시킬 수 있다.

4. 통화스왑(Currency Swap)

기업은 외화 표시 사채를 발행하게 되는 때가 있다. 이들은 외화 수익에 대한 헷지 목적이거나 외화 차입이자율이 더 낮기 때문에 외화표시 사채를 발행한다. 어떤 이유든 간에, 기업이 그들이 노출되어 있는 화폐로 바꾸기를 원한다면 다양한 방법이 존재한다. 기업은 환율 위험에 대한 헷지를 위해 선도계약을 이용할 수 있고, 또는 통화스왑을 이용할 수 있다. 통화스왑은 서로 다른 화폐로 발행된 부채의 상환에 대한 차이를 기반으로 하고 있다.

더 쉬운 이해를 위해 유로로 발행된 3년 만기 고정금리사채를 이용하는 미국 기업을 예로 들어 보자. 연 표시 이자를 r이라고 하면, 기업은 유로로 고정된 표시이자를 지급해야 할 의무가 생긴다.

지불해야 할 금액이 알려져 있으므로 유로화에 대한 노출 위험을 제거하는 것은 통화 선도의 간단한 헷지 문제가 된다. 기업은 매년 $-r$의 현금흐름과 만기 때의 $-(1+r)$의 현금흐름을 갖게 된다. 통화 선도가격을 $f1$이라고 하면, 기업은 선도계약을 맺을 수 있다. 이 선도계약은 채권자에게 지불해야 될 유로 환율이 명시된다.

다른 사례에서도 알 수 있듯이, 선도거래는 위험을 제거할 수 있지만 기업이 변동 가능한 무위험 현금흐름에 노출되게 한다. 이자율스왑과 마찬가지로 통화스왑은 고정된 수익으로부터의 현금흐름을 교환하는 계약이다. 이자율스왑의 경우는 현금흐름이 동일한 화폐의 현금흐름으로 구성된다. 반면에 통화스왑에서는 다른 통화로 표시된 현금으로 구성된다. 스왑거래는 항상 기업의 재무제표에 공시되지는 않는다. 앞에서 언급했듯이 이자율스왑의 현금흐름은 동일한 시점에 발생하고 서로 상계될 수 있다. 반면에 통화스왑에서는 서로 다른 통화의 현금흐름으로 구성되어 있기 때문에 서로 상계될 수 없다. 그러나 전체 원금과 표시 이자는 교환될 수 있다.

기관은 통화스왑을 통해 특정 국가에서 레버리지 이익을 누릴 수 있다. 예를 들어, 높은 신용등급을 가진 독일 기업은 유로 표시 채권을 원하는 유리한 이자율로 발행할 수 있다. 그 뒤에, 독일 기업은 일본 채권 시장에서 직접 채권을 발행하는 대신에, 더 좋은 조건으로 일본 엔화와 통화스왑을 맺을 수 있다. 독일 기업은 일본 채권 시장에서 명성과 신용이 자국 시장보다 좋지 않기 때문에 통화스왑을 이용하는 것이 더 유리하다.

스왑계약에서, 두 당사자는 두 가지 개념상의 명목금액을 교환하게 된다. 스왑계약 기간 동안에, 각각의 당사자는 서로에게 이자를 지급하게 된다. 만기에는 각 당사자가 최초 원금액을 교환하게 되는데 이로써 최초 교환이 뒤집히게 된다. 일반적으로, 스왑계약의 각 당사자는 본인의 통화에 대한 고정금리 또는 변동금리에 대한 상대적인 이점을 갖고 계약을 맺게 된다. 변동 또는 고정환율 통화스왑의 전형적인 구조는 다음과 같다.

그림 4-6 통화스왑의 구조

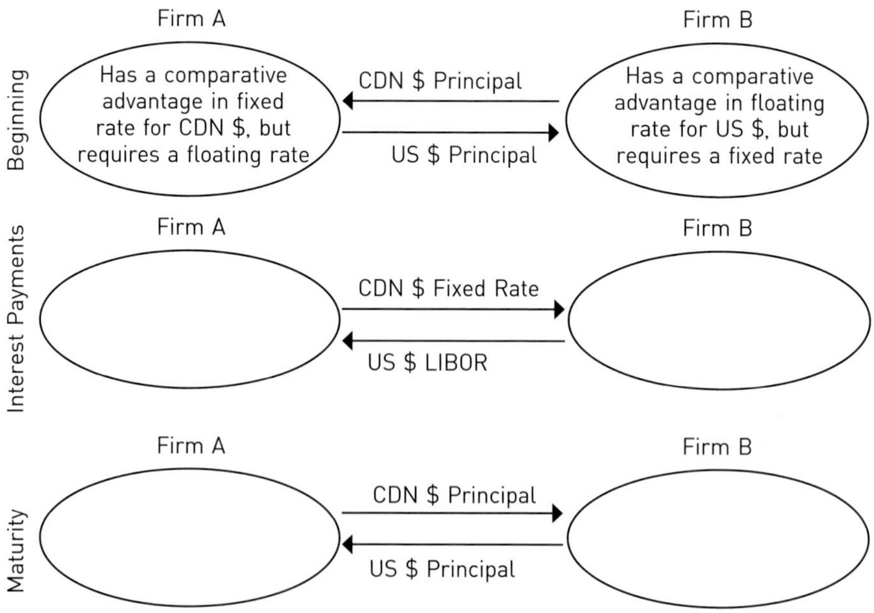

(1) Currency Swap Formulas

통화스왑 계산은 다른 스왑계약의 계산과 동일하다. 예를 들면, 기업 A가 캐나다 통화로 10%에 자금을 빌릴 수 있고, 동시에 미국 통화로 6개월 LIBOR 이자율과 동일한 변동 금리로 차입을 할 수 있다고 가정해 보자. 기업 B는 캐나다 통화로 11%에 자금을 빌릴 수 있고, 동시에 미국 통화로 6개월 만기 LIBOR 금리로 변동이자율로 자금을 빌릴 수 있다. 기업 A는 기업 B보다 낮은 금리로 캐나다 통화를 빌릴 수 있지만, 기업 A는 변동금리대출이 필요하다. 반면, 기업 B는 캐나다 통화의 고정금리대출이 필요하다. 대출금은 2천만 달러이고 만기는 2년이라고 하자.

기업 A와 기업 B 중, 누가 상대적인 이익을 얻을 것인지 판단하기 위해서는 각 기업에게 요구되는 통화로 표시된 고정금리를 고려해야 한다. 이 경우, 기업 A의 이자율은 10%로 11%인 기업 B보다 금리가 작다. 따라서 기업 A는 고정금리에 상대적 우위를 갖게 된다. 이 경우에는 기업 B가 변동금리 관점에서 상대적 우위를 갖게 된다.

(2) Other Currency Swaps

많은 종류의 통화스왑이 존재한다. 달러 기반 채무자가 변동금리의 유로 표시 대출을 발행했다고 가정하자. 이 경우, 두 가지 상황이 존재한다. 이자지급이 변화하는 환율과 이자 지급액이다. 이 대출을 달러로 스왑하는 것은 여전히 간단하다. 하지만 우리는 단지 하나의 헷지 거래를 얻을 수 있다. 우리는 먼저 유로 이자율스왑으로 변동금리대출을 고정금리대출로 변환시킬 수 있다.

고정금리 유로 표시 노출은 통화선도계약으로 헷지되고 달러 표시 노출로 변환된다. 일반적으로 우리는 고정금리-고정금리, 고정금리-변동금리, 변동금리-고정금리, 변동금리-변동금리로 스왑계약을 맺을 수 있다. 분석은 모든 경우 동일하게 수행된다. 한 종류의 스왑은 differential 스왑과 유사하다. 이러한 스왑에서는 대금은 다른 통화의 서로 다른 변동금리에 기반하여 지급된다. 예를 들면, 천만 달러의 스왑계약을 맺었다고 하자. 스왑은 유로 표시 이자율과 달러 표시 이자율의 차이에 근거하여 달러로 지급된다. 달러 이자율이 고정된 상태에서, 단기 유로 이자율이 3.5%에서 3.8%로 상승하면 연 스왑 지급액은 30 basis point가 된다. 이는 differential swap에서 표준 이자율과 같다.

표준 통화 선도계약은 헷지 목적으로 사용될 수 있다. 우리는 외국 이자율 변화에 대해 헷지를 할 수 있지만 그렇게 하는 것은 외국 표시 통화 거래를 요구한다. 우리는 사전에 환율이 어떻게 변할지 알 수 없기 때문에 환율 변화에 대한 헷지를 쉽게 할 수 없다. 결과적으로 환율 변화에 대한 불확실성이 존재하게 된다.

(3) Swaption

스왑계약의 당사자가 될 수 있는 옵션을 swaption이라고 한다. 2-date oil swap으로 swaption의 원리를 이해할 수 있다. 2-year swap 가격은 110.48달러이다. 우리가 oil을 110.48달러에 기꺼이 구입할 것이라 가정하자. 우리는 3개월 뒤 더 낮은 스왑가격에 투자하기를 원할 것이다. 다음 거래를 생각해 보자. 3개월 뒤 고정금리스왑 고정가격이 110.48달러라면 우리는 110.48달러를 지불하고 2년 뒤 변동 가격을 지급받는 조건으로 스왑계약을 체결할 것이다. 반면에 시장 스왑 가격이 110.48달러 이하라면 우리는 어떤 의무도 지지 않는다. 예를 들어 3개월 뒤 스왑 가격이 108달러라면 우리는 108달러의 가격에 스왑계약을 체결할 수 있다. 이 계약으로 우리는 스왑 가격이 더 큰 경우에 한해서 110.48달러에 스왑계약을 체결할 수 있다. 따라서 이 계약은 프리미엄을 가지고 있다.

이 사례에서 우리는 payer swaption을 구매한 것이다. 우리는 2년 동안 110.48달러의 고정된 금액을 지불하고 구입할 수 있는 권리를 가진 것과 같다. 거래 상대방은 이러한 swaption을 판매한 것이다. Swaption이 행사되었을 때 우리는 미래에 여러 시점에 거래를 할 수 있게 된다. 옵션을 행사하고 하나의 스왑을 다른 스왑과 상쇄하는 것이 가능하다. 스왑 지불의 흐름을 다른 고정된 현재 가치의 지불 흐름으로 변환시킬 수 있다. 따라서 swaption은 일반적인 옵션과 유사하다.

(4) Total Return Swap

Total return swap이란 한 당사자가 자산 관점에서 실현된 수익을 지급하고 상대방이 LIBOR와 같은 변동 수익을 지급하는 스왑을 말한다. 두 당사자는 오직 수익률의 차이만큼만 지급하게 된다. 자산 관점에서 수익을 지급하는 당사자를 total return payer라고 일컫는다.

다른 스왑과 마찬가지로 스왑계약 기간 동안 여러 번의 결제일이 존재한다. Total return payer의 누적 효과는 자산 측면에서 매도 포지션이 되고 변동 이자율을 지급하는 자산 측면에서는 매입 포지션이 되는 것이다. 이러한 스왑의 경제적 측면의 사례를 살펴보자. Stock Index는 평균적으로 LIBOR 금리보다 높은 수익률을 달성한다는 경우가 있다.

Fund가 LIBOR를 매개로 stock index 스왑을 맺는다면 평균적으로 상대방에게 대금을 지급하는 경우가 발생하게 된다. 이런 사례는 정확한 경우가 많다. 하지만 fund가 수익률의 차액만큼 지불하는 것을 살펴보자. 이러한 차액을 리스크 프리미엄이라고 한다. 평균적으로 선도계약에서 stock index에 대해 매도 포지션에 있으면 돈을 잃는 경우가 많다. 그 이유는 리스크 프리미엄이 가치가 없어지기 때문이다.

LIBOR 금리에 대한 스왑과 관련된 평균적인 손실은 주식을 팔고 변동 금리 채권을 구입하는 것과 같다. 몇몇의 투자자들은 외국 주식에 대한 세금 회피를 목적으로 total return swap을 이용하기도 한다. 많은 경우, 여러 국가들이 외국 투자자들에게 보유 수익에 대한 세금을 징수한다. 예를 들어 A국이 B국의 국적 기업의 배당 수익에 대해 세금을 과세한다고 하자. B국의 기업은 total return swap을 이용해서 A국의 주식의 실물을 소유하지 않고 투자를 할 수 있다. 이 경우 세금을 지불하지 않아도 되는 경우가 많다. Total return swap의 다른 사용 목적은 신용관리이다. 기업의 사채를 보유하고 있는 펀드매니저는 변동 이자율 채권의 수익에 대한 스왑을 이용하는 경우가 많다. 사채를 발행한 기업이 부도가 나는 경우 채권자는 이를 보상하는 스왑에 대한 지급액을 수령할 수 있다.

CHAPTER

05

이항옵션가격이론 1

CHAPTER 05

I. 이항옵션가격결정모형

이항옵션가격결정모형은 주식이나 다른 기초자산이 주어졌을 때, 옵션의 가격을 책정할 수 있는 모델 중 하나이다. 이 모형은 기초자산이 이항분포를 따른다는 가정하에 논의를 진행한다. 여기서 이항분포를 따른다는 것은, 기초자산의 가격이 매 기간마다 특정한 비율만큼 상승, 또는 하락한다는 것을 말한다.

1. 기간이항모형

(1) 복제포트폴리오접근법

이항모형에서 옵션가격을 구하는 방법 중 첫 번째는 옵션과 같은 수익을 가지는 복제포트폴리오를 만드는 것이다. 복제포트폴리오는 주식과 무위험채권으로 구성된다. 그렇다면 옵션을 복제하기 위한 구체적인 주식의 숫자와 무위험채권의 액수는 어떻게 정할 수 있는가? 지금부터 이에 대해 설명해 보도록 하겠다.

현재 주식과 콜옵션의 가격을 각각 S, C라 하자. 그리고 1기간 후에 주식이 올랐을 때의 가격을 uS, 내렸을 때의 가격을 dS라 하자. 이때 각각의 상황에 따른 콜옵션 가격을 Cu, Cd라 하자. 그러면 다음과 같은 이항모형을 만들 수 있다.

그림 5-1 이항모형

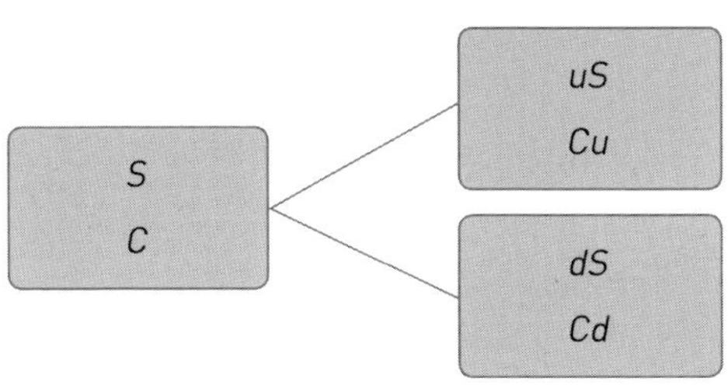

이제 복제포트폴리오를 구성해 보자. 복제포트폴리오는 △개의 주식과 B 만큼의 무위험채권으로 구성된다. 이때 시간이 흐르면 주식에는 배당이 붙고, 채권에는 이자가 붙는다. 따라서 기간이 h일 때 연속복리를 고려하면 주식과 채권에 각각 $e^{\delta h}$, e^{rh}가 곱해져야 한다. 구성된 복제포트폴리오는 다음과 같다.

$$\Delta S_h e^{\delta h} + e^{rh} B$$

복제포트폴리오가 제대로 옵션을 복제하였다면 주식가격이 내리거나 오를 경우 콜옵션 가격에 대해서 다음이 성립해야 한다.

주식가격이 내릴 경우($Sh = dS$): $\Delta dSe^{\delta h} + Be^{rh} = C_d$

주식가격이 오를 경우($Sh = uS$): $\Delta uSe^{\delta h} + Be^{rh} = C_u$

이것은 변수가 △와 B인 이원일차연립방정식이므로 우리는 이 식을 두 변수에 대해 정리할 수 있다.

$$\Delta = e^{-\delta h} \frac{C_u - C_d}{S(u-d)}$$

$$B = e^{-rh} \frac{uC_d - dC_u}{u-d}$$

따라서 우리는 △개의 주식과 B만큼의 무위험채권을 이용하여 복제포트폴리오를 만들면 된다. 그런데 여기서 한 가지 흥미로운 점은 바로 △에 대한 해석이다. △값을 나타내는 식에서 배당을 할인하는 앞부분을 제외하고 나면 뒷부분은 주식가격 변동에 대한 콜옵션 가격 변동의 민감도를 나타내고 있다고 할 수 있다. 이는 △가 복제포트폴리오를 구성하는 주식의 개수를 나타낸다고 하는 측면에서 보아도 들어맞는다. 즉, 주식가격이 1만큼 변동할 경우 주식의 개수는 △만큼 변동하기 때문에, 민감도를 나타낸다고 볼 수 있는 것이다.

(2) 복제포트폴리오 접근법의 도식적 해석

배당률이 0임을 가정할 때 콜옵션을 복제포트폴리오로 나타내면 다음과 같다.

$$C_h = \Delta S_h + e^{rh}B$$

우리는 이 식에서 만기시점의 옵션수익을 y축, 주식가격을 x축으로 하는 일차함수로 볼 수 있다. 이를 그래프에 나타내면 다음과 같다.

그림 5-2 배당률이 0일 때 콜옵션의 복제포트폴리오

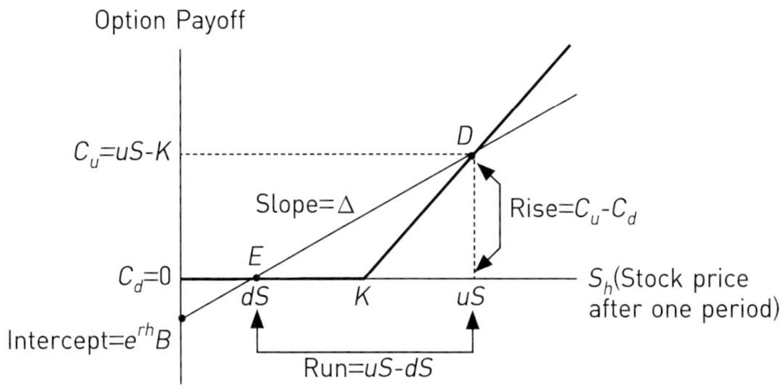

여기서 다시 한 번 주목할 점은 바로 위의 일차함수 식을 통해 나타내어진 직선의 기울기가 △라는 것이다. 이를 그래프를 통해 해석해 보자. 이 직선은 두 개의 점 (dS, Cd), (uS, Cu)를 지나는 직선이다. 따라서 이 두 개의 점을 가지고 기울기를 구하면 다음과 같다.

$$\text{기울기} = \frac{y\text{ 변화량}}{x\text{ 변화량}} = \frac{C_u - C_d}{uS - dS} = \frac{C_u - C_d}{S(u-d)} = \Delta\ (\delta = 0\text{이므로})$$

(3) 위험중립확률접근법

지금까지 복제포트폴리오 접근법에 대하여 알아보았다. 복제포트폴리오 접근법에서는 주식의 가격이 상승과 하락에 관계없이 복제포트폴리오가 항상 옵션의 만기수익을 완벽하게 복제해 내었다. 따라서 주식가격이 상승할 확률과 하락할 확률을 굳이 알 필요가 없었다. 그러나 위험중립확률접근법에서는 우리가 현재 위험중립적인 세상에 있다고 가정하고, 주식가격이 오를 위험중립확률인 p를 계산하여 1기간 후의 기대현금흐름을 구하고, 이를 다시 무위험 이자율로 할인하여 콜옵션의 가치를 구한다. 그렇다면 위험중립확률인 p는 어떻게 구하는가? 이를 설명하면 다음과 같다.

현재 기초자산인 주식의 가격을 S, 그것이 1기간 후에 uS로 상승할 확률을 p라 하자. 그러면 이항분포의 특성상 자연스럽게 1기간 후에 dS로 하락할 확률은 $(1-p)$가 된다. 이러한 상황에서 1기간 후의 기대현금흐름은 다음과 같다.

$$p \times uS + (1-p) \times dS$$

이 기대현금흐름을 무위험 이자율인 r로 할인하면 현재주식가격을 얻게 된다.

$$Se^{-\delta h} = e^{-rh}(p \times uS + (1-p) \times dS)$$

여기서 양변을 S로 약분하고 p에 대해 식을 정리한다.

$$1 = e^{-rh}(p \times u + (1-p) \times d)$$

$$p = \frac{e^{(r-\delta)h} - d}{u-d}$$

이제 이러한 p값을 이용해 콜옵션 가격을 구해보자. 우선 기대현금흐름을 구한 뒤 이를 할인하여 현재 콜옵션 가치를 구한다.

$$\text{기대현금흐름} : p \times C_u + (1-p) \times C_d$$

$$C = e^{-rh}[p \times C_u + (1-p) \times C_d]$$

〈예제 1〉

A주식의 현재가격은 1,000원이며, 1년 동안 25% 상승하든지 또는 15% 하락할 것으로 보인다. A주식의 가격의 상승 및 하락확률은 각각 50%이고, 이산복리기준 연간 무위험 이자율은 9%이다. A주식을 기초자산으로 하고, 만기가

1년, 행사가가 1,100원인 콜옵션의 가격을 구하라.

〈풀이〉

교재에서 배운 것과는 달리 이산복리를 요구하고 있는 문제이지만, 기본적인 풀이 방법은 같다고 할 수 있다. 이산복리인 경우 연속복리기준 이자율 대신 이산복리이자율을 사용하면 된다.

1년 후 주식가격이 상승했을 경우의 콜옵션 가격: 1,000×1.25−1,100=150

1년 후 주식가격이 하락했을 경우의 콜옵션 가격:

$$max(1{,}000\times(1-0.15)-1{,}100,\ 0)=0$$

$$e^{rh}\approx r$$

$$p=\frac{e^{(r-\delta)h}-d}{u-d}=\frac{e^{rh}-d}{u-d}\approx\frac{r-d}{u-d}=\frac{1.09-0.85}{1.25-0.85}=0.6$$

$p=0.6$이고, $1-p=0.4$임을 뜻한다.

$$C=e^{-rh}[p\times C_u+(1-p)\times C_d]\approx\frac{p\times C_u+(1-p)\times C_d}{r}=\frac{0.6\times150+0.4\times0}{1.09}$$

=82.57원

2. 이항모형의 구조

(1) 연속복리

이항모형의 구조에 대해 이해하려면 먼저 연속복리에 대한 심도있는 이해가 선행되어야 한다. 우리는 로그함수와 그것의 역함수인 지수함수를 통해 연속복리를 끌어내거나, 혹은 그것을 적용시킬 수 있어야 한다. 물론 여기서 로그함수와 지수함수는 항상 자연로그함수와 자연지수함수를 일컫는다.

알다시피 연속복리는 자연지수함수 e^x의 형태로 계산된다. 따라서 여기에 만약에 로그함수를 씌우게 되면 x를 앞으로 끌어내릴 수 있다. 그러므로 로그함수는 가격으로부터 연속복리를 끌어내는 데에 사용된다.

$$r_{t,t+h} = \ln\left(\frac{S_{t+h}}{S_t}\right)$$

반면에 연속복리를 로그함수의 역함수인 지수함수에 넣을 경우 가격변동 비율을 얻어낼 수 있다. 따라서 지수함수는 연속복리로부터 가격을 끌어내는 데에 사용된다.

$$S_{t+h} = S_t e^{rt,t+h}$$

연속복리의 편리한 점은 합산이 가능하다는 것이다. 이것 또한 로그함수의 특성 덕분에 가능해진다. 로그함수는 치역을 더할 경우, 정의역이 곱해지게 되는 특수한 함수이다. 따라서 위의 식에서 로그함수 형태로 표현된 r을 더할 경우 S의 변동비율을 곱셈을 거치게 된다. 그러므로 우리는 각각의 기간에 해당하는 r을 모두 더해서 전체기간에 해당하는 r을 구할 수 있다.

$$r_{t,t+nh} = \sum_{i=1}^{n} r_{t+(i-1)h,t+ih}$$

(2) 변동성

이제 지금까지 배운 연속복리의 특성들을 활용하여, 수익률의 변동성을 구해보자. 표준편차(시그마)로 표현되는 이 변동성은 주식가격 결정에 있어 매우 중요한 변수가 된다. 우선 i라는 달에 대한 월별 연속복리수익률을 $r_{monthly,i}$ 라고 하자. 이를 합산하여 1년치 연속복리수익률을 구하면 다음과 같다.

$$r_{annual} = \sum_{i=1}^{12} r_{annual,i}$$

이제 이 연속복리의 분산을 구하자.

$$Var(r_{annual}) = Var(\sum_{i=1}^{12} r_{annual,i})$$

여기서 2개의 가정이 들어가게 된다. 첫 번째는 기간별 수익률이 서로 연관성이 없다는 것이다. 연관성이 없다는 말은 공분산(covariance)이 0이라는 뜻이고, 그렇게 되면 12×12 공분산 행렬에서 남는 것은 12개의 분산밖에 없다.

따라서 앞의 식을 다시 정리하면 다음과 같다.

$$Var(r_{annual}) = \sum_{i=1}^{12} Var(r_{annual,i})$$

두 번째 가정은 각각의 월별분산이 모두 동일하다는 것이다. 동일한 값을 12번 더하는 것은 곱셈이므로, 다음과 같다.

$$\sigma^2 = 12 \times \sigma^2_{monthly}$$

$$\sigma^2_{monthly} = \frac{\sigma}{\sqrt{12}}$$

1년을 n개의 기간으로 쪼갤 경우, $h=1/n$이라 하자. 이를 통해 위의 식을 일반화하면 다음과 같다.

$$\sigma_h = \sigma\sqrt{h}$$

(3) u와 d의 결정

변동성을 구하는 방법을 알았으니, 이제 주식의 변동비율 또한 얻어낼 수 있다. 주식의 가격이 오른 것은 +의 변동성이 작용한 것이고, 떨어진 것은 -의 변동성이 작용한 것이다. 이를 식으로 나타내면 다음과 같다.

$$uS_t = F_{t,t+h}e^{\sigma h} = F_{t,t+h}\ e^{\sigma\sqrt{h}}$$

$$dS_t = F_{t,t+h}e^{-\sigma h} = F_{t,t+h}e^{-\sigma\sqrt{h}}$$

이제 여기에 우리가 과거에 배웠던 선도계약 가격공식을 이용해 보자.

$$F_{t,t+h} = S_t e^{(r-\delta)h}$$

이 식을 위의 두식에 대입하면 u와 d의 값을 구할 수 있다.

$$u = e^{(r-\delta)h+\sigma\sqrt{h}}$$

$$d = e^{(r-\delta)h-\sigma\sqrt{h}}$$

3. 2기간 이상의 이항모형

(1) 2기간 유럽형 콜옵션

2기간 이항모형은 기본적으로 1기간을 한 단계 연장시킨 형태이다. 이를 도식화하면 다음과 같다.

그림 5-3 2기간 이항모형

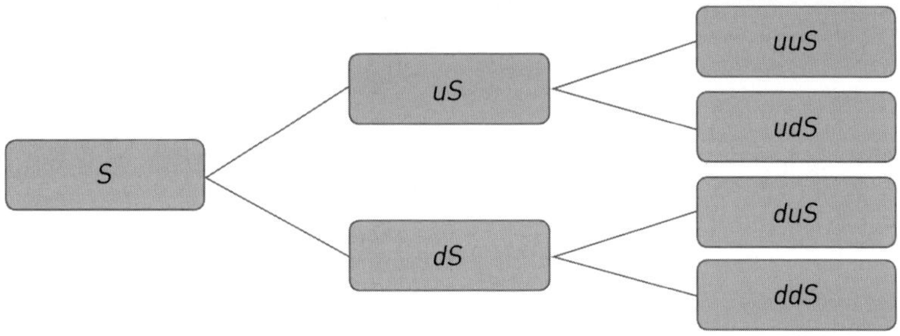

여기서 $udS=duS$이므로 2기간째에 해당되는 주식가격변동의 가짓수는 사실상 3가지라고 할 수 있다. 이제 이 모형에서 콜옵션 가격을 구하는 순서는 다음과 같다.

Step1: 각각의 경우에 대한 기초자산가격을 계산

Step2: 2기간째의 콜옵션의 가격계산

Step3: Step2의 결과를 토대로 1기간째의 콜옵션의 가격계산

Step4: Step3의 결과를 토대로 현재 콜옵션의 가격계산

이를 예제를 통해 설명해 보면 다음과 같다.

〈예제 2〉 콜옵션의 가격을 구하시오.

$$S=41,\ K=40,\ \sigma=0.3,\ r=0.8,\ T=2yr,\ \delta=0,\ h=1$$

〈풀이〉

Step1: 각각의 경우에 대한 기초자산 가격을 계산

$$uS=S\times e^{(r-\delta)h+\sigma\sqrt{h}}=59.954$$

$$uuS = S \times e^{2[(r-\delta)h+\sigma\sqrt{h}} = 87.669$$

$$udS = duS = S \times e^{(r-\delta)h+\sigma\sqrt{h})} \times e^{(r-\delta)h-\sigma\sqrt{h}} = 48.114$$

$$dS = S \times e^{(r-\delta)h-\sigma\sqrt{h}} = 32.903$$

$$ddS = S \times e^{2[(r-\delta)h-\sigma\sqrt{h}]} = 26.405$$

Step2: 2기간째의 콜옵션 가격계산

$uuS = 87.669 \rightarrow Cuu = 87.669 - 40 = 47.669$

$udS = duS = 48.114 \rightarrow Cud = Cdu = 48.114 - 40 = 8.114$

$ddS = 26.405 \rightarrow Cdd = 0$

Step3: Step2의 결과를 토대로 1기간째의 콜옵션의 가격계산

$$C_u = \Delta S + B = e^{-\delta h} \frac{C_{uu} - C_{ud}}{(u-d)} + e^{-rh} \frac{uC_{ud} - dC_{uu}}{u-d} = 23.029$$

$$C_d = \Delta S + B = e^{-\delta h} \frac{C_{du} - C_{dd}}{(u-d)} + e^{-rh} \frac{uC_{dd} - dC_{du}}{u-d} = 10.737$$

Step4: Step3의 결과를 토대로 현재 콜옵션의 가격계산

$$C = \Delta S + B = e^{-\delta h} \frac{C_u - C_u}{(u-d)} + e^{-rh} \frac{uC_d - dC_u}{u-d} = 10.737$$

(2) 다기간 이항모형

이제 2기간을 초과하는 이항모형에 대해 생각해 보자. 기본적으로 이러한 모형에서 옵션가격을 구하는 방법은 지금까지 해왔던 것과 동일하다. 따라서 여기서는 옵션가격을 구하는 방법보다는 다른 특성에 대해 말해 보고자 한다.

예제 2에서는 $h=1$, $T=2$이었다. $h=1$이라는 것은 1년에 한번의 이항모형을 실행함을 의미한다. 그리고 $T=2$였으므로 2년간 총 2번의 이항모형을 실행한 것이다. 그렇다면 이제 조건을 바꿔서 $h=1/3$, $T=1$이 된다면 어떨까? 이것은 1년 동안 3기간의 이항모형을 실행했음을 의미한다.

이렇게 1년 동안 3기간의 이항모형을 실행하는 것과, 1년 동안 1기간의 이항모형을 실행하는 것은 무슨 차이가 있는가? 1년이라는 만기를 더 많은 기간으로 나누는 것은 이항모형을 좀 더 현실적으로 만들어주는 역할을 한다. 현실에서 주식의 가격은 분·초 단위로 계속 등락한다. 따라서 이를 조금이라도 더 반영하려면 1년이라는 만기를 최대한 많은 기간으로 나누는 것이 더 바람직하다.

4. 풋옵션

이항모형은 콜옵션 뿐만 아니라 풋옵션에도 적용 가능하다. 다만 옵션의 가격이 콜옵션은 $max[0, S-K]$로 결정되던 것과는 달리 풋옵션은 $max[0, K-S]$라는 점에만 주의하면 된다.

편의상 위의 콜옵션 가격계산에서 쓰였던 기초자산가격을 그대로 이용하겠다. 다음의 이항모형은 현재가격 41달러, 행사가격 40달러인 1년 만기 유럽형 풋옵션에 대한 이항모형이다.[1)]

그림 5-4 유럽형 풋옵션에 대한 이항모형

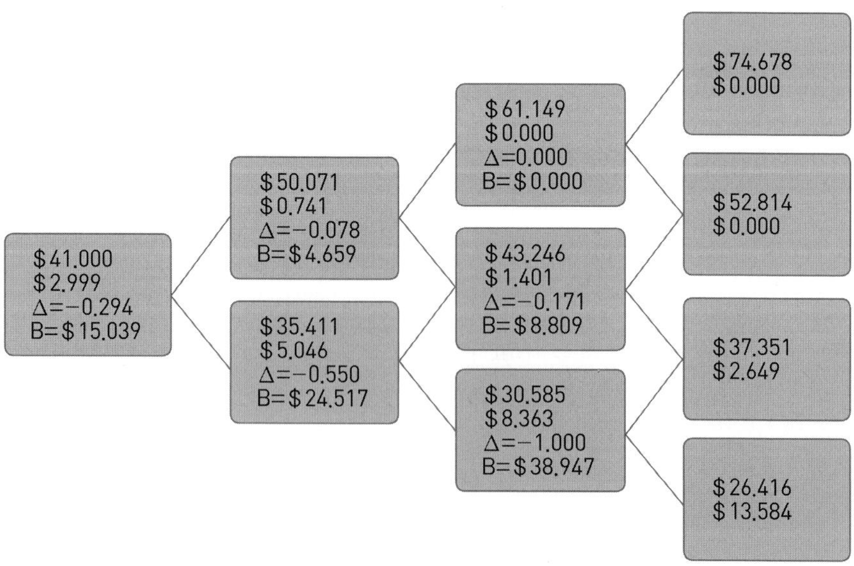

1) Robert L. McDonald, Derivatives Markets, International Edition, Pearson, 2013, p. 310

〈예제 3〉

$$S=41,\ K=40,\ \sigma=0.3,\ r=0.8,\ T=1yr,\ \delta=0,\ h=0.333$$

〈풀이〉

Step1: 각각의 경우에 대한 기초자산가격을 계산

$$uS=S\times e^{(r-\delta)h+\sigma\sqrt{h}}=50.071$$
$$uuS=S\times e^{2(r-\delta)h+\sigma\sqrt{h}}=61.149$$
$$udS=duS=S\times e^{(r-\delta)h+\sigma\sqrt{h}}\times e^{(r-\delta)h-\sigma\sqrt{h}}=43.246$$
$$dS=S\times e^{(r-\delta)h-\sigma\sqrt{h}}=35.411$$
$$ddS=S\times e^{2[(r-\delta)h-\sigma\sqrt{h}]}=30.585$$

Step2: 2기간째의 풋옵션 가격은 3기간 풋옵션 가격을 이용하여 계산

(여기서는 편의상, 제시된 것을 이용)

$$uuS=61.149 \rightarrow Puu=0$$
$$udS=duS=43.246 \rightarrow Pud=Pdu=1.401$$
$$ddS=30.585 \rightarrow Pdd=8.363$$

Step3: Step2의 결과를 토대로 1기간째의 풋옵션의 가격계산

$$P_u=\Delta S+B=e^{-\delta h}\ \frac{P_{uu}-P_{ud}}{(u-d)}+e^{-rh}\frac{uP_{ud}-dP_{uu}}{u-d}=0.741$$

$$P_d=\Delta S+B=e^{-\delta h}\ \frac{P_{du}-P_{dd}}{(u-d)}+e^{-rh}\frac{uP_{dd}-dP_{du}}{u-d}=5.046$$

Step4: Step3의 결과를 토대로 현재 풋옵션의 가격계산

$$P=\Delta S+B=e^{-\delta h}\ \frac{P_u-P_u}{(u-d)}+e^{-rh}\frac{uP_d-dP_u}{u-d}=2.999$$

5. 미국형 옵션의 경우

2기간째에 기초자산이 2번의 기간 동안 모두 하락하여 \$30.585일 때 풋옵션의 가격은 \$8.363임이 제시되어 있다. 이 시점에 만약 풋옵션의 행사가 가능하다면 이때 옵션의 가치는 $max[0, 40-30.585] = \$9.415$가 됨이 마땅하다. 이를 통해 우리는 만기 이전에 조기행사가 가능한 미국형 옵션의 가치가 그렇지 못한 유럽형 옵션에 비해 시점마다 더 높음을 알 수 있다.

특정시점에서의 미국형 풋옵션의 가격은 다음과 같이 구할 수 있다.

$$P(S,K,t) = max(K-S, e^{-rh}[P(uS,K,t+h)\ p^* + P(dS,K,t+h)(1-p^*)])$$

이때, $p^* = \dfrac{e^{(r-\delta)h}-d}{u-d}$

6. 다른 자산에 대한 옵션

(1) 주가지수옵션

주식시장에서 거래되는 전체 혹은 일부 주식으로 구성된 포트폴리오의 가격수준을 나타내는 것이 바로 주가지수이다. 따라서 주가지수옵션의 가격평가는 주식옵션의 가격 평가와 같은 방식을 따르게 된다. 다만, 주가지수에 대한 배당금과 배당지급시점을 파악한다는 것은 불가능하기 때문에, 현실적으로 주가지수에 대한 배당은 주가지수의 산출에 포함된 주식들의 배당수익률의 평균으로 측정한다. 따라서 배당수익률이 주어진 경우에는 배당주식에 대한 옵션의 가격결정 식에서 관련 변수를 아래와 같이 바꾸어 적용하면, 주가지수옵션의 균형가격을 도출할 수 있다.

S = 현재주가지수

E = 주가지수옵션의 행사가격

σ^2 = 주가지수수익률의 분산

q = 주가지수에 포함된 주식들의 연평균 배당수익률

〈예제 4〉

20X1년 3월 10일 현재 KOSPI 200 지수는 100이며, 앞으로 3개월마다 10%씩 상승하거나 10%씩 하락할 것으로 보인다. 이산 복리에 의한 연간 무위험 이자율이 10%이고, KOSPI 200 지수의 계산에 포함된 주식들의 연간 평균 배당수익률은 6%이다. KOSPI 200을 기초자산으로 하고, 행사가격이 100, 만기일이 20X1년 9월 10일인 유럽형 콜옵션과 유럽형 풋옵션의 균형가격을 구하시오.

〈풀이〉

Step1: KOSPI 200 지수, 콜옵션 가치, 풋옵션 가치의 변동과정

1기 후 지수		2기 후(6개월 후)		
현재지수	(3개월 후)	지수	콜옵션 가치	풋옵션 가치
	110	121	121−100=21	0
100		99	0	100−99=1
	90	81	0	100−81=19

Step2: 옵션의 균형가격

$$C=\frac{(0.55^{*})^{2}\times 21+2(0.55)(1-0.55)\times 0+(1-0.55)^{2}\times 0)}{\left(1+0.1\times\frac{3}{12}\right)^{2}}=6.05$$

$$p^{*}=\frac{[1+(R_{f}-q)\times\Delta T]-d}{u-d}=\frac{\left[1+(0.1-0.06)\times\frac{3}{12}\right]-0.9}{1.1-0.9}=0.55$$

$$p=\frac{0.55^{2}\times 0+2(0.55)(1-0.55)\times 1+(1-0.55)^{2}\times 19}{\left(1+0.1\times\frac{3}{12}\right)^{2}}=4.13$$

(2) 통화옵션

외국 통화를 보유한다는 것을 주식에 비유하자면 외국의 무위험 이자율(R_F)과 같은 수준의 배당수익률을 얻을 수 있는 주식을 보유하고 있는 것과 마

찬가지의 효과를 지닌다. 따라서 배당수익률을 알 수 있는 경우의 배당주식에 대한 옵션의 가격 결정 식에서 관련변수를 아래와 같이 바꾸어 적용하면, 통화옵션의 균형가격을 구할 수 있다.

S = 현재 현물환율

E = 통화옵션 행사가격

σ^2 = 환율의 분산

R_f = 국내의 무위험 이자율

q = 외국의 무위험 이자율(R_F)

〈예제 5〉

미국 달러화에 대한 원화의 현물환율은 현재 1달러당 1,000원이며, 앞으로 6개월마다 5%씩 상승하거나 5%씩 하락할 것으로 보인다. 연속복리로 계산된 한국의 연간 무위험 이자율은 8%이고, 미국의 연간 무위험 이자율은 6%이다. 미국 달러화 1단위를 기초자산으로 하고 행사가격이 1,020원, 만기가 1년인 유럽형 콜옵션과 유럽형 풋옵션의 균형가격을 구하시오. 단, $e^{0.01}=1.01005$, $e^{0.06}=1.06184$, $e^{0.08}=1.08329$이다.

〈풀이〉

Step1: 환율, 콜옵션 가치, 풋옵션 가치의 변동과정

1기 후 환율		2기 후(1년 후)		
현재환율	(6개월 후)	환율	콜옵션 가치	풋옵션 가치
	1,050	1,102.5	1,102.5−1,020=82.5	0
1,000		997.5	0	1,020−997.5=22.5
	950	902.5	0	1,020−902.5=117.5

Step2: 옵션의 균형가격

$$C=\frac{(0.6005^{*})^2\times 82.5+2(0.6005)(1-0.6005)\times 0+(1-0.6005)^2\times 0}{1.08329}=27.46$$

$$p^* = \frac{e(R_f - R_F)\Delta T - d}{u-d} = \frac{e^{(0.08-0.06)\left(\frac{6}{12}\right)} - 0.95}{1.05-0.95} = \frac{1.01005-0.95}{1.05-0.95} = 0.6005$$

$$p = \frac{0.6005^2 \times 0 + 2(0.6005)(1-0.6005) \times 22.5 + (1-0.6005)^2 \times 117.5}{1.08329} = 27.28$$

(3) 선물계약에 대한 옵션

현재가격이 S이고 연속복리에 의한 배당수익률이 q인 주식을 기초자산으로 하는 선물계약의 가격을 F라 하고 연속복리에 의한 무위험 이자율을 R_f라고 하면, 다음의 관계가 성립한다.[2)]

$$F = S \cdot e^{(R_f - q)T} \rightarrow F = \frac{S}{e^{qT}} = \frac{F}{e^{R_f T}}$$

위 식에 의하면 선물계약은 현재가격이 F이고 배당수익률이 R_f인 주식을 보유하고 있는 것과 같다고 볼 수 있다. 따라서 배당수익률을 알 수 있는 경우의 배당주식에 대한 옵션의 가격 결정 식에서 관련변수를 아래와 같이 바꾸어 적용하면, 선물계약에 대한 옵션의 균형가격을 구할 수 있다.

S = 현재 선물가격(F)

E = 선물계약에 대한 옵션의 행사가격

σ^2 = 선물수익률의 분산

q = 무위험 이자율(R_f)

〈예제 6〉

20X1년 3월 10일 현재, 20X1년 12월물 KOSPI 200 선물의 가격이 160이다. 이 선물계약의 가격은 3개월 단위로 변화하며, 3개월마다 10%씩 상승하거나 5%씩 하락한다고 한다. 이산복리기준의 무위험 이자율이 연 8%라고 할 때 위 선물계약을 기초자산으로 하고, 행사가격이 164, 만기가 6개월인 유럽형 콜옵션과 유럽형 풋옵션의 균형가격을 구하시오.

---

2) 김민환, 재무관리, 파란(우리 경영 아카데미), 2011, p. 873

〈풀이〉

Step1: 선물가격, 콜옵션 가치, 풋옵션 가치의 변동과정

1기 후 환율		2기 후(6개월 후)		
현재선물	(3개월 후)	선물	콜옵션 가치	풋옵션 가치
	176	193.6	193.6−164=29.6	0
160		167.2	167.2−164=3.2	0
	152	144.4	0	164−144.4=19.6

Step2: 옵션의 균형가격

$$C=\frac{(1/3^{*})^2\times 29.6+2(1/3)(1-1/3)\times 3.2+(1-1/3)^2\times 0}{\left(1+0.08\times\dfrac{3}{12}\right)^2}=4.53$$

$$^{*}p=\frac{1-d}{u-d}=\frac{1-0.95}{1.1-0.95}=\frac{1}{3}$$

$$p=\frac{(1/3)^2\times 0+2(1/3)(1-1/3)\times 0+(1-1/3)^2\times 19.6}{\left(1+0.08\times\dfrac{3}{12}\right)^2}=8.37$$

II. 조기행사

옵션의 조기행사 여부결정을 위해서, 옵션보유자는 두 가지 가능성에 대해서 비교하여야 한다. 옵션을 즉시 행사할 것인지, 아니면 옵션을 만기까지 보유하여 내가격 상태가 될 경우에 행사할 것인지 그 두 가지 경우의 이익을 고려하여야 한다는 점이다. 만약에 옵션 보유자가 자신이 보유한 옵션계약을 조기행사하게 된다면, 다음의 세 가지 효과가 발생하게 된다. 콜옵션 조기행사의 경

우, 가장 먼저 콜옵션 보유자는 옵션에 따른 기초자산을 수령하게 되며, 그 기초자산에서 발생하는 모든 미래의 현금흐름을 수령하는 효과도 가지게 된다. 이를 얻기 위하여, 콜옵션 매수포지션은 상대방에게 미리 약정한 옵션의 행사가격만큼 지불하게 된다. 콜옵션 보유자는 이렇게 기초자산과 기초자산으로부터 발생하는 미래현금흐름을 얻게 되지만, 옵션에 따른 일종의 보험효과는 잃어버리게 된다. 콜옵션의 경우, 기초자산의 가격이 크게 상승할 경우 보유자에게 이득을 가져다 주며, 기초자산의 가격이 하락한다 하여도 옵션프리미엄만큼으로 손해를 한정시켜 주기 때문에 일종의 보험의 성격을 가지고 있다고 할 수 있다. 그러나 옵션보유자가 옵션을 조기행사할 경우, 만기까지 보유할 수 있었던 옵션의 보험적인 효과를 잃는 대신 기초자산과 기초자산의 현금흐름을 얻게 되는 것이라 정리할 수 있겠다.

그러나 조기행사가 가능한 미국형 옵션의 경우, 만기에만 행사가 가능한 유럽형 옵션에 비해 시장에서 비싸게 거래된다. 즉, 미국형 옵션의 가격은 유럽형 옵션가격에 조기행사에 대한 프리미엄을 더한 가격이 된다. 이러한 미국형 옵션의 경우, 옵션의 보유가치가 행사가치보다 큰 경우 만기까지 보유하는 전략을 취할 것이고, 보유가치에 비해서 행사가치가 크게 되는 경우에는 조기행사를 하는 편이 이득이 될 것이다. 이와 같이, 행사여부를 결정하기 위해서는 기준이 필요하게 되는데, 이 기준을 조기행사 경계치라고 부를 수 있다. 즉, 콜옵션의 경우 기초자산의 가격이 조기행사 경계치보다 크게 될 경우, 조기행사를 하는 것이 만기보유전략에 비하여 더 큰 이익을 얻을 수 있게 되는 것이다.

결국, 미국형 옵션의 보유자가 옵션의 조기행사를 포기하게 되는 경우는 두 가지 이유로 정리할 수 있다. 첫 번째는 옵션의 보험효과를 만기까지 유지하기 위해서이고, 두 번째는 기초자산의 가격이 조기행사 경계치보다 낮을 경우[3]이다.

만약 예를 들어, 기초자산의 가격변동성을 0으로 가정할 경우, 옵션의 보험적인 효과는 사라지게 된다. 이 경우, 옵션의 최적행사 시점을 찾는 것이 간단하게 된다. 콜옵션의 만기가 없다고 가정하게 되면, 옵션의 행사가격을 보유함으로써 발생하는 이자수익이 기초자산을 보유함으로써 수령할 수 있는 배당

3) 콜옵션 / 콜-풋옵션

수익을 초과할 경우, 옵션을 만기보유하는 전략이 필요할 것이다. 이를 수식으로 표현하자면, $rK > \delta S$ (r: 이자율, δ: 배당률) 즉, $S < \frac{rK}{\delta}$일 경우에 만기보유하는 전략이 우위에 있게 된다.

이 경우, 만약 이자율과 배당률이 같다면, $S > K$인 경우에 조기행사하는 것이 이득이 되기 때문에, 기초자산의 가격변동성이 0일 경우, 모든 내가격 옵션은 어떠한 경우에도 조기행사하는 것이 유리하다고 할 수 있다.

그러나 기초자산의 가격변동성이 0보다 크게 될 경우, 즉 실생활의 많은 경우에서, 옵션은 일종의 보험과 같은 성격을 지니게 되고, 옵션의 가치는 만기에 이르기까지 변화하게 되며, 미국형 옵션의 조기행사 경계치를 찾는 일은 더욱 복잡해 진다. 예를 들어 설명하자면, [그림 5-5]는 행사가격 $100, 이자율 5%, 배당률 5%, 기초자산가격 변동성 각각 0.1, 0.3, 0.5인 5년 만기 미국형 콜옵션의 조기행사 경계치를 500번의 이항나무방식에 따라 계산하여 나타낸 그림이다.

그림 5-5 기초자산가격의 변동성에 따른 미국형 콜옵션의 조기행사 경계치

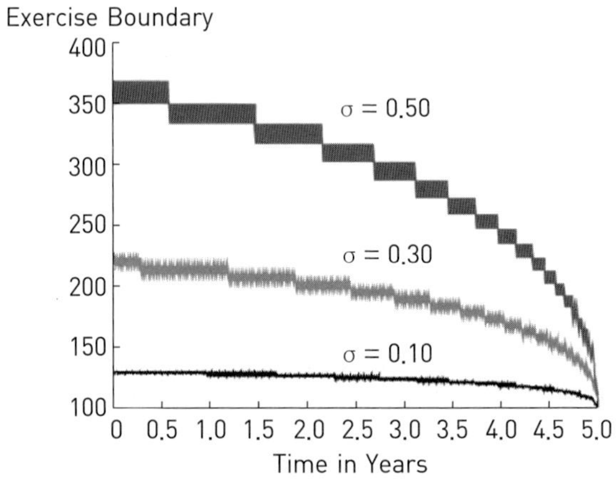

출처 : Robert L. McDonald, Derivatives Markets, International Edition, Pearson, 2013, p. 325

[그림 5-6]은 동일한 조건하의 미국형 풋옵션에 대한 조기행사 경계치를 나타낸 그림이다.

그림 5-6 기초자산가격의 변동성에 따른 미국형 풋옵션의 조기행사 경계치

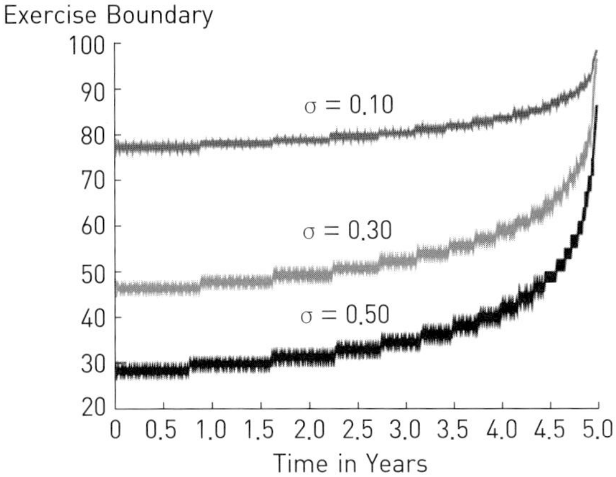

출처 : Robert L. McDonald, Derivatives Markets, International Edition, Pearson, 2013, p. 325

[그림 5-5]와 [그림 5-6]에서 알 수 있듯이, 옵션의 조기행사가능성은 기초자산의 변동성에 따라 크게 영향을 받을 수 있다. 이러한 변동성의 영향은 변동성이 클수록 옵션을 조기행사함으로써 잃게 되는 옵션의 보험적 특성이 더욱 커지기 때문이라고 할 수 있겠다. 또한, 옵션의 만기에 다다르면서 조기행사 경계치가 낮아지는(풋옵션의 경우 높아지는) 현상이 일어나는데 이것은, 시간이 지나면서 옵션의 시간가치가 줄어들고, 이에 따라 옵션의 보험적 기능도 줄어듦에 있다고 할 수 있겠다.

1. 위험중립가격결정이론

(1) 위험중립확률

먼저 위험중립적 확률은 이전에 제시된 이항옵션 가격산정공식에서 찾아볼 수 있다. 공식은 다음과 같다.

$$C = e^{-rh}[p^* C_u + (1-p^*) C_d]$$

여기서, p^*를 기초자산의 가격이 상승할 위험중립적 확률이라고 할 수 있겠다.

위험중립적이란 위험회피와 위험추구의 사이에 있는 것이라고 할 수 있는데, 위험중립적인 투자자는 모든 자산에 대하여 동일한 이자율(주로 무위험 수익률)을 요구할 것이다. 위험중립적인 투자자는 추가적인 위험에 대하여 더 많은 위험프리미엄을 요구하지 않는다. 모든 투자자가 위험중립적인 세계에서는 모든 자산의 가치는 무위험 수익률로 할인함으로써 계산이 가능하게 된다. 그렇게 된다면, 이 세계에서의 투자자들은 위험을 고려하지 않고 오로지 예상수익에만 관심을 가지게 될 것이다. 예를 들어, 두 회사가 있다고 가정하자. 한 회사는 1년에 이익이 50%씩 증가하는 회사이고, 다른 회사는 파산 직전에 있다. 그러나 위험중립적인 투자자는 두 회사에게 같은 이자율을 매길 것이다.

이러한 위험중립적 세계에서는 다음과 같은 공식이 충족되어야 한다.

$$p^* uSe^{\delta h} + (1-p^*) dSe^{\delta h} = e^{rh} S$$

이 식을 p^*에 대하여 다시 풀어 쓰자면, 다음과 같은 식을 얻을 수 있다.

$$p^* = \frac{[e^{(r-\delta)h} - d]}{u-d}$$

이는 위에서 제시한 이항옵션가격산정공식과 동일한 식이 되겠다. 즉, 이항옵션가격이론에서 제시하는 가격계산모형은 위험중립적인 투자자를 가정한 것이고, 이에 따른 옵션의 가치는 무위험 이자율로 할인하여 계산된 것이라고 할 수 있겠다. 물론, 현실 세계에서는 모든 투자자가 위험중립적이지 않기 때문에 일정한 오차가 발생할 수 있는 여지는 있다. 그러나 이 모델이 의미를 갖는 이유는, 다른 가치평가모형[4]에 비하여 구조가 간단하고, 계산이 용이하며, 비교적 정확하게 옵션의 가치를 추출해 낼 수 있다는 점을 들 수 있겠다. 또한, 모

4) 예 - 몬테카를로 가치평가

형의 변형이 원활하게 이루어질 수 있으므로, 몬테카를로 가치평가모형과 같은 다른 모형들의 원형으로써의 가치도 지니고 있다고 볼 수 있겠다.

(2) 실제확률이용옵션가격결정

예를 들어, 기초자산의 수익률이 α라 하고, 배당을 지급하지 않는다고 가정할 때, p가 기초자산가격이 상승할 실제확률이라고 하면, 이전의 공식에 대입하여 볼 때, $puS+(1-p)dS=e^{\alpha h}S$가 된다. 이를 p에 대하여 풀게 되면, $p=\dfrac{e^{\alpha h}-d}{u-d}$라는 식이 도출 가능하게 된다. 옵션의 가격에 대한 적절한 할인율을 γ라 하였을 때, 옵션보유는 Δ개의 주식과 B개의 채권을 보유하는 것과 같게 되므로, $e^{\gamma h}=\left(\dfrac{S\Delta}{S\Delta+B}\right)e^{\alpha h}+\left(\dfrac{B\Delta}{S\Delta+B}\right)e^{\gamma h}$가 되고, 이를 옵션의 가격산정에 이용하게 되면, $C=e^{-\gamma h}\left[\left\{\dfrac{e^{\alpha h}-d}{u-d}\right\}C_u+\left\{\dfrac{u-e^{\alpha h}}{u-d}\right\}C_d\right]$로 옵션가격을 구할 수 있게 된다. 예를 들어서 설명해 보겠다.

(3) 실제확률이용옵션가격결정의 예

ABC 회사의 주식에 대한 콜옵션을 보유하는 것과 같은 효과를 누리기 위해서는, 이 회사의 주식을 2/3주만큼 보유하고, \$45만큼 차입하면 된다는 것을 알고 있을 때, 이 주식의 연수익률은 32%이고, 현재 시장에서 무위험 수익률은 3%라고 하자. 현재 ABC사의 주식은 \$450에 거래되고 있다. 단기간 이항옵션가격이론을 적용하여 콜옵션의 가치를 산정해 보자.

먼저, 옵션가치평가를 위해서는 적절한 할인율 γ를 찾아야 하겠다.

$$e^{\gamma h}=\left(\frac{S\Delta}{S\Delta+B}\right)e^{\alpha h}+\left(\frac{B\Delta}{S\Delta+B}\right)e^{rh}$$

위 식을 적용하여 γ에 대해 풀어내자면, $e^{\gamma h}=[S\Delta/(S\Delta+B)]e^{\alpha h}+[B/(S\Delta+B)]e^{rh}=[450(2/3)/\{450(2/3)-45\}]e^{0.32}-[45/\{450(2/3)-45\}]e^{0.03}=1.4383$이다. 그러므로 $\gamma=\ln(1.4383)=0.3635$로 계산된다.

이때, 이 콜옵션의 행사가격을 $465로 정하고, 만기가 3년이 남았으며, 만기에 주식의 가격이 3배가 오르거나 2/3만큼 가격이 하락할 것이라고 가정할 때, 현재시점에서의 ABC 회사의 주식에 대한 콜옵션의 가치를 구하기 위해서는 먼저 실제옵션가격이 상승할 확률 p를 먼저 구해야 하겠다.

$$p = \frac{e^{\alpha h} - d}{u - d}$$

위의 식을 적용하였을 때, $p = (e^{\alpha h} - d)/(u - d) = (e^{0.32 \times 3} - 0.34)/(3 - 0.34) = 0.8540$이 된다. 만약 가격이 오를 경우에는 $uS = 1{,}350$이 되므로, $C_u = 1{,}350 - 465 = 885$가 된다. 반대로 가격이 하락할 경우에는 $C_d = 0$이 될 것이다. 여기에 $\gamma = 0.3635$를 적용하면 다음과 같다.

$$C = e^{-\gamma h}\left[\left\{\frac{e^{\alpha h} - d}{u - d}\right\}C_u + \left\{\frac{u - e^{\alpha h}}{u - d}\right\}C_d\right]$$

위 식에 따라 콜옵션의 가치는,
$C = e^{-0.3635 \times 3}(0.8540 \times 885 + 0) = \$254.0846$가 되겠다.

2. 랜덤워크(Random Walk) 이론

다음 소단원에서 다룰 주제의 본격적인 논의에 앞서 이항트리모형의 바탕이 되는 랜덤워크 이론에 대해 간략하게 소개하고 넘어가려고 한다.

이 이론은 주식, 선물, 그리고 다른 투자자산들의 가격이 무작위하게 오르거나 내리고, 그 움직임을 예상할 수 없다는 이론이다. 랜덤워크이론에 따르면 과거가격의 움직임의 분석, 기술적 분석, 기초분석 등과 같은 전통적 투자기법으로는 미래가격의 움직임을 예측할 수 없다고 한다. 이 이론은 1965년도에 폴 사무엘슨(Paul Samuelson)이 'Proof that Properly Anticipated Prices Fluctuate Randomly'라는 논문을 기재하면서 더 확장되었다. 사무엘슨은 이 논문에서 효율적 시장에서는 가격변화에 모든 시장참여자들의 기대치와 모든 정보가 충분히 포함되어 있는 한 이를 예측할 수 없다고 언급하였다.

3. 배당이 있는 경우의 옵션가격결정모형 (Stocks Paying Discrete Dividends)

지금까지는 우리가 알아본 이항옵션가격결정모형은 배당이 주어지지 않는다는 가정 아래 논의를 했다. 하지만 현실의 주식에는 배당이 지급된다. 지금부터는 만약 배당이 지급되는 경우 옵션의 가격이 어떻게 결정되는지, 그리고 배당이 없는 경우와 어떠한 차이가 있는지 알아볼 것이다. 콜옵션의 경우, 만기 전에 언제든지 행사할 수 있는 '미국형 콜옵션'과 만기에만 행사할 수 있는 '유럽형 콜옵션' 두 가지가 있다. 미국형 콜옵션의 경우, 배당이 진행된다면 콜옵션의 가격이 하락할 것을 대비해 옵션보유자가 조기 행사권을 행사할 가능성이 높아진다. 우리는 논의의 편의를 위해 상대적으로 상황에 따른 변화가 복잡한 미국형 콜옵션 대신 간단한 유럽형 콜옵션에 대해서만 설명하려고 한다.

(1) 배당이 발생하는 경우의 유럽형 이항모형

1) 배당 지급시점이 주가변동 시점과 일치하는 경우

배당 지급시점이 주가변동 시점과 같은 경우에는 위험중립확률(P)을 조정할 필요가 없다. 단지, 옵션 만기일 이전의 주가의 변동과정에서 배당효과를 반영하면 된다. 그리고 만기일의 옵션가치는 배당 효과가 반영된 주가(S')를 사용하여 계산하며, 이로부터 현재의 옵션가격을 구하는 과정에 따르면 된다. 배당이 지급되는 경우, 우리가 그동안 배워온 대로 기존의 주가(S)를 사용하여 계산할 경우 '풋-콜 패리티'가 성립하지 않기 때문에 이 점에 매우 조심하여야 한다.

2) 배당 지급시점이 주가변동 시점과 불일치하는 경우

옵션 만기일 이전에 지급될 배당금의 크기와 그 지급시기가 알려져 있다면 위험중립확률(P)을 조정할 필요없이 현재주가 대신에 현재주가에서 지급되는 배당금을 무위험 이자율로 할인한 현재가치를 차감한 조정주가를 사용해야 한다. 이를 식으로 나타내면, 다음과 같다.

$$S' = S - PV(D)$$

3) 옵션만기일까지 일정하게 발생하는 배당수익률이 알려진 기초주식인 경우

배당이 아닌 배당수익률이 주어진 경우에는 이전과는 다르게 주가의 변동과정을 거칠 필요가 없고, 위험중립확률(P)에만 배당효과를 반영하면 된다. 이때 위험중립확률은 다음의 식과 같이 변하게 된다.

$$S_uP'+S_d(1-P')=S(1+r_f-d)=F=CEQ$$

$$S_uP'+S_d(1-P')=S=\frac{(1+r_r)}{(1+d)}$$

〈예제 7〉 공인회계사시험 2차재무관리 기출문제

통일증권거래소의 상장회사인 ㈜ 동남아의 현재주가는 20,000원(액면가 : 5,000원)이며, ㈜ 동남아의 주가는 6개월마다 20% 상승하거나 10% 하락하는 이항과정을 따른다고 한다. 그리고 무위험 이자율은 연 12%, 이산(discrete) 배당수익률은 연 8%라고 한다. 단, 이하 모든 계산과정 및 결과에서 금액은 소수점 아래 셋째 자리에서 반올림하여 소수점 아래 둘째 자리까지 표시하고, 백분율은 소수점 아래 다섯째 자리에서 반올림하여 소수점 아래 넷째 자리까지 표시하시오.

〈풀이〉

Step1: 주가의 이항과정을 나타내면 다음과 같다.

		S	X	C	P
	24,000	28,800	20,000	8,800	0
20,000 r_f=6%		21,600	21,600	1,600	0
	18,000	16,200	16,200	0	3,800

이제 콜옵션과 풋옵션의 가격을 알아내기 위해 위험중립확률(P)을 구해보자. 이러한 위험중립확률은 기초자산인 주식의 가격분포를 이용해서 구할 수 있다.

$$S_uP'+S_d(1-P')=S(1+r_f)$$

$$24{,}000P+18{,}000(1-P)=20{,}000(1.06) \text{ 그러므로, } P=0.533$$

위험중립확률을 구하였으므로 콜옵션과 풋옵션의 가격을 구할 수 있다.

$$C=\{8{,}800\times(0.5333)2+1{,}600(0.533)(1-0.5333)\times 2\}/1.062=2{,}936P$$
$$=\{0+0+3{,}800\times(1-0.5333)2\}/1.062=736.6$$

배당이 없는 경우의 콜옵션 가격과 풋옵션 가격은 행사가격과 만기가 일치하기 때문에 풋–콜 패리티가 성립한다.

$$C=S+P-PV(X)$$
$$2{,}936=20{,}000+736.6-20{,}000/1.06^2$$

만약, 6개월 후의 배당금이 1,000원인 경우, 콜옵션과 풋옵션의 가격변화에 대해 알아보자.

배당을 실시하는 경우의 주가이항과정을 살펴보면, 다음과 같다.

		S	X	C	P
	24,000				
	(1,000)	27,600	20,000	7,600	0
20,000	23,000	20,700	20,000	700	0
	18,000				
	(1,000)	20,400	20,000	400	0
	17,000	15,300	20,000	0	4,700

콜옵션과 풋옵션의 가격을 구하면 다음과 같다.

$$C=\frac{7{,}600\times(0.5333)^2+700(0.5333)(1-0.5333)+400(1-0.5333)(0.5333)+0}{1.06^2}$$

$$P=\frac{0+0+0+4{,}700\times(1-0.5333)^2}{1.06^2}$$

$$C=2{,}167,\ P=911.1$$

배당을 지급하는 경우에는 주가가 하락하는 효과가 발생하기 때문에 배당을 지급하지 않을 때보다 콜옵션의 가격은 하락(2,936 → 2,167)하고, 풋옵션의 가격은 상승(736.6 → 911.1)한다. 과연 배당이 있는 경우에도 풋–콜 패리티가 성립할까?

$$C \neq S + P - PV(X)$$

$$2,167 \neq 20,000 + 911.1 - 20,000/1.06^2$$

위 식에서 알 수 있듯이 배당을 지급하는 경우에는 풋–콜 패리티가 성립하지 않는다. 그 이유는, 배당을 지급하는 경우의 주가(S)의 가격이 지급하지 않는 경우의 주가와 다르기 때문에 풋–콜 패리티 식의 S의 자리에 배당락주가(S')의 현재가치를 넣어야 하기 때문이다. 따라서 S 대신 $S'(=S-PV(D))$를 넣어주면 풋–콜 패리티가 성립하는 것을 알 수 있다.

$$C = S' + P - PV(X)$$

$$2,167 = \left(20,000 - \frac{1,000}{1.06}\right) + 911.1 - 20,000/1.06^2$$

Step2: 배당가액(1,000) 대신 배당수익률(연 8%)이 주어진 경우에는 배당가액이 주어진 경우에서와 같이 주가를 조정($S \rightarrow S'$)해서는 풀 수 없다. 대신, 이 경우에는 위험 등가 식 속에서 무위험 이자율에서 배당수익률을 차감하기 때문에 위험중립확률이 조정된다.

$$S_u P' + S_d(1-P') = S(1+r_f-d) = F = CEQ$$

새로운 위험중립확률을 구하면 다음과 같다.

$$24,000P + 18,000(1-P) = 20,000 \times (1+6\%-4\%) = CEQ$$

$$P = 0.4,\ 1-P = 0.6$$

새로운 위험중립확률을 가지고 콜옵션과 풋옵션의 가격을 구하면 다음과 같다.

		S	X	C	P
	24,000	28,800	20,000	8,800	0
20,000 $r_f=6\%$		21,600	21,600	1,600	0
	18,000	16,200	16,200	0	3,800

$$C=\frac{8,800\times 0.4^2+1,600\times 0.6\times 2+0}{1.06^2}=1,936.3$$

$$P=\frac{0+0+0+3,800\times 0.6^2}{1.06^2}=1,217.5$$

배당수익률이 주어진 경우에도 기존의 주가(S)로는 풋-콜 패리티가 성립하지 않는다.

$$C\neq S+P-PV(X)$$
$$1,936.63\neq 20,000+1,217.5-20,000/1.06^2$$

왜냐하면 위험중립확률이 변화함에 따라(0.5333→0.4) 주가의 현재가치 또한 변화($S\rightarrow S'$)하였기 때문에 이를 적용해 주어야 한다.

$$S'=\frac{28,800\times 0.4^2+2\times 21,600\times 0.4\times 0.6+16,200\times 0.6^2}{1.06^2}=18,519$$

새로운 주가(S')를 풋-콜 패리티 식에 대입하면 성립하는 것을 알 수 있다.

$$C=S'+P-PV(X)$$
$$1,936.63=18,519+1,217.5-20,000/1.06^2$$

CHAPTER

06

이항옵션가격이론 2

I. 이항옵션가격이론 정리 및 요약

1. 기본적인 무위험 거래전략

현재주가(S)가 $50인 주식이 있다. 1기간(이를테면, 1년)후에 이 주식의 가격(S^*)은 $25가 되거나 $100이 될 것이라고 가정한다. 이 주식에 대하여 행사가격(K)이 $50이고 만기가 1년인 콜옵션이 존재하며, 필요한 자금은 언제든지 연 25%의 금리로 빌려오거나 빌려주는 것이 가능하다고 가정한다. 여기서 콜옵션의 가격(C)은 주어지지 않았지만 무위험 차익거래의 기회가 없다고 가정하면 이상의 정보만으로도 우리는 콜옵션의 가격을 계산할 수 있다.

우리는 콜옵션가격 계산을 위해 다음과 같은 전략을 생각할 수 있다.

- 콜옵션 3개를 가격 C에 매도한다.
- 주식 2개를 $50에 매입한다.
- $40을 25% 금리로 1년간 차입한다.

1년 후 주식의 가격변화에 따라 위의 전략의 손익이 어떻게 변하는지 다음의 표에 나와 있다. 우리는 주식의 가격이 $25이 되든 $100이 되든 상관없이 전략의 손익은 정확히 0이 됨을 알 수 있다.

표 6-1 주가변화에 따른 손익의 추이

	현재	1년 후	
		$S^* = 25$	$S^* = 100$
콜 3개 매도	$3C$	-	−150
주식 2개 매입	−100	50	200
$40 자금차입	40	50	−50
합계	$3C-100+40$	-	-

무위험 차익거래의 기회가 없으려면 전략의 비용($3C-100+40$) 또한 0이 되어야 할 것이다. 따라서 콜옵션의 가격 $C=\$20$이어야 함을 알 수 있다.

따라서, 적절한 주식의 매입과 자금의 차입으로 콜옵션의 미래 손익을 복제할 수 있다. 콜옵션의 정확한 가격을 계산하는데 필요한 정보는 단지 행사가격(K), 기초자산인 주식의 가격(S), 만기, 주가의 변동범위, 이자율이며, 보다 중요한 사실은 주가가 오를 확률이나 내릴 확률을 알 필요는 없다는 점이다.

2. 1기간 이항모형

현재의 주가 S가 1기간 후 $uS(=u*S)$로 상승하거나 $dS(=d*S)$로 하락한다고 가정($u>1$, $d<1$)하고, S가 uS로 상승할 확률을 q, dS로 하락할 확률을 $(1-q)$라고 정의할 때, 이 모든 가정을 이항트리(Binomial tree)로 나타내보면 다음과 같다.

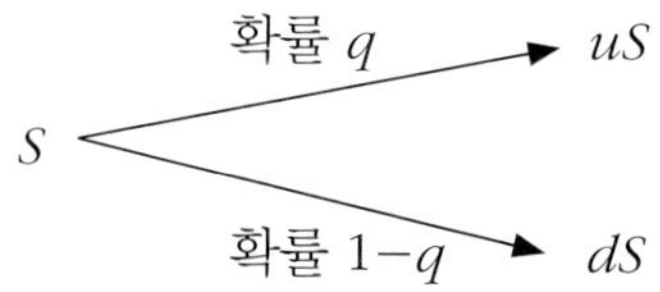

이 주식에 대하여 행사가격이 K이고 잔존만기가 1기간 남은 콜옵션의 현재가치를 C라 하고, 1기간 후 주가가 uS로 상승했을 때의 콜옵션의 가치를 Cu, 주가가 dS로 하락했을 때의 콜옵션의 가치를 Cd라 하면, Cu와 Cd는 다음과 같이 결정될 것이다.

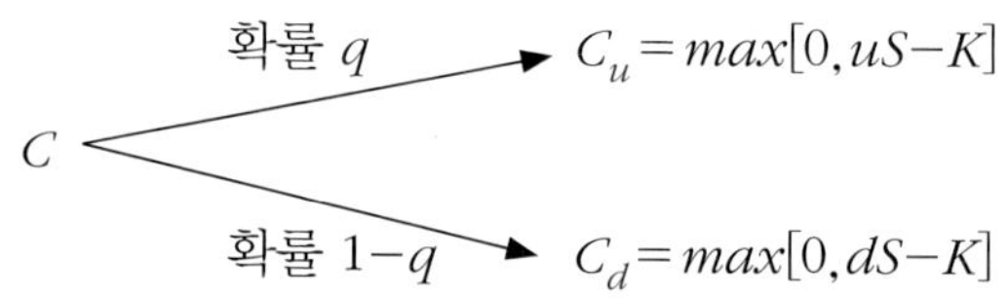

앞서 적절한 주식의 매입과 자금의 차입으로 콜옵션의 미래 손익을 복제할 수 있음을 알아보았다. 이제 주식 Δ개와 $\$B$ 상당의 무위험채권으로 구성된 포트폴리오를 구성해보면 이 포트폴리오의 구성비용은 $\Delta S+B$이며, 1기간 후 이 포트폴리오의 가치는 다음과 같다. 여기서 무위험채권의 이자율을 rf이라 하면, $r=1+rf$ 이다.

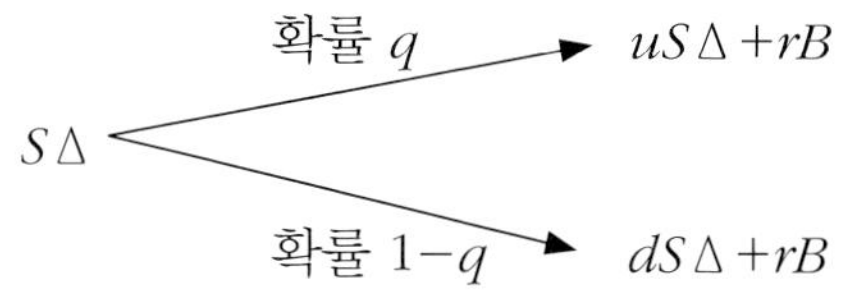

1기간 후 포트폴리오의 가치가 언제나 콜옵션의 가치와 동일하기 위해서는 아래의 관계가 성립해야 한다.

$$uS + rB = Cu$$

$$dS + rB = Cd$$

두 개의 방정식이 두 개의 미지수를 갖고 있으므로 쉽게 해를 구할 수 있다. 이로부터 Δ와 B를 구해보면 다음과 같다.

$$\Delta=\frac{c_u-c_d}{(u-d)S}$$

$$B=\frac{uc_d-dc_u}{(u-d)r}$$

무위험 차익거래의 기회가 없으려면, 콜옵션의 현재 가치는 포트폴리오의 구성비용과 동일해야 한다. 예를 들어, C가 $S+B$보다 작으면 콜을 매입하고 포트폴리오를 매도함으로써 무위험 차익을 얻을 수 있을 것이다.

$$C=S\Delta+B$$

$$=\frac{c_u-c_d}{u-d}+\frac{uc_d-dc_u}{(u-d)r}$$

$$=\left[\left(\frac{r-d}{u-d}\right)C_u+\left(\frac{u-r}{u-d}\right)C_d\right]/r$$

$p=(r-d)/(u-d)$이라 하면, $(1-p)(u-r)/(u-d)$이므로 위의 식은 다음과 같이 단순화된다.

$$C=[\,pCu+(1-p)Cd]/r$$

3. 이항모형의 특성

우선 흥미로운 점은 무위험 차익거래의 기회가 없으려면 $u>r>d$이어야 한다는 것이다. 정의상 u는 항상 d보다 크다. $d>r$이라면, $t=0$일 때 무위험 이자율에 1기간 동안 S달러를 빌려$(+S)$ 주식 1주를 산다$(-S)$. 거래 손익은 0 $(=+S-S)$이고 $t=1$일 때 그 주식을 팔고(uS 또는 dS) 빌린 자금을 갚으면(rS) 거래 손익은 $(u-r)S>0$ 또는 $(d-r)S>0$이 되어 무위험 차익거래의 기회를 제공한다. $r>u$이라면, 주식 1주를 팔아 생긴 S달러를 1기간 대출하거나 예금하면, $t=1$의 거래 손익은 $(r-u)S>0$ 또는 $(r-d)S>0$이 되어 다시 무위험 차익거래의 기회를 제공한다. 따라서 무위험 차익거래의 기회가 없으려면 $u>r>d$이어야 한다. 다음의 이항모형의 특성들은 1기간뿐만 아니라 2기간, 다기간에도 유효하다.

첫째, 옵션의 가격은 주가가 오를 확률이나 내릴 확률과는 무관하다. 위의 식에는 q가 포함되어 있지 않으며 사람들이 미래 주가 변동에 대하여 서로 다른 예상을 한다 해도 S, K, u, d, r, 만기만 같다면 옵션의 가격은 동일한 값을 가질 것이다.

둘째, 옵션의 가격은 투자자의 위험에 대한 태도와는 무관하다. 즉, 투자자가 위험을 선호하든 회피하든 옵션의 가격은 동일하며 투자자에 대한 유일한 가정은 투자자가 보다 많은 부를 선호하여 무위험 차익거래의 기회가 있다면 그 기회를 이용하고자 한다는 점이다.

셋째, 콜옵션가격을 결정하는 데 있어서 유일한 확률변수는 주가이며 K, u, d, r, 만기는 확정적인 값을 갖는다.

4. 2기간 이항모형

2기간 이항모형은 1기간 이항모형을 확장함으로써 쉽게 유도할 수 있다. u와 d는 모든 기간에서 일정하고 각 기간의 길이도 일정하다고 가정한다. 따라서 주가 S는 1기간마다 S에 u를 곱한 가격으로 상승하거나 d를 곱한 가격으로 하락한다고 하면, 아래의 그림에서 살펴보는 것처럼 2기간 이항모형에서 주가는 이제 세 가지 변화가 가능하며, Cuu는 주가가 2기간 연속 상승하였을 때의 콜옵션의 가치를 나타낸다. Cdu와 Cdd도 그와 유사하게 정의된다.

첫째 기간 말에 만기까지 1기간만을 남겨놓은 콜옵션의 가치 Cu와 Cd는 1기간 이항모형을 이용하여 쉽게 구할 수 있다. u와 d가 모든 기간에서 일정하므로 $p=(r-d)/(u-d)$도 모든 기간에 걸쳐 일정함에 유의한다.

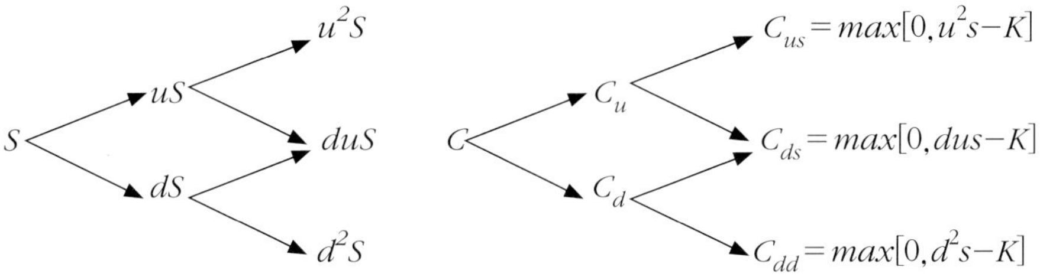

$$Cu=[pCuu+(1-p)Cud]/r$$

$$Cd=[pCdu+(1-p)Cdd]/r$$

$Cdu=Cud$인 점에 유의하면서 정리하면 2기간 콜옵션의 가격 공식을 구할 수 있다.

$$C=[p2Cuu+2p(1-p)Cud+(1-p)2Cdd]/r2$$

1기간 이항모형에서처럼 주식 Δ개 매입과 콜옵션 1개 매도로 이루어진 무위험 포트폴리오를 구성하는 경우, 주가가 등락에 상관없이 그 포트폴리오가 항상 무위험 상태를 유지하기 위해서는 지속적으로 헷지비율을 조정해야 한다. 즉, 최초의 헷지비율은 주가가 uS로 되는 경우 u로, 주가가 dS로 되는 경우 d로 수정되어야 한다.

$$\Delta=\frac{c_u-c_d}{(u-d)S}\ ,\ \Delta_u=\frac{c_{uu}-c_{du}}{(u-d)uS}\ ,\ \Delta_d=\frac{c_{du}-c_{dd}}{(u-d)dS}$$

5. 다기간 이항모형

이제 1기간 이항모형과 2기간 이항모형으로 다기간 이항모형을 추론해보면 n기간 동안의 주가상승횟수를 나타내는 확률변수를 X라 하고, X는 주가 변동횟수 n, 주가상승확률 p인 이항분포를 따름을 알 수 있다. 또한 u, d, S가 주어져 있다면 n기간 동안의 주가상승횟수가 만기의 주가를 직접적으로 결정하게 되므로 주가상승횟수가 이항분포를 따른다는 것은 바로 만기주가가 이항분포를 따른다는 것을 의미한다.

$$C=[pCu+(1-p)Cd]/r$$

$$C=[p2Cuu-2p(1-p)Cud+(1-p)2Cdd]/r2$$

1기간 이항모형의 이항계수는 1, 1이고 2기간 이항모형의 이항계수는 1, 2, 1임에 유의한다. 3기간 이항모형의 경우는 예를 들어, 주가상승횟수가 2이고 주가하락횟수가 1인 경우의 가능한 모든 주가의 움직임의 경로는 uud, udu, duu의 세 가지이며 이 경우 3기말의 주가는 모두 $u2dS$이다.

따라서 3기간 이항모형은 아래와 같은 형태임을 쉽게 알 수 있다.

표 6-2 3기간 이항모형

주가상승횟수	주가하락횟수	가능한 경로의 수	만기 주가	확률
3	0	1	u^3S	$1P^3(1-P)^0$
2	1	3	u^2dS	$3P^2(1-P)^1$
1	2	3	ud^2S	$3P^1(1-P)^2$
0	3	1	d^3S	$1P^0(1-P)^3$

$$\begin{aligned}C&=[p^3C_{uuu}+3p^2(1-p)C_{uud}+3p(1-p)^2C_{udd}+(1-p)^3C_{ddd}]/r^3\\&=\{p^3max[0,u^3S-K]+3p^2(1-p)max[0,u^2dS-K]+3p(1-p)^2max[0,ud^2\\&\quad S-K]+(1-p)^3max[0,d^3S-K]\}/r^3\\&=\left\{\sum_{i=0}^{3}{}_3C_xp^x(1-p)^{3-x}max[0,u^xd^{3-x}S-K]\right\}/r^3\end{aligned}$$

이를 일반화하여 n기간 이항모형을 표현해보면 다음과 같다.

$$C=\left\{\sum_{i=0}^{n} {}_nC_x p^x(1-p)^{n-x}max[0,u^x d^{n-x}S-K]\right\}/r^n$$

II. 여타 자산에 대한 옵션 및 조기행사

이항모형 옵션가격결정모형에서 기초자산이 반드시 주식일 필요는 없다. 주식 외에도 주가지수, 통화, 선물계약, 상품, 채권 등을 기초자산으로 두고 옵션을 파생시킬 수 있다. 이제부터 위 경우를 차례로 살펴보고자 한다.

기본적으로 앞서 배운 옵션가격결정식을 토대로 한다.

$$C=e^{-rh}[p^* C_u+(1-p^*)C_d]$$

1. 주가지수옵션

주가지수옵션(stock index options)이란, 주가지수를 특정시기에 미리 지정된 가격으로 매입 또는 매도할 수 있는 권리를 매매하는 옵션이다. 한국의 주가지수 선물·옵션거래에서는 KOSPI 200 지수와 KOSDAQ 50 지수를 기초자산으로 하고 있다(최규찬, 2001).

주가지수옵션의 가격결정모형은 배당소득이 연속적으로 발생한다는 가정하에 이루어진다. 이 배당률을 δ라고 하자. 이후 과정은 앞서 설명한 주식옵션의 경우와 동일하게 이루어진다. 따라서 u와 d, 복제포트폴리오를 구성하기 위한 Δ와 B는 다음과 같다.

$$u=e^{(r-\delta)h+\sigma\sqrt{h}}$$

$$d=e^{(r-\delta)h-\sigma\sqrt{h}}$$

$$\Delta = e^{-\delta h}\ \frac{C_u - C_d}{S(u-d)}$$

$$B = e^{-rh}\ \frac{uC_d - dC_u}{u-d}$$

그리고 위 식들을 이용한 옵션가격의 식은 다음과 같다.

$$\Delta S + B = e^{-rh}\left(C_u \frac{e^{(r-\delta)h} - d}{u-d} + C_d \frac{u - e^{(r-\delta)h}}{u-d}\right)$$

주가지수가 상승하는 경우에 해당하는 위험중립확률은 다음과 같이 나타낼 수 있다.

$$p^* = \frac{e^{(r-r_f)h} - d}{u-d}$$

위의 u, d, Δ, B, 옵션가격, 위험중립확률 p^*를 나타내는 식들은 이어지는 내용에서 다른 기초자산을 기반으로 한 옵션의 가격결정모형에서도 응용될 것이다.

2. 외환통화옵션

외환통화옵션(foreign currency options)은 외국 통화를 기초자산으로 하는 옵션이다. 콜옵션을 보유하면 적절한 시기에 미리 정해놓은 환율(행사가격)으로 외국 통화를 매입할 수 있다. 마찬가지로 풋옵션을 보유하면 미리 정해놓은 환율로써 외국 통화를 매도할 수 있다.[1)]

통화의 현물가격을 X_0라고 하면, 선물가격은 $F_{0,h}=X_0 e^{(r-rf)h}$이고, 이때 r은 국내 이자율, r_f는 해외 이자율에 해당한다(무위험 이자율과 구분). 1기 이후 현물가격이 상승하는 경우(uX)와 하락하는 경우(dX)를 계산해 보면 다음과 같다.

$$uX = Xe^{(r-r_f)h + \delta\sqrt{h}}$$
$$dX = Xe^{(r-r_f)h - \delta\sqrt{h}}$$

1) 임병균, 파생상품과 위험관리, 시그마프레스, 2007

외환통화옵션의 경우 국내 이자율을 사용해 옵션가격을 계산하는 여타 옵션계약과는 달리, 해외 이자율을 사용해 기대수익을 계산해야 하는 점을 주의해야 한다. 이는 외환에 대한 투자가 곧 해외금리 연동 투자신탁이나 외화로 표기되는 고정수입계약에 투자하는 것을 의미하기 때문이다.[2] 이러한 점을 고려해 옵션가격이 상승하는 경우와 하락하는 경우에 대해 각각의 식을 얻을 수 있다.

$$\Delta \times dXe^{r} f^{r} + e^{rh} \times B = C_d$$
$$\Delta \times uXe^{r} f^{r} + e^{rh} \times B = C_u$$

외환가격이 올라가는 경우의 위험중립확률은 다음과 같이 주어진다.

$$p^* = \frac{e^{(r-r_f)h} - d}{u-d}$$

3. 선물옵션

선물옵션(options on futures; futures options)은 선물을 기초로 하는 옵션이다. 선물옵션을 매입한 자는 옵션을 행사함으로써 선물에 대해 롱 또는 숏 포지션을 취하게 된다. 현물을 기초로 하는 옵션의 경우와는 달리, 기초물의 인수 또는 인도 없이 다만 새로이 선물에 대해 포지션을 취함으로써 이를 대신한다.[3]

선물가격의 변동을 예상할 때에는 현재가격에서 출발하여 가격의 상승 혹은 하락을 생각하면 되기 때문에 u와 d는 비교적 간단하게 다음과 같이 정리된다.

$$u = e^{\delta\sqrt{h}}$$
$$d = e^{-\delta\sqrt{h}}$$

2) Robert L. McDonald, Derivates Markets, International Edition, Pearson, 2013

3) 임병균, 파생상품과 위험관리, 시그마프레스, 2007

이제 아래의 연립방정식으로부터 복제포트폴리오의 Δ와 B를 얻을 수 있다.

$$\Delta \times (dF-F)+e^{rh}\times B=C_d$$
$$\Delta \times (uF-F)+e^{rh}\times B=C_u$$

$$\therefore \Delta = \frac{C_u-Cd}{F(u-d)} \text{ and } B=e^{-rh}\left(C_u\frac{1-d}{u-d}+C_d\frac{u-1}{u-d}\right)$$

원래 Δ는 옵션의 위험 헷징을 위해서 몇 개의 선물계약을 보유해야 하는가를 나타내는 기호이다. 따라서 일반적인 경우 옵션의 가치는 $\Delta S+B$에 해당한다. 하지만 선물옵션의 경우, 옵션의 가치는 단지 B에 해당한다. 선물옵션은 옵션의 계약시점에서 채권에 대한 투자 외에 다른 투자를 필요로 하지 않기 때문이다.

따라서 옵션가격은 $B=e^{-rh}\left(C_u\frac{1-d}{u-d}+C_d\frac{u-1}{u-d}\right)$와 동일하다.

이때의 위험중립확률은 다음과 같이 주어진다.

$$p^*=\frac{1-d}{u-d}$$

선물옵션에 대한 권리가 행사되었을 경우, 옵션 매수자는 별다른 지불할 것 없이 선물계약에 참여할 수 있으며, 시가평가(mark-to-market)에 따라 행사가격과 선물가격 사이의 차액만큼을 받게 된다. 따라서 권리 행사의 여부는 시가평가로부터 수익을 얻을 수 있는가에 따라서 판가름 된다.

4. 상품선물옵션

상품선물옵션이란 미래 일정시점의 상품가격 변동에 대비하여 매입 또는 매도할 권리를 갖게 되는 거래를 의미한다. 대부분의 경우 상품선물거래를 기초자산으로 하여 옵션계약이 이루어진다. 물리적인 상품을 기초자산으로 하여 옵션을 파생시키는 것 역시 가능하지만, 물리적인 상품거래의 특성상 몇 가지 제약이 존재한다. 예를 들면, 물리적인 상품을 거래할 때에는 금융자산을 거래하는 경우에 비해 큰 거래비용이 발생하기도 하며, 상품에 대한 공매도(short-selling)가 불가능하거나 시장이 형성되기 어려운 문제가 존재한다.

다시 대다수의 비중을 차지하는 상품선물옵션거래에 관해 살펴보면, 상품선물계약의 경우 전 세계적으로 콩, 옥수수, 에너지 등 여러 가지 상품에 대해서 이루어지지만, 국내 상품선물은 금과 돈육 두 가지만을 기초자산으로 하고 있다.

상품선물가격의 경우 저장비용과 편의수익을 고려한다는 점에서 여타 금융자산을 기초자산으로 하는 선물가격계산과 다소 차이가 있다. 하지만 일단 선물가격을 계산한 후에는 앞서 설명한 금융자산을 기초자산으로 하는 선물거래와 동일하게 옵션가격을 계산할 수 있다.

$$F = S \times \left[1 + (r + u - y) \times \frac{t}{365}\right] \quad (r\text{: 이자율, } u\text{: 저장비용, } y\text{: 편의수익})$$

여기에서 저장비용(u)이란 선물계약의 기초자산이 되는 상품의 재고를 미래의 일정시점까지 보관 또는 유지함에 따라 발생하는 손비용을 의미한다. 또한 편의수익(Convenience Yield, y)이란 선물계약 보유자가 아닌 현물 보유자에게 주어지는 비금전적인 혜택을 의미한다.

5. 채권옵션

채권옵션이란 미래의 특정시점에 특정가격으로 채권을 매수하거나 매도할 수 있는 권리가 부여된 옵션계약을 의미한다. 채권옵션의 경우, 이자율 하락으로 인한 채권가격 상승이 예상될 때 콜옵션을 매수하며, 반대로 이자율 상승으로 인한 채권가격 하락이 예상될 때 풋옵션에 대한 매수 포지션(long position)을 취한다.

직관적으로, 채권을 개별 배당(discrete dividends)을 지급하는 주식으로 생각하고 이항모형을 이용해 bond option의 가격을 책정할 수 있다. 하지만,

실제 채권옵션가격의 측정은 아래의 두 가지 포인트에서 여타자산을 기초자산으로 하는 옵션의 가격책정보다 훨씬 까다롭다. 첫째로, 만기에 가까워질수록 채권가격의 변동성(volatility)이 감소한다. 우리는 주식옵션의 경우 만기에 상관없이 이자율이 동일하고, 시간에 따라 이자율이 변하지 않는 고정된 상수로 이자율을 가정했었다. 이러한 가정은 주식옵션의 경우 유효하지만, bond option의 가격결정에서는 부적절하다.[4]

옵션가격책정에 대해 상당히 명쾌한 해답을 제시하는 블랙-숄즈모델 역시 가격변동성이 일정하다고 가정하고 있으므로 채권옵션가격결정의 해답이 될 수 없다. 이러한 점 때문에, 채권가격결정은 주로 블랙모델이나 BDT모델(Black-Derman-Toy model)과 같은 단기 이자율 모델(short rate model)을 주로 사용한다. 실제 산업에서는 블랙모델이 계산이 편리하다는 이유로 빈번하게 사용되고 있으나, 이론적으로 BDT모델이 제공하는 옵션가격책정결과가 훨씬 정확하다고 입증된 바 있다.

6. 조기행사(Early Exercise)

옵션의 조기행사는 기본적으로 배당주 혹은 무배당주에 따라서 달라질 수 있다. 우선 무배당 주식에 대한 미국형 콜옵션은 조기행사되지 않는다. 조기행사시와 만기보유시의 수익을 비교해보면 다음과 같다.

조기행사시 가치 : $V_E = max(S_t - K, 0)$

만기보유시 가치 : $V_M = max(S_t - K, 0) + time\ value$

$time\ value > 0$이기 때문에 항상 $V_E < V_M$이므로 무배당주 콜옵션에 대해서는 조기행사가 발생하지 않는다.

반대로 무배당주 풋옵션의 경우에는 옵션이 조기행사될 수도 있다.

조기행사시 가치 : $V_E = max(K - S_t, 0)$

만기보유시 가치 : $V_M = max(K - S_t, 0) + time\ value$

---

4) Robert L. McDonald, Derivates Markets, International Edition, Pearson, 2013

극단적으로 주가가 $S_t=0$인 경우를 고려해보면 조기행사할 경우 K를 받게 되고 이 금액을 예금할 경우 Ke^{rT}를 받게 된다. 반면에 만기까지 보유할 경우에 최대로 받을 수 있는 금액은 K로 국한된다.

반면 배당주의 경우 콜 혹은 풋에 상관없이 조기행사가 가능하다. 옵션을 조기행사할 것인가를 결정할 때, 옵션 매수자는 즉시 옵션을 행사했을 때와 옵션을 계속해서 가지고 있다가 이후에 행사할 때, 둘 중 어느 것이 더 가치있는가를 비교해야 한다.

옵션을 행사하지 않을 유일한 이유는 옵션에 내재된 보험의 기능을 옵션 행사로 인해 잃게 되는 데에 있다. 옵션을 행사하지 않고 내버려 둘 경우 이러한 시나리오를 막을 수 있다. 조기상환을 하도록 하는 계산결과의 경우 배당에 더욱 무게를 두고 있고, 반대로 이자비용과 보험기능의 상실에 무게를 덜 두고 있다.

주로 옵션의 조기행사는 일시적인 수급상황에 의해 옵션이 패리티나 혹은 그 이하로 거래되는 상황이 발생하거나, 기초주식의 배당락전에 할인된 가격으로 옵션이 거래되는 경우에 차익거래를 위해 옵션이 행사된다. 보다 이론적인 접근은 기초자산의 가격변동성에 따라서 변동성이 0인 경우와 그렇지 않은 경우로 나누어 생각해 볼 수 있다.

만약 변동성이 0인 경우, 이때는 보험으로서의 가치가 0이고, 이자율 r과 배당률 δ이 일정하다면 옵션의 행사여부를 결정하는 것은 간단하다. 만기가 무한대인 옵션의 경우를 생각하면 이자비용 절감이 배당금 예상 수령액보다 큰 경우에는 조기행사하지 않는 것이 바람직하다. 다시 말해서, $rK>\delta S$의 경우에 해당한다. 반대로, $rK<\delta S$이라면, 조기행사를 하는 편이 바람직하다. 또한 $r=\delta$이고, $\delta=0$인 특별한 경우를 생각해 볼 수 있는데, 이 경우에는 내가격(in-the-money)인 옵션이라면 즉시 행사하는 것이 항상 바람직하다. 만약 $\delta=0.5r$이라면, 주가가 행사가격의 2배일 때 행사하는 것이 바람직하다.

조기행사 여부는 변동성이 양수(positive)일 때 더욱 복잡해진다. 이 경우 내재된 보험으로서의 기능이 유효한 가치를 가질 뿐만 아니라 만기에 따라 달라지기 때문이다.

그림 6-1 콜옵션의 행사경계치(exercise boundary)

Early-exercise boundaries for volatilities of 10%, 30%, and 50% for a 5-year American call option. In all cases, K = \$100, r = 5%, and δ = 5%

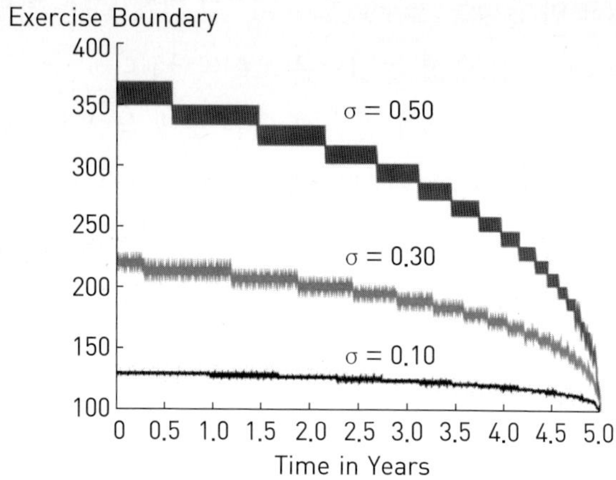

[그림 6-1]은 콜옵션의 행사경계치(exercise boundary)를 나타내는 그래프다. 위 그림에서 행사가격이 낮을수록 변동성이 심해지는 것을 발견할 수 있는데, 이것은 상향 혹은 하향하는 이항움직임이 주가의 움직임과 유사하기 때문이다. 무한히 많은 이항단계(binomial steps)가 있다면, 조기행사 스케쥴은 완만하고 지속적으로 감소할 것이다. 주가의 변동성이 심할수록 조기행사에 따른 보험기능 상실이 크다는 점에서 변동성 역시 조기행사 여부에 영향을 미친다.

[그림 6-2]는 풋옵션의 행사경계치(exercise boundary)를 나타내는 그래프다.

그림 6-2 풋옵션의 행사경계치(exercise boundary)

Early-exercise boundaries for volatilities of 10%, 30%, and 50% for a 5-year American put option. In all cases, K = \$100, r = 5%, and δ = 5%

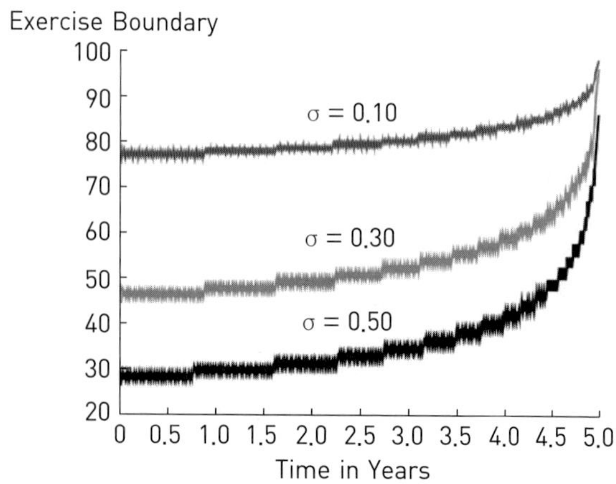

풋옵션의 경우, 조기행사의 장점은 행사가격을 즉시 받는 점이며, 단점은 주식을 포기함으로 인해 배당수익을 잃게 된다는 것과 더불어 행사가격 이상으로 주가가 상승할 경우에 대한 보험을 상실한다는 점이다.

III. 위험중립가격결정의 이해

이항옵션가격결정모형에 따르면, 콜옵션가격 C는 다음과 같이 결정된다.

$$C=e^{-rh}[p^{*}C_{u}+(1-p^{*})C_{d}] \qquad (6.1)$$

식 (6.1)에서 $p^{*}C_{u}+(1-p^{*})C_{d}$을 확률적 개념으로 해석하면 특정한 미래 시점(e.g. h년 후)의 콜옵션가격이 Cu(기초자산 가치 상승시) 또는 Cd(기초자산 가치 하락시) 둘 중 하나라는 이항 변동 가정 하에, Cu일 확률 p^{*}와 Cd일 확률 $(1-p^{*})$에 따라 산출한 미래 수익(payoff)의 기댓값을 의미한다.

u와 d는 각각 기초자산의 가치 상승폭 및 하락폭으로, 예를 들어 $u=1.2$, $d=0.8$이라면, 기초자산의 현재 실제 가치가 S_0 = \$1인 경우 1기간 후의 기초자산 가치는 p^{*}의 확률로 \$1*1.2, $(1-p^{*})$의 확률로 \$1*0.8이 되는 것이다. 또한, 기초자산가치가 $S*u$인 경우의 콜옵션가격이 Cu, 기초자산가치가 $S*d$ 인 경우의 옵션가격이 Cd이다. 콜옵션가격은 이 기댓값을 이자율 r과 시간 h를 이용해 현재가치로 환산한 값이다.

1. 위험중립확률(The Risk Neutral Probability)

식 (6.1)에서 확률 p^{*}와 그에 따라 결정되는 값 $(1-p^{*})$는 위험중립확률이다. 위험중립확률은, 간단히 말하자면 게임을 공정하게 만드는 확률이다. 세 가지 게임(도박)을 예로 들어 보자.

(가) 100원 투자 → 승 : 200원 / 패 : 50원

(나) 100원 투자 → 승 : 150원 / 패 : 50원

(다) 100원 투자 → 승 : 120원 / 패 : 40원

(가)~(다)의 세 가지 경우에서 이길 확률과 질 확률은 모두 50% 씩이라고 가정하자. 이때, 수익의 기댓값은 각각 (가)는 125원, (나)는 100원, (다)는 80원이다. 어떤 것이 공정한 게임인가? (가)의 경우 기대수익이 명확히 투자금보다 높고, (다)의 경우 기대수익이 명확히 투자금보다 낮다. 이 두 가지 경우에서 어떤 선택을 할 것인가는 명확하다. 그러나 (나)의 경우, 산술적 기대수익이 투자금과 같다. 따라서 (나)에서는 투자 여부에 대한 선택이 갈릴 수 있다. 위험 회피적인 투자자라면 50원을 잃을 50%의 위험 때문에 100원을 투자하지 않고 그냥 가지고 있을 것이고, 위험 추구적인 투자자라면 50원을 잃을 위험을 감수하고 50원의 순이익을 볼 수 있는 50%의 확률에 100원을 투자할 것이다. 그리고 위험 중립적인 사람이라면 두 가지 선택지 사이에 아무런 차이를 느끼지 않을 것(indifferent)이다. 바로 이 경우, 즉 위험 중립적인 투자자가 자본금을 그대로 가지고 있는 것과 투자하는 것 두 가지 경우의 수 사이에 아무런 선호도 차이를 느끼지 못하게 하는 확률이 위험중립확률(Risk Neutral Probability)이다. 위의 예에서는, 투자한 100원이 200원으로 늘어날 확률 50%(그리고 100원이 50원으로 줄어들 확률 50%)가 위험중립확률이다.

(가)의 경우, 투자한 100원이 200원으로 늘어날 수도 있고 50원으로 줄어들 수도 있다. 이 상황에서 두 가지 경우로 진행할 확률이 같은 50%씩이 아니라 각각 p^*와 $(1-p^*)$라고 하자. 일어날 수 있는 경우의 수는 두 가지 뿐이라고 가정하므로, 한 사건이 일어날 확률이 p^*일 때 자연히 나머지 한 사건이 일어날 확률은 $(1-p^*)$가 되며, 확률의 값이므로 $0<p^*<1$이다. 이때 (가)게임에서 기대수익은 $200p^*+50(1-p^*)=150p^*+50$이 된다. 이를 100과 같게 만드는 $(150p^*+50=100)$ p^*값$(p=1/3)$이 바로 (가)게임에서의 위험중립확률이다.

(다)에서도 마찬가지다. (다)게임의 기대수익은 $120p^*+40(1-p^*)=80p^*+40$이며, $80p^*+40=100$을 만족하는 p^*값은 0.75이다. 따라서 (다)에서의

위험중립확률은 0.75이다.

게임의 룰을 증권거래시장 상황과 조금 더 가깝게 바꿔 보자. 100원을 내고 이 게임에 참가한다면 1기간 후에 그 수익을 받을 수 있다. 대신에 게임에 참가하지 않고 100원을 1기간 이자율 r인 은행에 예금해 이자를 받을 수도 있다. 그렇다면 이 경우, 1기간 후 기대수익은 다음과 같다.

(가) 게임 참가 : $150p^*+50$ / 게임 불참 : $100(1+r)$

(나) 게임 참가 : $100p^*+50$ / 게임 불참 : $100(1+r)$

(다) 게임 참가 : $80p^*+40$ / 게임 불참 : $100(1+r)$

즉, 각각의 경우 게임에 참가했을 때와 불참했을 때의 기대수익을 같게 만드는 p^*값이 각 경우의 위험중립확률이라고 할 수 있다.

이제 게임이 아닌 콜옵션가격 결정 모형으로 돌아가서, 똑같은 과정을 거쳐 생각해보자. 콜옵션은 위험자산이다. 가격이 Cu로 올라갈 가능성(p^*)도 있지만, Cd로 내려갈 위험($1-p^*$)도 있다. 현재 콜옵션의 가격은 C이며, 이자율은 r이라고 할 때, 투자자에게는 두 가지 선택지가 있다. 첫째, 현재 콜옵션에 C를 투자하고 1기간 후 $Cu^*p^*+Cd^*(1-p^*)$의 기대수익(payoff)을 노리는 것과 둘째, C를 은행에 예금하여 $C(1+r)$의 수익을 받는 것이다.

위의 도박 예에서 게임에 참가하느냐 하지 않느냐의 선택지와 같은 상황이다. 이때 $C(1+r)$은 보장된 수익이다. C와 r은 현재 시점에서 관찰할 수 있는 상수이기 때문이다. 반면 $Cu^*p^*+Cd^*(1-p^*)$에서, 현재 가격이 C인 콜옵션이 미래에 Cu와 Cd 중 어느 쪽으로 진행할지 확률만 추정한 상태이기 때문에 기대수익을 현실화하는 데 리스크가 있다. 다시 말해, 첫 번째 선택은 위험자산에 투자하는 것, 두 번째 선택은 무위험자산에 투자하는 것이라고 할 수 있다. 여기서 p^*와 $(1-p^*)$를 위험중립확률이 되도록 결정한다면 그 식은 다음과 같다.

$$[Cu^*p^*+Cd^*(1-p^*)] \ / \ (1+r) = C \qquad (6.2)$$

r은 무위험이자율(risk-free rate)로 정해져 있으며 Cu와 Cd 역시 각각 추정치가 있기 때문에 식 (6.2)에서 변수는 p^* 하나다. 이 식을 p^*에 대해 풀면

위험중립확률을 구할 수 있다. 정리하면, 콜옵션가격의 이항 변동을 가정했을 때, 기대수익이 같을 경우 위험자산(콜옵션의 투자수익)과 무위험자산(무위험 이자) 사이에 선호도의 차이가 없다. 따라서 해당 위험자산에 적용하는 할인율 또한 무위험자산의 할인율(risk-free rate)과 같은 것이다. 이때 p^*는 콜옵션의 기대수익을 무위험자산의 기대수익과 같게 하는 확률이다.

위에서는 콜옵션가격이 C로 주어졌다고 가정하고 그를 바탕으로 p^*를 구해보는 과정을 거쳤다. 그러나 이는 위험중립확률의 개념을 설명하기 위한 것이었고, 위험중립확률의 실제 용도는 현재 콜옵션의 가치를 추정하는 것이다. 지금 관측되는 콜옵션의 가격이 과연 적절한 가격인가를 판단하기 위함이다. 그렇다면 이 위험중립확률을 통해 콜옵션의 적정가격이 어떻게 도출되는지 알아보자.

2. 위험중립확률의 계산

옵션의 기초자산을 주식으로 보고 그 현재 가격을 S라고 할 때, 지속 배당(continuous dividend) 주식을 h년간 보유하고 있으면 해당 주식 1주의 가치는 S에서 $u \cdot S \cdot e\delta h$로 변한다. u는 주식의 가격이 u배 올랐음을 뜻하며 $e\delta h$는 배당으로 주식의 가치가 변동된 정도를 나타낸다. 주식 1주를 가지고 있었다면 $1^* e\delta h$주가 된다는 뜻이다. 마찬가지로 주식 가격이 d배 하락했을 경우에는 $d \cdot S \cdot e\delta h$가 된다.

주식 가격이 u배 상승할 경우와 d배 하락할 경우의 위험중립확률을 각각 p^*와 $(1-p^*)$라 하면, 해당 주식에 투자했을 때의 기대수익은 다음과 같다.

$$p^* uSe^{\delta h}+(1-p^*)dSe^{\delta h}=Se^{rh} \tag{6.3}$$

이때, 위험중립확률을 사용했으므로 이 값은 S만큼의 금액을 같은 기간(h년)동안 무위험자산에 투자한 기대수익, 즉 $S \cdot erh$와 같아야 한다.

식 (6.3)을 p^*에 대해 풀면 다음과 같다.

$$p^* = \frac{e^{(r-\delta)h} - d}{u-d}, \ (1-p^*) = \frac{u - e^{(r-\delta)h}}{u-d} \quad (6.4)$$

p^*는 u, d, r, δ로 이루어진 식이다. u는 기초자산 가격 상승폭, d는 가격 하락폭, r은 이자율(할인율), δ는 해당 주식이 배당금을 지불할 경우 배당률이다.

투자자의 위험중립 성향을 가정하기 때문에 r은 시장에서 결정된 무위험 이자율을 사용하며 δ 역시 해당 기초자산의 특성상 주어진 것으로 본다. 상승폭 u와 하락폭 d는 이전 단원에 나왔듯이, $u = e^{(r-\delta)h + \sigma\sqrt{h}}$, $e^{(r-\delta)h - \sigma\sqrt{h}}$로 정의되며 기초자산의 위험도(volatility)와 시간, 그리고 할인율을 기반으로 어림한다.

p^*의 구성을 살펴보면, p^*의 분모는 옵션가격의 상승폭과 하락폭의 차이이고, p^*의 분자는 기초자산 1단위의 미래가치와 하락폭의 차이라고 할 수 있으며, 여기서 $e(r-\delta)h$는 연 이자율이 r, 연 배당률이 δ일 때, 해당 옵션의 기초자산의 h년 이후 기대 수익이다. 다시 말해, 기초자산이 배당금을 배분하는 주식이라고 가정할 때, $1에 해당하는 주식을 가지고 있었다면 h년 후 $(1*$e(r-\delta)h$)의 가치를 지니게 된다는 뜻이다. 즉, p^*는 옵션의 가격 변화 범위 대비 기대수익에서의 추가 하락폭의 비율, 반대로 $(1-p^*)$는 기대수익에서의 추가 상승폭의 비율이다.

3. 실제 확률을 사용한 옵션가격 결정

현재 가치 S인 기초자산의 가치가 uS 또는 dS가 될 실제 확률을 각각 p와 $(1-p)$, 그리고 해당 기초자산의 리스크를 반영하는 실제 할인율을 α라 하자. 이 주식은 배당금이 없다고 가정할 때, 식 (6.3)에 이를 적용해보면 다음과 같다.

$$puS + (1-p)dS = e^{\alpha h}$$

이를 p에 대해 풀면, $p = \frac{e^{\alpha h} - d}{u-d}$, $1-p = \frac{u - e^{\alpha h}}{u-d}$이 되며, 콜옵션의 기대수익인 $pC_u + (1-p)C_d$에 이를 적용하면 다음과 같다.

$$pC_u+(1-p)C_d=\frac{e^{\alpha h}-d}{u-d}C_u+\frac{u-e^{\alpha h}}{u-d}C_d$$

콜옵션의 기대수익을 알맞은 할인율로 할인한 값이 바로 옵션의 적정 현재 가격이다. 하지만 할인율은 기초자산의 할인율 α를 그대로 적용할 수 없다. 콜옵션은 기본적으로 기초자산보다 더 큰 리스크를 지니기 때문에 할인율도 더 높아야 한다. 콜옵션의 적정 할인율을 γ이라 한다면, \$1을 투자했을 때 h년 후 적어도 \$1*$e\gamma h$의 수익이 있어야 한다는 뜻이다. 그렇다면 콜옵션의 리스크 척도인 γ은 어떻게 도출해 내야 하는지 살펴보자.

1개의 콜옵션을 사는 포지션은 기초자산 주식 Δ주와 액면가 B인 채권으로 복제될 수 있다. 따라서 콜옵션의 할인율은 주식 Δ주의 할인율과 액면가 B인 채권의 할인율의 가중 평균이라고 할 수 있다. 기초자산 주식의 할인율은 α, 채권의 할인율은 무위험이자율인 r이라고 할 때 이 두 경우 요구되는 수익의 가중평균은 다음과 같다.

$$\frac{S\Delta}{S\Delta+B}e^{\alpha h}+\frac{B}{S\Delta+B}e^{rh}=e^{\gamma h} \tag{6.5}$$

$e\alpha h$, erh, $e\gamma h$는 각각 \$1를 h년간 투자했을 때 각 할인율에 따라 요구되는 수익이다.

기초자산에 대한 할인율과 무위험이자율이 주어졌을 때 식 (6.5)로부터 $e\gamma h$를 얻을 수 있고, 따라서 $\frac{e^{\alpha h}-d}{u-d}C_u+\frac{u-e^{\alpha h}}{u-d}C_d$를 할인율 γ로 할인한 값인 $e^{-\gamma h}\left[\frac{e^{\alpha h}-d}{u-d}C_u+\frac{u-e^{\alpha h}}{u-d}C_d\right]$를 구할 수 있다.

IV. 이항트리와 로그 정규분포

이 파트에서는 이항모형/이항트리가 주식 가격 분포에 대해 가지는 유용성과 설명의 용이성에 대하여 설명하고자 한다. 먼저 로그 정규분포를 정의하고, 이항트리가 어떻게 이 분포에 근접하는지 보여주는 순서를 따를 것이다.

1. 랜덤워크모델

랜덤워크가설의 사전적인 의미를 살펴본다면 어떤 확률변수가 어떠한 패턴이나, 원칙 없이 무작위적인 방향성을 지니는 것, 따라서 그러한 확률변수의 변화 확률은 어떤 방향으로든 동일한 확률을 지니게 된다는 의미이다. 이 가설에서는 매일매일의 무질서한 주가의 변동은 과거의 정보와는 아무런 상관성이 없이 무작위적(random)으로 변동한다고 가정되어 있으므로 주가의 변동을 만취한 사람의 걸음걸이로 비유하기도 한다. 랜덤워크가설은 1900년 초 Louis Bachelier에 의해 제시되었으나 1960년대 초 M. F. Osborne과 Benett Mandel 등이 주가변동을 설명하기 위한 실증이론으로 채택함으로써 증권이론의 체계 속에 포함되었다. 버튼 멜키엘은 1973년 저술한 대표작 '랜덤워크이론 : A Random Walk Down Wall Street'에서 "시장 가격은 제멋대로 움직인다. 그렇기 때문에 과거와 오늘의 금융시장으로 내일을 예측할 수 없다."고 하며 주가에 대한 '기술적 분석'은 물론 기업가치에 대한 분석 역시 주가를 예측하지 못한다고 단언했다. 그리고 원숭이에게 신문 시세판의 종목을 다트로 찍게 해 수익률을 비교했더니 펀드매니저의 수익률과 큰 차이가 없었다는 현대 증시의 '우화'를 데이터를 통해 증명하기도 했다. 그렇기 때문에 주식시장에서의 주가가 랜덤워크가설을 따른다는 것은 주식의 상승과 하락은 원칙없는 방향성을 지니며, 따라서 상승과 하락은 같은 확률을 지닌다는 것을 의미한다. 이러한 랜덤워크는 주식이나 기타 자산의 가격을 산정하는 모델의 기반을 제공하고 있다. McDonald 의 저서 'Derivative Market'에서는 랜덤워크의 직관적 이해를 돕기 위해 반복적으로 동전을 던져 앞면인지 뒷면인지를 확인하는 상황을 가정하고 있다. 확률변수 Y를 동전던지기의 결과로 놓고 앞면으로 나오면 Y=1, 뒷면이 나오면 Y=−1로, 앞면이 나오는 확률이 50% 일 때 그 동전이 공정하다고 가정하면 우리가 동전을 던지면 던질수록 우리가 출발한 지점으로부터 멀어짐을 직관적으로 이해할 수 있다. 던지기를 반복할수록 시작지점에서의 평균거리가 점점 증가하는 것이다. 예를 들어 첫 판에서 앞면이 나오면 +1로 이동하고, 이것이 새로운 시작점이 되므로 두 번째 판에서는 +2로 이동하거나 다시 첫 시작점인 0이 되는 두 가지 경우만 가능하다. 이러한 관점에서 효율적 시장에서 자산의 가격이 랜덤워크를 따라야 한다고 말하는 주장은 매번 새로운 동전 던지기를 하듯이 매번 새로운 정보가 가격에 반영되어야 한다는 말과도 같다. 새로운 정보는 긍정적이든 부정적이든 반향을 가져오고 그에 따라 가격에 올라가거나 내려갈 가능성도 똑같이 존재한다. 따라서 특정 기간이 지난 후의 주가는 맨 처음 가격에 새로운 정보로 인한 up and down movement들을 상계한 누적 값을 더한 가격과 같다.

2. 랜덤워크가설과 주식가격 결정모형

위와 같은 논리로 주가가 무작위하게 오르락내리락할 것이라는 아이디어 자체는 설득력이 있다. 그러나 랜덤워크가설을 주식의 가격에 직접적으로 적용시키기 위한 조건과 설명은 더 구체화될 필요성이 있다. 위의 사례를 그대로 주식에 응용시켜 보자. 처음 시작 지점을 100원으로 설정하고 동전을 던질 때마다 1원씩 증가하거나 감소할 수 있다고 가정한다면 이 모형에 존재하는 3가지 문제점을 파악할 수 있다. 그리고 여기에서 이항모형의 필요성이 대두된다.

첫 번째 문제는 우연의 반복에 의하여 누적적인 down movement가 생긴다면 주가가 음수가 되게 되는데, 현실적으로 회사법상 유한책임의 원칙에 의해 주가가 음수가 되는 것(주주들이 투자원금 이상을 변제하는 것)이 불가능하다는 점이다. 두 번째 문제는 1원 단위의 변동이 가지는 강도가 얼마나 빠른 속도로 동전이 던져지는지와 주식의 원래 가격 수준에 의존적이라는 점이다. 우리가 1초에 한 번씩 동전을 던진다고 가정한다면 현실에서는 1원 단위의 변동도 과하게 느껴질 수 있다. 100원짜리 주식에 1분 동안 60개의 1원 단위 변동이 생기기 때문이다. 그리고 이러한 변동이 100원짜리 주식에 미치는 영향과 5원짜리 주식에 미치는 영향 또한 매우 다르다. 마지막으로 현실에서 주식시장은 평균적으로 양의 수익률을 보이는데 랜덤워크가설은 이러한 사실과 정면 충돌한다는 점이다. 1950년 시카고 대학교의 해리 로버츠 교수의 연구결과는 주식시장이 정규분포를 따른다는 사실을 증명하였다. 그는 1926년부터 1955년까지의 30년간 S&P 500의 월별, 분기별, 연도별 백분율의 변화를 이용하여 이 사실을 증명하였다. 그의 연구결과에 따르면 시사점은 두 가지로 압축된다. 첫 번째, 주식시장은 상방이던 하방이던 어느 쪽으로 움직이건 간에 변동성이 큰 시장이라는 것이고, 두 번째, 주식시장의 관측결과는 0을 기준으로 할 때 (−)보다는 (+)에 위치했다는 것이다. 즉, 이는 주식시장은 평균적으로 상승했다는 의미가 된다. 이 연구결과는 주식시장이 랜덤워크 움직임을 보일지라도 그 평균이 0이 아닌 (+)라는 것을 의미하는 것이다. 따라서, 랜덤워크모델의 변형인 이항모형이 이러한 3가지 문제점을 한꺼번에 해결하는 방안으로 등장한다. 이항모형은 연속복리수익률(CCR) 또는 로그수익률이 시작점에서 점점 멀어져가는 랜덤워크라고 가정한다.

그림 6-3 S&P 500(1979~2002)

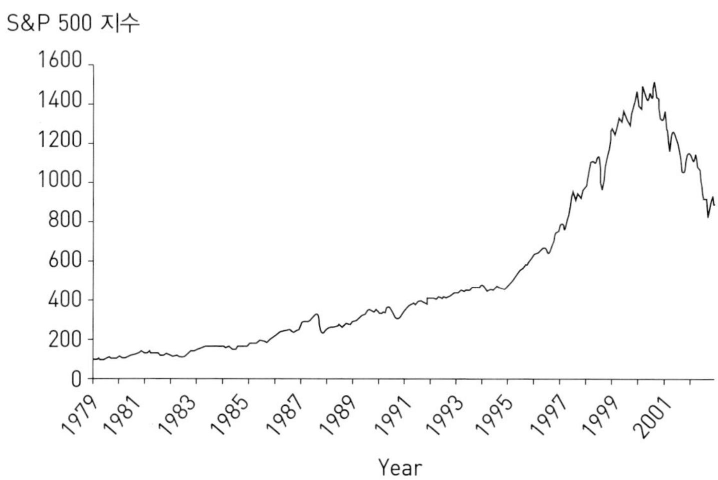

3. 이항모형

이항모형에 따른 주식가격은 다음의 공식으로 표현될 수 있다.

$$S_{t+h} = S_t e^{(r-\delta)h \pm \sigma\sqrt{h}}$$

여기에 로그를 취하면, $\ln(S_{t+h}/S_t) = (r-\delta)h \pm \sigma\sqrt{h}$ 가 되고, $\ln(S_{t+h}/S_t)$가 t기로부터 $t+h$기까지의 연속복리수익률 $(r_{t,t+h})$을 의미하기 때문에 이항모형은 간단히 말해서 연속복리수익률을 대상으로 하는 모델이라고 할 수 있다. 이 수익률은 두 가지 구성요소로 분리될 수 있는데, 고정된 부분인 $[(r-\delta)h]$와 변동적인 up and down movement를 만들어내는 부분인 $\pm\sigma\sqrt{h}$ 가 그것이다. 이와 같은 공식이 위에서 언급했던 세 가지 문제점을 어떻게 해결하고 있는지 살펴본다면, 첫 번째로 이항트리에서 몇 번이나 아래쪽의 node로 내려간다고 해도 거기에서 파생되는 커다란 음수 값의 연속복리이자율이 양의 가격을 가져다 줄 것이기 때문에 주가는 음수가 될 수 없다. 두 번째는 주가가 더 자주 변동한다고 해도 h값이 작아지기 때문에 위 혹은 아래로의 이동 정도도 점점 작아진다. 따라서 연간으로 환산한 변동성은 그 안의 binomial period들이 얼마나 더 잘게 쪼개진다고 해도 동일하다. 또한 수익률이 랜덤워크를 따르기 때문에 가격의 퍼센트 변동은 주식의 처음 가격이 100원이어도 5원이어도 동일하다.

마지막으로 $(r-\delta)h$ 부분이 존재하기 때문에 증가하는 이동의 확률을 선택할 수 있고, 이것은 주가의 기대 변동 값을 양수로 보장해주는 역할을 한다. 아래의 그래프는 연속복리이자율이 위에서 언급한 공식을 따를 때 10,000번의 이항 사건을 거친 주가가 어떤 움직임을 보이는지 보여준다. 이 그래프는 동전 던지기를 반복했을 때의 누적이동거리가 보여준 자취와 같은 양상을 보여준다.

그림 6-4 이항 사건을 거친 주가의 움직임

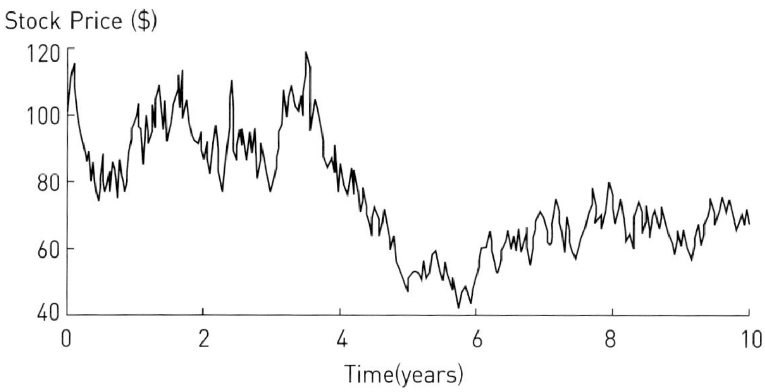

4. 로그 정규분포의 성질(Lognormality)과 이항모형

이항모형에서 사용되는 이항트리는 주식가격결정모델에 자주 응용되는 '로그 정규분포'에 근접한다. 로그 정규분포란 $\ln X \sim N(\mu, \ \sigma)$의 성질을 만족시키는 확률변수 X의 분포이다. 주식시장에서의 로그 정규분포는 연속복리수익률이 정규분포를 따른다는 가정에서 생겨나고, 정규분포는 확률변수의 값이 음수를 갖지만 그 정규분포는 양수를 갖는다(로그 정규분포는 왼편이 볼록한 (concave) 분포로 skewed to the right한 분포이다). 이항트리를 횡단해 나가는 동안, 우리는 위에서 살펴본 수익률인 $[(r-\delta)\sqrt{h}\,]\pm\sigma h$에 더해나가고 있는 것과 마찬가지인데, $n\rightarrow\infty$(혹은 $h\rightarrow 0$)의 수렴상태에서 이항확률변수는 정규분포를 따르게 된다. 이 결론은 곧 연속복리수익률이 정규분포를 따르고, 다시 표현한다면 주가 그 자체가 로그 정규분포를 따른다는 것을 의미한다.

이항모델은 이항트리의 각 node에 특정한 확률을 배정하는데, 왼쪽 아래의 diagram을 통해 이항트리를 횡단함에 따라 그 배정되는 확률이 어떻게 다른지 살펴볼 수 있다(양 극단 *-uuu, ddd-* 에 도달하는 길은 오직 한가지씩만 존재하지만 중간의 두 node에 도달하는 경우의 수는 각각 세 가지 길이 존재한다).

그림 6-5 3기간 이항트리

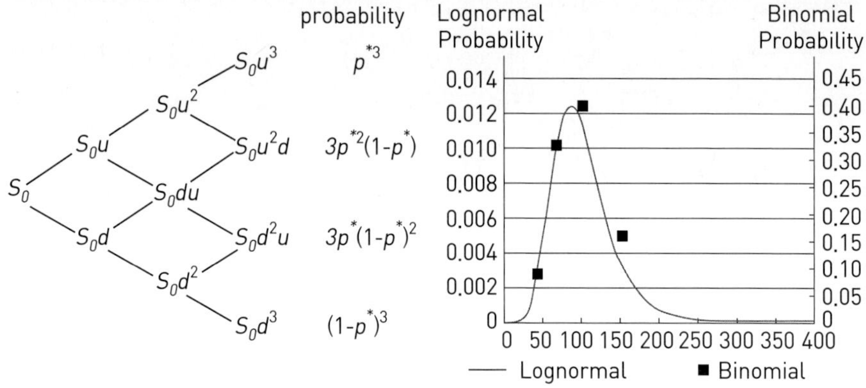

우리는 또한 이항트리에서 도출한 확률적 결과를 두 가지 축을 가진 그래프에 나타내어 실제 로그 정규분포와 비교해 볼 수 있다. 방금 살펴본 3기간 이항트리의 오른쪽은 그 트리가 로그 정규분포와 얼마나 근접한지 보여주는 자료이다(주가가 100원이고 기대수익률이 10% 변동성이 30%임을 가정).[5)]

5. 대안적인 이항트리

$S_{t+h}=S_te^{(r-\delta)h\pm\sigma\sqrt{h}}$의 공식 외에도 로그 정규분포에 근접하는 이항트리를 구성할 수 있는 방법이 있다. 그러나 연속복리수익률의 표준편차와 대응이 이루어져야 하며 h가 0으로 수렴할 수 있는 충분한 기간을 조건으로 요구한다. 대안적인 이항트리 설계 방안은 다른 주가의 움직임 (u/d)을 만들어낼 것이지만 가장 기본이 되는 논리인 위험중립확률을 결정하는 식과 옵션가격을 결정하는 식은 어떠한 경우에도 동일한 것을 사용할 것이다.

$$p^*=\frac{e^{(r-\delta)h}-d}{u-d}, \qquad C=e^{-rh}[p^*C_u+(1-p^*)C_d]$$

가장 유명한 모델인 'The Cox-Ross-Rubinstein Binomial Tree'는 $u=e^{\sigma\sqrt{h}}$와 $d=e^{-\sigma\sqrt{h}}$ 를 기초로 하여 이항트리를 설계하는데, 현실적으로 거의 일어나

5) 기간이 늘어날수록(무한에 수렴할수록) 로그노말 분포의 모양과 유사해질 것이다.

지는 않으나, 이 접근법의 문제점 중 하나는 h가 크거나 σ가 작으면 $e^{rh} > e^{\sigma\sqrt{h}}$가 되어 $u > e^{(r-\delta)h} > d$라는 기본적인 제약식을 파괴할 가능성이 있다는 것이다.

다음으로 Jarrow-Rudd 모델이라고도 불리우는 'The Lognormal Tree' 기법은 $u = e^{(r-\delta-0.5\sigma^2)h+\sigma\sqrt{h}}$, $d = e^{(r-\delta-0.5\sigma^2)h-\sigma\sqrt{h}}$의 식을 이항트리 설계에 활용한다.

위에서 소개한 세 가지 이항트리 설계기법은 유한한 n을 적용한다면 각기 다른 옵션가격을 도출할 것이지만 n이 무한으로 수렴하는 가정하에서는 모두 같은 가격을 도출할 것이다.

6. 이항모형의 현실성

어떠한 옵션가격결정모델이라도 주가의 움직임에 대한 특정한 가정을 필요로 한다. 이 장에서 언급했듯이 이항모형은 랜덤워크가설을 기반으로 채택하고 있으며 변동성이 일정하고 주가의 매우 큰 움직임은 일어나지 않는다는 것과 수익률들이 독립적임을 가정한다. 그러나 현실상에 축적된 데이터들은 이러한 가정과는 일치하지 않는 것처럼 보일 때가 있다. 변동성은 시간의 흐름에 따라 변화하기도 하고 때때로 주가가 상당한 정도로 움직이는 경우도 있다. 이항모형에 따르면 주가의 움직임은 단위 기간의 길이인 h가 작아짐에 따라 작아져야 하지만 그렇지 않은 경우도 존재하는 것이다. 그리고 마지막으로 랜덤워크와는 상반되는 현상으로 주식 수익률들이 서로 상관관계가 있는 것이 관찰되는 문제점이 있다. 단기적/중기적으로는 양의 상관관계, 장기적으로는 음의 상관관계가 관찰된 것이다. 이러한 반례들로 미루어볼 때, 랜덤워크모델은 주가들의 움직임에 관하여 단순하고 알기 쉽게 사고할 수 있는 매우 유용한 패러다임임에는 틀림없지만 현실과의 대응적인 측면에서 바라본다면 무조건적으로 성립하는 불가침의 영역은 아닌 것을 인지하고 있어야 할 것이다.

V. 이산적 배당을 지불하는 주식

주가 지수가 배당금을 매년 연속적으로 지불하는 것이 타당하다고 생각할지 모르지만, 개별 주식은 분기 또는 연간 별도의 덩어리로 배당금을 지불한다. 또한 일정한 기간동안의 배당금을 예측하는 것이 가능하다. 이항트리를 통해 그 방법을 논의해 보도록 하겠다.

1. 이산적 배당 모형 만들기

시간 t에서 $t+h$까지 배당금이 없다고 가정했을 때는 이항모형의 계산은 5장에서 본 바와 같이 계산할 수 있다. 이 사이 기간동안 배당금이 있다고 생각하면 $t+h$에서의 미래가치는 D가 된다.

$$F_{t,t+h} = S_t e^{rh} - D$$

하지만 $t+h$에서 주가는 그 전 배당금에 따라 상하로 나뉘게 되므로 두 가지 경우의 수로 나눌 수 있다.

$$S_t^u = (S_t e^{rh} - D) e^{\sigma\sqrt{h}}$$
$$S_t^d = (S_t e^{rh} - D) e^{\sigma\sqrt{h}}$$

만약, 배당금이 막 발생했을때 옵션가격은 어떻게 작동할까? 배당금이 지불되었을 때, 우리는 주식이 배당금을 벌어들였음을 계산하여야 한다.

$$(S_t^u + D)\Delta + e^{rh}B = C_u$$
$$(S_t^d + D)\Delta + e^{rh}B = C_d$$

위의 식에 따른 solution은 다음과 같다.

$$\Delta = \frac{C_u - C_d}{S_t^u - S_t^d}$$

$$B = e^{-rh}\left(\frac{S_t^u C_d - S_t^d C_u}{S_t^u - S_t^d}\right) - \Delta De^{-rh}$$

배당이 알려져 있기 때문에, 우리는 채권 가격을 특정 배당에 의해 낮춰야 한다. 그러므로 위와 같은 식이 성립한다.

2. 이산적 배당 트리의 문제점

이 계산 과정에서의 문제점은 각각의 배당 후 완벽하게 재결합하지 못한다는 점이다. 앞에서 우리는 가격에 있어서 위 아래로 움직이던 말던 같은 가격에 도달하곤 하였다. 아래의 그림에서 보면 2번째 기간에서 배당금 $5가 발생하는데, 이항트리에서는 아래 위가 만나는 그런 현상이 발생한다는 것이다. 즉 3번째 구간에서는 6가지 경우의 수가 아닌 4가지 경우의 수가 발생한다. 이것을 잘 설명하기 위해 첫 번째 기간을 계산해 보겠다.

$$\$\,41e^{0.08\times1/3+0.3\times\sqrt{1/3}} = \$\,50.071$$

$$\$\,41e^{0.08\times1/3-0.3\times\sqrt{1/3}} = \$\,35.411$$

첫 번째 기간에서의 S_u인 $50.071을 다시 두 번째 기간에서 계산하겠다.

$$(\$\,50.071e^{0.08\times1/3}-5)\times e^{0.3\times\sqrt{1/3}} = \$\,55.203$$

$$(\$\,50.071e^{0.08\times1/3}-5)\times e^{-0.3\times\sqrt{1/3}} = \$\,39.041$$

첫 번째 기간에서의 S_d인 $35.411을 또한 위의 방법과 같이 두 번째 기간에서 계산하면 $37.300과 $26.380의 결과가 나오게 된다. 우리는 이 과정을 통해 두 번째 기간에서 경우의 수가 4가지가 아닌 3가지가 나오는 것을 알 수 있는데 이는 S_{ud}와 S_{du}가 같은 값을 가지기 때문이다. 각각의 값이 두 가지로 나뉨에 따라 각 구간에서의 경우에서는 t+1가지의 경우의 수를 가지게 된다.

우리는 또한 $(S_t^u+D)\,\Delta + e^{rh}B = C_u$ / $(S^d{}_t+D)\,\Delta + e^{rh}B = C_d$이 두 개의 식에서 개념적인 문제점을 발견할 수 있는데, 배당금이 고정된 상태에서 주가가 음의 값을 가진다면 혹은 배당금이 주가지수보다 높을 경우를 생각해 보아야 한

그림 6-6 이산적 배당금을 고려한 이항트리

The tree depicts a discrete \$5 dividend paid between the first and second binomial periods. There are eight discrete terminal nodes (six of them distinct) rather than four. Assumes $S = \$41$, $\sigma = 0.3$, $r = 0.08$, $t = 1$ year, and $h = 0.333$

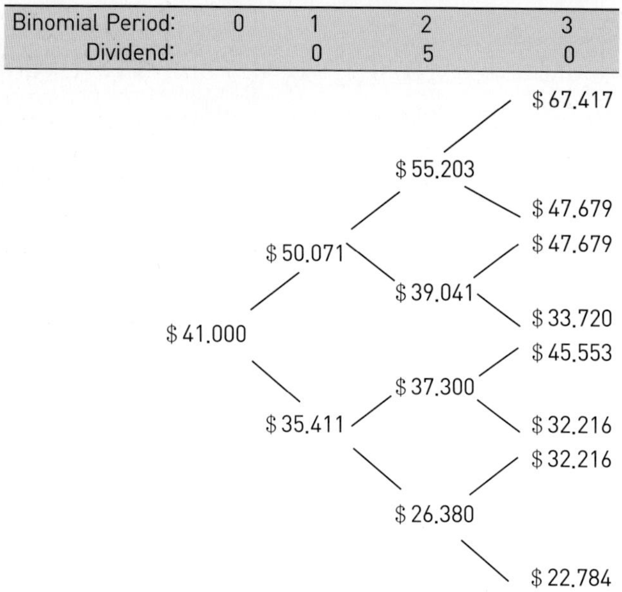

다는 것이다. 이 문제점의 예시는 고정된 배당금은 이항트리를 통해 절대 음의 값을 가지지 않는다는 것으로 증명될 수 있다.

3. Prepaid Forward를 사용한 이항모형

Schroder(1988)는 위의 그림과 같은 배당금 포함 이항트리의 계산방법을 만들어 냈다. 계산의 핵심포인트는 주가는 고정 배당을 지불하고 두가지 요소로 나뉜다는 것이다. 즉 배당을 알고 있는 이상 주가는 변동성에 의해 나뉘고, 이것은 prepaid price로 예측이 가능하다는 것이다.

우리는 D의 배당금을 낼 때 만기시간 t에서 $Tp<T$ 라는 것을 알고 있다. 이 상황에서는 prepaid forward price의 합은 현재의 배당과 같다.

$$S_t = F^P_{t,T} + De^{-r(T_D - t)} \quad where \quad F^P_{t,T} = S_t - De^{-r(T_D - t)}$$

우리는 이항트리 모형을 불완전한 prepaid forward price를 통해 만들어낸 것이다. 앞의 서술에서 우리는 가격의 상하 변화를 $u=e^{rh+\sigma\sqrt{h}}$, $d=e^{rh-\sigma\sqrt{h}}$로 정의했다.

만약 시간 $t+h$에서 평가된 주가가 배당보다 작다면 $S_{t+h}=F_t^P e^{rh\pm\sigma\sqrt{h}}$ + $De^{-r(T_D-(t+h))}$가 된다.

우리는 변동성(시그마$=\sigma$)을 S_t의 변화로 측정이 가능하다. 하지만 σ은 F_t^P의 가격변화를 정형화하는 데 사용된다.

$$\sigma_F=\sigma_S \times \frac{S}{F^P}$$

[그림 6–7]은 [그림 6–6]과 같은 방법으로 이항트리를 계산한 것이다.

하지만 [그림 6–7]에는 prepaid forward price가 포함되어 있는 이항트리인데 우선, 시간 0에서의 prepaid forward price를 계산해보면 $F_0^P=41-5e^{-0.08\times 2/3}=36.26$. 이때의 변동성은 $0.3\times\frac{\$41}{\$36.26}=0.3392$가 된다.

[그림 6–7]을 이해하기 위해서는 처음 $u=1.2492$라는 것을 알아야 한다. 두 번째 구간의 값 $S_{uu}=$ \$61.584에 배당금을 제한 후, u를 곱한다면 즉 (\$61.584−\$5)×1.2492=\$70.686이 됨을 알 수 있다.

결과적으로 우리는 risk neutral probabilities를 배당을 제하고도 얻을 수 있으며, 그 이유는 가격의 상하 변동은 prepaid forward price로 인한 것이기 때문이다.

그림 6–7 Prepaid Forward Price가 포함된 이산적 배당금을 이용한 이항트리

Binomial tree for pricing an American call option on a stock paying a discrete dividend of \$5 in 8 months; assumes S = \$41.00, K = \$40.00, σ = 0.3392, r = 0.08, T = 1.00 years, δ = 0.00, and h = 0.333. At each node the stock price, prepaid forward price, and option price are given. Option prices in bold italic signify that exercise is optimal at that node.

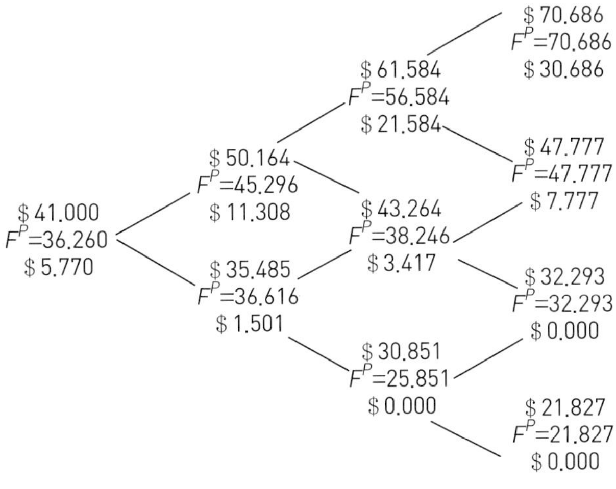

CHAPTER

07

블랙-숄즈 공식

CHAPTER
07

I. 서론

1. 블랙–숄즈 모형의 등장 배경

블랙–숄즈 모형(Black-scholes model)은 대표적인 금융공학의 산물로 꼽힌다. 금융공학이 등장하게 된 것은 미국의 물리학 역사와 관련이 깊다고 할 수 있다. 1900년대 들어 현대물리학이 발전하고 2차 대전을 거치면서 레이더, 핵폭탄 등 물리학을 이용한 첨단 발명품이 등장한다. 이에 따라 미국 정부는 물리학에 대해 전폭적인 지원을 하게 되고, 수많은 학생들이 물리학과에 지원을 하게 된다. 하지만 1970년대에 들어 물리학이 전쟁에 쓰이는 것에 대한 비판이 거세지고, 미국 경제가 침체하게 됨에 따라 지원이 줄게 되었다. 이에 따라 수많은 물리학자가 갈 곳 없이 떠돌게 되었는데 이를 받아준 곳이 바로 월가이다. 금융시장의 동태적 움직임에 물리학자들은 자신들이 물리학을 연구하던 방법을 적용시켰다. 양자역학, 열역학방정식, 해석학 등의 이론을 금융시장에 응용시켰고, 그 결과 나타나게 된 것이 블랙–숄즈 모형이다.[1)]

2. 블랙–숄즈 모형의 의의

블랙과 숄즈가 개발하여 1973년 시카고 대학 연구논문집에서 발표한 모형으로 변동성, 옵션의 권리행사 가격, 만기까지의 기간, 무위험자산의 금리 등, 입수하기 쉬운 다섯 종류의 데이터로부터 옵션이론을 도출했다. 옵션의 대표적인 평가방법으로 널리 이용되고 있다. 블랙–숄즈 모형은 특정 기일에만 권리행사를 할 수 있는 유럽식 옵션을 대상으로 하고 있고 주식의 배당을 고려하지 않는 등 현실의 거래와는 정합성이 맞지 않는 면도 있다. 또 금리 옵션에서는 블

1) 양태민, 월가에서 왜 물리학자를 찾았을까, 2009
blog.naver.com/mofesponsor?Redirect=Log&logNo=80090136421

랙-숄즈 모형과 실제 가격과의 갭이 크다. 이 때문에 보다 현실에 적합한 옵션 이론을 모색하려는 움직임도 활발하다.[2)]

II. 본론

1. 블랙-숄즈 모형 소개

(1) 콜옵션

δ의 비율로 배당금을 지급하는 유로피안 콜옵션에 대한 블랙-숄즈 모형

$$C(S,K,\sigma,r,T,\delta)=Se^{-\delta T}N(d_1)-Ke^{-rT}N(d_2)$$

Where

$$d_1= [\ln(S/K)+(r-\sigma+0.5\sigma^2)T-\ln(X)] / \sigma\sqrt{\mathrm{T}}$$

$$d_2= d_1-\sigma\sqrt{\mathrm{T}}$$

(2) 풋옵션

$$P(S,K,\sigma,r,T,\delta)=C(S,K,\sigma,r,T,\delta)+Ke^{-rT}-Se^{-\delta T}$$

$$P(S,K,\sigma,r,T,\delta)=Ke^{-rT}N(-d_2)-Se^{-\delta T}N(-d_1)$$

2. 다른 자산에 수식 적용하기

$$d_1=\frac{\ln(Se^{-\delta T}/Ke^{-rT})+\frac{1}{2}\sigma^{2T}}{\sigma\sqrt{T}}$$

$$C(F^P_{0,T}(S),\ F^P_{0,T}(K),\ \sigma,T)=F^P_{0,T}(S)N(d_1)-F^P_{0,T}(K)N(d_2)$$

---

2) 네이버 지식백과, 블랙-숄즈 모형(black-scholes model), 매일경제, 매경닷컴

$$d_1 = \frac{\ln[(F^P_{0,T}(S)/\ln(F^P_{0,T}(K)] + \frac{1}{2}\sigma^{2T}}{\sigma\sqrt{T}}$$

$$d_2 = d_1 - \sigma\sqrt{T}$$

(1) 별개 배당금을 가진 주식옵션

$$F^P_{0,T}(S) = S_0 - PV_{0,T}(Div)$$

(2) 통화옵션

$$F^P_{0,T}(x) = x_0 e^{-r_f T}$$

$$C(x, K, \sigma, r, T, r_f) = xe^{-r_f T}N(d_1) - Ke^{-rT}N(d_2)$$

$$d_1 = \frac{\ln(x/K) + (r - r_f + \frac{1}{2}\sigma^2)T}{\sigma\sqrt{T}}$$

$$d_2 = d - \sigma\sqrt{T}$$

$$P(x, K, \sigma, r, T, r_f) = C(x, K, \sigma, r, T, r_f) + Ke^{-rT} - xe^{-r_f T}$$

(3) 선물옵션

$$C(F, K, \sigma, r, T, r) = Fe^{-rT}N(d_1) - Ke^{-rT}N(d_2)$$

$$d_1 = \frac{\ln(F/K) + \frac{1}{2}\sigma^2 T}{\sigma\sqrt{T}}$$

$$d_2 = d_1 - \sigma\sqrt{T}$$

$$P(F, K, \sigma, r, T, r) = C(F, K, \sigma, r, T, r) + Ke^{-rT} - Fe^{-rT}$$

(4) 블랙-숄즈 모형의 가정

- 기초자산은 연속적으로 거래되며, 그 수익률은 정규분포를 따른다.
- European Option을 가정한다.
- 만기까지 무위험 이자율은 일정하며 알려져 있다.

- 기초자산의 변동성은 일정하며 알려져 있다.
- 기초자산은 어떠한 현금흐름도 가지지 않는다.
- 거래비용, 세금 및 공매도에 제한이 없는 완전자본시장을 가정한다.

(5) 블랙–숄즈 가격 결정 모형의 결과

블랙–숄즈 모형의 도출식을 나타내면 다음과 같다.

$$C_t = S_t \cdot N(d_1) - X \cdot e^{-rt} \cdot N(d_2)$$
$$p_t = X \cdot e^{-rt} \cdot N(-d_2) - S_t \cdot N(-d_1) \text{ 단, } N(-d_1) = 1 - N(d_1)$$

이때, $N(d_1)$은 d_1을 Z_α값으로 가지는 Cumulative Z-Value 또는, 콜옵션이나 풋옵션이 ITM으로 끝날 확률을 가리킨다.

이것이 블랙–숄즈 모형의 기본식이며, e(exponential)가 포함되어 있지 않은 European Option의 가격을 구할 때에는 단순화하여 다음과 같이 나타낸다.

$$c = S - X$$
$$p = X - S$$

(6) 블랙–숄즈 모형의 해석

블랙–숄즈 모형에서 $N(d_1) = -\infty$부터 $Z_\alpha(=d_1)$의 면적은 누적확률분포표에서 찾을 수 있으며 이를 통해 d_1을 구할 수 있다.

$$d_1 = [\ln(S) + (r + 0.5\sigma^2)T - \ln(X)] / \sigma\sqrt{T}$$
$$d_2 = d_1 - \sigma\sqrt{T}$$

d_1과 d_2는 위와 같은 식으로 구해지며, d_1과 d_2가 누적확률분포에서 Z_α값이므로, 즉 Z_α까지의 면적이 $N(d_1)$, $N(d_2)$이다(단, $d_1 > d_2$이다).

그림 7-1 $N(d_2)$와 $N(d_1)$의 Value

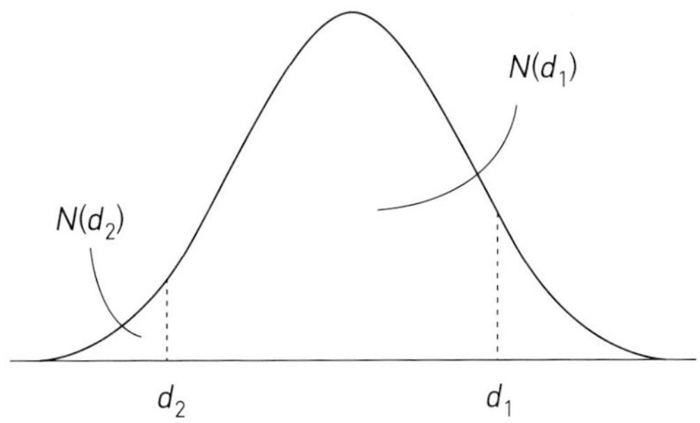

위에서 볼 수 있듯이 면적 자체가 Value를 나타낸다.

이렇게 미지수를 해결한 후, Put-Call parity 등을 이용해서 계산하여 옵션의 가격을 구할 수 있다.

3. Option Greeks

식에 적용되는 값들 중 다른 나머지 값들이 고정된 상태에서 한 가지 값이 변할 때 옵션가격의 변화를 표현하는 식이다(오직 한 가지 값만 변한다는 사실이 중요하다). 실제 현실에서는, 한 가지 요인만 변화하는 것이 아니라 여러 요인들이 동시에 변하는 경우가 대부분이므로 한 가지 요인이 전체에 미치는 영향이 어떤지를 파악할 때 유용하게 쓰인다.

(1) 그리스 문자들의 정의

- 델타(Δ)는 스톡 옵션이 $1 증가했을 때 옵션가격의 증가를 측정한다.
- 감마(Γ)는 스톡 옵션이 $1 증가했을 때 델타 값의 변화를 측정한다.
- 베가는 변동성이 1% 증가했을 때 옵션가격의 변화를 측정한다.
- 세타(Θ)는 만기 시한이 하루 줄었을 때 옵션가격의 변화를 측정한다.
- 로(ρ)는 이자율이 1% 증가했을 때 옵션가격의 변화를 측정한다.
- 프사이(Ψ)는 지속적인 배당금이 1% 증가했을 때 옵션가격의 변화를 측정한다.

1) 델타

델타는 포트폴리오에서 주식의 숫자를 정의하는 것이다. 콜옵션에서 델타는 양의 값을 가진다. 주가가 올라가면 콜옵션도 증가한다. 델타는 주가가 변함에 따라 옵션가격에 매우 민감하다.

그림 7-2 콜옵션과 풋옵션에서의 델타

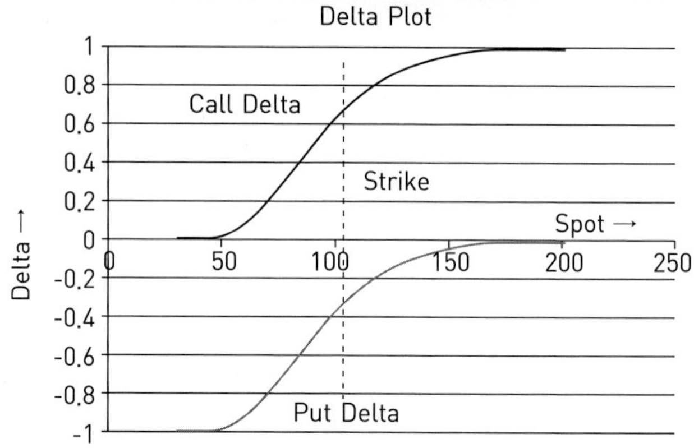

$$\Delta_c = \frac{\Delta c}{\Delta S} = N(d_1) \qquad \Delta_p = \frac{\Delta p}{\Delta S} = 1 - N(d_1)$$

표에서 알 수 있듯 델타는 주가에 따라 달라진다. 풋옵션에서 델타는 음의 값을 가지고, 따라서 주가가 증가하면 풋 가격은 내려간다.

2) 감마

감마는 콜옵션, 풋옵션과 상관없이 모두 양의 값을 가지며, 주가가 올라갈 때 증가한다. 감마가 양의 값을 가지면 델타는 항상 증가한다.

$$\Gamma = \frac{\partial \Delta}{\partial S} = \frac{N'(d_1)}{S_0 \sigma \sqrt{\tau}}$$

그림 7-3 만기 일자에 따른 감마 값의 변화

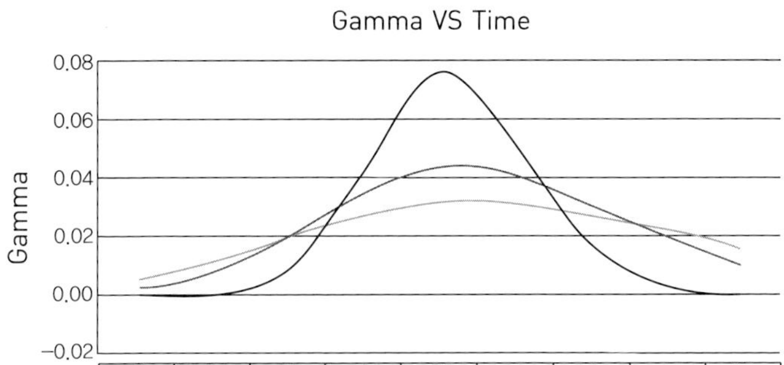

	40	45	50	55	60	65	70	75	80
1 month	0.000	0.000	0.008	0.044	0.076	0.053	0.018	0.003	0.000
3 month	0.001	0.006	0.019	0.035	0.043	0.040	0.029	0.018	0.009
6 month	0.004	0.010	0.019	0.026	0.031	0.030	0.026	0.021	0.015

3) 베가

베가는 변동성에 변화가 있을 때 옵션가격의 변화를 측정한다.

그림 7-4 만기 일자에 따른 베가 값의 변화

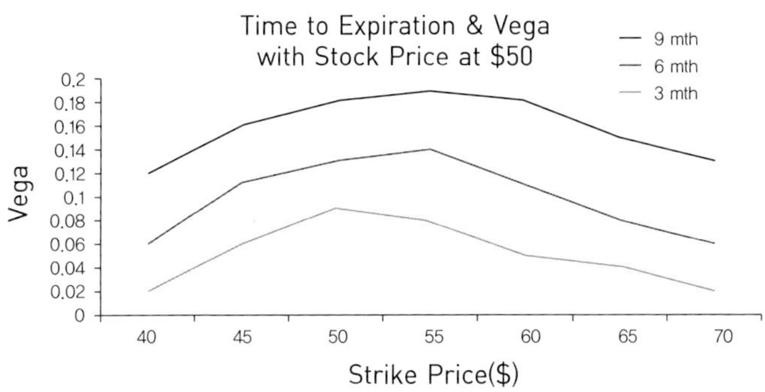

4) 세타

옵션은 일반적으로 만기 일자가 다가올수록 가치가 떨어진다.

그림 7-5 만기 일자에 따른 옵션가격의 변화

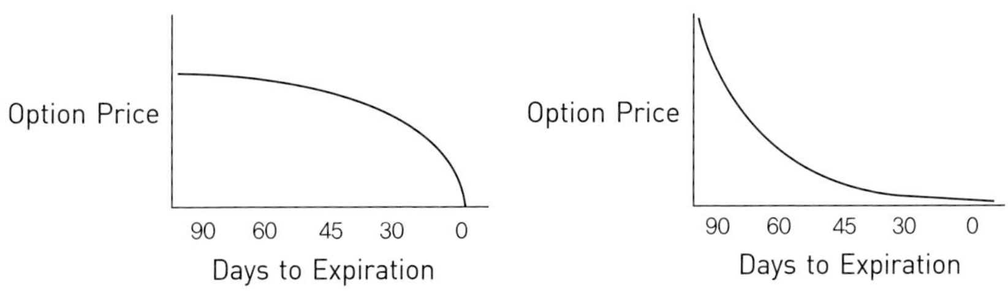

그림 7-6 콜옵션과 풋옵션에서의 세타

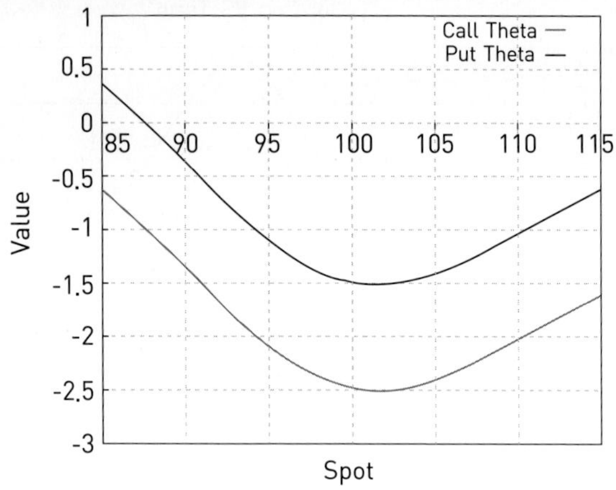

$$\Theta_C = \frac{\Delta c}{\Delta \tau} = -\left(\frac{S_0 N'(d_1)\sigma}{2\sqrt{\tau}}\right) - rKe^{-r\tau}N(d_2)$$

$$\Theta_p = \frac{\Delta p}{\Delta \tau} = -\left(\frac{S_0 N'(d_1)\sigma}{2\sqrt{\tau}}\right) + rKe^{-r\tau}N(-d_2)$$

5) 로

로는 이자율의 변화에 따른 옵션 프리미엄의 변화이다. 콜옵션보통주에서 양의 값을 가진다. 이자율의 증가는 현재가치를 떨어트린다. 비슷한 맥락의 풋옵션에서 로는 음의 값을 가진다.

그림 7-7 콜옵션과 풋옵션에서의 로

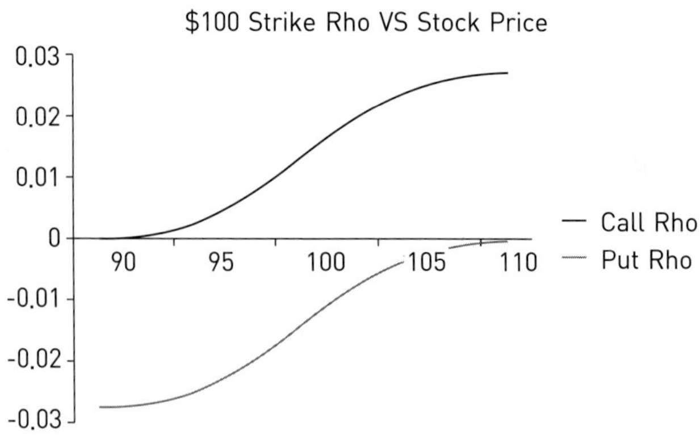

$$p_c = \frac{\Delta c}{\Delta r} = K\tau e^{-r\tau} N(d_2)$$

$$p_p = \frac{\Delta p}{\Delta r} = -K\tau e^{-r\tau} N(-d_2)$$

6) 프사이

프사이는 배당금의 변화에 따른 옵션 프리미엄의 변화이다. 콜옵션에서는 음의 값을 가지는 반면 풋옵션에서는 양의 값을 가진다. 배당금이 커질수록 주식의 현재가치는 떨어진다. 따라서 배당금이 커지면 풋의 가치는 더 커지고 풋옵션일 때의 프사이는 양의 값을 가지게 된다.

(2) 포트폴리오를 위한 그리스 측도

포트폴리오를 위한 그리스 측도는 개별 포트폴리오의 성분들을 더한 것이다.

$$\Delta \text{ portfolio} = \sum_{i=1}^{n} n_i \Delta_i$$

(3) 옵션 탄력성

옵션은 주식에 투자하는 것의 대안이다. 델타는 주가 변화에 따른 옵션가격이 몇 달러 변화할 지에 대한 위험을 말해준다. 대조적으로 옵션 탄력성은 주가 변화에 따라 옵션가격이 몇 퍼센트 변화할 지를 말해준다.

1) 옵션의 달러 위험

$$\begin{aligned}\text{Change in option price} &= \text{Change in stock price} \times \text{option delta} \\ &= \pounds \times \Delta\end{aligned}$$

2) 옵션의 퍼센트 위험

옵션 탄력성은 주가 변화에 따른 옵션가격의 퍼센트 변화를 계산한 것이다. 주가의 퍼센트 변화가 £/S일 때, 옵션가의 퍼센트 변화는 $\pounds\Delta/C$이다.

3) 옵션 탄력성

$$\Omega = \frac{\%\text{ change in option price}}{\%\text{ change in stock price}} = \frac{\frac{£\Delta}{C}}{\frac{£}{S}} = \frac{S\Delta}{C}$$

4) 옵션의 변동성

$$\sigma\,\text{option} = \sigma\,\text{stock} \times |\,\Omega\,|$$

그림 7-8 만기일에 따른 옵션 탄력성

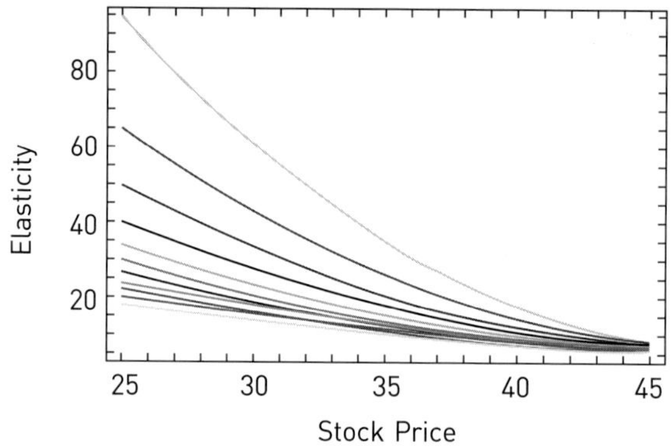

5) 위험 프리미엄

탄력성은 주가에 따른 옵션의 퍼센트 민감도를 측정한다. 따라서 이것은 옵션의 위험 프리미엄을 주가의 위험 프리미엄과 비교할 수 있게 한다.

α : the expected rate of return on the stock

γ : the expected return on the option

r : the risk-free rate

$$\gamma = \frac{\Delta S}{C(S)} + \left(1 - \frac{\Delta S}{C(S)}\right) r$$

$\Delta S/C(S)$가 탄력성이므로 식을 이렇게 쓸 수도 있다.

$$\gamma = \Omega\alpha + (1-\Omega)r \text{ 또는 } \gamma - r = (\alpha - r) \times \Omega$$

따라서,

옵션의 위험 프리미엄과 주가의 위험프리미엄에 Ω을 곱한 것이 같다.

6) 베타

$$\beta_{\text{option}} = \beta_{\text{asset}} \times \Omega$$

7) 옵션의 샤프지수

샤프지수는 변동성에 대한 위험 프리미엄의 비율이다.

$$\text{Sharpe ratio} = \frac{\alpha - \gamma}{\sigma}$$
$$\text{Sharpe ratio for call} = \frac{\Omega(\alpha - \gamma)}{\Omega\sigma} = \frac{\alpha - \gamma}{\sigma}$$

따라서, 두 가지에 적용한 샤프지수는 같다.

8) 포트폴리오의 탄력성과 위험 프리미엄

포트폴리오의 탄력성은 포트폴리오의 각 성분들의 탄력성과 관계가 있다. 포트폴리오 N이 있다고 가정해보자. i번째 값은 C_i이고 n_i는 i번째 콜의 양이다. 그렇다면 포트폴리오의 가치는 $\sum_{i=1}^{N} n_i C_i$이다. 주식가격이 \$1 바뀌면 포트폴리오 가치의 변화는 $\sum_{i=1}^{N} n_i \Delta_i$이다.

포트폴리오의 탄력성은 다음과 같이 나타낸다.

$$\Omega_{\text{portfolio}} = \sum_{i=1}^{n} \left(\frac{n_i C_i}{\sum_{j=1}^{n} n_j C_j} \right) \frac{S\Delta_i}{C} = \sum_{i=1}^{n} \omega_i \Omega_i$$

ω_i가 옵션 i에 투자한 포트폴리오의 일부일 때, $\gamma - r = \Omega_{\text{portfolio}}(\alpha - \gamma)$이다.

4. 만기일 이전 Profit Diagram

만기일 이전 옵션의 payoff, profit diagram을 어떻게 그려야 하는지 살펴볼 것이다. 콜옵션을 구입하거나, calendar spread에 진입하는 두 전략의 계산법을 알아보자.

(1) Purchased Call Option

Call option을 구매하고 만기일 이전에 팔게 될 경우, profit은 주가의 변화와 만기일까지의 시간에 달려있게 된다. 만기일까지의 기간이 일정하게 주어지고 나머지 조건들을 똑같이 할 때, 주가를 다르게 함으로써 콜옵션의 가치를 도식화할 수 있다.

[그림 7–9]의 경우 주가가 $20에서 $60 사이에서 결정될 때 블랙–숄즈 콜옵션의 가격을 보여준다. 만기일 이전의 옵션의 가치는 만기일의 옵션의 가치보다는 평탄한 모습을 보여준다는 것을 알 수 있다.

그림 7–9 옵션 프리미엄 그래프

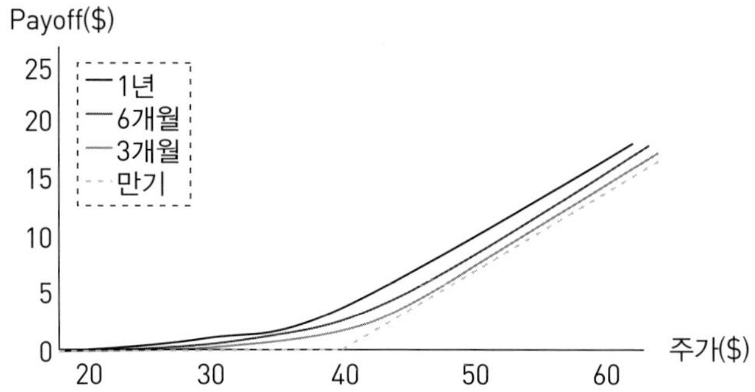

[그림 7–9]에 나타난 payoff diagram은 옵션의 원래 가격을 고려하지 않은 것이다. Profit의 경우 각 주가에서 옵션의 가격을 감하고 이자를 더함으로써 계산된다. 예를 들어, 1년 기간의 옵션을 구입하고 9개월을 지니고 있게 될 때, 도출되는 profit diagram은 3개월 옵션의 payoff에서 원래 가격을 뺀 뒤 1년 옵션의 이자를 더한 값이 된다.

[그림 7–9]에 나타난 옵션 프리미엄 그래프는 델타와 감마의 양태를 보여준다. 어떤 경우에도 콜옵션의 그래프는 양의 값을 지니게 된다. 이는 양의 델타 값과 일치하는 것이다. 추가로, 주가가 높아짐에 따라 기울기는 커지게 된다. 주가와 함께 증가하는 델타 값은 양의 감마 값과 부합한다. 감마 값이 항상 양의 값이라는 것은 그래프가 그릇의 단면도와 비슷하다는 것을 의미하게 된다. 양의 감마 값은 볼록한 곡선을 의미하고 음의 감마 값은 오목한 모양을 의미한다.

(2) Calendar Spreads

주식의 변동성을 이용한 여러 옵션 프리미엄이 있음을 알 수 있었다. 그 예로는 스트래들, 스트랭글, 그리고 나비형 스프레드가 있었는데 이러한 spread는 동일한 만기일과 상이한 행사 가격을 지닌 옵션을 포함한다. Calendar spread의 경우 만기일이 다른 옵션을 사고 파는 것이 된다.

XYZ사의 주가가 향후 3개월간 변하지 않을 것이라 생각한다고 가정해보자. Written straddle이나 written butterfly spread의 대안은 콜 혹은 풋옵션을 파는 것에 그치는데, 이는 주가가 변동하지 않을 것이라는 예상 하에 취하는 행동일 것이다. 막대한 손실도 발생 가능하게 된다.

콜옵션을 팔 때 주가가 오르는 것으로부터 지키기 위해, 동일한 행사 가격과 만기일이 더 많이 남은 콜옵션을 동시에 구매할 수 있다.

(3) 내재변동성

옵션가격을 정하기 위해서는 변동성이라는 것이 고려된다. 더 자세히는, 다가오는 변동성에 대한 추정 값이 필요한 것이다. 기초자산의 수익에 대한 미래 불확실성은 무엇인가? 행사가격이 기초자산의 현재 시장가격에 근접해 있는 옵션계약의 경우 변동성에 꽤나 민감하게 된다. 더욱이, 변동성이란 관찰 불가한 것이고, 이는 실제로 옵션가격이 어떻게 결정되는가에 대한 의문을 제기하게 된다.

한 접근법은 과거 수익 값을 보고 역사적 변동성을 계산해 내는 것이다. 다만 역사적 변동성에서의 문제는 예측된 미래 변동성이 역사적 변동성과 다를 수 있다는 것이다. 예를 들어, 정치적인 불안정성이나 수익공고, 정부 정보 공개와 같은 예측 가능한 사건들의 경우 투자자들이 불확실성을 몹시 높게 예상하는 기간을 만들어 낼 수 있다. 정제된 통계적 모델들은 단순한 역사적 변동성 추정 값을 보완할 수는 있지만, 궁극적으로 우리는 역사적 변동성이 언제나 미래 변동성에 대한 신뢰할 수 있을 만한 추정치를 제공한다고 믿을 수는 없을 것이다.

옵션시장을 변동성이 거래되고 드러나는 하나의 장소로서 보는 관점이 있을 수 있다. 옵션이란 투자자들이 주가의 미래가치에 hedge하는 데 쓰는 수단이라고 할 수 있다. 따라서 옵션의 가격은 미래 주가 분포에 대한 시장의 예상을 보여주는 것이 되어야 한다. 옵션가격에서 정보를 추출하는 하나의 방법은 옵션의 내재된 변동성을 계산하는 것인데, 이 내재된 변동성이란 가격 결정 공식에 적용되었을 때 관찰된 옵션가격을 산출하여 주게 된다.

(4) 내재변동성의 계산

블랙–숄즈의 내재된 변동성을 계산하기 위해 주가를 S, 권리 행사 가격을 K, 이자율을 r, 배당수익을 δ, 만기일까지의 시간을 T라 가정하자. 콜옵션의 내재된 변동성은 시그마로서 이는 옵션의 시장 가격을 $C(S,\ K,\ \text{sigma},\ r,\ T,\ \delta)$으로 결정하게 된다.

정의에서 알 수 있듯이, 내재변동성을 옵션가격을 결정하는 데 사용하게 될 경우, 옵션의 시장가격을 얻을 수 있게 된다. 따라서, 내재변동성을 옵션가격이 정확한지 아닌지를 판단하는 데 사용할 수는 없지만 변동성에 대한 시장의 평가를 말해 준다고 할 수 있다.

내재변동성 시그마로부터 바로 풀 수는 없고, 방정식을 풂에 있어 반복적인 단계가 필요하다. 어떠한 가격 결정 모델이나 내재변동성을 계산하는 데 쓰일 수 있지만, 블랙–숄즈의 내재변동성이 주로 기준으로서 사용된다.

가격 결정 모델을 사용하여 계산된 내재변동성은 개별 옵션의 하나의 특성이므로, 행사 가격과 만기일까지의 시간에 따른 내재변동성 값을 비교하는 것은 꽤나 흥미로울 것이다.

변동성 스마일(volatility smile)은 대칭적인데, at-the-money 옵션일 때 그 값이 가장 작고, in-the-money 그리고 out-of-the-money 옵션일 때 그 값이 높다. In-the-money와 out-of-the-money 옵션의 변동성의 차이는 변동성 스큐(volatility skew)로 일컬어진다.

콜옵션의 내재변동성도 비슷한 패턴을 보인다. 유로피언옵션의 경우 콜과 풋의 변동성은 풋-콜 패리티 때문에 그 값이 같다. 아메리칸옵션의 경우 그 차이가 있을 수 있다. 유로피언옵션의 경우에서도 실제의 내재변동성은 거래 비용, 매매가격 차이(bid-ask spread) 등으로 풋과 콜에서 차이가 있을 수 있게 된다. 매수인 지정가격과 매도가격에서 다른 내재변동성을 보이는 것은 흔한 일이라고 할 수 있다.

블랙-숄즈를 이용한 내재변동성을 계산하는 것에 덧붙여, S&P 500 VIX 변동성 지표의 기초가 되는 model-free 계산법이 있다. 이 VIX 계산법은 하나의 내재변동성을 계산하기 위해 가능한 모든 계약가격의 옵션가격을 사용한다.

(5) 내재변동성 이용하기

시장가격을 알 수 없는 옵션의 가격을 정해야 할 때, 거래된 옵션의 가격과 일관된 가격을 만들어내기 위해 내재변동성을 사용할 수 있다. 예를 들어, 투자전문기관은 비슷한 옵션의 가격과 일관되게 옵션의 가격을 정할 것이다.

내재변동성은 종종 주어진 기초자산의 옵션가격의 레벨을 설명하는 빠른 방법으로써 사용된다. 옵션가격을 달러 가격이 아닌 변동성으로써 설명할 수 있는 것이다. 주어진 자산에는 일반적으로 많은 옵션이 존재한다. 내재변동성은 주어진 기초자산의 전반적인 옵션가격의 레벨을 명료하게 설명하는 데 사용될 수 있다.

변동성 스큐는 블랙-숄즈 모델에 깔린 전제에서 벗어나는 가격 결정의 정도를 측정 가능하게 한다. 블랙-숄즈 모델이 있는 그대로 사실이었다면, 주어진 기초 자산의 내재변동성은 모든 계약가격과 만기일에 있어 다 동일하게 될 것이다. 이 전제의 경험적인 타당성을 체크하는 것이 블랙-숄즈 모델에 있어 흔한 시험이 된다. 변동성 스큐의 존재는 블랙-숄즈 모델과 그 전제가 완벽한 묘사가 아니라는 것을 암시한다.

또 다른 내재변동성 측정 모델은 risk reversal이 있는데, 이는 동일한 델타 값을 지닌 out-of-the-money 콜과 풋의 내재변동성의 차이를 말하는 것이다. Risk reversal값이 음일 경우, 풋의 변동성은 콜의 변동성을 능가하는 것이다. Risk reversal은 화폐시장에서 주로 인용된다.

(6) 영구 아메리칸옵션(Perpetual American Options)

블랙-숄즈 수식은 만기일에 행사 가능한 옵션만을 가격 매긴다. 이 부분에서는 절대 만기되지 않는 콜과 풋옵션의 가격을 위한 공식을 제시하게 되는데, 이는 영구 옵션(perpetual option) 혹은 'expirationless 옵션'이라 알려져 있다.

아메리칸옵션은 최적의 행사 전략을 특징화 하기 어렵다는 점에서 유로피언옵션보다 가격을 매기는 것이 어렵다. 이항 모델을 이용함으로써, 유배주에 대한 finitely lived 콜옵션을 위한 최적의 행사 전략을 알 수 있다. 콜옵션을 행사하기 위한 최적의 주가는 옵션이 만기일에 다다르면서 감소하는 것을 알 수 있다. 이러한 최적의 행사 가격의 변동은 밸류에이션 공식을 도출하는 것을 어렵게 한다.

영구 아메리칸옵션은 옵션이 항상 만기까지 동일한 기간, 다시 말해 무한성이 있다는 점에 다르다고 할 수 있다. 만기일까지의 시간이 동일하기 때문에, 옵션 행사의 문제는 오늘, 내일 할 것 없이 똑같을 것이다. 최적의 행사 전략은 옵션의 가치를 극대화하는 exercise barrier를 고르는 것과 주가가 처음으로 그 장벽에 도달하는 시점에서 옵션을 행사하는 것을 포함하게 된다.

(7) 영구 옵션의 평가

영구적인 콜과 풋옵션에 대한 공식을 제시할 것이다. 공식은 옵션가격을 제시하며 최적의 행사조건에서의 기초자산의 가격 역시 제시한다.

$$h_1 = \frac{1}{2} - \frac{r-\delta}{\sigma^2} + \sqrt{\left(\frac{r-\delta}{\sigma^2} - \frac{1}{2}\right)^2 + \frac{2r}{\sigma^2}},\ h_2 = \frac{1}{2} - \frac{r-\delta}{\sigma^2} - \sqrt{\left(\frac{r-\delta}{\sigma^2} - \frac{1}{2}\right)^2 + \frac{2r}{\sigma^2}}$$

위와 같이 정의되는 h_1, h_2와 함께 $S \geq H_c$일 때 행사되는 계약 가격이 K인 영구 아메리칸 콜옵션의 가치는 $(H_c - K)\left(\frac{S}{H_c}\right)^{h1}$이며, $H_c = K\left(\frac{h_1}{h_{1-1}}\right)$이다. 여기서 $\delta = 0$일 때, $H_c = \infty$가 됨을 알 수 있다. 비-유배주의 경우 콜옵션을 행사하는 것은 절대 최적의 조건이 될 수 없는 것이다. 위 식에서 콜옵션의 가치는 H_c의 함수이며 이는 이것이 행사될 때의 가격이다.

$S \geq H_c$일 때 행사되는 계약 가격이 K인 영구 아메리칸 콜옵션의 가치는 $(K-H_p)\left(\frac{S}{H_p}\right)^{h2}$이다. 여기서 H_p는 $H_p = K\left(\frac{S}{H_p}\right)$로 계산된다.

여기서 $r=0$일 때 $H_p=0$임을 알 수 있고, 이는 이자율이 양의 값이 아닐 땐 풋옵션을 행사하는 것은 절대 최적의 행위가 아니라는 것을 의미한다. 콜옵션과 마찬가지로, 위의 수식에서 도출된 H_p가 풋옵션의 가치를 극대화한다.

(8) Barrier Present Values

$(H_c-K)\left(\frac{S}{H_c}\right)^{h1}$에서는, time 0에서 주가가 H를 도달했을 때 받은 $1의 가치는 $H > S_0$일 때, $\left(\frac{S_0}{H}\right)^{h1}$이며, $H < S_0$일 때에는 $\left(\frac{S_0}{H}\right)^{h2}$로 계산된다.

위 두 등식 안의 표현은 barrier present value로 언급된다.

5. 블랙–숄즈 모형의 활용 사례

(1) 신한지주 신주인수권증서 적정 가격 예상[3)]

블랙–숄즈 모형을 활용한 사례로 한 애널리스트가 2009년 신한지주에서 발행하여 상장하기로 한 신주인수권증서의 적정 가격을 예상한 사례를 찾아볼 수 있었다. 블랙–숄즈 모형의 적용 내용과 그 전제 조건은 다음과 같다.

신한지주에서 새로 발행해 상장하기로 한 신주인수권증서(warrant)의 적정가격이 약 7,683원이라는 분석이 나왔다. 신한지주 주가를 29,250원으로 가정하고 블랙–숄즈 모형을 활용할 경우 도출되는 수치다.

최창규 우리투자증권 애널리스트는 “신주인수권증서는 지금 신한지주 주식을 갖고 있지 않아도 유상증자에 참여하면 신한지주 주식을 살 수 있다는 점에서 일종의 콜옵션으로 볼 수 있다”고 설명했다.

최 애널리스트는 “기초자산 현재가(신한지주 주가)를 29,250원(유상증자 권리락을 감안하면 27,819원), 행사가격을 20,550원(모집예정가액), 무위험이

---

3) 이데일리, 신한지주워런트 어떻게 매매할까, 2009. 2. 9.

자율을 2.5%, 배당수익률을 0%, 잔존일을 50일(신주상장일까지 달력상 날짜), 변동성을 신한지주의 60일 역사적 변동성으로 설정해 블랙-숄즈 모형을 돌리면 신주인수권증서의 적정가격은 대략 7,683원이다"고 분석했다.'

(2) 기업 부도위험도, 지표로 냈다[4]

그림 7-10 DD값 VS 스프레드(국고 3년 대비)[5]

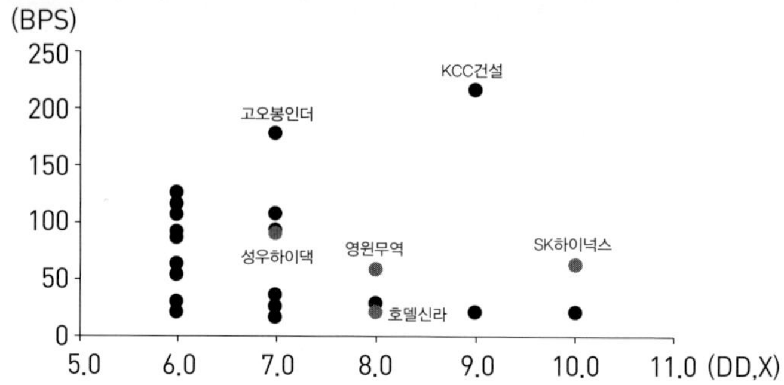

참고 : 회색은 추천종목으로 각 DD값의 median 값 대비 상단에 위치한 상태

출처 : 삼성증권, Quantiwise

금융투자업계에 따르면 삼성증권은 최근 '블랙-숄즈를 이용한 기업의 부도위험 평가'라는 보고서를 발간했다. 삼성증권이 국내 최초로 기업의 부도위험도를 지표화한 리포트를 선보였다. 주식 내재가치를 반영해 자산가치가 부채로부터 얼마나 멀리 떨어져 있는지를 측정해 기업의 부도위험 방향을 판단한 것이다. 앞으로 삼성증권은 분기별로 보고서를 발표하는 한편 평가대상을 상장사에서 비상장사로 확대할 계획이어서 관련업계에 적잖은 파장을 몰고 올 것으로 관측된다. 기업의 부도위험을 시장에서 거래되는 기업의 주가와 주가변동성에서 추출했다. 신용평가사 무디스가 사용하는 KMV모델의 DD(자산가치와 부채간 거리)값을 추정하는 방법과 노벨경제학상 수상자인 로버트 C. 머튼 미

4) 박미주, 삼성證, 국내 최초 '블랙-숄즈' 이용한 리포트 선보여… 기업 주가와 주가변동성에서 추출, 아시아 경제, 2014. 5. 29.

5) 그래프는 DD(자산가치와 부채간 거리)값과 신용스프레드와의 상관관계를 감안해 현재 신용스프레드가 과거 DD값 추이에 비해 저평가된 종목을 회색으로 표시한 것이다.

국 매사추세츠 공과대학(MIT) 교수의 '블랙-숄즈모형'으로 기업자산가치가 부채가치 이하로 하락할 때 부도가 발생한다는 개념을 도입해 신용위험을 측정한 방법을 사용했다. DD값이 커지면 부도위험이 감소함을 의미한다. DD값의 추이로 기업의 부도위험 방향성을 알 수 있다.

삼성증권은 이번 평가 방법으로 기업의 신용등급 상향가능성, 기업의 신용스프레드 고평가 및 저평가 여부, 특정 업종의 신용위험 변화 감지, 회사채 투자유망종목 선정 기준 등을 판단할 수 있다고 설명했다.

또 회사채 투자유망종목으로 호텔신라·코웨이·영원무역·SK하이닉스·넥센타이어·세아제강·성우하이텍 등 7곳을 꼽았다. 최근 DD값이 높아지고 부채부담이 감소했으며 크레딧 스프레드가 DD값 기준 상대적으로 저평가된 기업들이다. DD값에는 경기나 산업의 위험, 업종 경쟁강도 등 비재무적 변수와 애널리스트 의견이 반영됐다.

업종별로는 항공·해운·건설·철강 등이 부도위험이 높아졌고 기계·자동차 및 부품·화학 등은 낮아진 것으로 나타났다. 건설사의 부동산 PF 보증 규모와 해운·항공사의 리스 사용액들이 부채로 추가 감안된다면 이들의 부도위험은 현재보다 높아질 것으로 추정된다.

최종원 삼성증권 책임연구위원은 "기존에 신용평가사 등은 개별 기업의 재무제표에 초점을 맞춰 리스크를 봤다면 이 모델은 주식의 내재가치에서 나오는 이론적 부도확률을 구한다는 면에서 측정 방식이 다르다"고 설명했다. 이어 "이달 말 기준 채권 발행잔액은 주식시장 시가총액보다 큰 1,498조원이고 크레딧물 잔액은 820조원으로 채권시장 성장이 빠른데도 관련 이론적 자료가 많지 않아 이번 평가자료를 내게 됐다"고 덧붙였다.

삼성증권은 앞으로 부도위험 평가 보고서를 분기별로 발표하고, 대상 기업도 상장사에서 비상장사까지 늘릴 계획이다. 최 연구위원은 "주가 등 정보가 많아 상장사를 이번 평가 대상으로 삼았지만 앞으로는 회사 성격이 비슷한 상장사의 주가순자산비율(PBR)을 참고해 비상장사까지 대상을 확대할 것"이라며 "이를 통해 크레딧 유니버스와 회사채 투자유망종목을 제시할 것"이라고 말했다.

Ⅲ. 결론

블랙–숄즈 모형은 최초로 체계적인 분석을 통해 옵션의 이론가격을 계산할 수 있다는 것을 보여주었다. 모형이 발표된 후 많은 학자들이 이들의 이론이 실제의 옵션가격을 설명할 수 있는가를 다양한 방법으로 확인하였다.

대표적으로 Galai는 역사적 변동성을 사용하여 블랙–숄즈 모형을 통한 옵션의 이론가격을 계산하고 이를 실제가격과 비교하여 가격이 잘못 책정된 것으로 평가된 옵션들을 확인하였다. 이러한 옵션을 이용하여 무위험헷지 포트폴리오를 구성한 다음 차익거래를 통한 이익이 발생하는가를 검증하였다. 검증결과 차익거래의 기회가 존재하기는 하나 거래비용까지를 고려하면 이러한 이익은 대부분 사라지는 것으로 확인되었다.

다른 많은 실증분석에서는 블랙–숄즈 모형에서 제시한 옵션가격과 실제 옵션시장에서 거래되는 가격 사이에 상당한 차이가 있는 것을 확인하였다. 이러한 사실은 블랙–숄즈 모형이 옵션가격을 계산하는 완전한 모형이 아니기 때문일 수도 있으며, 이론은 완전하지만 이론가격을 계산하기 위해 사용된 변수들, 특히 변동성의 추정치가 완전하지 않았기 때문일 수도 있다.

이 두 가지 모두가 사실일 수도 있다. 블랙–숄즈 모형이 완전한 옵션가격 결정모형은 아닐 것이라는 데에 많은 학자들이 동의하고 있다. 블랙–숄즈 모형은 정교한 이론의 틀에서 유도된 대단히 합리적인 모형인 것만은 틀림없다. 그러나 어느 부분에서 모형의 잘못이 발생하는지 아직은 확인되지 않고 있다.

블랙–숄즈 모형은 현재까지 개발된 어떤 다른 옵션가격 모형보다도 옵션의 특성을 잘 설명하고 있으며 많은 직관적인 시사점을 남기고 있다.[6)]

---

6) 이필상 외 2인, 선물·옵션, 법문사, 1999, pp. 138~143

CHAPTER

08

헷징 이론

CHAPTER 08

I. 헷징의 정의

헷징(hedging)이란 선물시장에서 취하는 포지션을 현물시장에서의 포지션과 반대가 되도록 함으로써 위험을 분산시키는 거래활동이다. 한쪽에서 발생하는 손실(또는 이익)을 다른 쪽에서 발생하는 이익(또는 손실)으로 상쇄한다는 것이 헷징의 기본 개념이다. 즉, 현물계약의 잠정적인 위험에 대처하여 변동하는 가격에 의한 손실을 최소화하기 위해 선물을 매매하는 것을 말하며, 손실의 가능성을 미리 방지하고자 하는, 일종의 보험의 성격을 띠고 있다.

여기서, 상쇄되는 이익(또는 손실)이 완전히 일치하는 경우를 완전 헷징, 그리고 서로 일치하지 않는 경우를 부분 헷징이라고 한다. 일반적으로, 현물가격과 선물가격의 차이인 베이시스도 변하기 때문에 완벽한 헷징은 현실적으로 불가능하다.

헷징의 형태는 선물시장과 현물시장에서 취하는 위치에 따라 매수헷징과 매도헷징으로 구분할 수 있다. 선물시장에서 매수포지션을, 현물시장에서 매도포지션을 취하는 것을 매수헷징이라고 하며, 가격 상승 시 발생되는 손실을 선물시장에서 상쇄시킨다. 반대로 선물시장에서 매도포지션을, 현물시장에서 매수포지션을 취하는 것을 매도헷징이라고 하며, 가격 하락 시 발생되는 손실을 선물 시장에서 상쇄시킨다.

II. 헷징의 발전과정

단순 헷징이론은 케인즈(Keynes)와 힉스(Hicks) 등에 의해 발전되어온 이론이다. 전통적 1:1 헷징 모형 또는 보험 헷징 이론이라고도 한다. 헷징에 대한 전통적인 견해는 실제 보유하고 있는 현물의 가격 변동에 대한 위험요소를 줄인다는 헷징의 기본적인 개념에서 비롯한다. 전통적인 단순 헷징 이론은 두 가지 가정을 갖고 있다. 첫째, 헷징을 하는 사람, 헷저(hedger)가 미래 현물시장의 가격 변동에 대한 예측을 할 수 있는 능력 또는 정보가 없거나, 이에 관심이 없다. 헷저는 현물 시장에서 상품의 생산, 이전 또는 보관을 통해서만 이윤을 획득하고자 한다는 것이다. 둘째, 현물가격과 선물가격이 동일한 방향과 동일한 규모로 변화함을 가정하고 있다. 다시 말해, 베이시스의 변화가 0임을 가정하고 있는 것이다. 이 가정에 의해, 현물시장과 선물시장에서 같은 상품을 같은 양만큼 반대 포지션을 취함으로써 완전 헷징을 이룰 수 있다. 이는 곳 1:1 헷징이며, 가격 위험에 대한 보험으로 인식할 수 있다.

앞서 언급하였듯이 전통적인 단순 헷징 이론은 베이시스의 변화가 없음을 가정하고 있다. 그러나 후기에는 현실적으로 베이시스의 변화는 존재하기 때문에 위험이 완전히 제거되지 못하는 점을 지적하게 된다. 다시 말해, 전통적인 1:1 헷징 이론은 현물시장에서의 가격 변동 위험을 베이시스 위험으로 전환시킨 것에 불과하다는 것이다.

워킹(Working)은 이러한 전통적 이론에 헷징의 다목적 개념을 도입하였다. 헷징을 단순히 위험을 극소화하는 활동이 아니라, 기대수익을 극대화하는 활동으로 인식한 것이다. 이를 곧 기대수익 이론이라고 하는데, 전통적 이론과 달리 헷저들이 베이시스 변화에 관심을 두며, 이를 바탕으로 선택적 헷징을 한다고 가정하고 있다.

포트폴리오 이론은 전통적 이론과 기대수익 이론을 통합한 이론으로, 위험과 수익의 상관관계, 즉 트레이드 오프(trade-off)를 기본 원리로 하고 있다. 이를 바탕으로 현물자산을 주어진 것으로 간주한다면, 현물 시장에서의 가격 변동 위험에 대한 헷징으로 선물시장에서 어떠한 포지션으로 얼마만큼 거래해야 하는지 결정하는 모형이다. 존슨과 스테인의 포트폴리오 이론, 즉 최소 분산 모형에서 헷징 효과의 결정요인은 현물과 선물가격의 움직임 사이의 상관계수의 절댓값의 크기이다.

이러한 이론 이외에도, 루틀리즈의 기수적 효용 극대화 이론, 넬슨과 콜린스의 서수적 효용 극대화 이론 등이 있으며 하워드와 당노니오는 위험-수익 헷징이론으로 현물, 선물, 무위험 자산으로 포트폴리오를 구성함으로써 실제적용이 용이한 헷징 모형을 제시하기도 하였다.

III. 헷징과 포트폴리오

1. 옵션의 민감도 지표와 델타

주가지수 옵션시장이 어느 정도 성숙기로 들어서면서 전문화된 상당수의 금융 기관들은 변동성이 심한 시장상황에서 새로운 포지션을 선택하고 운용수익의 안정성 확보와 리스크 관리를 위해 수리적·기술적 지표를 이용, 시스템화된 프로그램 매매기법 등을 동원하여 다양한 헷지, 차익, 투기용 목적의 거래를 상용화시키고 있다.

예를 들어 주가지수선물 매도나 풋옵션의 매수를 통해 헷지 비율을 능동적으로 조정함으로써 수익률을 일정수준 이상에서 방어하는 포트폴리오 보험(portfolio insurance) 전략, 주가지수와 선물가격, 옵션가격이 정상상태에서 벗어나 상호 과대평가나 과소평가 되어있을 때 위험의 수반 없이 무위험 차익거래를 수행할 수 있으며 구체적으로 주가지수 선물과 현물 포트폴리오 간의 차익거래, 주가지수옵션(합성선물)과 현물 포트폴리오 간의 차익거래, 주가지수 선물과 주가지수옵션(합성선물)간 차익거래가 대표적인 헷지와 차익거래 목적의 투자전략으로 분류될 수 있다. 여기에 기본적인 옵션 포지션들의 조합을 통해 옵션 자체만의 다양한 투자전략과 손익구조를 만들 수 있다.

결국 이러한 거래들을 효율적으로 수행하기 위해서는 옵션의 가치를 결정하는 가격변수, 즉, 주가, 행사가격, 변동성, 잔존기간, 무위험 이자율, 배당률에 대한 민감도 정보에 대한 이해가 필수적이며 이들 각 변수들의 옵션 가격 민감도는 관습상 그리스 문자를 사용하기 때문에 'Greeks'라고 부른다.

이 중 기초자산의 가격변화에 대한 옵션가격 변화 정도를 나타내는 지표인 델타(Δ)와, 기초자산의 가격변화에 대한 델타의 변화 정도를 나타내는 감마(Γ), 그리고 기초자산의 가격 변동성에 대한 옵션 가격의 변화 정도를 나타내는 베가(ν)와 시간에 대한 변화를 나타내는 세타(Θ)가 중요한 민감도 지표이며 특히 델타(Δ)는 포트폴리오 보험 등에서 이론적인 블랙-숄즈 모형에 의

한 옵션 평가식(option valuation equation)의 1차 편미분(partial differential) 값을 대입하여 단위 기간마다 헷지 비율을 도출하여 포지션을 재조정(dynamic hedging)하는 데 기본적으로 이용되는 가장 중요한 지표로 볼 수 있다.

즉 델타 헷징이란 일정 기간 주가지수 변화에 영향을 받지 않는 포트폴리오를 구축하기 위하여 보유한 현물(주식) 포트폴리오와 함께 옵션을 지속적으로 변화시켜 주식 포트폴리오의 손익과 옵션 포지션의 손익이 서로 상쇄되게끔 하는 동태적 헷징(dynamic hedging) 방법 이며 이러한 포트폴리오의 델타는 '0' 이므로 델타 헷징이란 결국 목표기간 동안에 지속적으로 델타중립적(delta neutral)인 포지션을 만드는 과정을 의미한다. 또한 옵션가격과 주식가치 간의 비선형(nonlinearities) 관계를 감안할 경우 2차 편미분 값에 해당하는 감마를 추가적으로 고려, 좀 더 정교한 헷지 비율을 산출할 수 있다.

델타 헷징을 수행하는 데는 일반적으로 풋옵션 매수나 콜옵션 매도를 이용할 수 있다. 풋옵션 매수의 경우 기초 포트폴리오의 변동이 심할 경우 비선형(감마) 부분에서 양(+)의 이익의 효과가 발생하므로 포트폴리오의 가치가 상승하면 풋의 델타(절댓값)가 감소하므로 델타의 역수인 헷지 비율을 낮추고(풋매수 축소) 역으로 포트폴리오의 가치가 하락하면 헷지 비율을 높이는(풋매수 확대) 과정을 반복함으로써 헷지 효과를 극대화해야 한다. 그러나 풋매수 포지션은 시간 소멸효과(세타)가 부정적으로 작용하기 때문에 풋매수의 델타 헷지는 단기간, 제한적 주가지수 변동에 적절한 헷지 전략이다. 한편 콜옵션 매도를 이용한 델타 헷징의 경우 포트폴리오의 변동성이 심할 경우 비선형(감마) 부분에서 음(−)의 이익의 효과가 발생하는 반면 시간소멸 효과(세타)가 긍정적으로 작용하기 때문에 포트폴리오의 가치가 상승하면 콜의 델타가 증가하므로 델타의 역수인 헷징 비율을 낮추고(콜매도 축소) 역으로 포트폴리오의 가치가 하락하면 헷지 비율을 높이는(콜매도 확대) 과정을 반복함으로써 헷지 효과를 극대화해야 한다.

2. 가격 변화와 몬테카를로 시뮬레이션

재무 변수의 확률 과정(stochastic process)과 과정계수(process parameter)를 규명하기 위해 옵션가격 결정모형의 기초가 되는 기하학적 브라운 운동(geometric brownian)을 적용하여 다음과 같이 표현된 모형을 따른다.

$$dSt = \mu tStdt + \delta tStdz$$

dz는 확률 변수로 평균이 0이고 분산이 1인 정규분포를 따른다. 계수 μt와 δt는 t 시점에서의 순간 변화율과 순간변동성이고 St는 자산가격이다. 시간 간격 dt가 작을수록 dz의 분산이 연속적으로 감소한다는 의미에서 이를 브라운 운동이라 하고 확률과정에서 모든 계수가 현재 주가 St에 의해 표준화되었다는 의미에서 기하적이라 하며 위너 과정(Wiener process)의 속성에 의해 $dz = \sqrt{\varepsilon}\ Dt$이고 수익률($\Delta S/S$)의 기대치와 분산은 각각 $\mu\Delta t$와 $\delta^2\Delta t$이다. 따라서 주가변화 ΔS는 다음과 같이 표현되며, 여기서 ε는 표준 정규분포를 따른다.

$$\Delta St = St-1\ (\mu\Delta t + \delta\sqrt{\varepsilon}\, Dt)$$

변화율 μ가 0.007%이고 변동성 δ가 0.367%이고 정규화된 난수(random variable) 추정에 의해 브라운 운동을 따르며 20일의 구간으로 나누어 다음과 같은 정규 분포를 따른다고 가정해 보자. 이때 국채선물 가격의 경로는 반복적인 표본추출을 통한 가상 시뮬레이션을 통해 얻을 수 있다.

$$\Delta S/S \sim \Phi(-0.007\%,\ 0.367\%)$$

물론 진정한 기하학적 브라운 운동은 Δt를 '0'으로 하는 극한값을 취해야 하고 수익률 분포의 정규성(normality)을 가정해야 하는 만큼 수익률의 이산적인 점프(jump)현상이나 시장 유동성의 깊이가 약하다면 시뮬레이션의 의미는 반감된다고 볼 수 있다.

3. 델타 헷징 시뮬레이션

콜옵션 매도를 통한 델타 헷징을 위해 변동성이 일정하고 거래비용이 존재하지 않은 상태에서 다음과 같은 조건으로 주별 포지션 조정에 의한 시뮬레이션 예를 살펴보았다.

현재 국채선물 가격: 106.00p, 행사가격: 101.50p

변동성: 5%, 이자비용: 5%

잔존만기 20 주(1년 중), 콜 매도 프리미엄: 4.7억 원(100 계약)

최초의 델타는 0.921로 계산됨에 따라 콜옵션 매도에 따라 선물가격 106.00p(100 계약)에 알맞은 92.1 계약을 매수하기 위해 무위험 이자율 5% 97.6억을 차입하여 이자 비용이(0.094억 원) 발생하였다. 그 다음 주에 선물가격이 106.65p로 상승함에 따라 델타도 0.951로 증가하였고 헷지 비율을 유지하기 위해 국채선물 3 계약을 추가 매수하였다.

이에 따라 선물매수 비용이 늘어나면서 누적 비용이 100.9억 원으로 확대되었다. 이 같은 과정이 되풀이되면서 옵션의 만기 시 내가격 옵션이 되면 옵션은 행사될 것이며 델타는 '1'에 근접하게 된다. 따라서 만기 시점인 20주 후에는 헷징 거래자가 완전한 covered call을 보유하게 되는 것이며 보유 선물 포지션에 대해 101.50억 원(101.50p × 100 계약)을 받게 되므로 콜옵션을 발행하고 이를 헷지하는 데 따른 총비용은 6.0억 원(=107.5 − 101.5)이 된다. 옵션의 헷징에 따른 비용을 첫 번째 주초로 할인했을 때 블랙-숄즈 모형의 이론 가격인 4.5억 원과 정확히 같지는 않다. 만약 헷지 방법이 완전했다면 할인 후 헷징에 따른 비용은 시뮬레이션에서 4.5억 원일 것이다. 델타 헷징 비용의 차이에 대한 원인은 헷지를 일주일에 한 번씩 재조정(rebalancing)했기 때문일 것이다. 재조정이 좀 더 빈번히 이뤄졌다면 헷지 비용의 차이는 감소할 것이다.

델타 헷징의 목적은 금융기관의 전체 부를 가능한 고정시키지 않는 데 있다. 처음에 발행된 옵션의 가치는 4.5억 원이다. 9주 후에 가치는 4.3억 원으로 계산되었다. 결국 금융기관은 옵션 포지션에서 0.2억 원의 손해를 보았다. 현물 포지션에서 누적된 비용을 추정하면 9주 후에는 6.9억 원이 증가하였다. 하지

표 8-1 델타 헷지 시뮬레이션: 옵션이 내가격(In-The-Money)으로 마감된 경우

(103.29p>101.50p)

주	기간	선물가격	Delta of Call	매수(매도)	비용	누적비용	이자비용
0	0.38	106.00	0.921	92.100	97.6	97.6	0.094
1	0.37	106.65	0.951	3.000	3.2	100.9	0.097
2	0.35	107.07	0.966	1.500	1.6	102.6	0.099
3	0.33	106.44	0.953	−1.300	−1.4	101.3	0.097
4	0.31	107.50	0.981	2.800	3.0	104.4	0.100
5	0.29	108.14	0.991	1.000	1.1	105.6	0.102
6	0.27	108.67	0.996	0.500	0.5	106.3	0.102
7	0.25	106.46	0.973	−2.300	−2.4	103.9	0.100
8	0.23	106.46	0.977	0.400	0.4	104.5	0.100
9	0.21	105.80	0.965	−1.200	−1.3	103.3	0.099
10	0.19	106.29	0.983	1.800	1.9	105.3	0.101
11	0.17	106.60	0.991	0.800	0.9	106.2	0.102
12	0.15	104.20	0.911	−8.000	−8.3	98.0	0.094
13	0.13	103.76	0.887	−2.400	−2.5	95.6	0.092
14	0.12	104.80	0.971	8.400	8.8	104.5	0.100
15	0.10	102.88	0.810	−16.100	−16.6	88.1	0.085
16	0.08	103.61	0.932	12.200	12.6	100.8	0.097
17	0.06	103.72	0.965	3.300	3.4	104.3	0.100
18	0.04	102.64	0.874	−9.100	−9.3	95.1	0.091
19	0.02	103.26	0.993	11.900	12.3	107.4	0.103
20	0.00	103.29	1.000	0.000	0.0	107.5	

만 선물의 가치는 97.626억 원에서 102.097억 원으로 증가하였다. 이 모든 결과를 종합해 보면 이 금융기관의 전체 부는 단지 2.63억 원이 변했을 뿐이다.

전술한 시뮬레이션 예와 반대로 풋옵션의 매수를 통한 델타 헷징이 가능하지만 다음과 같은 이유로 풋옵션 매수 헷징은 제약이 따를 수 있다. 첫째, 만기 및 행사가격이 다르므로 실제로 거래되고 있는 옵션은 거의 만기가 짧은 최근월물과 단기물일 뿐 아니라 만기일이 고정되어 있어 보통 1년이 넘는 현물 포트폴리오의 보유가 필요할 경우 장기간 헷징이 불가능하고 롤 오버 횟수의 증

그림 8-1 델타 헷지

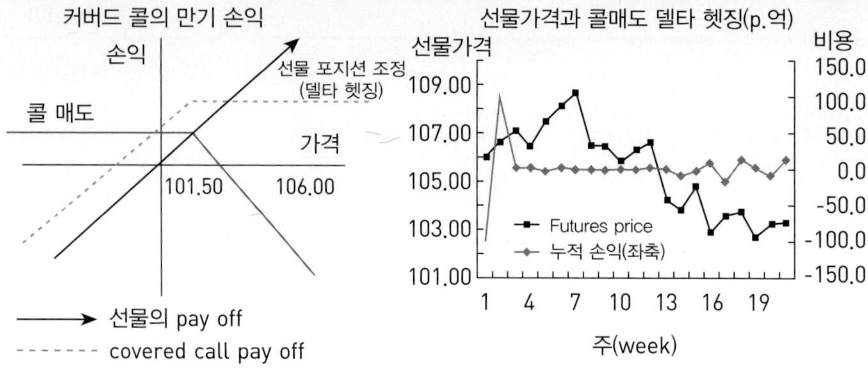

가에 따라 필요 이상의 헷징 비용이 증가한다. 둘째, 조기행사가 가능한 아메리칸옵션의 경우 유로피언 형에 비해 비용이 높다.

헷지 비율 = 선물 헷지 비율 × neutral ratio (= 기초자산 가격 변화 분/옵션가격 변화 분; 델타의 역수)

〈예제 1〉

액면가 100억 원, 5년 만기, 수익률 6.6%인 국고채 현물을 보유하고 있는 투자자가 금리변동에 따른 가격 변동 위험을 헷지하기 위하여, 국채 선물(풋)옵션의 델타 값이 − 0.48이고, 선물 duration 헷지 비율이 120일 경우의 델타 중립 포지션을 구하면 120×1/0.48=250이다. 250 계약의 국채 풋옵션을 매입해야 델타중립 포지션을 구축할 수 있다.

4. 헷징 모형

헷징의 목표는 위험 극소화, 수익 극대화, 효용 극대화의 3가지로 분류할 수 있다. 이를 조합하여 복합 목표를 설정하고 여기에 헷징 효과를 사전적으로 측정하는 기준을 추가하면 헷징 모형은 최소 분산 헷징 모형, 위험-수익 헷징 모형, 효용 극대화 헷징 모형의 세 가지로 구분할 수 있다.

(1) 최소 분산 헷징 모형(포트폴리오 헷징 모형)

존슨과 스테인은 '투자자가 주식의 미래 수익률에 대한 확률분포를 예상할 수 있으며 이를 기준으로 하여 기대수익률과 표준편차를 계산하여 평균-분산 원칙에 따라 의사결정을 한다'는 마코위츠의 포트폴리오 선택 이론을 선물시장의 헷징에 적용하였다. 증권의 거래에서 고려되는 위험과 수익의 상관관계가 선물에 대한 투자에서도 고려되어야 한다는 '최소 분산 헷징 모형'은 '포트폴리오 헷징 모형'이라고도 한다.

선물거래업자를 대상으로 조사한 결과에 의하면 아래와 같은 사실들이 밝혀졌다.

첫째, 많은 상인들이 가격 변동 위험을 회피하기 위하여 헷징을 하고 있다. 따라서 선물거래에서 고전적 모형의 성격을 완전히 배제할 수 없는 것으로 보인다.

둘째, 거래업자는 가격 수준 자체에 대한 예상을 고려하고 있다.

셋째, 시장의 수급 및 기대가격에 따라 헷징되는 물량을 자의적으로 결정하고 있다.

이상의 헷징의 형태는 투자자들이 위험회피를 위해 선물투자를 한다는 전통적 헷징 이론과 기대수익을 추구하기 위하여 선물에 투자를 한다는 기대 수익 극대화 모형을 통합해서 설명해야 한다. 이 두 가지 모형을 통합한 것이 존슨과 스테인의 최소 분산 헷징 모형이다.

최소 분산 헷징 모형이 전통적 헷징 모형이나 워킹의 헷징 모형과 다른 점은 다음과 같다.

첫째, 현물시장의 포지션은 선물시장의 포지션과 서로 완전한 대체물이 아니다. 즉 현물시장의 포지션은 이미 주어져 있다고 가정하고 선물을 이용하여 얼마만큼의 현물포지션을 헷지할 것인가를 결정하는 것이다. 이는 헷저가 순순히 위험 회피적인 것이 아니라 최소의 위험하에서 동시에 유리한 가격 변동을 이용하여 투기적 이익을 얻고자 하기 때문이다.

둘째, 현물과 선물의 포지션이 반대 방향일 필요가 없다. 현물과 선물의 포지션이 동일한 방향일 수도 있다. 이것은 현물 포지션이 이미 주어졌다고 보고 이에 대한 선물시장에서의 헷징은 헷저의 위험과 수익의 고려하에서 동일한 방향으로 선물 포지션을 보유할 수도 있다는 것이다.

셋째, 헷지된 포지션이 워킹의 모형처럼 상대적 가격 변화에 의해 결정되는 것이 아니라 절대적 가격 변화에 의해 결정된다. 즉 현물 가격의 변동 위험에 의해 헷지 포지션이 결정된다.

이 이론의 가정은 헷저는 무한히 위험회피적(infinitely risk averse)이며 헷지의 위험의 척도는 헷지 포트폴리오의 분산이라는 것이다. 추가적으로 현물 포지션은 외생 변수로서 이미 주어져 있고 선물시장에서의 의사결정은 헷지 비율을 결정하는 것이라고 가정하고 있다.

현물의 투자금액을 X_s, 선물의 투자금액을 X_f, 선물거래비용을 $K(X_f)$라고 하면 헷지되지 않은 포지션의 기대수익 $E(U)$와 이의 분산 $Var(U)$는 다음과 같다.

$$E(U)=X_3E(S_2-S_1),\ Var(U)=X_3^2\sigma_1^2 \tag{8.1}$$

헷지된 포트폴리오의 기대수익 $E(H)$와 이의 분산 $Var(H)$은 다음과 같다.

$$E(H)=X_3E(S_2-S_1)+X_fE(F_2-F_1)-K(X_f) \tag{8.2}$$

$$Var(H)=X_3^2\ \sigma_3^2+X_f^2\ \sigma_f^2+2X_3X_f\sigma_{3f} \tag{8.3}$$

(σ_3^2, σ_f^2, σ_{3f} : 현물과 선물가격 변화의 분산 및 양자의 공분산)

이때 헷지 비율 $b=-X_f/X_s$이라 놓으면 헷징에서 X_s와 X_f는 통상 반대부호를 가지므로 b는 일반적으로 양의 값을 갖는다. 식 (8.2)와 (8.3)을 b로 다시 나타내면 다음과 같다.

$$\begin{aligned}E(H)&=X_3[E(S_2-S_1)-bE(F_2-F_1)]-K(X_{3,\mathrm{b}})\\&=X_3[(1-b)E(S_2-S_1)]+bE(S_2-S_1)-bE(F_2-F_1)]-K(X_{3,}b)\end{aligned} \tag{8.4}$$

$$\begin{aligned}Var(H)&=X_3^2\ \sigma_3^2+b^2\ \ X_3^2\ \ \sigma_f^2-2\,bx_3^2\ \sigma_{3f}\\&=X_3^2(\sigma_3^2+b^2\ \sigma_f^2-2\,b\ \sigma_{3f})\end{aligned} \tag{8.5}$$

이때 현물가격의 기대변화는 $E(\triangle S)=E(S_2-S_1)$, 베이시스의 기대변화는 $E(\triangle B)=E[(F_2-F_1)-(S_2-S_1)]$ 라고 하자. 식 (8.4)를 다시 정리하면 다음과 같다.

$$E(H)=X_3[(1-b)E(\triangle S)-bE(\triangle B)]-K(X_{3,}\ b) \tag{8.6}$$

이 식 (8.6)에서 만약 베이시스 변화가 0이라면 헷지 비율 b가 1에 가까워짐에 따라 $E(H)$는 감소하게 된다. 이때 선물거래 비용 $K(X_f)$를 무시하고 헷징 비율 $b=1$로 가정한다면 $E(H)$는 0이 되는 바, 이는 바로 전통적 헷징 이론에서의 완전 헷징이 된다.

식 (8.5)에서 X_s가 일정한 경우 $Var(H)$의 최솟값을 구하기 위해 b에 대하여 편미분하면 다음과 같다.

$$\frac{\partial Var(H)}{\partial b}=X_3^2(2b\sigma_f^2-2\sigma_{sf})=0 \tag{8.7}$$

따라서 최소분산 헷지 비율 b^*은 다음과 같이 나타낸다.

$$b^*=\frac{\sigma_{sf}}{\sigma_f^s}=\frac{Cov(s,f)}{Var(F)} \tag{8.8}$$

이때 식 (8.8)을 식 (8.7)에 넣어 정리하면 다음과 같다.

$$Var(H^*)=X_3^2[\sigma_3^2-(\sigma_{3f}/\ \sigma_f)^2] \tag{8.9}$$

현물가격과 선물가격의 상관계수 $\rho=\sigma sf\ /\sigma s\sigma f$ 이므로 이를 식 (8.9)에 넣어 정리하면 다음과 같다.

$$Var(H^*)=X_3^2\ \ \sigma_3^2(1-\rho^2) \tag{8.10}$$

헷징 효과(hedging effectiveness)란 헷징을 안 한 상태의 위험에 대해 헷징을 함으로써 감소된 위험, 즉 분산의 정도로서 나타낸다. 이 감소도는 헷징을 안 한 경우의 위험에 대해 최소 분산 헷지 비율 b^*를 적용하여 헷징함으로써 분산 가능한 위험의 크기를 나타내는 것이다. 이를 식으로 표시하면 다음과 같다.

$$HE = 1 - \frac{Var(H)}{Var(U)} \tag{8.11}$$

식 (8.10)을 식 (8.11)에 대입하여 정리하면 다음 식 (8.12)와 같다.

$$HE = 1 - \frac{X_3^2 \ \sigma_3^2 (1-\rho^2)}{X_3^2 \ \sigma_3^2} = \rho^2 \tag{8.12}$$

여기에서 HE는 선물가격변화와 현물가격변화 사이의 결정계수가 되고 또는 선물가격변화에 대한 현물가격변화를 회귀했을 때의 R_2가 된다. 이 경우 현물가격변화와 선물가격변화 간의 상관 계수의 절댓값이 크면 클수록 선물거래의 헷징 효과는 커진다는 것이다.

식 (8.5)를 b에 대하여 편미분하면 다음과 같다.

$$\frac{\partial E(H)}{\partial b} = -X_3[2E(\triangle B) + E(\triangle S)] - \frac{\partial K(X_3, b)}{\partial b} \tag{8.13}$$

이때 $E(\Delta B)$와 $E(\Delta S)$은 정일 수도 부일 수도 있으므로 $E(H)$와 $Var(H)$ 가능한 조합의 기회 곡선은 최적헷지 비율 b^{**}은 무차별 곡선 I−I'와의 접점에서 구해지며, b가 증가함에 따라 기회곡선을 따라 시계 방향(또는 시계 반대 방향)으로 움직인다.

최소 분산 헷징 모형은 무위험 자산에 대한 고려가 이루어지지 않아 보다 나은 헷징 효과를 가져올 기회를 유보시켰으며 현물과 선물이 대체적이지 못하여 운용상의 제한이 있을 수 있다.

이 이론은 헷지 비율의 산정 시 과거자료를 이용할 수밖에 없는데, 미래를 위한 사전적 모형을 적용할 경우에도 과거와 미래가 동질적으로 연계됨을 가정하고 있으므로 사전적 모형이 갖는 한계를 내포하고 있다. 또한 이 이론은 위험과 수익을 모두 고려한 헷징 이론이지만 현실적으로 개인의 무차별곡선을 알 수가 없으므로 결국은 최소 분산 헷지 비율에 의한 헷징을 하게 되어 위험의 회피만을 강조하는 결과를 초래했다.

그러나 포트폴리오 헷징 모형은 현물과 선물가격변화의 상관관계에 의해 헷징 효과가 결정된다는 것을 이론적으로 체계화시킨 데 큰 의의가 있다.

(2) 위험-수익 헷징 모형

존슨과 스테인의 최소 분산 헷징 모형은, 전통적 헷징 모형과 기대 수익 극대화 헷징 모형이 위험 회피나 수익 극대화라는 단일 목표만을 강조하는 한계를 극복하기 위해 위험과 수익을 동시에 고려하는 모형으로 제시된 것이다. 그러나 개인의 무차별곡선을 도출하는 어려움과 최소 분산 헷징 비율을 최적 헷징 비율로 이용하여 위험 감소 측면을 강조하게 된다는 한계를 지니고 있다. 이에 대한 대안으로 무위험 자산을 도입하여 기대 수익과 위험 두 측면을 모두 고려하는 새로운 헷징 이론이 하워드(Howard)와 당노니오(D'Antonio)에 의해 개발되었다.

또한 효용 극대화 모형이 효용 함수의 현실적 측정이 어렵다는 한계를 지닌 반면에, 이 모형은 무위험 자산을 도입하여 개인의 효용 함수가 필요 없는 점으로 인하여 실제 적용이 용이하다는 장점이 있다.

이 이론을 전제하고 있는 가정은 다음과 같다.

첫째, 헷저는 현물 자산, 선물 자산, 그리고 무위험 자산의 3가지 자산에 투자한다.

둘째, 헷저는 위험-수익 관계를 고려하여 현물 자산과 무위험 자산에 무차별하게 투자한다.

셋째, 헷저는 주어진 포트폴리오의 위험수준에서 최대의 기대수익을 얻으려 한다. 여기서 포트폴리오의 위험은 포트폴리오 기대수익의 표준편차이다.

넷째, 헷저는 무비용으로 헷지 포지션을 구성할 수 있다.

이러한 가정하에서 $\overline{iT}$와 $\overline{iS}$가 갖는 기울기만으로 헷징 효과를 측정한다.

현물 자산과 선물 자산으로만 구성할 경우 S_1, S_2, T점들이 효율곡선상의 점들이지만 무위험 자산(i)을 고려하면 $\overline{iT}$ 곡선이 $\overline{iS_1}$과 $\overline{iS_2}$ 위의 포트폴리오를 지배한다. 따라서 S_1점에서는 선물을 구매하여 T점으로 포트폴리오를 변경하고, 선물을 매도하여 S_2점에서는 T점 쪽으로 포트폴리오를 변경한다. 즉 $\overline{iS_1}$과 $\overline{iS_2}$는 선물포지션의 방향이 서로 반대이며, $\overline{iS}$의 기울기는 선물을 보유하지 않은 상태에서 단위 초과 수익률(기대수익률－무위험수익률)을 의미하고 $\overline{iT}$의 기울기는 선물포지션을 가진 상태에서 단위 위험당 초과수익을 나타낸다. 따라서 헷징 효과는 $\overline{iT}$의 기울기/$\overline{iS}$의 기울기로 측정한다.

헷지 거래자의 단기 최적화 문제를 해결하기 위한 함수는 다음과 같다.

$$\theta_H = \frac{\overline{R_{p-i}}}{\sigma p} \tag{8.14}$$

R_p= 현물자산과 선물자산으로 구성한 포트폴리오의 기대수익률

σ_p= 포트폴리오의 표준편차

i = 무위험수익률

$$\underline{R_p} = \frac{Q_T S(t) r_3 + Q_F F(t,T) r_F}{Q_T S(t)} \tag{8.15}$$

$$O_p = \frac{1}{Q_T S(t)} \sqrt{Q_T^2 S(t)^2 \sigma_S^2 + Q_F^2 F(t,T)^2 \sigma_F^2 + 2Q_T Q_F S(t) F(t,T) \sigma_S \sigma_{Fp}} \tag{8.16}$$

Q_T = 현물포지션의 수량, Q_F = 선물포지션의 수량

$\overline{r_s}$ = 현물포지션의 수익률, $\overline{r_F}$ = 선물포지션의 수익률

하워드-당노니오는 '선물계약 시 소요비용이 0'이라 가정하고 헷지 거래자가 부의 제약과 현물가격으로 인해 현물포지션이 고정되어 있다면 최적수준의 Q_F의 결정만이 문제로 남는다고 한다. 이를 식으로 나타내면 식 (8.14)와 같으며 이를 통해 구해지는 헷지 비율과 헷징 효과는 식 (8.15), 식 (8.16)과 같다.

$$[\text{극대화}]\ \frac{max}{Q_F}\ \frac{\overline{R_{p-i}}}{\sigma_P} \tag{8.17}$$

$$HR = \frac{\lambda - \rho}{\psi\pi(1 - \lambda\rho)} \tag{8.18}$$

$$HE\,I = \sqrt{\frac{1 - 2\lambda\rho + \lambda^2}{1 - \rho^2}} \tag{8.19}$$

ψ= 선물가격 / 현물가격, i= 무위험수익률

$$\alpha = \frac{r_F}{\underline{r_{S-i}}} \quad \pi = \frac{\sigma_F}{\sigma_S}$$

$$\lambda = \frac{\alpha}{\pi} = \frac{\overline{r_F}}{\overline{r_{S-i}}} \bigg/ \frac{\sigma_F}{\sigma_S}$$

식 (8.18)에 의하면 헷징 효과가 λ와 ρ에 의해 결정되므로 이들이 헷징 효과에 대해 갖는 의미를 살펴보면 아래와 같다.

첫째, λ는 선물계약 시 요구증거금이 없다고 가정하고 있으므로 r에서 i를 차감하지 않는데, 그 의미는 현물포지션보유에 대한 선물포지션보유 시의 '위험단위당 초과수익률'이다. 따라서 λ는 포트폴리오 구성 시 선물포지션을 가지는 것이 유리한지, 불리한지에 대한 기준을 제시한다. 즉 $\lambda < 1$이면 현물포지션을 갖는 것보다 선물계약의 '위험단위당 초과수익'이 적으며, $\lambda > 1$이면 현물포지션보유 시보다 선물계약이 유리하다는 것을 의미한다. 그리고 하워드-당노니오는 $\lambda > 1$를 가정하고 있다.

둘째, λ와 ρ의 관계는 최적 헷지 비율, 즉 '최적선물보유량'을 결정하는 데 매우 중요한데 $\lambda < \rho$이면 $|HR^{\ddagger}| < 0$이 되므로 헷지 거래자는 선물을 매도하고, $\lambda > \rho$이면 $|HR^{\ddagger}| > 0$이므로 헷지 거래자는 선물을 매입하고, $\lambda = \rho$이면 $|HR^{\ddagger}| = 0$이므로 헷지 거래자가 선물을 통해 이익을 보지 못하므로 현물과 무위험자산 또는 둘 중 하나만으로 포트폴리오를 구성해야 한다.

챵과 샹카(Chang and Shanker, 1987)는 하워드-당노니오의 헷징 효과 측정식에 대해 비판을 하면서 새로운 헷징 효과 측정식($HE\,\text{II}$)을 제시하였는데 그 식은 아래와 같다.

$$HE\,\text{II} = \frac{\theta_H - \theta_S}{|\theta_S|} = \left[\frac{\overline{R_{p-i}}}{\sigma_P} - \frac{\overline{r_{s-i}}}{\sigma_s}\right] \bigg/ \left[\left|\frac{\overline{r_{s-i}}}{\sigma_s}\right|\right] \tag{8.20}$$

$$\theta_S = \frac{\overline{r_{s-i}}}{\sigma_s} \quad \theta_H = \frac{\overline{r_{p-i}}}{\sigma_p}$$

하워드-당노니오의 모형($HE\,\text{I}$)에서 최적값을 구하기 위해서 $r_s - i > 0$과 $1 - \lambda\rho > 0$이라고 가정했는데 챵과 샹카는 $\overline{r_s} - i < 0$이라 해도 장차 $\overline{r_s} - i > 0$가 될 확률이 충분히 크면 현물을 보유하고자 한다고 주장하고 또 실증결과 $r_s - i < 0$인 상황이 나타났었다. 즉 $r_s - i > 0$이고 θ_H(즉 $\overline{R_p} - i/\sigma_F$)가 0보다 크면 θ_H값이

커질수록 헷징 효과가 커지나 $\overline{r_s}-i<0$이면 헷징 효과가 낮아진다고 했다. 따라서 챵과 샹카는 $HE\text{II}$을 이용하여 헷징 효과를 측정하여야 한다고 주장했다. 그 후 하워드-당노니오는 챵과 샹카의 모형($HE\text{II}$)이 $(\overline{r_s}-i)/\sigma_s$의 부호에 관계없이 θ_H가 커지면 헷징 효과가 커지며 θ_H가 $(\overline{r_s}-i)/\sigma_s$보다 크면 헷징 효과는 양이 되나 역이면 음이 된다고 했으나 이는 $\overline{r_s}-i$가 매우 작거나 0에 수렴하면 헷징 효과의 값이 매우 커지는 단점이 있다. 그래서 그들은 새로운 헷징 효과 측정식을 제시하였는데 이는 아래 식과 같다.

$$HE\text{III}=\frac{i+\theta_H\sigma_S-\overline{r_S}}{\sigma_S}=\theta_H-\theta_s \tag{8.21}$$

즉, $\theta_H>\theta_s$이면 '헷지한 포트폴리오가 헷지를 하지 않은 포트폴리오를 지배한다'는 것으로 헷징 효과를 설명하고 있다.

IV. 결론

위험감소라는 헷지의 목적을 효과적으로 달성하기 위해서는 현물 한 단위당 선물포지션을 몇 단위 취해야 할 것인지 결정해야 하는데 이것이 바로 헷지 비율의 결정문제이다. 헷지 비율의 가장 단순한 형태는 현물포지션과 정확히 같은 금액의 선물포지션을 현물과 반대방향으로 취하는 것이다. 그러나 이러한 방법은 현물포지션과 선물포지션의 만기일이 서로 다르다는 측면에서 바람직하지 않다. 이에 대한 대안으로 크게 두 가지 접근방법으로 헷지 비율을 추정하려하는 연구들이 있었다. 먼저 헷지 비율이 일정하다고 보는 전통적 접근법이다.

하지만, 이러한 전통적 기법들은 헷지 비율이 시간에 따라 일정하다고 보고 있기 때문에 선물가격과 현물가격의 결합분포가 시간에 따라 변화한다면 과거의 자료를 이용한 회귀분석은 현재의 최소분산 헷지 비율을 올바르게 추정할 수 없다는 문제점을 갖는다. 이를 해결하기 위해 헷지 비율이 시간에 따라 변한다는 시간가변적 헷지 비율을 모형화하려는 움직임이 시작되었다. 시간가변적 헷지란 각 시점별로 발생하는 정보가 다르기 때문에 헷지 비율은 이러한 정보의 변화를 반영하여 시점에 따라 변화되어야 할 필요가 있다는 관점이다. 시간가변적 헷지 비율을 추정하는 데 대표적으로 쓰인 모형은 GARCH 모형으로 이 연구들에 따르면, GARCH를 이용한 헷지 비율이 기존의 헷지 비율에 비해 in-sample performance는 우월하나, out-of-sample performance는 우월하다고 이야기할 수 없다고 하고 있다.

국내금융시장은 국제화, 개방화 시대를 맞아 대단히 불안정적이고, 시장외부요인에 대해 민감한 반응을 보이고 있다. 또한 최근의 환율상승에 따라 외채규모가 큰 국내경제는 불어나는 환차손으로 인한 경영압박에 시달리고 있다. 금융시장의 불안정 및 경제환경의 불리한 여건으로 인한 금융리스크가 증가함에 따라 이러한 리스크를 줄이기 위한 다각적인 노력이 요구된다고 하겠다. 리스크 헷지의 대표적인 예가 선물시장을 통해 이루어지는데 최근의 추세에 따라 여기에 대한 관심이 더욱 절실히 요구된다고 하겠다.

CHAPTER

09

특이옵션 1

CHAPTER 09

I. 특이옵션의 정의

특이옵션(exotic options)[1], 또는 이색옵션이란 말이 사용된 것은 1990년에 루빈스타인(Mark Rubinstein)이 쓴 "Exotic Options"라는 모노그라프에서 시작되었다. 여기서 루빈스타인은 그 당시의 부티크 옵션에 대해 블랙-숄즈(Black-Sholes) 모형에 근거하여 가치평가를 시도하였고, 그 이전에도 특이옵션에 대한 가격 모형이 발표되었다. 최초의 장애옵션(barrier options)이 1960년대에 도입되었을 때에는 '부티크 옵션(boutique options)' 혹은 '디자이너 옵션(designer options)'이라 했다. 이어서 다운-앤-아웃(down-and-out) 콜옵션이 1973년에 발표되었고, 중첩옵션(compound options)이 1979년에, 룩백옵션(look back options)이 1979년에, 그리고 평균가격옵션이 1986년에 발표되었다.

1973년 이전의 옵션은 모두 장외옵션이었다. 옵션거래소가 등장한 이후 장내옵션거래가 1980년대 후반까지 급속히 발전하였지만, 장외옵션도 지속적으로 발전하였다. 투자자들은 개별적인 용도에 맞추어 제공되는 특이옵션(exotic options)을 선호한다. 게다가 수학자나 물리학자 등 과학자들이 금융시장에 몰려들기 시작하면서 금융공학이 더욱 발전하였고, 특별히 새로운 이색옵션이 속속 출현하게 되었다.

일반적인 옵션을 이용하더라도 다양한 형태의 위험-손익구조를 합성해낼 수 있지만, 그 비용이 비싸고, 보다 정교하고 복잡한 형태의 위험-손익구조가 필요해지면서 이색옵션의 수요가 증가하였다. 이색옵션과 같은 상품들은 일반적인 옵션을 합성하는 것보다 상대적으로 저렴할 뿐 아니라 필요에 따라 매우 탄력적으로 조절될 수 있다.

1990년대 이후 장외파생상품 시장에서의 이색옵션에 대한 거래는 주로 평균가격옵션이나 장애옵션(barrier options), 바스켓 옵션(basket options), 디지털 옵션(digital options)및 레인보우 옵션(rainbow options)등에 집중되어 있다. 이러한 이색옵션들은 상품이나 통화, 개별주식과 주가지수, 이자율, 에너

1) 최영곤, 이색옵션(exotic option)의 價格評價에 대한 硏究, 기업경영연구 Vol. 13

지, 채권 등의 거래에 활용된다. 상품이나 에너지 시장에서는 원유나 천연가스, 귀금속, 기초금속 등에 대하여 평균가격옵션이나 장애옵션(barrier options), 바스켓 옵션(basket options)이 많이 이용된다. 또한 2개의 서로 다른 지수에 대한 스프레드 옵션이 채권이나 금리관련 상품에 많이 활용된다. 그 외에도 주식이나 채권 등에 내재된 옵션에 특이옵션이 활용되기도 한다.

특이옵션은 그 특성에 따라 다양한 종류가 있지만, 대체로 시간종속옵션, 가격경로종속옵션, 다중대상자산옵션, 계약조건이 변형된 옵션 등으로 분류할 수 있다. 본 장에서는 언급된 4가지 종류의 이색옵션을 비롯하여 중첩옵션에 대해서 알아보기로 하겠다.

II. 특이옵션의 종류

1. 시간종속옵션[2)]

모든 옵션들이 시간가치를 가지고 있지만, 다른 것에 비해 시간에 더욱 민감하거나 시간에 종속적인 옵션이 있다. 예를 들면 유럽식 옵션은 행사 시기가 고정되어 있는 반면에, 미국식 옵션은 만기일 이전에 아무 때나 행사될 수 있어 시간에 밀접한 관련을 가진다. 이처럼 옵션 행사가 시간에 어떻게 종속되어 있는가에 따라 구분하는 유럽식 혹은 미국식 옵션 외에도 다른 방식으로 시간에 종속된 옵션이 있다.

(1) 선택자옵션(chooser option)

이 옵션은 매입시점에서는 콜인지 풋인지를 정하지 않고, 이를 매입 후 일정시점(옵션 만료 이전 또는 만료 시)에 이르러 매입자가 유리한 쪽으로 선택지

---

2) C.H. Hui, Time-dependent barrier option values, Journal of Futures Markets, 1997

정을 할 수 있도록 한다. 참고로 이 일정시점은 선택일(choice date)이라 한다.

선택자옵션의 대표적인 사용자는 어떤 기초물에 대하여 미래일정시점에 상당한 폭의 가격변동이 일어날 것을 예상하는 경제주체로서 그 중도기간 동안의 가격변동에는 무관심할 수 있으면 된다. 투자효과 면에서 선택자옵션의 매입은 스트래들 매입과 유사하다. 그러나 선택자옵션의 장점은 스트래들 매입자는 콜과 풋을 동시에 구입해야 하지만 선택자옵션 매입자는 그런 구별 없이 한 종류만 매입하면 되기 때문에 투자 비용 면에서는 선택자옵션이 상대적으로 저렴하다는 것이다. 반면에 선택자옵션의 단점은 유동성이 낮은 장외상품으로서 옵션만료 전에는 기초물가격이 높은 변동성을 보여 옵션가치가 크게 높아져도 중도처분이 쉽지 않다는 것이다.

1) 단순 선택자옵션

단순 선택자옵션(simple chooser options)은 옵션 매수자가 장래의 일정 시점에 서로 동일한 행사가격과 만기를 가진 평범한 콜옵션과 풋옵션 중에 하나를 선택할 수 있다. 따라서 단순 선택자옵션의 가치는 $max\{C(X,T-t), P(X,T-t) : t\}$이다. 여기서 T는 두 옵션의 잔존만기이고, t는 풋과 콜에 대한 선택권이 행사되는 시점이다. $C(X, T-t)$와 $P(X,T-t)$는 각기 행사가격이 X이고 잔존만기가 $T-t$인 콜옵션과 풋옵션이다.

2) 복합 선택자옵션

단순 선택자옵션과는 대조적인 복합 선택자옵션(complex chooser options)에서는 그 매수자에게 행사가격과 잔존만기가 서로 다른 콜옵션과 풋옵션 중 하나를 선택하도록 한다. 따라서 복합 선택자옵션의 가치는 $max\{C(X_1,T_1-t), P(X_2,T_2-t) : t\}$이다. 여기서, X_1과 T_1은 콜옵션의 행사가격 및 만기일이고, X_2와 T_2는 풋옵션의 행사가격과 만기일이다.

(2) 선도옵션(지연옵션)

선도옵션(forward options) 또는 지연옵션(delayed options)은 옵션가격은 현재에 지불하지만 옵션계약의 효력 발생여부는 미래의 일정시점으로 연기하는 형태이다. 이때 행사가격 설정도 효력발생시점(grant date, 수여일)에 하면서 그 수준은 대개 그 시점에서 형성되는 기초물 가격으로 한다. 다른 시각에서 보면 선도옵션은 앞으로 살펴볼 중첩옵션의 일종으로 볼 수도 있어서 이 경우에 행사가격이 0이고, 기초옵션의 행사가격은 중첩옵션이 행사되는 시점에 결정되는 형태로 볼 수 있다.

선도옵션은 중첩옵션의 일종으로도 볼 수 있다는 점에서 기본적인 용도는 중첩옵션의 용도와 유사하다. 여기서는 선도옵션 특유의 활용방안 두 가지를 살펴보자. 하나는 간접 투자방식인 투자신탁상품 중 보장형펀드의 운용 시이다. 보장형펀드 운용을 위해 옵션을 사용할 때, 일반적인 옵션은 사전에 정한 한 기간 동안만 효과를 보인다. 그런데 펀드는 원래의 약정운용기간 종료 후에도 재운용이 재약정되는 경우가 적지 않은데, 이 경우에 원래의 위탁고객 중 어느 정도가 재운용을 원할지를 사전에 알 수는 없다. 이때 일반적인 옵션 대신에 선도옵션을 쓰면 이 문제에 대응할 수 있다. 선도옵션의 다른 용도는 종업원장려용 주식옵션(incentive stock option)에 활용하는 것이다. 즉, 이 주식옵션의 발효시점을 미래일정시점으로 미루어 주식옵션보유종업원들의 근속을 유도하는 것이다.

선도옵션의 가치를 살펴보자. 먼저, 선도옵션이 수여일(t)에 가지는 가치를 고려해보자. 구체적으로는 만료시점(T) 이전으로서 기초물가격(S_t) 이동 시에 행사가격이 되는 등 가격상태의 선도콜옵션의 가치를 $C(S_t, S_t, T)$라 하자. 이때, 다른 조건은 같고 기초물 가격과 행사가격만 1로 바꿔서 가치를 $C(1, 1, T)$로 표시할 수 있는 선도콜옵션이 있다면 다음과 같이 원래의 선도콜옵션 1계약은 둘째 선도콜옵션 S_t계약과 같은 가치가 된다.

$$C(S_t, S_t, T) = S_t C(1, 1, T) \tag{9.1}$$

이제, 선도옵션의 현재가치는 위의 수여일가치 $S_t C(1, 1, T)$를 현재시점으로 환산하면 얻어진다.

변수 S_t의 현재가치는 바로 기초물의 현재시가 S이다. 단, 현재부터 수여일까지 배당 등 기초물에서 수입발생(수익률 q)이 예상될 경우에는 예상수익률만큼 할인한 값 $e^{-qt}S$가 된다. 그런데 $C(1,1,T)$는 변수가 아닌 상수이므로 이 값의 현재가치는 변함이 없다. 그러므로 $S_tC(S_t,S_t,T)$의 현재가치는 기초물 발생 예상수입까지 고려하여 다음과 같아진다.

$$e^{-qt}SC(1,1,T) \tag{9.2}$$

식 (9.1) $C(S_t,S_t,T)=S_tC(S_t,S_t,T)$와 마찬가지로, 식 (9.2)도 다음과 같이 바꿀 수 있다.

$$e^{-qt}C(S,S,T) \tag{9.3}$$

그러므로 선도옵션의 가치는 기본적으로 일반적인 옵션의 가치와 일치하며 다만, 기초물에서 배당 같은 수입이 예상될 때에는 그만큼 할인된 가치가 된다는 것을 알 수 있다.

그 밖에 래칫옵션이나 샤우트옵션도 시간종속옵션으로 분류될 수 있다.

2. 경로종속옵션(Path-Dependent Option)[3)]

일반적인 유럽식 옵션의 경우 옵션만기일의 내재가치는 옵션만기일의 현물가격에 의해 정해진다. 즉, 만기일에 대상물의 가격이 얼마인가가 문제가 되고, 그동안 대상물의 가격이 어떻게 움직여 왔는가는 문제가 되지 않는다. 이와는 다르게 경로종속옵션(path-dependent option)은 대상자산의 가격이 옵션 계약기간 동안 어떠한 가격경로로 움직여왔는가에 의해 만기 시 결제금액이 정해진다. 대표적인 경로종속옵션에는 평균옵션(average option) 혹은 아시안옵션(Asian option), 장애옵션(barrier option), 룩백옵션(look-back option), 래더옵션(ladder option), 클리켓옵션(cliquet option), 샤우트옵션(shout option),

3) 김대환·김영진, Valuing Income-Contingent Loans as Path-Dependent Options, The Korean Economic Review, Vol. 27

캡(cap)과 플로어(floor)가 있다.

(1) 평균옵션(average option) 혹은 아시안옵션(Asian option)

평균옵션(average option)또는 아시안옵션(Asian option)은 행사 시나 만료 시 수익 결정에서 그 시점의 기초물 가격과 행사가격 양자 중에서 하나를 계약 시 설정한 일정기간 동안(옵션유효기간 내)에 움직인 기초물 가격의 평균값으로 결정한다. 평균가격은 단순 옵션기간 동안의 대상물가격에 대한 산술평균이나 가중평균을 사용한다. 즉, 표준 콜옵션의 만기가치는 $max[S_T-X, 0]$이며, 평균 콜옵션의 만기가치는 $max[S_{AVG}-X, 0]$이다. 여기서 S_T는 만기 때의 현물가격이고, S_{AVG}는 옵션계약기간 동안의 현물가격의 평균값이다.

평균옵션에서는 특정한 날짜들의 가격에 보다 큰 가중치가 부여 되기도 한다. 평균가격의 변동성이 가격의 변동성보다 항상 작기 때문에 평균옵션의 프리미엄은 그에 상응하는 일반적인 옵션의 프리미엄보다 작다.

평균옵션의 대표적인 용도는 일정기간 중 빈번한 또는 주기적 현금흐름이 발생할 때 또는 현금흐름의 발생여부와 그시기가 불확실할 때, 그 현금흐름이 가격(금리, 환율 등) 변동위험에 노출되어 있는 경제주체가 이를 헷지하기 위한 것이다.

평균옵션은 외환시장에서 많이 사용된다. 다국적 기업의 위험노출은 미래의 정해진 날짜의 환율에 노출되기보다는 대부분 일정기간[4] 동안의 환율변동에 노출되기 쉽다. 따라서 이 경우 일정기간 동안의 평균환율에 대한 옵션이 일반적인 외환옵션보다 더 유용하다. 평균옵션의 변형된 형태로는 다음과 같은 것들이 있다.

1) 부분평균옵션

평균 가격계산에 필요한 현물가격의 숫자와 시간이 미리 정해지기도 하며, 일반적으로 옵션기간 초부터 시작되거나 아니면 만기 직전의 일정 시점부

---

4) 분기, 반년, 혹은 1년

터 시작되기도 한다. 이처럼 옵션기간 중에 미리 정한 일정기간 동안의 가격만으로 평균하는 옵션을 부분평균옵션(partial average options)이라 한다.

2) 평균행사가격옵션

평균옵션의 변형으로 평균행사가격옵션이 있다. 이것은 행사가격을 미리 정하는 것이 아니라 옵션계약기간 동안의 평균현물가격을 행사가격으로 한다.

$$\text{평균행사가격 콜옵션의 만기가치} = max[0,\ S_T - S_{AVG}]$$

단, S_{AVG}는 옵션계약 기간 중의 평균현물가격이다.

(2) 장애옵션(barrier option)

장애옵션(barrier option)은 기초자산의 가격이 일정기간 동안에 일정 수준에 도달했는지 여부에 의하여 이득이 결정되는 옵션이다. 옵션계약에 행사가격이나 만기일에 대한 것뿐만 아니라, 일정한 가격을 지정하여 옵션계약기간 동안에 현물가격이 이 가격에 도달한 적이 있을 경우에는 옵션이 소멸되거나 또는 비로소 옵션이 발효되는 옵션을 통틀어서 장애옵션이라 하며, 여기에서 지정되는 일정한 가격을 촉발가격(trigger price)이라 한다. 장애옵션은 기초자산의 가격이 일정수준(촉발가격)에 도달하면 효력이 소멸되는 넉아웃옵션(knock-out option)과 기초자산의 가격이 촉발가격에 도달하면 옵션이 발효되는 넉인(knock-in)옵션의 두 가지로 나눌 수 있다.

넉아웃(knock-in)옵션이 장애옵션 중에서 가장 폭넓게 사용된다. 촉발가격이 계약 시의 현물가격보다 높을 때, 현물가격이 이 촉발가격 이상으로 오르면 옵션은 무효가 된다(up-and-out). 또는 촉발가격이 계약 시의 현물가격보다 낮을 때, 현물가격이 촉발가격 이하로 떨어지면 옵션은 무효가 된다(down-and-out).

넉아웃옵션(knock-out option)의 가격은 현물가격이 촉발가격에 도달하지 않는 한 일반적인 옵션과 동일하다. 그러나 만약 대상가격이 촉발가격에 도달하면 옵션은 소멸된다. 옵션이 무효가 될 가능성 때문에 넉아웃옵션의 가격은 일반적으로 보통옵션보다 저렴하다. 넉아웃콜옵션의 손익구조는 다음과 같다.

옵션 계약기간 중 $S_T > H$이면, $max[0, S_T - X]$

옵션 계약기간 중 한 번이라도 $S_T \leq H$이면, 0 혹은 일부의 현금보상

여기서 H는 촉발가격이다. 옵션이 넉아웃되면 옵션이 무효가 되어 아무런 대가가 없거나 때로는 약간의 현금보상이 이루어진다. 그러므로 넉아웃옵션은 대상자산의 가격변동성이 너무 커서 그 옵션 프리미엄이 매우 큰 경우에 사용될 수 있다.

다운앤아웃(down-and-out) 콜옵션은 대상상품가격이 촉발가격 이상의 수준을 유지하면 절약된 옵션의 프리미엄만큼 일반적인 옵션보다 이익이 되지만, 잠시라도 가격이 그 이하로 내려가면 옵션은 사라진다. 따라서 촉발가격이 현재가격과 가깝게 설정될수록 일반적인 옵션에 비해 절약되는 프리미엄이 커지지만 잠재적인 수익가능성은 줄어든다.

다운앤아웃 콜옵션과 함께 많이 사용되는 장애옵션으로 업앤아웃 풋옵션이 있다. 업앤아웃 풋옵션은 행사가격보다 높은 수준에 촉발가격을 설정한 것으로 옵션계약기간 중에 현물가격이 촉발가격에 도달하면 옵션이 소멸된다.

이처럼 넉아웃옵션(knock-out option)의 보유자는 가격이 오르든 떨어지든 큰 손실 없이 일정한 수익을 확보할 수 있을 뿐만 아니라, 넉아웃 조건이 가미되는 것만큼 프리미엄을 절감할 수 있다. 업앤아웃 풋옵션은 1980년대 말 이후에 장외파생상품시장에 등장하였고, 당시에 유럽식 업앤아웃 풋옵션이 내재된 니케이지수연동채권이 일본투자자들에게 매우 인기가 있었다.

넉아웃옵션(knock-out option)은 촉발가격에 도달하지 않는 한 유효한 반면, 넉인옵션(knock-in option)은 촉발가격에 도달하지 않는 한 효력이 없다가 촉발가격에 도달하면 효력이 생긴다. 따라서 일반적인 옵션은 아래와 같이 분해할 수 있다.

일반적인 옵션 = 넉아웃옵션 + 넉인옵션

이러한 관계식은 넉아웃옵션의 가격과 넉인옵션의 가격을 둘 다 계산할 필요를 줄여준다. 즉, 하나를 알고 있으면 다른 하나는 위의 관계로부터 계산할 수 있다.

넉인옵션과 넉아웃옵션을 결합시켜 복잡한 손익구조를 만들어낸 상품의 예로 다음의 KIKO를 들 수 있다.

우리나라에서 중소수출업체들이 추가적인 비용없이 환 위험을 줄일 수 있다고 하여 KIKO라는 파생상품을 매수했다가 환율이 급 변동하는 바람에 큰 손실을 입은 사례가 있다. KIKO는 선도거래에 이색옵션인 넉인옵션(knock-in option)이나 넉아웃옵션(knock-out option) 등을 복잡하게 합성한 상품으로 knock-in-knock-out옵션의 약어이다. 통화옵션거래의 한 방식으로 환율이 일정 범위 안에서 움직일 경우 미리 약정한 환율에 약정금액을 팔 수 있도록 한 파생상품이다. 환율이 상하 일정한 범위 내에 있을 경우 시장가보다 높은 지정환율(행사가)로 외화를 팔 수 있는 통화옵션이다. 또한 환율이 지정한 범위하단을 내려가더라도 계약이 무효(knock out barrier)가 되어서 기업은 손실을 입지 않는다. 그러나 환율이 급등하여 지정환율상단(knock in barrier)을 넘어가면 계약금액의 2~3배를 시장가보다 낮은 지정환율로 팔아야 하므로 기업이 손실을 입게 된다. 환리스크를 헷징하기 위한 방안으로 활용되고 있으나 환율급등 시에는 엄청난 손실을 초래한다.

KIKO 계약 시에는 아래의 다섯 가지 경우의 수가 가능하다.

- 환율이 한 번이라도 정해진 범위 아래로 떨어지는 경우: 계약무효(knock out).
- 환율이 한 번이라도 정해진 범위 이상으로 올라가도 만기환율이 약정환율보다 낮은 경우: KIKO 계약을 한 기업은 약정금액을 약정환율로 매도(knock in).
- 환율이 한 번이라도 정해진 범위 이상으로 올라가고 만기환율이 약정환율보다 높은 경우: 기업은 약정금액의 몇 배를 약정환율로 매도. 몇 배인지는 계약조건에 따라 다름.
- 달러화가 정해진 범위 안에서 움직이다가 만기 시 약정환율 이하로 떨어지는 경우: 기업은 약정환율에 약정금액을 팔아 환차익.
- 달러화가 정해진 범위 안에서 움직이다가 만기 시 약정환율 이상으로 올라가는 경우: 계약무효, 기업은 시장환율로 달러매도.

수출 중소기업들의 민원제기는 세 번째 경우에서 비롯되었다. 일방적인 하락세를 기록해왔던 환율이 급등세를 연출하자 환율하락을 전망하고 KIKO 계약을 했던 중소기업들이 수출로 벌어들인 달러화를 시장환율수준보다 터무니없이 낮은 가격으로 매도해야 하는 상황에 직면하였다.

KIKO는 현재시장환율(현물환율)보다 5원 이내 높은 수준에서 행사가격(strike price) 혹은 약정환율이 설정된다. 이 행사가격을 기준으로 상하 30~40원 정도의 간격을 두고 상·하단 장애(barrier)가 설정된다. 환율하락에 맞춰 설정될 때에는 행사가격과 장애의 간격이 위보다 아래가 더 넓어질 수 있다. 수출업체들에게 맞춰진 KIKO는 환율이 등락을 거듭하다 장애에 닿았을 경우, 상단이냐 혹은 하단이냐에 따라 결과가 달라진다.

[그림 9-1]은 KIKO의 손익을 분석한 그래프이다. 현재환율이 950원인데 약정환율을 960원으로 하고 knock-in-knock-out 범위를 890원에서 1,100원으로 설정하고 1억 달러의 KIKO 계약을 체결할 경우로 knock-in 기준을 넘어설 경우 계약금액의 2배를 물어야 하는 조건이다.

그래프의 가로축은 환율, 세로축은 손익으로 옵션의 환율 변동에 따른 손익이 실선으로 나타나 있다. 약정환율인 960원 미만으로 떨어질 경우 이익이 늘어나지만 890원 미만에서는 계약이 무효가 되어 이익도 없고 손실도 없다. 960원에서 1,010원 사이는 손실이 나도 옵션을 행사하지 않으면 되기 때문에

그림 9-1 KIKO 옵션의 손익구조

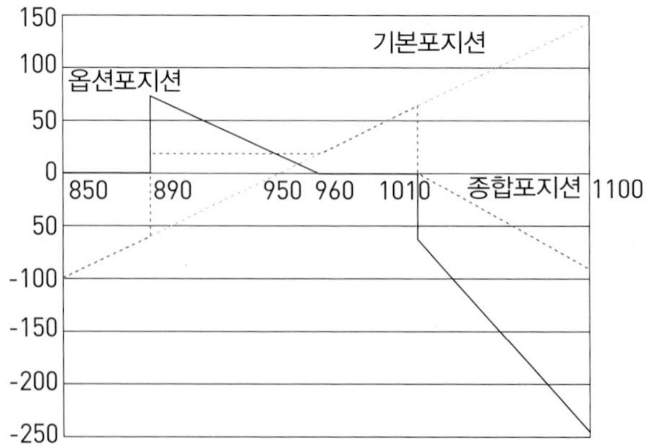

역시 이익도 없고 손실도 없다. 다만 1,010원을 넘어서면 손실이 걷잡을 수 없이 불어난다. 가는 점선은 달러화 자산의 기초거래를 나타낸 것이고 굵은 점선은 환 헷지를 감안한 실제손익을 나타낸 것이다. 만약 달러화 자산을 그냥 들고 있으면 환율이 오를수록 이익이 나고 내릴수록 손해가 난다. 환 헷지를 하는 것은 환율하락에 따른 손실을 줄이기 위해서이다. 굵은 점선을 보면 890원과 960원 사이에서는 10원씩 고정적인 이익이 나고 960원에서 1,010원 사이에서는 환율이 오를수록 최대 60원까지 이익이 난다. 문제는 이 경우도 1,010원이 넘으면 환율상승에 따른 이익은커녕 오히려 손해가 난다는 데 있다.

정리하면 환율이 지금보다 더 떨어질 가능성에 대비하기 위해 환율이 오를 경우 이익을 포기하거나 손실을 볼 위험을 감수한다는 것이다. 물론 은행은 환율이 떨어질 경우에 대비하여 다양한 형태의 반대포지션을 확보하고 있기 때문에 어느 경우에나 양쪽에서 수수료만 얻으면 된다. KIKO는 환율이 하락할 때 이를 보전하거나 오히려 이익을 낸다는 매력이 있지만 환율이 일정구간을 넘어설 경우 2배 이상의 손실을 봐야 하는 위험이 있다.

(3) 룩백옵션(Look-back option)

룩백옵션(look-back option 또는 no regrets option)은 평균행사가격 옵션과 마찬가지로 행사가격을 옵션계약시점이 아닌 옵션만료시점 또는 행사시점(미국식 옵션의 조기행사 시)에 결정한다. 결정방법은 주어진 기초물이 계약시점에서 정한 기간(look-back period)동안 거친 가격변동과정 중에서 옵션 보유자에게 가장 유리한 가격을 행사가격으로 택하는 것이다. 즉, 콜옵션의 경우 보유자는 만기일 이전에 실현된 기초자산의 가격 중 가장 낮은 가격으로 매입할 수 있으며, 풋옵션의 경우에는 옵션기간 중 실현된 가장 높은 가격으로 매도할 수 있다.

이 옵션은 가격이 비싼 것이 단점이지만 아메리칸옵션의 경우 발생할 수 있는 행사오류와 유로피언옵션의 경우 만기에만 권리를 행사함으로써 발생할 수 있는 최적유동성의 실현불가능성을 만회할 수 있다는 이점이 있다.

룩백옵션은 보유자에게 옵션 계약기간 동안 가장 유리한 대상자산 가격을 행사가격으로 사용할 수 있도록 하는 경로종속형 옵션(path-dependent option)이다. 따라서 룩백콜옵션의 가치는 $max[S_T - S_{LOW}, 0]$이고, 룩백풋옵션의 가치는 $max[S_{HIGH} - S_T, 0]$이다. 단, S_{LOW}는 계약기간 중 가장 낮은 현물가격이고, S_{HIGH}는 계약기간 중 가장 높은 현물가격이다. 이러한 룩백옵션은 변동행사가격 옵션(floating-strike option)으로도 알려져 있다. 룩백옵션은 어떠한 금융자산에 대해서도 사용될 수 있지만, 지금까지는 기본적으로 주식이나 외환거래에서 많이 사용되어 왔다. 룩백옵션의 보유자는 미국식 옵션에 있는 모든 권리를 가질 뿐 아니라 추가적인 권리도 가지고 있다. 즉, 룩백옵션에서는 행사 여부를 결정하기에 앞서 그동안의 모든 가격 데이터를 검토하여 가장 유리한 가격을 선택할 수 있다. 따라서 룩백옵션의 가치는 미국식 옵션의 가치와 같거나 그보다 크다. 대상자산 가격의 변동성이 클수록 룩백옵션의 수익도 커진다. 일반적으로 룩백옵션은 일반옵션 프리미엄의 약 2배 이상이다.

(4) 래더옵션(ladder option)

래더옵션의 특성은 옵션기간 중에 행사가격을 재조정하는 것이다. 재조정 조건은 기초물가격 기준이다. 즉, 계약시점에서 행사가격을 정하지만 동시에 기초물가격에 대해 단계적인 일련의 가격수준(콜옵션의 경우 행사가격보다 높고, 풋옵션의 경우 행사가격보다 낮음)을 미리 설정해 놓고 옵션기간 중에 기초물 시가가 그중 각 수준에 도달할 때마다 그 시점에 상관없이 그 기초물 시가를 새로운 행사가격으로 변경한다. 이는 미리 정해 놓은 시점에 이를 때마다 그 시점의 기초물의 가격수준이 어떠하든 그 수준을 그대로 새로운 행사가격으로 채택하는 클리켓옵션과 대조적이다. 그러나 행사가격의 재조정 시마다 그 직전 재조정시점과 당 재조정시점 간에 형성된 옵션의 내재가치는 실현된 것으로 인정되어 옵션보유자에게 지급이 보장되는 것은 같다. 래더옵션의 설계 시에 정하는 중요한 요소 둘은 행사가격 재조정 방향과 재조정 횟수이다. 이 중 행사가격 재조정 방향의 설정은 재조정을 기초물 시가가 상승(콜의 경우)또는 하락(풋의 경우)할 때만 하는 경우와 상승과 하락 양 방향 모두 하는 경우 중에 선택할 수 있다. 래더옵션은 미리 정해둔 가격을 기준으로 해서 옵션의 가치가 결정되는데, L_1, L_2, L_3, ⋯, L_n의 n개 계단가격(ladder)을 설정하였다고 하면, 래더콜옵션의 가치는 $max[0, S_T - min(L_1, L_2, L_3, \cdots, L_n, S_T)]$이고, 래더풋옵션의 가치는 $max[max(L_1, L_2, L_3, \cdots, L_n, S_T) - S_T]$이다. 래더옵션에서는 행사가격이 미리 지정되지 않기 때문에, 변동행사가격 래더옵션(floating-strike ladder option)이라고도 한다.

(5) 클리켓옵션(cliquet option)

클리켓옵션(cliquet option) 혹은 래칫옵션(rachet option)은 옵션기간 중에 행사가격이 주기적으로 재설정되는 것이 특징이다. 계약시점에 행사가격을 정하면서 이를 옵션기간 중에 몇 번 재조정하기로 하고 일련의 날짜를 설정하여 그때마다 그 시점에 형성된 기초물 시가로 행사가격을 대체시킨다. 행사가격의 재조정시점마다 그 직전 재조정시점과 당 재조정시점 간에 형성된 옵션의 내재가치는 실현된 것으로 인정되어 옵션 보유자에게 지급이 보장된다. 어떤 재조정시점에 기초물 시가가 직전 재조정시점의 기초물 시가보다 하락한 경우라면 내재가치 발생없이 행사가격만 하락 조정된다. 단, 이 경우에도 그 이전의 재조정 시마다 확보된 옵션내재가치 축적액은 그대로 보장된다. 클리켓옵션은 프랑스에서 처음 개발되어 CAC40지수에 대하여 발행되었다. 예를 들어, 어떤 클리켓옵션의 최초 행사가격을 100으로 정한 후, 첫째 재조정시점에 기초물 시가가 105로 나타나면 내재가치 5가 인정되어 지급이 보장되며 행사가격은 105로 조정된다. 둘째 재조정시점에 기초물 시가가 103으로 하락하면 새로운 내재가치는 없이 행사가격만 103으로 변경된다. 셋째 재조정시점에 기초물 시가가 106으로 반등하면 새로운 내재가치가 3 발생하며 행사가격은 106으로 재조정된다. 끝으로 만기에 이르러 기초물 시가가 105로 형성되면 옵션은 새로운 내재가치 없이 소멸된다. 옵션 보유자가 확보한 내재가치 총 이익은 8(=5+3)이 된다. 이 예에서 투자자가 클리켓옵션 대신, 일반옵션을 사서 만기까지 보유했다면 내재가치 이익은 5에 그치게 된다.

클리켓옵션은 옵션계약기간 중에 얻어지는 내재가치를 만료시점의 내재가치와 무관하게 최대한 확보하려는 투자자(특히 펀드운용자)에게 매력적일 수 있다. 그 대신 이 옵션은 일반적인 옵션에 비해 상대적으로 가격이 훨씬 높다는 단점을 가진다.

클리켓옵션을 합성하는 하나의 방법으로는 만료시점이 각각 다른 일련의 선도옵션을 집중시키는 것이 있다. 이를 이용하면 클리켓옵션의 가치 결정을 다음과 같이 할 수 있다.

$$max(S_{t_1}-K,0)e^{r(T-t_1)}+max(S_{t_2}-S_{t_1},0)e^{r(T-t_2)}+\cdots+max(S_T-S_{T-1},0)$$

(6) 샤우트옵션(shout option)

샤우트옵션은 클리켓옵션과 래더옵션처럼 옵션 행사가격을 일단 계약시점에 정한 후, 옵션기간 중에 재조정하며 해당 분기 내재가치를 옵션보유자가 확보하는 것이 특징이다.

재조정시점은 클리켓옵션의 경우, 미리 계약 시에 정한 날이며 래더옵션의 경우는 약정한 가격수준에 기초물 시가가 도달할 때이다. 그러나 샤우트옵션의 경우, 행사가격의 재조정시점은 옵션 보유자가 원하는 임의의 시점이다. 아무 때나 보유자가 유리하다고 판단하는 시점에서 옵션 매도자에게 통보하여 최적으로 판단한 수준으로 행사가격을 바꿀 수 있다. 예를 들어 샤우트 옵션을 매입하면서 최초 행사가격을 100으로 정한 후, 기초물 가격이 110으로 상승하자 옵션보유자가 110으로 행사가격을 통보하면 그 시점의 내재가치 10을 확보하면서 행사가격을 변경시킬 수 있다.

옵션 보유자의 총수입은 앞의 10에 더해 옵션을 만기까지 보유하거나 행사할 경우에 그 시점에서 얻는 새로운 내재가치까지 포함한다. 일반적인 샤우트옵션에서는 행사가격이 샤우트된 수준에서 결정되므로 변동적이다. 하지만 수정 샤우트옵션에서는 행사가격은 미리 고정되어 있고, 대상물 가격이 가장 유리한 수준이라고 판단될 때 옵션 보유자가 샤우트함으로써 옵션의 가치가 정해지도록 한다. 샤우트옵션은 룩백옵션과 여러 면에서 동일한 속성을 갖지만 훨씬 저렴하다.

(7) 캡(cap)과 플로어(floor)

캡(cap)과 플로어(floor)는 동일한 대상에 대하여 행사가격도 동일하지만, 중복되지 않는 일련의 계약기간을 갖는 옵션 묶음으로 대표적인 장외파생상품의 하나이다. 캡(cap)은 변동금리가 일정 수준 R_{cap}이상으로 상승하는 것으로 인한 금리비용 증가로부터 보호해주는 보험을 제공하면서 금리하락에 따른 이익은 그대로 누릴 수 있도록 한다. 캡은 일반적으로 일련의 소캡(caplets)으로 구성되는데, 각 소캡의 손익은 $A_T \times max[R_T - R_{cap}, 0)] \times (ACT/360)$이다. A_T는 소캡 적용기간에 해당되는 명목원금, RT는 소캡 적용기간 말의 변동금리 수준이다. 캡 전체의 손익은 소캡의 손익의 합이다.

플로어(floor)는 변동금리가 일정 수준 R_{floor}이하로 내려가는 것으로 인한 금리수입 감소 위험으로부터 보호해 주는 보험을 제공하면서, 금리상승에 따른 혜택을 누릴 수 있도록 해 준다. 플로어도 캡과 마찬가지로 일련의 소플로어(floorlet)로 구성되며, 각 소플로어의 손익은 $A_T \times max[R_{floor} - R_T, 0)] \times (ACT/360)$이다. 플로어 전체의 손익은 소플로어 손익의 합계이다.

3. 다중대상자산옵션[5)]

(1) 다중대상자산옵션의 개념

다중요소 파생상품(multifactor derivatives)은 상관리스트(correlation risk)를 포함하는 파생상품이다. 일반적인 파생상품의 가치는 하나의 금융자산 가격의 행태에 의해서 결정되는 데에 비하여 다중요소 파생상품은 2개 이상의 금융자산가격의 상관관계에 의하여 결정된다. 상관관계리스트를 포함하는 다중요소 파생상품의 대표적인 것으로는 레인보우옵션, 디프와콴토, 바스켓옵션 등이 있다. 다중 대상자산옵션은 대상자산이 2개 혹은 그 이상인 옵션이다. 이러한

5) X.S. Yan, Valuation of commodity derivatives in a new multi-factor model, Review of Derivatives Research, 2002

다중 대상자산옵션은 각 대상자산의 변동성뿐만 아니라 상관관계에 의해서도 영향을 받는다.

(2) 레인보우옵션(rainbow option)

레인보우옵션의 가장 평범한 형태는 둘 또는 그 이상의 자산 중에서 실적이 가장 좋은 것의 손익구조에 따라 가치가 결정되는 것이다. 이러한 레인보우옵션은 같은 종류의 자산을 여럿 포함하고 있는데, 이를테면 여러 개의 주가지수 중에서 가장 좋은 실적을 투자자가 취하게 된다. 즉 n개의 자산을 포함한 레인보우 옵션의 가치는 $max[S_1^T, S_2^T, S_3^T, \cdots S_n^T, X]$가 된다. 이때 X는 만기 시의 잠재적인 수업이 될 수 있는 현금 고정액이다.

레인보우옵션은 서로 다른 종류의 자산을 포함하기도 한다. 예를 들어 주가지수와 채권에 각각 투자를 할 경우 투자자는 주가지수의 실적과 채권의 실적을 포함하여 이 중 좋은 실적을 갖게 된다. 즉, 주식에 투자할지 아니면 채권에 투자할지에 대해 확신을 할 수 없다면, 투자자는 이 중 실적이 좋은 쪽의 성과를 지불하는 레인보우옵션에 투자하는 것이 현명하다 할 수 있다. 이러한 레인보우옵션의 발행자는 주가지수의 상승이익을 추구하되, 주가하락 시에 채권수익률 이상을 얻을 수 있도록 하는 포트폴리오 보험이나 옵션거래로 위험을 헷지할 것이다.

두 자산의 더 높은 실적에 따라 결정하는 것과 더불어 두 자산의 실적 중에서 더 낮은 실적에 따라 결정되는 것도 있다. 예를 들면, n개의 자산으로 구성된 n-color옵션 중에서 가장 실적이 낮은 수익률을 지급하는 레인보우옵션의 가치는 $min[S_1^T, S_2^T, S_3^T, \cdots S_n^T, X]$와 같다.

혹은 두 자산의 실적의 합이나 차에 의해서 결정되는 것도 있다. 스프레드 레인보우옵션(spread rainbow options)은 보유자에게 두 자산의 실적 간의 차를 받도록 한다. 예를 들어, *DAX*를 보유하고 있는 투자자가 *FTSE*로 포지션을 바꾸고자 할 때 스프레드옵션을 매입했다고 하면, 이 옵션은 두 지수의 수익률의 차에 따라 지불하되 이 경우 *FTSE*가 *DAX*보다 수익률이 높을 때만 지불된다고 하면 이때의 스프레드 레인보우옵션의 가치는 $max[FTSE-DAX, 0]$와 같다.

(3) 디프와 콴토

디프스왑(diffswap 또는 differential swap)은 베이시스스왑(변동금리간 스왑)의 일종으로 거래하는 한쪽이 특정 통화표시 변동금리이자를 지급하고 상대방은 다른 통화로 표시된 변동금리(기준금리)에다 일정률의 마진을 가감한 금리로 변동금리이자를 지급하며, 지급통화는 서로 같은 통화로 하는 형태이다.

디프스왑은 사용자에게 외환리스크 노출없이 두 시장의 금리차를 노릴 수 있게 한다. 이러한 디프스왑의 거래는 서로 반대의 금리 예상을 하는 투자자들 사이에서 이루어진다. 이를 그림으로 표현하면 아래 [그림 9-2]와 같다.

그림 9-2 디프스왑 거래

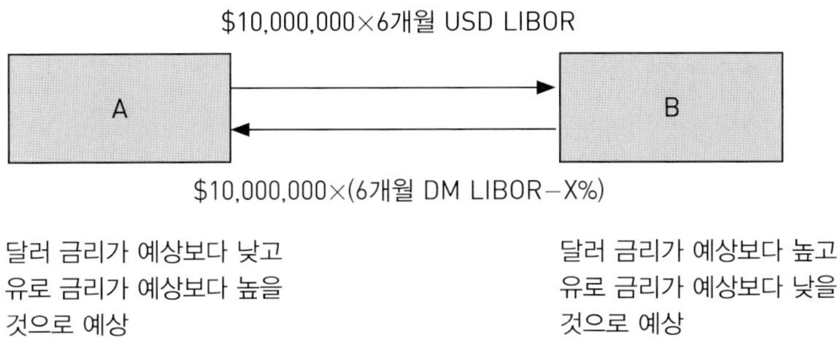

위의 거래를 하는 투자자들에게 디프스왑이 제공됨으로써, 거래하는 명목원금이 모두 달러가 되어 금리차를 노리는 베이시스거래를 환위험에 대한 노출없이 행할 수 있다. 하나의 통화로 이루어지므로 통화스왑이라 할 수도 없고, 달러에 유로 금리를 적용하므로 금리스왑이라 할 수도 없는 형태이다. 디스프왑을 헷지하거나 해제하고자 할 때, 디스프왑의 매도자는 미 달러화로 표시된 유로 금리 리스크를 유로로 표시된 수단으로 헷지할 필요가 있다.

콴토옵션(quanto option)은 투자자가 서로 다른 통화로 표시되는 자산을 보유할 때 생기는 외환 리스크를 제거하고자 하는 옵션이다. 수익은 하나의 대상자산 가격에 의해서 결정되지만 위험은 다른 자산의 가격에 의해 결정되는 것으로 수량조정옵션(quantity-adjusting option)의 약자이다.

예를 들어, 독일 주가지수(DAX)를 살 수 있는 권리를 주는 유럽식 옵션을 살 경우 이 옵션의 미 달러화 가치는 $S_T^* max[0, DAX - X]$이다. 이것은 환율 S_T,

환율의 변동성, 환율과 대상자산(DAX) 간의 상관관계의 영향을 받는다. 외환 리스크를 제거한 옵션은 환율을 옵션이 발행된 날의 환율 S_0로 고정시킴으로써 가능하다. 즉, $S_0^* max[0,\ DAX-X]$가 된다. 그러므로 투자자는 보유하고 있는 대상자산의 통화가 자국의 통화보다 절상되는 것에 의한 손실 리스크를 피할 수 있지만, 역으로 자국통화가 절상될 경우의 혜택은 포기해야 한다. 디프스왑과 마찬가지로 콴토옵션 매도자에게는 상관리스크(correlation risk)가 추가된다.

(4) 바스켓옵션(basket option)

바스켓옵션은 레인보우옵션의 한 변형으로 개별자산의 가치에 대해서가 아니라 특정한 자산들로 구성된 그룹의 총 가치에 근거하여 수익이 계산되는 옵션이다. 여러 자산과 연관된 옵션 중에서 가장 보편적인 것으로 이득이 자산포트폴리오 또는 바스켓의 가치에 의존하는 옵션이다. S_1^T, S_2^T, S_3^T, $\cdots S_n^T$이 n개의 서로 다른 대상자산의 만기 때의 가치라 하고, $\omega_1, \omega_2, \omega_3, \cdots, \omega_n$을 각 자산의 전체 포트폴리오에 대한 비중(가중치)이라 하면 바스켓옵션의 손익은 $max(\sum_{i=0}^{n} \omega_i S^T{}_i - X, 0)$으로 나타낼 수 있다. 행사가격은 가중평균치에 대한 $1 \pm \alpha$로 계산한다. 이때 α는 상수이다. 바스켓옵션은 포트폴리오의 이론을 응용한 것으로 주로 외환시장에서 많이 사용되며, 기준통화에 대하여 여러 통화로 구성된 통화의 묶음을 대상물로 한 옵션이다. 바스켓을 구성하는 자산들의 가격이 완전한 양의 상관관계를 가지지 않는 한 변동성이 작아지므로 개별옵션보다 프리미엄이 저렴하다.

예를 들면, 세계 각국에 상품을 수출하는 수출업자가 달러나 엔화, 유로화 등에 대해 원화의 가치가 상승하는 것을 피하고자 할 때 두 가지 방법이 있다. 하나는 달러화나 엔화 및 유로화에 대한 각각의 풋옵션을 매입하는 것이고, 다른 하나는 이 세 통화로 구성된 바스켓에 대한 옵션을 매입하는 것이다. 이들 세 통화가 완전한 상관관계를 가지지 않는 한, 바스켓 가치의 변동성은 개별통화에 대한 변동성보다 작을 것이기 때문에 옵션은 각각의 통화에 대한 개별옵션 가치의 합계보다는 저렴하다.

4. 계약조건이 변형된 옵션

(1) 후불옵션(pay later option)[6)]

후불옵션(pay later option)은 조건부 프리미엄옵션(contingent premium option) 혹은 제로프리미엄옵션(zero premium option)이나 COD(cash-on-delivery)라고도 한다. 이름에서 알 수 있듯이 이 옵션 매수자는 조건에 따라 프리미엄을 지급하기도 하고 지급하지 않기도 한다. 이 옵션은 옵션매입자가 옵션가치의 지불을 매입시점에 하지 않고 옵션이 행사되는 경우에만 하는 형태이다. 그런데 이 행사는 만기(유럽식 옵션의 경우) 또는 원하는 시점(미국식 옵션의 경우)에 옵션 이내 가격이면 무조건 해야 하며, 이는 그 행사로 옵션보유자가 얻을 옵션 내재가치가 그가 지불해야 할 옵션가격보다 작은 경우에도 해당한다. 물론, 옵션이 내가격 상태로 만료되면 옵션은 행사되지 않고 옵션매입자는 옵션가격을 지불할 의무가 없으며 이는 이 옵션이 보유자에게 주는 최대 장점이다. 후불옵션 매입자의 손익구조는 [그림 9-3]과 같다.

옵션 매도자가 프리미엄을 받을 수 없는 경우도 있기 때문에 일반 옵션보다 프리미엄이 비싸다. 보통 후불옵션의 프리미엄은 일반적인 옵션프리미엄의 두 배 정도이다. 혹은 후불옵션의 프리미엄은 일반옵션의 프리미엄을 그 델타로 나눈 값을 이용하여 대략적으로 구하기도 한다.

그림 9-3 후불 콜옵션 매입자의 손익구조

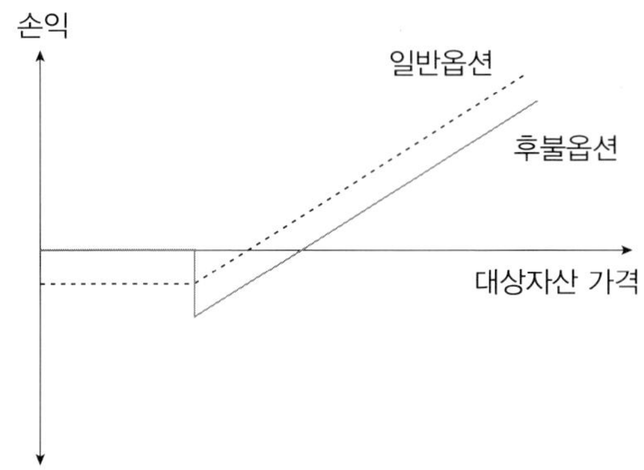

6) 임윤수, 후지불옵션 가격결정모형에 관한 연구, 경영논집, Vol. 13, 충남대학교 경영경제연구소, 1997

만기 때에 대상자산의 가격이 감소하면 조건부 후불옵션매수자는 프리미엄을 지불하지 않는다. 그러나 만일 대상자산의 가격이 그대로 있거나 상승하면 옵션은 자동적으로 형성되고, 만기일의 현물가격과 행사가격의 차이보다 처음에 정했던 프리미엄이 크다면 매수자는 그 차이에서 프리미엄을 뺀 만큼 지불해야 한다. 그러나 현물가격이 행사가격보다 높은 상태로 마감되어 충분히 큰 폭으로 오른 상태에서 마감되지 못하면 당초 정했던 프리미엄과 현물가격 상승분 간의 차이만큼 매입자에게 손실이 발생한다. 후불콜옵션의 가치는 $ST>X$이면 $ST-X-premium$, $ST\leq$이면 0으로 나타낸다. 여기에서 'premium'은 이 후불옵션의 가치이다.

(2) 이원옵션(binary option)[7]

이원옵션(binary option)은 디지털옵션(digital option)이라고도 하며, 이 옵션은 만료 또는 행사 시 보유자에게 일반적인 옵션과 달리 내가격 정도에 비례하는 금액이 아니라 사전에 약정한 다른 일정 조건하에 일정금액을 지급하도록 한다.

이 옵션의 구체적인 계약조건에는 여러 가지 형태가 있을 수 있지만 그중 중요한 몇 가지를 살펴본다.

1) 전무옵션(all-or-nothing option)

이 옵션은 만료 시 내가격 상태일 경우에만 고정된 계약금액을 지급하며 그 외 경우에는 일반적인 옵션과 마찬가지로 무가치하게 소멸된다. 이원옵션의 기본적인 유형으로서 현금이원(cash-or-nothing)옵션이라고도 부른다.

2) 자산무옵션(asset or nothing)

이것은 위 옵션과 마찬가지로 만료 시 내가격 상태가 아니면 무가치해지지만 내가격 상태로 만료될 때에는 계약 시 약정한 고정된 금액이 아니라 만료시

---

7) 이완석, 이색옵션의 헷지전략에 관한 연구, 한국과학기술원, 1999

점의 기초물 시가에 해당하는 금액을 지불하는 형태이다. 이 옵션의 변형 하나는 만료시점의 지불금액으로 기초물 시가전액이 아니라 이로부터 사전에 약정한 일정한 고정금액을 뺀 금액으로 하는 형태이며 이는 digital-gap 옵션이라고도 한다.

3) 일촉옵션(one-touch option)

여기서는 옵션이 만료시점에 이르는 도중에 한 번이라도 내가격 상태에 도달한 적이 있으면 고정된 약정금액을 지급하며 그 외의 경우에는 무가치하게 소멸된다. 약정금액의 지불시점은 내가격 상태도달시점 직후 또는 옵션의 만료시점으로 한다.

4) 구간옵션(range option)

이 유형은 옵션이 만료나 행사 시 기초물 가격이 사전에 정한 특정구간 내에 위치하면 약정된 고정금액을 지급하며 그 외의 경우에는 무가치하게 소멸된다.

5) 시간옵션(timing option)

이 옵션의 만료 시나 행사 시 옵션보유자가 지급받는 금액은 옵션구입시점부터 만료나 행사 시까지와 기간 동안 기초물 가격이 사전에 정한 특정구간이나 영역 내에 위치하는 거래일수에 비례하는 금액이 된다.

이원옵션은 대상물의 가격이 정해진 행사가격에 도달하면 고정액이 보유자에게 지불되는 옵션이다. 일반적인 옵션과 마찬가지로 이원옵션에도 콜과 풋이 있다. 이원콜옵션에 대해서는 만기 때에 대상자산의 가격이 행사가격보다 높을 때 미리 정한 금액을 지불하고, 풋옵션에 대해서는 만기 때에 대상자산의 가격이 행사가격보다 낮을 때 미리 정한 금액을 지불하게 된다. [그림 9-4]의 경우는 유럽식 일반옵션과 비슷한 이원옵션이다.

이원옵션 중에서 전무옵션과 자산무옵션의 가치평가는 일반적인 옵션의 가치평가모형을 이용하여 쉽게 할 수 있다. 콜을 예로 들면 이론적으로 일반적인 콜의 매입은 자산무옵션의 매입과 동시에 전무옵션을 매도하면 합성할 수

그림 9-4 이원옵션의 손익구조

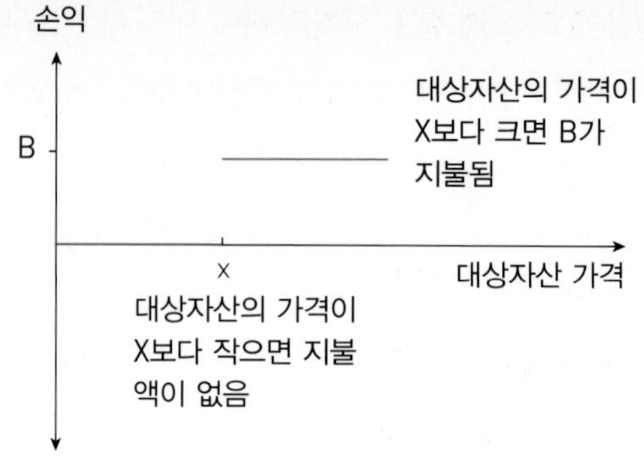

있다. 이에 따라 유럽식 이익 부 기초물 대상 블랙-숄즈 콜옵션 모형으로부터 다음과 같이 자산무옵션과 전무옵션의 가치평가 식을 끌어낼 수 있다.

$$\text{유럽식 이익 부 기초물 대상 콜옵션의 가치} = e-q\mathrm{TSN}(d_1)-e-r\mathrm{TKN}(d_2)$$

$$\text{자산무 콜옵션의 가치} = e-q\mathrm{TSN}(d_1)$$

$$\text{전무 콜옵션의 가치} = e-r\mathrm{TQN}(d_2)$$

(단, Q는 만료 시 지급하는 고정금액)

5. 중첩옵션[8)]

일정한 프리미엄을 주고 미래의 정해진 시점에 특정한 옵션을 사거나 팔 수 있는 권리를 매수자에게 부여하는 옵션을 옵션의 옵션(option on option) 혹은 중첩옵션(compound option)이라 한다. 위험에 대한 대비가 필요할 수도 있고 필요치 않을 수도 있는 불확실한 상황에서는 중첩옵션이 유리하다. 위험 발생 여부가 불확실할 때에 위험에 대한 헷지를 위하여 옵션을 매수했는데, 만일 위험이 발생하지 않는다면 옵션을 매입한 것으로 인해 손해가 발생할 수 있다. 이러한 경우에는 위험을 헷지(hedge)하기 위해 직접 그 위험에 대한 옵션을 매입하기보다는 이를 위한 옵션을 살 수 있는 옵션을 매입하는 것이 더 저

8) 윤창현, 복합옵션(COMPOUND OPTION)및 등가격복합옵션(AT-THE-MONEY COMPOUND OPTION)의 구조와 가치에 관한 소고, 경영연구, Vol. 12

렴하다. 즉, 위험발생 여부의 불확실성에 대한 헷지를 위하여 중첩옵션이 사용될 수 있다. 중첩옵션은 콜옵션에 대한 콜옵션(call on a call), 콜옵션에 대한 풋옵션(put on a call), 풋옵션에 대한 콜옵션(call on a put), 풋옵션에 대한 풋옵션(put on a put) 등으로 분류될 수 있다. 일반적으로 중첩옵션은 보통옵션보다 변동성에 대하여 훨씬 더 민감하게 반응한다. 콜옵션(子콜옵션: 대상자산에 대한 옵션)에 대한 콜옵션(母콜옵션: 대상자산에 대한 옵션의 옵션)의 가치를 보기 위해 자콜옵션의 가치를 Q라 하자. 그러면 모콜옵션의 가치는 $max[Qt-X_M,0|t]$이다. 단, t는 모콜옵션의 만기, X_M은 모콜옵션의 행사가격, Q_t는 자콜옵션의 t시점에서의 가치이다. 그리고 자콜옵션의 만기가치 Q는 $max[S_T-X_S,0|T>t]$이다. S_T는 대상자산의 만기가격이고, X_S는 자콜옵션의 행사가격, $T(>t)$는 자콜옵션의 만기이다.

대부분의 중첩옵션은 외환시장이나 금리시장에서 사용되고, 주식시장에서도 일부 사용된다. 중첩옵션에 대한 가장 중요한 요소는 모 옵션과 자 옵션의 변동성이기 때문에 중첩옵션은 변동성 증가 쪽에 베팅(betting)하기 위한 거래에 많이 사용된다. 중첩옵션에 대한 변형 형태로 캡션과 플로어션이 있다.

캡션(caption) 혹은 캡에 대한 옵션(options on cap)은 금리스왑 곡선의 형태와 변동성에 대한 예측을 반영한다. 만약 USD LIBOR 수익률 곡선의 경사가 급하다면, 가까운 장래에 단기금리가 상승할 것임을 시사하므로 캡 매수자의 비용이 클 것이다. 앞으로 수익률 곡선의 기울기가 완만해지고 변동성이 작아질 것이라 예상하는 헷저(hedger)는 캡을 당장 사기보다는 나중에 사는 것이 비용을 절감할 수 있을 것으로 생각할 것이다. 이러한 헷저는 캡을 사기보다는 캡션을 매수함으로써 비용을 절감할 뿐 아니라 예상이 빗나갔을 경우의 손실도 일정 한도로 제한할 수 있다.

플로어션(floortion)이나 플롭션(floption)은 플로어에 대한 옵션이다.

CHAPTER

10

로그노말 수익률 분포 모형

CHAPTER
10

옵션가격에서 자산가격의 로그노말 분포를 가정하는 것이 일반적이다. 그 가정의 의미를 살펴보자. 먼저 로그노말 분포의 바탕이 되는 정규분포를 검토한 후, 로그노말 분포를 정의하고 이를 바탕으로 한 수익률 분포 모형을 설명하기로 한다. 이 모형은 블랙-숄즈 공식(Black-Scholes formula)의 일부와 매우 비슷한 결과를 보인다. 마지막으로, 주가 데이터가 로그노말 분포와 일치하는지를 보기 위해서 주식의 수익률을 검토할 것이다.

우리는 주가가 로그노말 분포와 정확히 일치하지는 않음을 확인할 것이다. 그러나 로그노말 가정은 대부분의 가격 공식들에 자주 사용된다. 또한 로그노말 분포를 기반으로 한 모형을 이해하지 않은 채, 현실에서 사용되는 실제 모형을 이해하는 것은 어렵다.

I. 정규분포(The Normal Distribution)

1. 정규밀도함수

만약 정규밀도함수(normal density function) ϕ로 $\tilde{x}$가 어떤 특정한 값을 가질 가능성을 나타낸다면, 확률변수(random variable) $\tilde{x}$는 정규분포를 따른다. 정규밀도함수에 대한 공식은 다음과 같다.

$$\phi(x,\mu,\sigma) = \frac{1}{\sigma\sqrt{2\pi}} e^{-\frac{1}{2}\left(\frac{x-\mu}{\sigma}\right)^2} \qquad (10.1)$$

식 (10.1)에서 x와 ϕ의 값을 계산하기 위해서는 평균 μ과 표준편차 σ를 구해야 한다. 이런 이유 때문에 정규분포는 두 매개변수의 분포가 된다. 이는 평균과 표준편차에 의해서 완전하게 설명된다.

그림 10-1 정규밀도함수

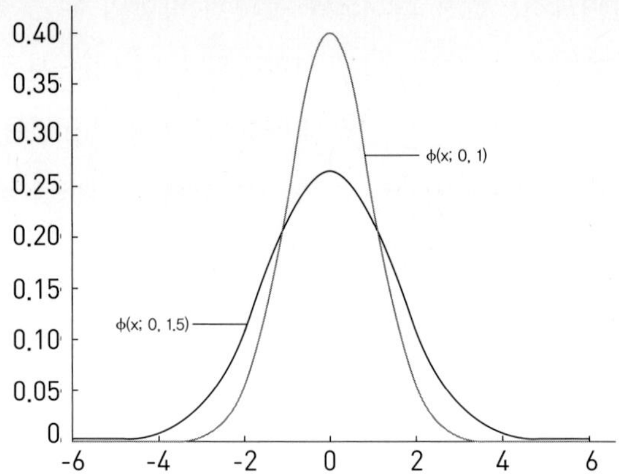

[그림 10-1]은 평균을 0으로, 표준편차를 1과 1.5로 하여 식 (10.1)을 그래프로 나타낸 것이다. $\mu=0$, $\sigma=1$인 정규밀도는 표준정규밀도(standard normal density)라 불린다. 표준정규밀도를 사용할 때, 평균과 표준편차 없이 $\phi(x)$로 지칭할 것이다.

표준편차가 1.5인 정규밀도는 표준정규밀도와 비교했을 때, x의 값이 0에 가까울 가능성이 더 낮고, 0으로부터 멀어질 가능성이 더 높다. 분산을 증가시키면 분포가 평균으로부터 멀어지게 된다. 평균은 분포의 중앙에 위치하며, 표준편차는 분포가 평균으로부터 흩어져있는 정도를 의미한다. 정규밀도는 평균 μ에 대하여 대칭적인데, 이는 아래의 식을 의미한다.

$$\phi(\mu+a;\mu,\sigma)=\phi(\mu-a;\mu,\sigma) \tag{10.2}$$

만약 평균 μ과 표준편차 σ를 가진 확률변수 x가 정규분포를 따른다면, 이는 다음과 같다.

$$x \sim N(\mu,\sigma^2) \tag{10.3}$$

표준정규분포를 따르는 확률변수를 나타내기 위해서 z를 사용할 것이다.

$$z \sim N(0,1) \tag{10.4}$$

다양한 사건들의 가능성을 계산하기 위해서 정규분포를 사용할 수 있지만, 그 사건이 무엇을 의미하는지에 대해 주의해야 한다. 분포는 연속적이기 때문에 그 분포에서 무작위로 숫자를 선택할 때 무한한 수의 사건들이 일어날 수 있다. (이는 한 사건이 두 값 중 오직 하나만 가질 수 있다는 이항분포—binomial distribution—와는 다르다.) 정규분포로부터 어떤 특정한 값이 얻어질 가능성은 0이다. 따라서 정규분포에서 무작위로 선택된 숫자가 특정한 범위에 있을 가능성을 나타내기 위해 정규분포를 사용한다.

예를 들어, 표준정규분포로부터 어떠한 숫자를 선택한다면 이것이 어떠한 숫자 a보다 낮을 가능성이 얼마나 되는지를 물을 수 있다. 이 가능성 $Pr(z<a)$는 a의 왼쪽곡선 아랫부분인 $N(a)$와 같다. $N(a)$를 누적정규분포함수(cumulative normal distribution function)라 지칭한다. $-\infty$에서 a까지를 적분한 값은 같은 범위에 걸쳐진 밀도의 아랫부분이다. 수학적으로, 이는 $-\infty$에서 a까지의 범위에서 $\mu=0$, $\sigma=1$을 갖는 식 (10.1)인 표준정규밀도를 적분함으로써 얻어진다.

그림 10-2 표준정규밀도와 누적정규분포

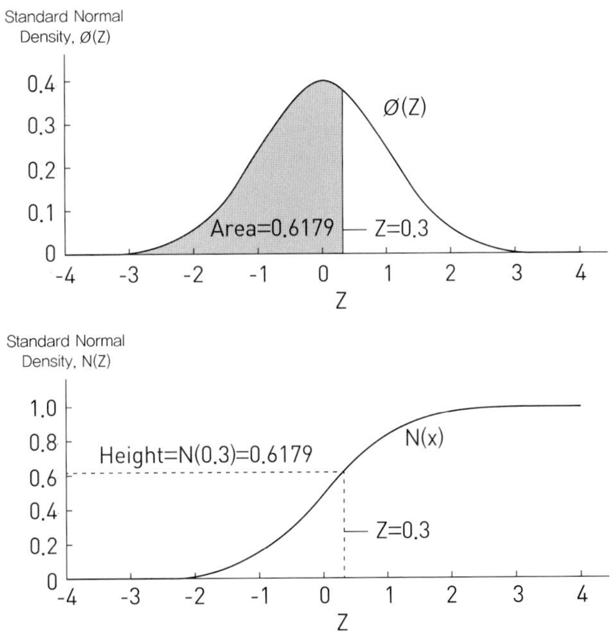

0.3의 왼쪽범위에 있는 정상곡선 아랫부분

누적정규분포.
x=0.3일 때 높이는 N(0.3)=0.6179

$$N(a) = \int_{-\infty}^{a} \frac{1}{\sqrt{2\pi}} e^{-\frac{1}{2}x^2 dx} \tag{10.5}$$

한 예로서, $N(0.3)$은 [그림 10-2]에서 나타난다. 위쪽 그래프에서, $N(0.3)$은 $-\infty$에서 0.3 사이의 정규밀도곡선 아랫부분이다. 아래쪽 그래프에서, $N(0.3)$은 누적 분포상의 한 점이다. $-\infty$에서 $+\infty$까지의 범위는 모든 가능한 결과를 포함한다. 무작위로 선택된 숫자가 ∞보다 작을 가능성은 1이다. 이런 이유로, $N(\infty)=1$이 된다. 위에 정의된 $N(a)$는 블랙-숄즈 공식을 계산하는데 사용되는 $N(\quad)$와 같다.

누적정규분포함수 식 (10.5)는 간단하지 않다. $-\infty$에서 0.3까지 범위의 정규밀도 아랫부분은 0.6179이다. 이렇게 만약 당신이 표준정규분포로부터 어떠한 숫자를 선택한다면, 뽑은 숫자는 61.79%의 확률로 0.3보다 작을 것이다.

표준정규분포로부터 도출된 어떠한 숫자가 $-a$와 a 사이에 있을 가능성을 알고 싶다고 가정해보자. 다음과 같은 식을 가진다.

$$Pr(z<-a)=N(-a) \tag{10.6}$$

$$Pr(z<a)=N(a)$$

이러한 관계는 다음을 의미한다.

$$Pr(-a<z<a)=N(a)-N(-a) \tag{10.7}$$

$-a$에서 a범위의 곡선 아래 영역은 a보다 작은 범위의 영역에서 $-a$보다 작은 범위의 영역을 뺀 것과 같다. 표준정규분포는 0에 대하여 대칭이기 때문에, a보다 큰 범위의 곡선 아래 영역은 $-a$보다 작은 범위의 곡선 아래 영역과 같다.

$$N(-a)=1-N(a) \tag{10.8}$$

〈예제 1〉

표준정규분포로부터 선택된 숫자가 −0.3과 +0.3 사이에 속할 가능성은 다음과 같다.

$$Pr(-0.3<z<0.3)=N(0.3)-N(-0.3) \quad (10.9)$$
$$=N(0.3)-[1-N(0.3)]$$
$$=2\times 0.6179-1=0.2358$$

마지막으로, 만약 어떠한 변수가 표준정규분포를 따른다면, 큰 양수나 음수의 값일 가능성이 매우 적을 것이다. 추출된 숫자가 −3보다 작거나 3보다 클 가능성은 0.0027이다. 만약 당신이 매일 표준정규분포로부터 숫자를 선택했다면, 당신은 1년에 오직 단 한 번 3보다 크거나 −3보다 작은 값을 추출할 것이다. 숫자가 −4보다 작거나 4보다 클 가능성은 0.000063이다. 이는 매일 도출했을 때 평균적으로 43.25년에 약 한 번 일어날 수 있는 가능성이다.

2. 정규확률변수(Normal Random Variable)의 표준정규분포 변환

만약 임의의 정규확률변수를 가진다면, 이것을 표준정규분포로 변환시키는 것은 쉽다. 아래를 가정하자.

$$x \sim N(\mu, \sigma^2) \quad (10.10)$$

다음으로, 평균을 빼고 이를 표준편차로 나눔으로써 표준정규확률변수 z를 만들 수 있다.

$$z=\frac{x-\mu}{\sigma} \quad (10.11)$$

이러한 사실을 이용함으로써, x가 어떠한 수 b보다 작을 가능성을 계산할 수 있다.

$$Pr(x<b)=Pr\left(\frac{x-\mu}{\sigma}<\frac{b-\mu}{\sigma}\right) \quad (10.12)$$
$$=N\left(\frac{b-\mu}{\sigma}\right)$$

식 (10.8)을 이용하면, 다음과 같은 값을 구할 수 있다.

$$Pr(x>b) = 1 - Pr(x<b) \tag{10.13}$$
$$= 1 - N\left(\frac{b-\mu}{\sigma}\right)$$
$$= N\left(\frac{\mu-b}{\sigma}\right)$$

이 결과는 블랙–숄즈 공식을 이해하는 데 도움이 될 것이다. 만약 표준정규 확률변수 z를 가진다면, 아래의 식을 이용해서 변수 $x \sim N(\mu, \sigma^2)$를 구할 수 있다.

$$x = \mu + \sigma z \tag{10.14}$$

〈예제 2〉

$x \sim N(3, 25)$와 $z \sim N(0, 1)$을 가정하면, $\frac{x-3}{5} \sim N(0, 1)$이며, $3+5\times z \sim N(3, 25)$이다.

3. 정규확률변수의 합

$i = 1, \ldots, n$일 때, 평균과 분산이 각각 $E(x_i) = \mu_i$, $Var(x_i) = \sigma_i^2$이며 공분산 $Cov(x_i, x_j) = \sigma_{ij}$을 갖는 확률변수 x_i가 있다고 가정하자. (두 확률변수 간의 공분산은 함께 움직이는 경향을 측정한다. 또한 공분산을 ρ_{ij}에 관해서 x_i와 x_j의 상관관계 : $\sigma_{ij} = \rho_{ij}\sigma_i\sigma_j$로 쓸 수도 있다.) 다음으로, n개의 확률변수의 가중 합은 아래의 평균과 분산을 가진다.

$$E\left(\sum_{i=1}^{n} w_i x_i\right) = \sum_{i=1}^{n} w_i \mu_i \tag{10.15}$$

$$Var\left(\sum_{i=1}^{n} w_i x_i\right) = \sum_{i=1}^{n}\sum_{j=1}^{n} w_i w_j \sigma_{ij} \tag{10.16}$$

여기에서 x_i와 x_j는 임의의 가중치를 나타낸다. 평균과 분산에 대한 이 공식들은 x_i의 모든 분포에 적용된다.

일반적으로, 확률변수의 합의 분포는 개개의 확률변수의 분포와는 다르다. 그러나 정규분포는 안정분포(stable distribution)의 한 예이다. 만약 확률변수의 합이 원래의 확률변수와 같은 분포를 가진다면 분포는 안정하다. 이 케이스에서, 결합정규분포(joint normal distribution)된 확률변수의 합은 정규분포이다. 이렇게, 만약 x_i가 결합정규분포를 따른다면 다음의 식 (10.17)과 같다.

$$\sum_{i=1}^{n} w_i x_i \sim N(\sum_{i=1}^{n} w_i \mu_i, \sum_{i=1}^{n}\sum_{j=1}^{n} w_i \mu_i \sigma_{ij}) \tag{10.17}$$

이 케이스는 두 확률변수의 합과 함께 나타난다.

$$ax_1 + bx_2 \sim N(a\mu_1 + b\mu_2, a^2\sigma_1^2 + b^2\sigma_2^2 + 2ab\rho\sigma_1\sigma_2) \tag{10.18}$$

4. 중심극한정리(The Central Limit Theorem)

왜 정규분포가 옵션가격에서 나타날까? 정규분포는 확률변수가 더해질 때 자연히 나타나기 때문에 중요하다. 정규분포는 원래 도박의 결과, 관측오차와 같은 일련의 확률 사건을 연구하던 수학자들에 의해 발견되었다. 예를 들어, 한 조사관이 지도를 만들기 위해 관찰하고 있는 중이라고 가정한다. 측정들은 항상 어떤 오차를 가질 것이며 오차는 측정에 따라 달라질 것이다. 오차는 관측상의 오차, 도구의 잘못된 사용, 또는 틀린 숫자의 기록에 의해 발생할 수 있다. 이유가 무엇이든지 간에, 일반적으로 오차는 우연히 일어나며, 그러므로 비상관적(uncorrelated)이다. 만약 당신이 오류발생이 쉬운 자료를 사용한다면, 관찰에서 주어진 숫자에 대한 결정의 신뢰성을 평가하고 주어진 정도의 신뢰성을 달성하기 위해서 얼마나 많은 관찰을 할 것인지 결정하기 위해서, 그 오차의 통계적 분포를 아는 것이 좋다. 오류의 본성은 누가 그들을 만들었는지, 어떤 종류의 도구가 사용되었는지 등에 따라 달라질 것이다. 주목할 만한 결과는 그러한 오차의 합이 거의 정규분포라는 것이다.

그러므로, 정규분포는 편리하고 심미적으로 보기 좋은 분포일 뿐 아니라, 결괏값이 유한한 분산을 가진 독립확률변수의 합일 때 자연히 나타난다. 이러한 합의 분포는 정규분포에 가깝다. 이 결과는 중심극한정리로서 알려진다.

자산수익의 상황에서 1년 동안의 연속복리수익률(continuously compounded return)은 매일의 연속복리수익률의 합이다. 만약 뉴스와 다른 요인들이 자산의 가격을 변화시키는 충격요인이라면, 그리고 이러한 변화들이 서로 독립적이라면, 장기간 연속복리수익률이 정규분포를 따를 것이라는 것은 당연하다. 중심극한정리는 극한으로 갈 때 무슨 일이 일어날지에 대한 정리이기 때문에, 단 몇 개의 확률변수의 합은 정규로 나타나진 않을 것이다. 하지만 연속복리수익률의 정규성은 주식의 수익을 생각하는 합리적인 시작점이다.

II. 로그노말 분포

$\ln(y)$가 정규분포일 때 확률변수 y는 로그노말 분포되었다고 말한다. 바꿔 말하면, x가 정규분포일 때, $\ln(y)=x$ 또는 $y=e^x$ 중 하나로 나타낼 수 있으면 y는 로그노말 분포이다.

$y=e^x$은 정규분포 연속복리수익률과 주식가격의 로그노말 특성을 연결한다. 정의에 따르면, 0기부터 t기까지의 연속복리수익률은 $R(0,t)=\ln(S_t/S_0)$으로 나타낼 수 있다. 여기에서 $R(0,t)$가 정규분포라고 가정하여 양변을 지수화하면, 다음과 같은 식을 얻을 수 있다.

$$S_t=S_0e^{R(0,t)} \tag{10.19}$$

식 (10.19)는 연속복리수익률이 정규분포일 때 주식가격이 로그노말 분포임을 보여준다. 지수화가 연속복리순수익률 $R(0,t)$를 0기~t기 유효 전체 조수익률인 $e^{R(0,t)}$으로 바꿔준다. $R(0,t)$의 지수화로 S_t가 나왔으므로, 로그노말 주식가격은 음수가 될 수 없다.

정규분포변수들의 합이 정규분포이므로, 로그노말 확률변수의 곱은 로그노말 분포이다. x_1과 x_2가 정규분포이면, $y_1=e^{x_1}$과 $y_2=e^{x_2}$는 로그노말 분포이다. y_1과 y_2의 곱은 다음과 같다.

$$y_1\times y_2=e^{x_1}\times e^{x_2}=e^{x_1+x_2} \tag{10.20}$$

x_1+x_2가 정규분포이므로 $e^{x_1+x_2}$가 로그노말 분포이다. 덧셈으로 정규분포가 유지되는 것처럼 곱셈으로 로그노말 분포가 유지된다. 그러나 정규확률변수의 곱이 정규분포가 아닌 것처럼 로그노말 확률변수의 합은 로그노말 분포가 아니다.

이산모형에서 연속복리 주식수익률은 이산분포이다. 이산확률변수의 합은 정규분포에 수렴한다. 따라서 이산모형에서 연속복리수익률은 정규분포에 수렴하고 주식가격은 로그노말 분포에 수렴한다.

$\ln(y) \sim N(m, v^2)$이면, 로그노말 밀도함수는 다음과 같다.

$$g(y;m,v) = \frac{1}{yv\sqrt{2\pi}} e^{-\frac{1}{2}\left(\frac{\ln(y)-m}{v}\right)^2} \tag{10.21}$$

[그림 10-3]은 각각의 m과 v값에 따른 세 개의 로그노말 밀도함수를 보여준다. 로그노말 분포는 음이 아니며 오른쪽 꼬리가 길다(right-skewed). 높은 평균(1.5)과 낮은 표준편차(0.2)인 본래의 정규분포에 대한 로그노말 분포는 거의 정규분포와 유사하다. 이것도 역시 0보다 위에 있고 오른쪽 꼬리가 길다. [그림 10-3]의 나머지 두 개의 분포는 [그림 10-1]의 분포를 지수화한 것이다.

우리는 로그노말 분포된 확률변수의 평균과 분산을 구할 수 있다. $x \sim N(m, v^2)$이면 e^x의 기댓값은 다음과 같다.

그림 10-3 로그노말 밀도 그래프

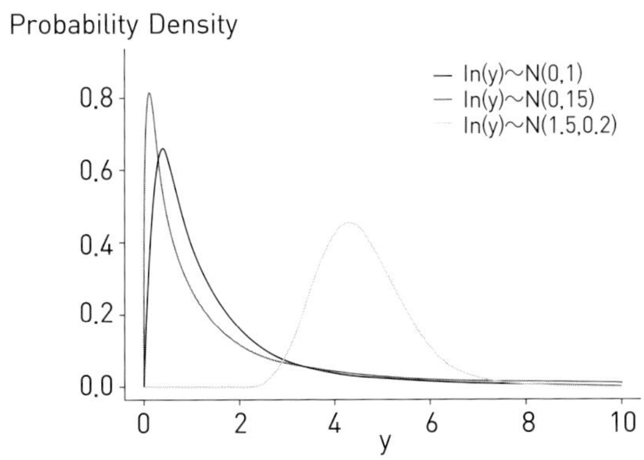

$$E(e^x) = e^{m+\frac{1}{2}v^2} \tag{10.22}$$

지수화된 변수의 평균이 본래 정규분포 변수의 지수화된 평균보다 크다는 것은 직관적으로 알 수 있다. 지수화는 비대칭적이다. 양의 제비뽑기는 똑같은 음의 제비뽑기보다 더 많이 증가한다. 50%의 확률로 0.5가 나오고 50%의 확률로 −0.5가 나오는 이항 확률변수를 보면, $e^{0.5}=1.6487$을 확인할 수 있다. 따라서 $\frac{e^{0.5}+e^{-0.5}}{2} = \frac{1.6487+0.6065}{2} = 1.128$이므로 $e^0=1$ 보다 명백히 더 크다.

이것은 젠센부등식(Jensen's inequality)의 일례이다. 확률변수 함수의 기댓값은 일반적으로 확률변수의 기댓값의 함수와 같지 않다. 이 예로 보면 $E(e^x) \neq e^{E(x)}$이다. 지수함수는 볼록하기 때문에 젠센부등식은 $E(e^x) > e^{E(x)}$임을 의미한다. 파생상품이론에는 젠센부등식의 예가 많다.

로그노말 확률변수의 분산은 $Var(e^x) = e^{2m+v^2} \times (e^{v^2}-1)$로 나타낸다. 로그노말 변수의 분산을 계산할 수 있지만, 정규분포인 $\ln(y)$의 분산을 구하는 것이 훨씬 간단하다.

III. 주식가격의 로그노말 모형

주식가격 S_t가 로그노말 분포라면 다음과 같이 나타낼 수 있다.

$$\frac{S_t}{S_0} = e^x \tag{10.23}$$

0기부터 t기까지의 연속복리수익률인 x는 정규분포이다. 주식가격 결정에 유용한 방법을 제공하는 x의 특징을 찾아야 한다.

t기부터 s기까지의 연속복리수익률을 $R(t,s)$라 표시하고, $t_0<t_1<t_2$의 시간이 있다고 하자. 연속복리수익률의 정의에 따라 다음과 같이 나타낼 수 있다.

$$S_{t_1} = S_{t_0} e^{R(t_0, t_1)} \tag{10.24}$$
$$S_{t_2} = S_{t_1} e^{R(t_1, t_2)}$$

그러므로 t_2기의 주식가격은 다음과 같이 나타낸다.

$$R(t_0,t_2) = R(t_0,t_1) + R(t_1,t_2) \tag{10.25}$$

따라서 t_0부터 t_2까지의 연속복리수익률인 $R(t_0,t_2)$는 다음과 같이 짧은 두 기간의 연속복리수익률의 합이다.

$$R(t_0,t_2) = R(t_0,t_1) + R(t_1,t_2) \tag{10.26}$$

〈예제 3〉

주식가격이 처음 \$100이고 연속복리수익률이 첫해 15%, 다음 해가 3%라고 하자. 1년 후 주식가격은 $\$100e^{0.15} = \$116.1834$이고 2년 후는 $\$116.1834e^{0.03} = \$119.722$이다. 이것은 $\$100e^{0.15+0.03} = \$100e^{0.18}$과 같다.

수익이 독립적이고 지속적으로 동일하게 분포되었다는 가정에 따라 식 (10.25)는 각각 다른 기간 수익의 평균과 분산이 기간의 길이에 비례한다는 것을 나타낸다. 0기부터 T기까지의 시간을 h길이의 n개 구간으로 나누면 $h = T/n$이다. 0기부터 T기까지의 연속복리수익률을 분할된 n개 구간 수익의 합으로 나타낼 수 있다.

$$\begin{aligned} R(0,T) &= R(0,h) + R(h,2h) + \cdots + R[(n-1)h, T] \\ &= \sum_{i=1}^{n} R[(i-1)h, ih] \end{aligned} \tag{10.27}$$

$E(R[(i-1)h,\ ih]) = \alpha_h$ 그리고 $Var(R[(i-1)h,\ ih]) = \alpha_h^2$라 하면 전체기간의 평균과 분산은 다음과 같다.

$$E[R(0,T)] = n\alpha_h \tag{10.28}$$

$$Var[R(0,T)] = n\alpha_h^2 \tag{10.29}$$

따라서 수익이 독립적이고 동일하게 분포되었다면 연속복리수익률의 평균과 분산은 기간에 비례한다. 이 결과는 장기에 대한 수익의 평균과 분산이 단기보다 커야한다는 직관과도 일치한다.

이제 명료하게 주식가격의 로그노말 모형을 제시할 수 있다. 일반적으로 주식에 대하여 t는 연수를, α와 σ는 연평균과 표준편차를, δ는 연배당률을 나타낸다. 0기부터 t기까지의 연속복리 자본이득 $\ln(S_t/S_0)$를 평균 $(\alpha-\delta-0.5\sigma^2)t$와 분산 $\sigma^2 t$로 정규분포되어 있다고 가정하자.

$$\ln(S_n/S_0) \sim N[\alpha-(\delta-0.5\sigma^2)t, \sigma^2 t] \tag{10.30}$$

이 식은 주식가격을 표현할 수 있는 두 가지 방법을 제공한다.

첫째로, 식 (10.29)에 따라 표준정규분포 확률변수 Z에 표준편차를 곱하고 평균을 더하여 임의의 정규분포를 만들 수 있다.

$$\ln(S_t/S_0) = \left(\alpha-\delta-\frac{1}{2}\sigma^2\right)t+\sigma\sqrt{t}\,Z \tag{10.31}$$

둘째로, 식 (10.31)을 지수화하여 주식가격에 대한 식을 얻을 수 있다.

$$S_t = S_0 e^{(\alpha-\delta-\frac{1}{2}\sigma^2)t+\sigma\sqrt{t}\,Z} \tag{10.32}$$

식 (10.30), 식 (10.31), 식 (10.32)를 어떻게 해석할 것인지 궁금할 수 있다. 배당률 δ를 빼는 것은 필수적이다. 다른 것이 모두 같을 때 높은 배당률은 미래주식가격을 낮추기 때문이다. 그러면 왜 평균에서 $\frac{1}{2}\sigma^2$를 뺄까?

식 (10.32)를 이해하려면 기대주식가격을 계산하는 것이 도움이 된다. 식 (10.32)의 우변을 Z가 들어간 부분과 들어가지 않은 부분으로 구분한다.

$$S_t = S_0 e^{(\alpha-\delta-\frac{1}{2}\sigma^2)t} e^{\sigma\sqrt{t}\,Z} \tag{10.33}$$

다음으로 식 (10.22)를 이용하여 $e^{\sigma\sqrt{t}Z}$를 평가한다. $z \sim N(0,1)$이므로 $e^{\sigma\sqrt{t}Z} = e^{\frac{1}{2}\sigma^2 t}$이다.

$$E(S_t) = S_0 e^{(\alpha - \delta - \frac{1}{2}\sigma^2)t} e^{\frac{1}{2}\sigma^2 t} = S_0 e^{(\alpha - \delta)t} \tag{10.34}$$

$$\ln E\left(\frac{S_t}{S_0}\right) = (\alpha - \delta)t \tag{10.35}$$

$\alpha - \delta$는 연속복리기대상승률(continuously compounded expected rate of appreciation)이다. 식 (10.32)에서 $\frac{1}{2}\sigma^2$을 빼지 않았다면 기대상승률은 $\alpha - \delta + \frac{1}{2}\sigma^2$가 되었을 것이다. 이렇게 정의하여도 무방하나, α를 해석하는 데 어려움이 생긴다.

이 문제는 순전히 매개변수의 해석을 쉽게 하기 위해 식을 만드는 것이다. $\alpha - \delta$가 주식에 대한 연속복리기대자본이득으로 해석되려면 식 (10.22)에 따라 $\frac{1}{2}\sigma^2$를 빼야 한다.

주식가격의 중간값은 식 (10.32)에서 $Z=0$으로 하여 다음과 같이 구할 수 있다.

$$S_0 e^{(\alpha - \delta - \frac{1}{2}\sigma^2)t} = E(S_t) e^{-\frac{1}{2}\sigma^2 t} \tag{10.36}$$

이 식은 중간값이 평균보다 작다는 것을 말해준다. 50%가 넘는 경우로 로그노말 분포의 주식은 기대수익률보다 낮은 수익을 준다. 놀랍게도 σ가 크면 절반이 넘는 경우가 손실을 볼 수 있다($S_t < S_0$).

〈예제 4〉

주식가격이 현재 \$100이고 주식의 기대수익률이 $\alpha = 10\%$/년, 표준편차(변동성, volatility)는 $\sigma = 30\%$/년이다. 주식이 로그노말 분포라면 연속복리 2년 수익은 20%이고 2년의 변동성은 $0.30 \times \sqrt{2} = 0.4243$이다. 그러므로 $S_2 = \$100e^{(0.1 - \frac{1}{2}0.3^2) \times 2 + \sigma\sqrt{2}Z}$이며, S_2의 기댓값은 $E(S_2) = \$100e^{(0.1 \times 2)} = \$122.14$이다.

주식가격의 중간값은 $\$100e^{(0.1 - 0.5 \times 0.3^2)} = \$111.63$이며, 만약 변동성이 60%였다면 기댓값은 여전히 \$122.14이지만, 중간값은 다음과 같았을 것이다.

$$\$100e^{(0.1-0.5\times0.6^2)\times2}=\$85.21$$

절반의 경우 2년 후 주식가격은 이 중간값 아래로 형성된다.

주식가격에서 "1표준편차 이동(one standard deviation move)"을 정의할 수 있다. z가 표준정규분포이기 때문에 $Z=1$이면 연속 복리 주식 수익률은 평균 더하기 1표준편차이고, $Z=-1$이면 연속 복리 주식 수익률은 평균 빼기 1표준편차이다.

〈예제 5〉

예제 4의 가정을 이용하여, 2년간 1표준편차 증가하면 $S_2=\$100e^{(0.1-\frac{1}{2}0.3^2)\times2+\sigma\sqrt{2}\times1}=\$170.62$이고, 1표준편차 감소하면 $S_2=\$100e^{(0.1-\frac{1}{2}0.3^2)\times2-\sigma\sqrt{2}\times1}=\$73.03$이다.

이 가격은 평균가격인 \$122.14의 주변에서 로그적으로(logarithmically) 집중되어 있다고 볼 수 있다.

IV. 로그노말 확률 계산

S_t가 로그노말 분포일 때, 다양한 확률과 예측치를 계산하는 데에 활용할 수 있다. 예를 들어, 어떤 옵션이 만기에 내가격이 될 확률과 그때의 예상 주식가격을 계산할 수 있다. 이번 절에서는 이러한 계산에 필요한 공식들을 다룰 것이다.

1. 확률

오늘의 주식가격이 S_0이고 K가 임의의 수일 때, $S_t<K$일 확률은 얼마인가? $\ln(S_t)<\ln(K)$이면 $S_t<K$이다. $\ln(S_t)$은 정규분포하기에 앞에서 다룬 방법을 다음과 같이 활용할 수 있다.

$$\ln(S_n/S_0)\sim N[\alpha-(\delta-0.5\sigma^2)t,\sigma^2 t]$$

$$\ln(S_t) \sim N[\ln(S_0) + (\alpha - \delta - 0.5\sigma^2)t, \sigma^2 t]$$

여기서 평균을 빼고 표준편차로 나누면 다음과 같이 표준정규분포인 확률변수 Z를 구할 수 있다.

$$Z = \frac{\ln(S_t) - \ln(S_0) - (\alpha - \delta - 0.5\sigma^2)t}{\sigma\sqrt{t}} \tag{10.37}$$

또한 $Pr(S_t < K) = Pr[\ln(S_t) < (K)]$에서 $\ln(S_t)$과 $\ln(K)$ 각각에 평균을 빼고 표준편차로 나누면 다음과 같은 식을 얻을 수 있다.

$$Pr(S_t < K) =$$

$$Pr\left[\frac{\ln(S_t) - \ln(S_0) - (\alpha - \delta - 0.5\sigma^2)t}{\sigma\sqrt{t}} < \frac{\ln(K) - \ln(S_0) - (\alpha - \delta - 0.5\sigma^2)t}{\sigma\sqrt{t}}\right]$$

여기서 좌변은 표준정규분포변수이므로 $S_t < K$일 확률은 다음과 같다.

$$Pr(S_t < K) = Pr\left[Z < \frac{\ln(K) - \ln(S_0) - (\alpha - \delta - 0.5\sigma^2)t}{\sigma\sqrt{t}}\right]$$

$Z \sim N(0, 1)$이므로 $Pr(S_t < K)$은 다음과 같이 나타낼 수 있다.

$$Pr(S_t < K) = N\left[\frac{\ln(K) - \ln(S_0) - (\alpha - \delta - 0.5\sigma^2)t}{\sigma\sqrt{t}}\right]$$

이는 다음과 같이 표현할 수 있다.

$$Pr(S_t < K) = N(-\hat{d}_2) \tag{10.38}$$

여기서 $\hat{d}_2$는 주식의 실제 예측 수익인 α로 대체된 무위험이자율 r이 내재된 표준 블랙-숄즈 변수이다.

$Pr(S_t > K) = 1 - Pr(S_t < K)$이므로, 다음과 같은 상호적인 계산이 가능하다.

$$Pr(S_t > K) = N(\hat{d}_2) \tag{10.39}$$

여기서 $N(\hat{d}_2)$은 주식의 예측 수익인 α를 내재하고 있다. 식 (10.38)과 식 (10.39)에서 α를 무위험이자율인 r로 대체하면, S_t가 K보다 위에 혹은 아래에 있을 위험중립적 확률을 구할 수 있다. 식 (10.38)과 식 (10.39)의 위험중립적인 버전은 블랙-숄즈 콜옵션과 풋옵션 가격 공식에서 활용된다.

2. 로그노말 예측구간(Lognormal Prediction Intervals)

이제 "오늘로부터 1년 후 주식가격은 95%의 확률로 어느 범위 내에 위치할 것인가?"와 같은 미래 예상 가격과 관련된 질문들에 답할 수 있다. 위 질문에 답하기 위해 다양한 기간 선상에서 95% 예측구간을 계산하여야 한다.

$Pr(S_t < S^L_t) = p/2$이고 $Pr(S_t > S^U_t) = p/2$인 가격 S^L_t와 S^U_t을 알고 싶다고 가정하자. 주식가격이 S_0라면 식 (10.38)에 따라 다음과 같이 S^L_t과 S^U_t을 생성할 수 있다.

$$\hat{d_2} = [\ln(S_0 / S^L_t) + (\alpha - \delta - 0.5\sigma^2)t]/\sigma\sqrt{t} \qquad (10.40)$$

$$Pr(S_t < S^L_t) = N(-\hat{d_2})$$

그러므로 S_t가 S^L_t보다 작을 확률이 $p/2$이거나 $p/2 = N(-\hat{d_2})$인 S^L_t를 구해야 한다. 이를 위해, 누적정규분포함수를 도치시킬 필요가 있다. 예를 들자면, 주어진 확률에 어떤 숫자 $\hat{d_2}$가 대응하는지 구하는 것이다. 이러한 역(inverse) 누적정규분포함수를 $N^{-1}(p)$라고 쓸 수 있다. 그리고 정의에 따라 $N^{-1}[N(x)] = x$이다.

$N^{-1}[p/2] = -\hat{d_2}$에서 S^L_t을 정확하게 구하면 다음과 같은 식을 얻을 수 있다.

$$S^L_t = S_0 e^{(\alpha - \delta - \frac{1}{2}\sigma^2)t + \sigma\sqrt{t}N^{-1}(p/2)} \qquad (10.41)$$

유사하게 S^U_t의 상한을 다음과 같이 구할 수 있다.

$$N^{-1}(1-\mathrm{p}/2) = -[\ln(S_0/S^U_t) + (\alpha - \delta - 0.5\sigma^2)t]/\sigma\sqrt{t} \qquad (10.42)$$

$$S^U_t = S_0 e^{(\alpha - \delta - \frac{1}{2}\sigma^2)t + \sigma\sqrt{t}N^{-1}(1-p/2)}$$

그러므로 로그노말 가격의 예측구간을 생성하기 위해서는 $N(0,1)$과 같은 예측구간에 대응하는 z값을 구하고 이 값을 로그노말 가격으로 대체하면 된다.

〈예제 6〉

$p=5\%$일 때, $N^{-1}(0.025)=-1.96$이고 $N^{-1}(0.975)=1.96$이다. 즉, 표준정규확률변수는 5%의 확률로 (−1.96, 1.96) 밖에 있다. 그러므로 $S_0=\$100$, $t=2$, $\alpha=0.10$, $\delta=0$, $\sigma=0.30$일 때, 다음과 같은 식을 얻을 수 있다.

$$S_t^L=S_0e^{(\alpha-\delta-\frac{1}{2}\sigma^2)t-\sigma\sqrt{t}\,1.96}$$

$$S_0e^{(0.10-\frac{1}{2}0.3^2)\times2-0.3\times\sqrt{2}\times1.96}=\$48.599$$

유사하게, S_t^U에 대해서 다음과 같은 식을 얻을 수 있다.

$$S_t^U=S_0e^{(\alpha-\delta-\frac{1}{2}\sigma^2)t+\sigma\sqrt{t}\,1.96}=\$256.40$$

〈예제 7〉

15%의 연속복리기대수익률을 갖는 로그노말 분포된 $50의 주식이 있다고 가정하자. 배당은 없으며, 변동성은 30%이다. 한 달 $\left(t=\frac{1}{2}\right)$의 기간을 상정하면, 월 연속복리평균수익은 다음과 같다.

$$(\alpha-\delta-0.5\sigma^2)t=\left(0.15-0-\frac{1}{2}0.3^2\right)\frac{1}{12}=0.00875$$

이에 대한 월 표준편차는 다음과 같다.

$$\sigma\sqrt{t}=0.3\sqrt{\frac{1}{12}}=0.0866$$

표준정규분포에서 68.27%의 확률로 구간 (−1,+1) 사이에 있고, 95.45%의 확률로 구간 (−2,+2) 사이에 있다. 그러므로 한 달의 기간상에서 주식의 연속복리수익은 68.27%의 확률로 0.00875±0.0866(즉, 수익은 −7.88%와 9.54% 사이)가 되고, 95.45%의 수익은 0.00875±2×0.0866(즉, 수익은 −16.44%와 18.19% 사이)가 된다.

$$-0.0788 \le \ln\left(\frac{S_{onemonth}}{50}\right) \le 0.0954 \qquad \text{확률} = 68.27\%$$

$$-0.1644 \le \ln\left(\frac{S_{onemonth}}{50}\right) \le 0.1819 \qquad \text{확률} = 95.45\%$$

각 항에서 로그 함수를 풀면(예를 들어 $\$50e^{-0.0788} = \$46.22$, $e^{\ln\left(\frac{S_{onemonth}}{50}\right)} = S_{onemonth}/50$ 등으로) 다음과 같은 가격의 예측구간을 구할 수 있다.

$$\$46.22 \le S_{onemonth} \le \$55.06 \qquad \text{확률} = 68.27\%$$

$$\$42.35 \le S_{onemonth} \le \$62.09 \qquad \text{확률} = 95.45\%$$

같은 방식으로 다른 기간 선상에서 하나의 표준편차와 2개의 표준편차 구간을 구할 수 있다. 이를 통해 〈표 10-1〉과 같이 각 기간 선상에서 68.27%와 95.45% 예측구간을 구할 수 있다. 예를 들어 1일 기간 선상에서 $50 주식은 95.45%의 확률로 $48.47와 $51.61 사이에 위치한다. 5년 기간 선상에서 이 주식은 95.45%의 확률로 $22.10와 $323.33 사이에 위치한다.

예제 7에서의 계산은 종종 손실확률(loss probability)과 위험노출(risk exposure)을 계산할 때 쓰인다. 이것이 위험(VaR)을 계산하는 방식이다. 주어진 기간 선상에서 주어진 확률을 가진 어떤 포지션에서 발생할 수 있는 손실의 규모를 평가하는 것이 VaR에 내재된 아이디어이다. 예를 들어, 〈표 10-1〉에서 1일 기간을 살펴보면 이 주식이 1일 기간 선상에서 $48.47 이하로 떨어질 확률은 2.275%이다. 1.96σ은 5%(20일에 1번) 발생확률에 대응하기에 이를 측정하는 것은 흔한 일이다.

표 10-1 표준편차에 따른 주식가격 분포

Horizon	Fraction of a Year	−2σ	−1σ	+1σ	+2σ
1 Day	0.0027	48.47	49.24	50.81	51.61
1 Month	0.0849	42.35	46.22	55.06	60.09
1 Year	1	30.48	41.14	74.97	101.19
2 Years	2	26.40	40.36	94.28	144.11
5 Years	5	22.10	43.22	165.31	323.33

다음 사례는 이번 절의 확률 계산이 시간 경과에 따른 포트폴리오 보험의 비용 분석에 어떻게 쓰이는지 보여준다.

3. 장기적 포트폴리오 보험(Long Run Portfolio Insurance)

주식 포트폴리오 보험의 비용은 최소한 보험 만기까지 증가하는 무이표채와 같다. 이것의 입증이 차익거래의 부재에 있음은 반박의 여지가 없는 사실이지만, 항상 결과에 대한 직관성을 제공하는 것은 아니다. 이 절의 결과를 활용하여, 장기간에 걸쳐 보험에 가입할 경우 증가하는 보험 비용을 고려한다면, 주식이 채권에 비해 낮은 수익률을 보이는 확률이 역사적으로 낮다는 것을 설명할 수 있다.

$S_t < K$일 확률은 식 (10.38)에 의해 주어진다. $K_T = S_0 e^{rT}$와 같이 선도가격과 행사가격을 맞추면서, 시간 0에서 산 주식이 시간 T에서 낮은 수익률을 거둘 확률을 식 (10.38)을 통해 계산할 수 있다. 식 (10.38)을 단순화하면 다음과 같다.

$$Pr(S_t < K_T) = N\left(\frac{\frac{1}{2}\sigma^2 - (\alpha - r)}{\sigma}\sqrt{T}\right) \tag{10.43}$$

그러므로 주식이 로그노말 분포라면, 주식이 무이표채보다 낮은 수익률을 거둘 확률은 분산의 절반인 $\frac{1}{2}\sigma^2$과 관련된 주식의 크기와 위험 프리미엄, $\alpha - r$에 의해 결정된다. 만일 위험 프리미엄이 높다면, 풋가격이 기간 선상에서 증가하더라도 장기적으로 페이오프할 가능성이 낮아질 것이다.

풋가격은 주식 수익률이 무이표채보다 낮을, $Pr^*(S_t < K)$위험중립확률에 의해 결정된다. 이 결과는 $\alpha = r$를 통해 다음과 같이 얻을 수 있다.

$$Pr^*(S_T < K_T) = N\left(\frac{1}{2}\sigma\sqrt{T}\right) \tag{10.44}$$

풋이 페이오프할 위험중립확률은 시간에 따라 증가한다. 하지만 풋가격이 시간에 증가하는 것을 설명하는 데에는 이것으로 충분치 않은데, 풋가격은 풋이 내가격에 있을 때 조건부로 주식가격에 의존하기 때문이다. 그렇지만 이 예시는 역사적으로 참인 확률이 어떻게 보험가격을 호도할 수 있는지 설명해준다.

4. 조건부 예측 가격(The Conditional Expected Price)

주어진 옵션이 내가격에서 만기가 될 때, 예상되는 주식가격은 어떻게 되는가? 정답은 내가격 만기 옵션에 따른 조건부 예측주식가격에 있다. 행사가격이 K인 풋에 대하여 $S_t < K$인 조건을 가진 예측주식가격 $E(S_t \mid S_t < K)$을 계산하고자 한다. 이 예측을 계산하기 위해서는 K 이하의 주식가격을 나타내는 확률밀도의 비율을 가지고 와야 한다.

이 절에서 수행할 계산을 이해하기 위해서 행사가격이 \$50이고 이 주식의 만기가격이 각각 1/8, 3/8, 3/8, 1/8의 확률로 \$20, \$40, \$60, \$80인 이항 모형을 고려해보자. 만일 풋이 만기에 내가격에 있을 때, 주식가격은 \$20 또는 \$40일 것이다. 주식가격과 확률을 곱한 값들을 더하면 다음의 값을 얻는다.

$$\sum_{S_t<50} Pr(S_t) \times S_t = \left(\frac{1}{8} \times \$20\right) + \left(\frac{3}{8} \times \$40\right) = \$17.50 \qquad (10.45)$$

\$17.50은 가능한 최하가격(\$20) 이하이기에 예측주식가격은 아니다. \$17.50을 $S_t < \$50$ 하의 조건부 주식가격의 부분적 예측이라 하자. 조건부 예측을 계산할 때, 0.5의 확률로 발생하는 $S_t < \$50$의 조건부 사건하에 있다. 여기서 부분적 예측을 조건부 사건($S_t < \$50$)이 발생할 확률로 나누면 조건부 예측으로 전환할 수 있다. 그러므로 조건부 예측은 다음과 같다.

$$\frac{1}{Pr(S_t < 50)} = \sum_{S_t<50} Pr(S_t) \times S_t = \frac{1}{0.5}\left[\left(\frac{1}{8} \times \$20\right) + \left(\frac{3}{8} \times \$40\right)\right] = \$35 \quad (10.46)$$

로그노말 분포된 가격의 계산 또한 유사하게 합 대신 적분을 사용하면 된다. $S_t < K$ 조건하의 부분 예측 S_t은 다음과 같다.

$$\int_0^K S_t g(S_t;S_0)\,dS_t = S_0 e^{(\alpha-\delta)t} N\left(\frac{\ln(K) - [\ln(S_0) + (\alpha-\delta) + 0.5\sigma^2)\,t]}{Pr(S_t < 50)}\right)$$

$$= S_0 e^{(\alpha-\delta)t} N(-\hat{d}_1) \qquad (10.47)$$

$g(S_t;S_0)$은 S_0 조건하의 S_t의 확률 농도이고, $\hat{d}_1$은 r 대신 α를 사용한 d_1의 블랙–숄즈이다.

$S_t < K$일 확률은 $N(-\hat{d}_1)$이다. 그러므로 $S_t < K$ 조건하의 S_t의 예측은 다음과 같다.

$$E(S_t \mid S_t < K) = S_0 e^{(\alpha-\delta)t} \frac{N(-\hat{d}_1)}{N(-\hat{d}_2)} \tag{10.48}$$

콜의 경우, $S_t > K$ 조건하의 예측 가격에 관심을 갖게 된다. $S_t > K$ 조건 하의 S_t의 부분 예측은 다음과 같다.

$$\int_K^{\infty} S_t g(S_t;S_0)\,dS_t = S_0 e^{(\alpha-\delta)t} N\left(\frac{\ln(S_0)-\ln(K)+(\alpha-\delta)+0.5\sigma^2)t}{\sigma\sqrt{t}}\right) \tag{10.49}$$

$$= S_0 e^{(\alpha-\delta)t} N(\hat{d}_1)$$

앞에서 무위험 이자율 대신 주식의 예측 수익률 α를 내재한 사실을 제외하면 두 번째 항은 $N(d_1)$의 블랙–숄즈 표현이다. 이 조건부 예측은 다음과 같다.

$$E(S_t \mid S_t > K) = S_0 e^{(\alpha-\delta)t} \frac{N(\hat{d}_1)}{N(\hat{d}_2)} \tag{10.50}$$

5. 블랙–숄즈 공식

식 (10.38), 식 (10.39), 식 (10.48), 식 (10.50)을 활용하여 체험적으로 블랙–숄즈 공식을 도출할 수 있다. 블랙–숄즈 공식은 위험중립을 가정함으로써 도출 가능하다. 이 경우에 주식의 예측수익률 α는 무위험이자율 r과 같을 것이다. 위험중립 로그노말 확률밀도를 g^*, 위험중립확률의 기댓값을 E^*, 이 확률들을 Pr^*로 표기하면, 주식에 대한 유럽식 콜옵션의 가격은 다음과 같을 것이다.

$$C(S,K,\sigma,r,t,\delta) = e^{-rt} \int_K^{\infty} (S_t - K) g^*(S_t;S_0)\,dS_t$$

$$= -e^{-rt} E^*(S-K \mid S>K) \times Pr^*(S>K)$$

위 식은 다음과 같이 다시 쓸 수 있다.

$$C(S,K,\sigma,r,t,\delta)=e^{-rt}E^{*}(S|S>K)\times Pr^{*}(S>K)-e^{-rt}E^{*}(K|S>K)Pr^{*}(S>K)$$

식 (10.38)과 식 (10.50)에서 $\alpha=r$로 두면 다음과 같이 정리된다.

$$C(S,K,\sigma,r,t,\delta)=e^{-rt}SN(d_1)-Ke^{-rt}N(d_2) \qquad (10.51)$$

이것이 블랙-숄즈 공식이다.

유사하게, 주식에 대한 유럽식 풋옵션에 대한 공식은 다음과 같이 도출된다.

$$P(S,K,\sigma,r,t,\delta)=e^{-rt}E^{*}(K-S|K>S)\times Pr^{*}(K>S)$$

위 식을 다시 쓰면, 다음과 같다.

$$P(S,K,\sigma,r,t,\delta)=e^{-rt}E^{*}(K|K>S)\times Pr^{*}(K>S)-e^{-rt}E^{*}(S|K>S)Pr^{*}(K>S)$$

그리고 식 (10.39)와 식 (10.48)에서 $\alpha=r$로 두면 다음과 같이 정리된다.

$$C(S,K,\sigma,r,t,\delta)=Ke^{-rt}N(-d_2)-e^{-\delta t}SN(-d_1) \qquad (10.52)$$

V. 로그노말 분포의 매개변수 추정

이 절에서는 로그노말 분포인 가격 데이터의 평균과 분산을 어떻게 추정하는지 살펴볼 것이다.

주식이 로그노말 분포일 때, 식 $S_t=S_{t-h}e^{(\alpha-\delta-\sigma^2/2)h+\sigma\sqrt{h}z}$에 따라 가격 S_t는 $t-h$ 시점에 관찰된 이전의 가격으로부터 도출된다. 매일의 관측자료를 가지고 있다고 가정하자. 어떻게 평균과 표준편차를 추정할 수 있을 것인가?

$$\ln(S_t)=\ln(S_{t-h})+(\alpha-\delta-\sigma^2/2)h+\sigma\sqrt{h}z$$
$$E[\ln(S_t/S_{t-h})]=(\alpha-\delta-\sigma^2/2)h$$
$$Var[\ln(S_t/S_{t-h})]=\sigma^2 h$$

가까운 시점 가격들의 로그 비율을 사용함으로써, 연속복리평균과 분산을 계산할 수 있다. α를 추정하기 위해서는 평균의 추정치에 분산의 추정치의 절반을 더해야 한다.

〈예제 8〉

〈표 10-2〉에는 7주간의 주식가격 관측자료와 함께 그로부터 계산된 연속복리수익률이 있다. 그 값들의 평균과 표준편차를 세 번째 열에 계산할 수 있다. 이 자료들은 주간 관측자료이기 때문에, 로그가격비율의 주간 평균과 주간 표준편차를 추정할 것이다.

〈표 10-2〉의 두 번째 열의 평균은 0.006745이고 표준편차는 0.038208이다. 연간으로 환산한 표준편차는 $0.038208 \times \sqrt{52} = 0.2755$이다. 평균을 해석하기 위해선 두 가지 조정이 필요하다. 첫째, 연간으로 환산해야 한다. 둘째, 로그 수익들의 평균을 계산했기 때문에, 분산의 절반을 다시 더해야 한다. 그러므로 연평균 기대 수익은 다음과 같다.

$$0.006745 \times 52 + 0.5 \times 0.2755^2 = 0.3887$$

표 10-2 7주간의 주식가격과 연속복리수익률

Week	Price($)	$\ln(S_t/S_{t-1})$
1	100	–
2	105.04	0.0492
3	105.76	0.0068
4	108.93	0.0295
5	102.50	−0.0608
6	104.80	0.0222
7	104.13	−0.0064

가격들은 30%의 표준편차와 10%의 평균을 가정하여 무작위로 만들어졌다. 오직 여섯 개의 관측자료만 있음에도 불구하고, 표준편차 추정치는 실제 값인 30%에 상당히 가깝다. 그러나 평균의 추정치는 꽤 차이가 난다.

추정치와 실제 기초자산의 매개변수를 비교하기 위해 예문에서 가상의 데이터를 이용했고, 이것은 현실 데이터로는 할 수 없는 것이다. 이 예가 보여주는 것처럼 평균은 어디서 시작하고 어디서 끝났는지의 차이에 의해 결정되기 때문에, 평균 수익률은 정확하게 추정하기 어렵다. 만약 $100의 가격에서 시작하고 $104에서 끝낸다면, 중간의 가격들은 관련이 없다. 만약 데이터가 큰 음의 주간 수익률(−20%라 하자)을 가졌다면 이것은 큰 양의 수익률(대략 +20%)로 상쇄되어야 하며, 그렇지 않으면 104로 끝나지 않게 될 것이다. 많은 양의 빈번한 관측자료를 갖고 있는 것은 평균 수익률을 추정하는 데 도움이 되지 않는다. 도움이 되려면 긴 시간 간격을 가져야 하며, 7주는 충분히 길지 않다.

통계적 이론은 추정한 평균의 정확성에 대해 알려준다. 확률변수가 정규분포를 따를 때, 평균추정치의 표준편차는 변수의 표준편차를 관측자료 수의 제곱근으로 나눈 값이다. 이 예문의 데이터는 $0.3/\sqrt{52}=0.0416$의 실제 주간 σ값을 이용하여 만들어졌다. 이 값을 $\sqrt{6}$로 나누면(수익률 관측자료가 6개이기 때문에) 0.017이 된다. 그러므로 추정한 평균의 표준편차는 주간 기준으로 1.7%, 연으로 환산하면 12.25%가 된다. 연 환산 연속복리평균이 38%±12.25%에 속할 확률이 68%이다. 95%의 신뢰 구간은 38%±24.5%으로 넓은 범위이다. 심지어 10년간의 주간 데이터를 이용하더라도 추정한 연 환산 평균의 표준편차는 $30\%/\sqrt{520}=1.3\%$가 된다.

표준편차를 추정할 때, 가격의 변동에 관심이 있는 것이다. 더 많은 관측자료를 가지고 있을수록 변동을 더 정확하게 추정할 수 있다. 6개의 관측자료로는 표준편차의 95% 신뢰구간이 대략 ±18%이다. 관측자료 수가 26개만 되어도 95% 신뢰구간은 ±8%로 줄어든다. 더군다나 평균과 다르게 더 빈번한 관측을 함으로써 표준편차 추정의 정확성을 높일 수 있다. 일반적으로 표준편차가 평균보다 추정하기 더 용이하다.

이번 논의에서 분산이 시간이 지남에 따라 변하지 않는다고 가정하였다.

그러나 분산이 시간에 따라 변화한다는 충분한 증거가 있으며, 이처럼 변하는 분산을 추정하기 위해선 복잡한 통계적 방법이 사용된다.

그리고 당신은 실제로 매우 좁은 간격(예를 들어 시간 단위 가격)의 데이터를 사용하는 것이 정확성을 높여주지 않는다는 것을 알아야 한다. 짧은 시기 동안에는 bid-ask bounce(bid-ask 스프레드의 변동)와 같은 요소들이 측정하려 하는 값들과 관련 없는 가격 노이즈들을 만들어 낼 수 있다.

VI. 자산 가격은 어떻게 분포되어 있는가?

로그노말 모형은 주식수익률이 시간에 독립적(오늘의 수익률이 미래 수익률에 영향을 끼치지 않는다)이라고 가정한다. 따라서 평균과 위험이 시간에 따라 일정하며, 연속복리수익률이 정규분포를 따른다. 그러나 내재변동성이 각기 다른 행사가격을 가진 옵션마다 달라진다는 것을 알고 있다. 하나의 가능한 설명은 주식가격이 로그노말 형태로 분포되어 있지 않다는 것이다. 로그노말 분포(또는 다른 특정한 분포)가 실제 주식가격에 대한 합리적인 근사치라고 할 수 있는가?

1. 히스토그램

로그노말 분포인지 확인하는 하나의 방법은 단순히 연속복리수익률들을 히스토그램에 표시하고 결과의 분포가 정규분포인지를 보는 것이다. [그림 10-4]의 상단에는 S&P 500 지표와 IBM의 10년간 일일 수익률 히스토그램이 나타나 있다. 하단에는 주간 수익률의 히스토그램이 있다. 또한 각 그래프에 나타나 있는 것은 수익률들의 역사적인 평균과 표준편차를 이용하여 계산된 정규분포이다. 몇몇의 관측자료들은 이에 들어맞는다.

그러나 히스토그램 중 어느 것도 정확한 정규분포를 취하고 있지는 않다.

그림 10-4 S&P 500과 IBM의 주가 수익률

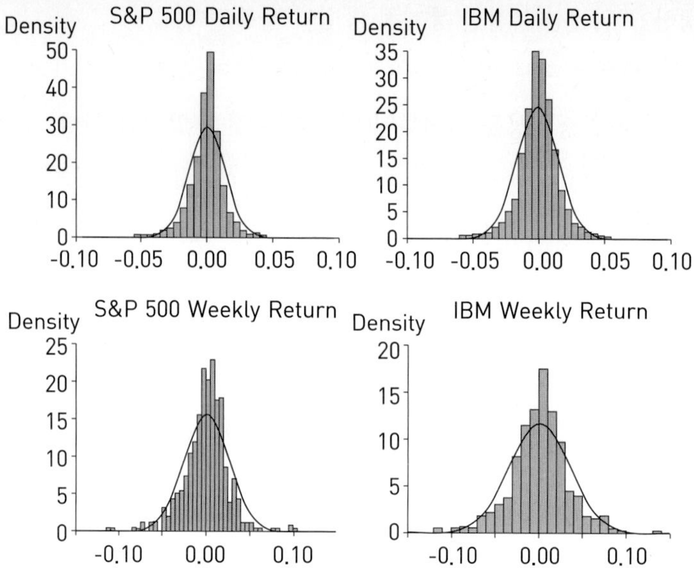

모든 히스토그램이 0 주변에서 정점을 보이고 있다. 이러한 정점이 있느냐 없느냐를 첨도(kurtosis, 분포의 정점이 얼마나 가파른가를 나타내는 척도)라 하며, 그래프는 급첨도(leptokurtosis)를 보이고 있다.

정규분포를 따르는 확률변수에 대해 첨도는 3의 값을 갖는다. [그림 10-4]에 표시된 데이터에선 S&P와 IBM의 첨도가 각각 일일 수익률로는 8.03과 9.54, 주간 수익률로는 4.68과 5.21이다. 정점이 팻 테일(fat tails)을 동반하고 있기 때문에, 로그노말 모형에서 예측하는 것보다 막대한 수익이 더 자주 발생한다. 이러한 형태들이 주식 수익률의 전형적인 모습이다.

수익률이 비정규분포의 형태를 나타내는 데는 여러 가지 가능한 설명이 있다. 하나는 주식가격이 매 시간마다 불연속적으로 움직인다는 것이다. 이런 움직임에 대해 다음 장에서 논의할 것이다. 또 다른 설명은 수익률이 정규분포이지만, 시간에 따라 변하는 분산을 갖고 있다는 것이다. 만약 실제 일일 수익률들이 시간의 반은 1% 변동성, 반은 2% 변동성을 갖는 분포에서 도출된다면, 주식가격 히스토그램은 팻 테일의 모양으로 나타날 것이다. 이런 두 분포의 조합을 일반적으로 정규혼합모형(mixture of normals model)이라고 한다. 단기 수익률들을 합한 결과인 장기 수익률들은 여전히 정규분포로 나타날 것이다.

2. 정규확률플롯(Normal Probability Plots)

[그림 10-5]는 [그림 10-4]와 같은 자료를 이용하여 정규확률플롯을 나타낸 것이다. 이 플롯들은 정규분포인지를 평가하는 데 있어 히스토그램을 대체할 수 있는 방법이다. 우리는 정규확률플롯을 정규분포를 평가하는 도구이자 동시에 몬테카를로 시뮬레이션(Monte Carlo simulation)을 토의하는 데 있어 쓰일 기법으로 알아볼 것이다. 이 플롯들의 해석은 간단하다. 만약 데이터의 점들이('+'로 표시되어 있는) 그래프에 있는 직선을 따라 배열되었다면, 데이터는 정규분포와 일치한다. 만약 데이터가 곡선의 형태로 되어 있다면 정규분포라고 보기 힘들다. 그러므로 [그림 10-5]의 두 가지 경우 다 정규분포가 아니다. 선의 좌측에는 낮은 값들이 선의 우측에는 높은 값들이 너무 많이 있기 때문이다. 플롯들을 해석해보면 극단적으로 낮거나 높은 수익률이 정규분포일 때보다 더 자주 발생하게 된다.

그림 10-5 S&P 500과 IBM 주가수익률의 정규확률플롯

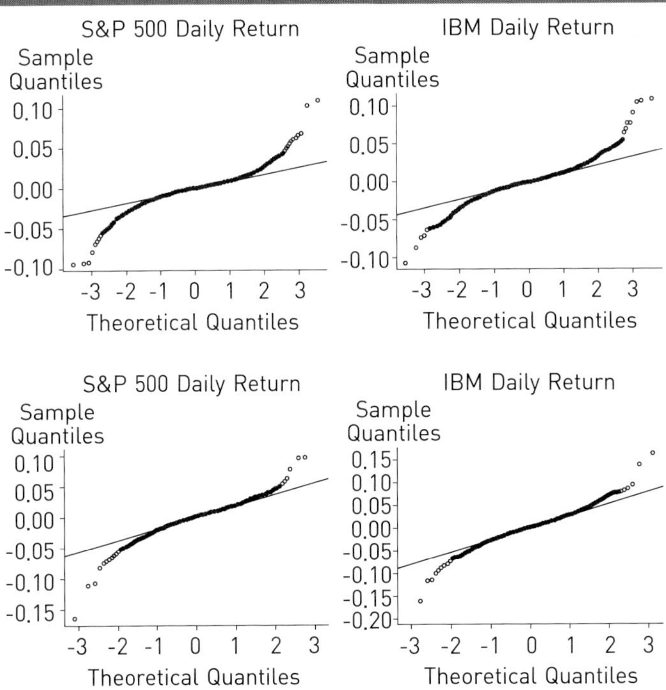

S&P 지수와 IBM 둘 다 주간 수익률의 관측자료들이 직선에 더 가깝다는 점에서 일일 수익률에 비해 정규분포에 가깝다. 이것은 중심극한정리로부터 기대되는 관계이다. 주간 수익률은 일일 수익률의 합이다. 만약 일일 수익률이 독립적이고 동일하게 분포되어 있다면, 일일 수익률의 합은 정규분포로 나타날 것이다.

어떻게 정규분포 플롯이 구성되는지를 보기 위하여 간단한 예를 살펴보자. 먼저 순서통계량(order statistics)과 분위수(quantiles) 두 가지 개념에 대해 정의해야 한다. 누적 분포 함수 $F(x)$를 갖는 어떤 분포로부터 임의로 n개의 확률변수를 선택한다고 하자(정규분포라면 $F(x)=N(x)$이다). 만약 데이터를 오름차순으로 정렬한다면, 그 정렬된 데이터를 순서통계량이라 한다.

〈예제 9〉

하나의 분포로부터 다섯 번을 뽑아서 값 7, 3, 11, 5, 4를 얻었다고 하자. 순서통계량은 3, 4, 5, 7, 11이다.

분포 F의 q번째 분위수는 $F(x) \geq q$를 만족하는 가장 작은 값 x이다. 말로 표현하면 q번째 분위수는 x보다 작거나 같은 값을 뽑을 최소한의 확률이 q가 되는 x값을 말한다.

〈예제 10〉

z를 표준정규분포라 하자. 10% 분위수는 표준정규분포로부터 뽑은 값이 그 수보다 작을 확률이 10%인 수이다. 역누적함수를 이용하면 $N^{-1}(0.10)=-1.282$이다. 그러므로 10% 분위수는 -1.281이다. 30% 분위수는 $N^{-1}(0.3)=-0.524$가 된다.

정규확률플롯은(정규분포 외에 어떠한 분포에도 적용 가능하다) 데이터의 분위수 사이의 거리를 정규분포의 분위수 사이의 거리와 비교하기 위한 것이다. 만약 그것들이 같다면 정규확률플롯은 직선이 된다.

어떻게 이런 결과가 되는지 확인하기 위해 예제 9에 있는 5개의 값이 있다고 하자. 분위수를 측정점에 할당해야 하며, 5개의 측정점이 있기 때문에 분위

그림 10-6 예제 9와 정규분포 N(0,1)의 정규확률플롯

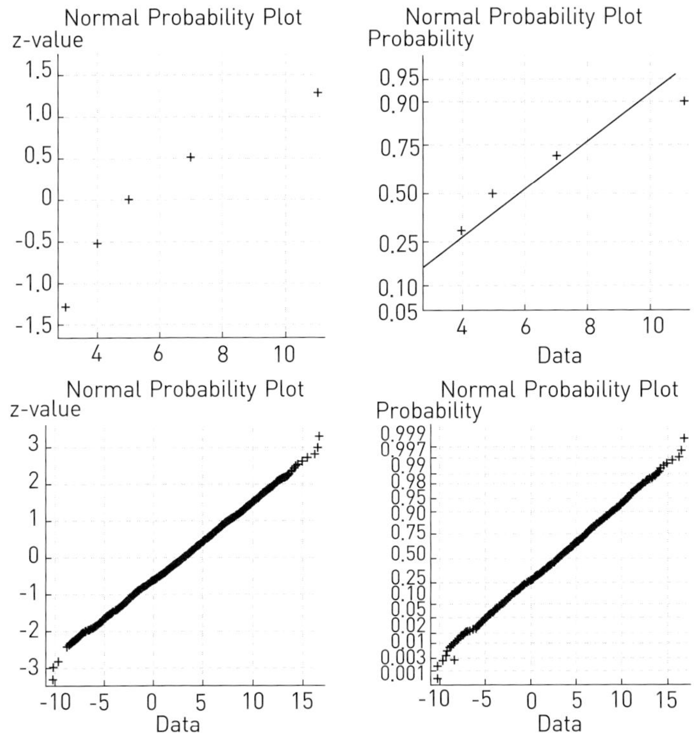

수도 5개가 필요하다. 0~100%를 0~20%, 20%~40%와 같은 식으로 구간을 나눈다. 순서통계량을 이 구간들의 중간 지점에 할당하면, 3은 분위수 값 10%에, 4는 30%, 5는 50%, 7은 70%, 11은 90%에 할당된다. 정규확률플롯은 이 점들을 표준정규분포의 관련 분위수에 해당하는 점들과 대응하여 그린다.

[그림 10-6]의 좌측 상단에는 해당하는 표준정규분포의 z값에 대응되는 측정점들과 함께 예제 9의 데이터에 대한 정규플롯이 나타나 있다. 우측 상단에는 y축이 z값에 대응되는 확률로 바뀐 것 외에는 똑같다. 단지 5개의 점뿐이기 때문에 오류가 있을 확률이 상당히 존재하지만 데이터는 정규분포가 아닌 것으로 나타난다.

[그림 10-6]의 하단에는 $N(0,1)$ 분포로부터 나온 임의의 점 1,000개가 두 개의 다른 y축에 대해 정규확률플롯으로 나타나 있다. 이 경우 데이터가 선을 따라 배열되어 있으며 따라서 정규분포로 나타나고 있다. 모든 정규확률플롯에

있어 직선은 데이터의 25%와 75% 분위수를 연결시켜서 그려진다. 본질적으로 정규확률플롯은 y축의 눈금을 변화시켜서 누적 정규분포가 S모양의 곡선보다는 직선이 된다.

3. 내용 요약

정규분포는 다음과 같은 특성을 가지고 있다. 첫째, 대칭적이다. 즉, 좌우측이 각자의 거울상(mirror image)이다. 둘째, 양과 음으로 무한까지 간다. 즉, 비록 그럴 가능성이 크지 않더라도 분포로부터 어떠한 숫자도 나올 수 있다. 셋째, 단봉분포(unimodel)이다. 즉, 하나의 최고점이 평균에서 발생한다. 넷째, 정규확률변수의 합은 정규분포이다.

로그노말 분포는 연속복리수익률이 정규분포라는 가정에서 도출된다. 로그노말 분포는 다음과 같은 특성을 가지고 있다. 첫째, 오른쪽으로 편향되어 있다. 둘째, 0에서 양으로 무한까지 가며, 음의 결괏값은 불가능하다. 셋째, 단봉분포이며, 하나의 최고점이 평균의 좌측에서 발생한다. 넷째, 로그노말 확률변수의 곱은 로그노말 분포이다.

블랙-숄즈 공식은 위험중립확률을 이용한 간단한 로그노말 확률 계산으로부터 도출된다. 블랙과 숄즈의 공헌은 특정한 공식이 아니라 식에 있는 무위험이자율의 등장이다.

일일과 주간 연속복리수익률에 대해 히스토그램과 정규확률플롯을 살펴봄으로써, 정규분포 수익률에 비해 매우 과다한 수익률이 발생함을 확인했다. 연속복리수익률이 엄밀하게 정규분포로 나타나진 않았지만, 블랙-숄즈 모형과 로그노말 분포의 가정은 빈번히 사용된다.

CHAPTER

11

몬테카를로 시뮬레이션

CHAPTER

11

I. 서론

파생상품은 가치평가모델을 통해서 또는 이항분포적으로 가치를 평가할 수 있다. 그러나 많은 일반적인 파생상품들은 각각의 다른 방법이 필요하다. Arithmetic Asian Option이 대표적인 예이다. 어떠한 간단한 가치평가모델은 존재하지 않으며, 흔히 쓰이는 이항분포가격측정모델은 적용하기 어려운데 이는 최종적인 수익이 tree를 통한 주가가 어떠한 특정 경로를 거치는지에 달려있기 때문이다. 즉, 수익은 경로 의존적이기 때문이다. 이럴 때 사용 가능한 가격결정방법이 몬테카를로 가치평가모델이다. 몬테카를로 가치평가모델을 통해서, 미래 주식가격을 측정할 수 있으며, 측정된 가격을 활용하여 옵션의 할인된 기대수익을 계산할 수 있다.

몬테카를로 가치평가는 자산이 평균적으로 무위험 수익률을 얻을 수 있고, 이러한 무위험 수익률로 기대수익을 할인한다는 것을 가정하는 위험중립적인 분포를 활용한다. 추후 이 리포트에서는 위험중립적인 가격측정은 몬테카를로 가치평가의 초석임을 알아 볼 것이며, 실제 분포를 대신 활용하여 정교한 할인 문제를 만들어 낼 수 있다는 것 또한 분석할 것이다.

몬테카를로 모형을 활용하여 증권의 가능한 미래 가치를 측정할 수 있다. 따라서 몬테카를로 모델의 부산물로서 수익의 분포 또한 생성할 수 있다. 이 분포는 각기 다른 수익 분포를 가지고 있는 두 개의 투자 전략을 비교할 때 강력하게 사용될 수 있다. 복잡한 포트폴리오의 VAR을 계산할 때도 몬테카를로 모형은 활용된다.

이 장에서는 (1) 위험중립적 가치평가에서의 몬테카를로의 중요성, (2) 정규난수(normal random numbers)를 생성하는 방법, (3) 몬테카를로의 효율성, (4) 데이터에서의 non lognormal 패턴에 대한 이해를 돕기 위한 포아송 분포의 도입, (5) 서로 상관이 있는 임의주가를 측정하는 법을 알아볼 것이다.

II. 할인된 기대가치를 가진 옵션가격측정

옵션 가치평가는 모든 자산들이 무위험 수익률을 얻으며 투자자들은 이 수익률로 할인하는 것을 가정한다. 구체적으로는, 행사될 권리(V)의 시간가치를 다음과 같이 측정한다.

$$V[S(0),0]=e^{-rT}E_0^*[V(S(T),T)] \tag{11.1}$$

여기서 E_0^*은 위험중립분포를 활용하여 기간 T일 때 측정된 기댓값이다. 몬테카를로 가치평가모델은 이러한 과정을 이용한다. 이때, 모든 자산들이 무위험 수익률을 갖는다고 가정한다. 예를 들어, 지금으로부터 3개월 뒤의 임의의 주식가격의 수익을 측정할 수 있다. 이는 추정 값인 $E_0^*[V(S_T),S_T]$를 제공한다. 이 과정 속에서 위험중립적인 가치평가를 사용하기 때문에, 무위험 수익률로 평균 수익을 할인한다.

현실적으로는, 몬테카를로 가치측정모델이 대단히 중요하게 위험중립적 가치평가에 의존적이다. 왜 이렇게 위험중립적 가치평가에 의존적인가 알기 위해서, 위험중립적이고 실제 가능성을 활용한 기대 가치로 표현되는 옵션가격을 측정해볼 것이다.

1. 위험중립적 확률을 통한 가치평가

단일 기간의 이항옵션 가격측정 계산을 기대 가치로 해석할 수 있으며, 이때 기대 가치는 위험중립적 확률 p^*로 계산되며, 할인은 무위험 이자율로 이루어진다.

다중 기간 모델에서는, 이러한 과정을 모델의 마디마다 반복한다. European option의 경우에는, 이항모형을 후방으로 활용해 측정된 결괏값이 최종기간에 무위험 이자율로 할인된 기대 옵션가격과 동일하다. N개의 이항 기간이 있다면, 식은 다음과 같다.

$$i\text{번째 마디에서의 확률} = p^{*\,n-i}(1-p^{*})^{i}\frac{n!}{(n-1)!i!} \tag{11.2}$$

이 식은 만기 시 모든 주식가격을 측정할 수 있는 확률을 보여준다. N이 이항 단계의 수를 의미하며 i는 주식가격이 하락한 횟수를 의미한다. 기대 옵션 수익을 이항모형의 최종 마디에서 측정하며 무위험 이자율로 할인하여, European call option을 가치평가할 수 있다. 이렇게 측정된 European call option의 가격을 다음의 공식으로 표현할 수 있다.

European call option price

$$= e^{-rT}\sum_{i=0}^{n} max[0, Su^{n-i}d^{i} - K](p^{*})^{n-i}(1-p^{*})^{i}\frac{n!}{(n-1)!i!} \tag{11.3}$$

이 계산의 이해를 돕기 위해 [그림 11-1]을 살펴보면, 각각의 최종 마디에 도달할 때의 총 위험중립확률을 주식가격모델에서 확인할 수 있다. [그림 11-1]은 최종 마디에 도달할 때의 확률을 활용하고 무위험 이자율로 할인한 만기 시 기대수익을 계산하여 옵션가격을 측정할 수 있다는 것을 보여준다.

또한 [그림 11-1]의 모델을 통해 몬테카를로 가치측정모형 또한 설명할

그림 11-1 다기간 이항모형

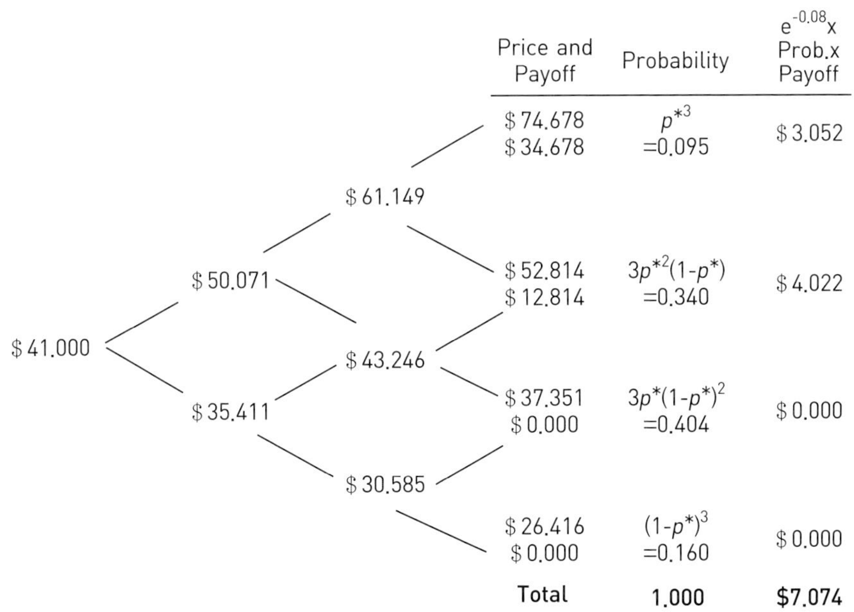

수 있다. 4개 영역으로 불균형하게 나눠진 gambling wheel의 경우라고 생각해 볼 때, 각각의 영역은 [그림 11-1]의 각각의 수익률에 해당하는 확률을 의미한다. 즉, 9.5%($34.678), 34%($12.814), 40.4%(0), 16%(0)을 의미한다. 따라서 gambling wheel의 각 spin은 [그림 11-1]의 최종 주식가격 마디 중 하나를 뽑게 되며 이로써 옵션수익이 결정된다. 만약 wheel을 수백 번 던져 측정된 옵션가치를 평균낼 경우, 기대수익의 추정값을 얻을 수 있다. 이 기대수익을 무위험 이자율로 할인하면 옵션가치 추정값을 계산할 수 있다.

2. 실제 확률을 활용한 가치평가

[그림 11-1]의 위험중립적 모델의 수익을 할인하기 위해 사용한 간단한 과정은 실제 확률로 계산할 경우에는 적용이 불가능하다. 사실 현실의 실제 확률을 사용한 기대 가치로 표현되는 옵션가격을 계산하기 위해서는 각각의 경로의 할인율을 계산해야 한다. 주식가격의 가능한 8가지 경로가 있으며, 그중 4개는 양의 옵션수익을 갖는다. 모든 경로는 첫 기간의 연간 연속복리할인율로 35.7%를 갖는다. 후행하는 할인율은 주식이 따르는 각각의 경로에 따라 다르다. 〈표 11-1〉은 경로 의존적인 할인율이 주어졌을 때, 할인된 수익이 정확한 옵션가격을 보여준다는 것을 나타낸다. 첫 번째 행을 살펴보았을 때, 할인된 기대옵션수익은 다음과 같이 계산될 수 있다.

$$e^{-(0.357\times\frac{1}{3}+0.323\times\frac{1}{3}+0.269\times\frac{1}{3})}\times(0.5246)^3\times(\$74.678-\$40)=\$3.649$$

이 계산은 해당 주식이 불특정한 어떤 기간에 오른다는 확률이 52.46%라는 실제 확률을 기반하고 있다.

〈표 11-1〉에서 보여지듯이, 주식이 취할 수 있는 각각의 경로에서 상이한 누적 할인율을 가지는 것은 반드시 필요하다. 콜옵션은 외가격일 때(OTM) high-beta 증권이며, 내가격(ITM)일 때 lower-beta 증권이다. 할인율에서의 이러한 변화는 주식가격의 실제 분포를 활용할 때 할인을 보다 복잡하게 만든다.

표 11-1 기대가치 계산과 실제 확률을 활용한 옵션가격측정

경로	경로 중 할인율			경로 최종 할인율	경로 확률	수익	할인된 금액($) (확률*수익)
uuu	35.7%	32.3%	26.9%	31.64%	0.1444	34.678	3.649
uud	35.7%	32.3%	26.9%	31.64%	0.1308	12.814	1.222
udu	35.7%	32.3%	49.5%	39.18%	0.1308	12.814	1.133
duu	35.7%	49.5%	49.5%	44.91%	0.1308	12.814	1.07
udd	-	-	-	-	-	0	0
dud	-	-	-	-	-	0	0
ddu	-	-	-	-	-	0	0
ddd	-	-	-	-	-	0	0
						합계	7.074

위험중립적 가치평가는 옵션의 할인된 현금 흐름 가치평가 기술에 관련된 가장 어려운 문제를 회피한다는 특징이 있다. 만약 주식이 로그 정규분포를 가지고 있을 경우 옵션의 기대수익을 구하는 것은 쉽지만, 할인율을 구하는 것은 어렵다. 만약 모든 주식이 위험중립적이라는 가정하에 옵션을 가치평가한다면, 위의 어려움은 극복될 수 있다.

III. 난수 계산

이 부분은 몬테카를로 가치평가모델에 필요한 정규분포를 가진 난수를 측정하는 방법에 관한 것이다. 획일화된 분포는 가능성이 1인 특정한 범위에서 정의되며, 범위 내의 동일한 길이의 매 간격에 모두 일정한 확률을 배정한다. 간격(a,b)에서 일정하게 분포되어 있는 임의의 변수, u는 $U(a,b)$라는 분포를 가진다. 균등한 확률 밀도 $f(x;a,b)$는 다음과 같이 정의된다.

$$f(x;a,b)=\frac{1}{b-a};a\leq x\leq \delta$$

아니면 혹은 0으로 정의된다. $a=0$이고 $b=1$일 경우, 균일한 분포는 1을 높이로 가지며 범위는 0에서 1에 분포하는 평평한 수평선이다.

획일하게 분포된 임의 변수를 그리는 것은 굉장히 어렵지 않다. 가상적으로 모든 프로그래밍 언어와 스프레드시트는 이를 위한 방식이 내재되어 있다. 예를 들어 엑셀 프로그램에 탑재되어 있는 함수인 Rand가 있다. 균등하게 분포된 임의 변수를 계산하기 위한 방법을 알고 있다면, 어떤 분포에 형성되어 있는 모든 임의 숫자들을 측정하는 것이 가능함을 알 수 있다.

$u \sim U(0,1)$이고 $z \sim N(0,1)$라고 가정한다. (w)가 균등함을, $N(y)$가 정규를 의미하는 누적분포함수는 $u<w$이거나 $z<y$일 때의 확률을 의미한다.

이때 w는 $U(w)$의 분위를 의미하며, $N(y)$는 이 두 분포를 의미한다. 만약 일정한 숫자 u를 무작위로 그릴 때, 이에 상응하는 정규 난수 z를 구성할 때 어떻게 u를 활용할 수 있는가?

균등 난수로부터 정규 난수를 측정할 수 있다. 균등 분포의 무작위 추출을 숫자로 해석하는 것 대신에, 이를 분위로 해석한다. 따라서 예를 들어, $u(0,1)$ 분포에서 0.7을 추출해낼 때, 이를 70% 분위에 상응되는 추출이라고 해석한다. 이어서 $N^{-1}(u)$ 역분포 기능을 활용하여 그 분위에 상응하는 정규분포에서의 값을 찾을 수 있다. 모든 분포에서 분위는 균일하게 분포되어 있기 때문에 이 기법은 활용 가능하다. 분포에서 선출할 때, 정의 그대로 어떤 분위 간에 균등하게 선출된다. 이때 알고리즘은 다음과 같다.

Step 1: 0과 1 사이에 균일하게 분포된 난수를 생성한다. 이때 난수가 0.7이라고 가정해보자.

Step 2: $N(z)=0.7$일 때 z의 값은 얼마일까? 이 질문에 대한 답은 역 누적분포 함수를 활용하여 계산 가능하다. 이 값은 표준정규확률변수에서 단일추출값(0.5244)이다.

Step 3: 반복한다.

위의 과정은 정규분포에서의 추출을 의미한다. 로그정규확률변수를 계산하기 위해서는 정규확률변수를 시뮬레이션하고 이 추출을 거듭 제곱한다.

역누적 확률분포를 활용한 과정은 역누적 분포를 계산할 수 있는 모든 분포에 적용된다는 점에서 가치가 있다.

IV. 로그 정규 주식가격 시뮬레이션

Z가 $N(0,1)$의 분포를 따를 때, 로그 정규 주식가격은 다음과 같이 표현될 수 있다.

$$S_T = S_0 e^{(\alpha-\delta-\frac{1}{2}\sigma^2)T+\sigma\sqrt{T}Z} \tag{11.4}$$

오늘로부터 2년 뒤의 무작위 주식가격을 추출한다고 가정한다. 위의 식 (11.4)에서, 주식가격은 정규분포 확률변수 Z로부터 산출 가능하다. $T=2$, $\alpha=0.10$, $\delta=0$, $\sigma=0.3$을 대입한다. 이후 표준정규분포의 Z의 한 세트를 임의로 추출하고 결과를 식 (11.4)에 대입하면, 로그 정규분포된 S_2의 임의의 한 세트가 값으로 계산된다. 이때의 연속복리수익률은 20%으로 추정되며(매년 10%) $\ln(S_2)$의 연속복리 표준편차는 $0.3\times\sqrt{2}=42.43\%$가 된다.

현재로부터 2년 후 주식가격의 임의의 무작위 집합을 구하는 또 다른 방법이 있다. 연간 임의 가격을 계산한 후에 이를 복리계산 시에는 만기 2년 가격을 구할 수 있다. 이 숫자를 토대로 2년 가격에 관한 분포를 만들 수 있다.

$$S_1 = S_0 e^{(0.1-\frac{1}{2}0.3^2)\times1+\sigma\sqrt{1}\,Z(1)}$$

1년 가격, S_1을 구한다. 앞서 구한 S_1으로 S_2를 구한다.

$$S_2 = S_0 e^{(0.1-\frac{1}{2}0.3^2)\times1+\sigma\sqrt{1}\,Z(2)}$$

이 수식에서는 $Z(1)$과 $Z(2)$가 표준정규분포에서 추출된 두 개의 값을 의미한다. S_1값을 S_2에 대입할 경우,

$$S_2 = S_0 e^{(0.1 - \frac{1}{2}0.3^2)\times 1 + 0.3\sqrt{1}\,[Z(1)+Z(2)]} \tag{11.5}$$

$\sqrt{2}\,Z$값 대신에 새로운 값인 $[Z(1)+Z(2)]$를 갖는 점에서 새로 추출된 식 (11.5)과 식 (11.4)은 서로 상이하다.

$$Var(\sqrt{2}\,Z) = 2$$

$$Var[Z(1)+Z(2)] = 2$$

따라서 식 (11.4)와 식 (11.5)는 S_2와 같은 분포를 갖게 된다.

2년 뒤 임의의 주식가격을 시뮬레이션 하기 위해서는, 한 개의 확률변수 대신에 두 개의 확률변수를 추출할 필요는 없다. 하지만 2년 동안의 주식가격의 경로를 시뮬레이션 하고자 할 때에는 2개의 연도를 다수의 기간으로 나눠서 계산해야 한다(예를 들어 경로 의존적 옵션가격을 구할 경우).

일반적으로 T의 기간을 h 길이를 갖는 구간으로 나눌 때에는, 구간의 수는 $n = T/h$으로 표현된다.

$$S_h = S_0 e^{(\alpha - \delta - \frac{1}{2}\sigma^2)h + \sigma\sqrt{h}\,Z(1)}$$

$$S_{2h} = S_h e^{(\alpha - \delta - \frac{1}{2}\sigma^2)h + \sigma\sqrt{h}\,Z(2)}$$

따라서 이 계산을 반복할 경우는 다음과 같다.

$$S_{nh} = S_{(n-1)h} e^{(\alpha - \delta - \frac{1}{2}\sigma^2)h + \sigma\sqrt{h}\,Z(n)}$$

이때 n개의 주식가격은 0과 T라는 기간 동안의 주식가격 경로에 균일하게 찍힌 점들로 해석될 수 있다. S_h를 S_{2h}수식에 대입하고, S_{2h}를 S_{ah}에 대입하는 계산을 반복하게 되면, 다음과 같다.

$$S_T = S_0 e^{(\alpha - \delta - \frac{1}{2}\sigma^2)T + \sigma\sqrt{h}\,[\sum_{i=1}^{n} Z(i)]} = S_0 e^{(\alpha - \delta - \frac{1}{2}\sigma^2)T + \sigma\sqrt{h}\,[\frac{1}{n}\sum_{i=1}^{n} Z(i)]} \tag{11.6}$$

$\frac{1}{\sqrt{n}}\sum_{i=1}^{n} Z(i) \sim N(0,1)$이므로, 식 (11.4)처럼 단일 $N(0,1)$확률변수를 추출

하듯이, 식 (11.6)에서 기간 T일 때 동일한 분포를 얻을 수 있다. 그러나 문제를 N번의 추출로 나눠 S의 경로를 시뮬레이션 해야 한다. 경로의 시뮬레이션은 배리어 옵션과 아시안옵션처럼 경로 의존적인 파생상품의 가치를 구할 때 유용하다.

V. 몬테카를로 가치평가

몬테카를로 가치평가에서 식 (11.3)과 유사한 방식으로 계산하였다. 시간 T에서의 옵션의 payoff는 S_t의 함수로 표현된다. 이 payoff를 $V(S_t, T)$로 표현해 볼 때 시간 0에서의 몬테카를로 가격인 $V(S_0, 0)$는 다음과 같다.

$$V(S_0, 0) = \frac{1}{n}\ e^{-rT} \sum_{i=1}^{n} V(S_T^i, T) \tag{11.7}$$

$S_T^1 \cdots S_T^n$는 시간 T에서의 주식가격에서 임의로 선택된 n개의 가격이다. 예를 들면, 이러한 경우의 콜옵션의 가격은 $V(S_T^i, T) = max(0, S_T^i - K)$이다.

식 (11.2)와 식 (11.7) 모두 T시점에서의 주식의 가격분포에 대한 근사치를 옵션의 가격을 계산하기 위하여 사용하였다. 식 (11.2)는 이항 분포를 로그 정규 주식가격 분포를 근사하기 위하여 사용한 반면, 식 (11.7)은 로그 정규 주식가격분포를 근사하기 위하여 로그 정규 가격들을 시뮬레이션 하였다.

몬테카를로 테크닉에 대한 설명을 위하여, 먼저 이미 답을 알고 있는 문제에 대해서 살펴볼 것이다. 만약 T시점이 만기인 European 옵션을 가지고 있다고 가정하자. 기초자산의 변동성은 σ이고, 무위험 이자율은 r이다. 옵션가격을 정하기 위하여 블랙-숄즈 옵션가격설정 모델을 쓸 수 있다. 하지만 블랙-숄즈 모형과 몬테카를로 모형을 모두 사용할 것이고, 그로 인해서 몬테카를로 가치평가의 성과를 평가할 수 있을 것이다.

1. 유로피언 콜에서의 몬테카를로 가치평가

$\alpha=r$로 설정함으로써, 주식가격이 식 (11.4)에 나오는 중립위험 버전을 따른다고 가정할 것이다. 임의의 표준정규 변수들인 Z를 생성하여 식 (11.4)에 대입을 하고, 많은 임의의 미래 주식가격들을 생성할 것이다. 각각의 Z는 한 번의 시도를 생성할 것이다. N번의 시도를 생성한다고 가정해보자. 각각의 시도인 I에서, 콜옵션의 가치를 다음과 같이 계산할 것이다.

$$max(0, S_T^i - K) = max(0, S_0 e^{(r-\delta-0.5\sigma^2)T+\sigma\sqrt{T}Z} - K)\ ;\ i=1, \cdots\cdots N$$

결괏값의 평균은 다음과 같이 될 것이다.

$$\frac{1}{N}\sum_{i=1}^{N} max(0, S_T^i - K)$$

이러한 표현은 시점 T에서의 기대되는 옵션의 payoff를 추정하도록 한다. 옵션가치의 추정치를 얻기 위하여 payoff의 평균을 무위험 이자율로 할인할 것이다.

$$\bar{C} = e^{-rT}\frac{1}{N}\sum_{i=1}^{N} max(0, S_T^i - K)$$

〈예제 1〉

주가는 \$40, 행사가격도 \$40, 무위험 이자율은 8%, 배당 수익이 0, 그리고 변동성이 30%인 3개월 만기 European 콜옵션의 가치를 구한다고 가정해보자. 다음의 표현을 사용하여 임의의 3개월 주식가격을 도출한다.

$$S_{3months} = S_0 e^{(0.08-0.3^2/2)\times 0.25 + 0.3\sqrt{0.25}\,Z}$$

계산한 각각의 주가는, 다음과 같다.

$$\text{Option payoff} = max(0, S_{3months} - \$40)$$

이 과정을 여러 번 반복하여, 옵션 payoff 결과의 평균을 구하고, 구한 평균을 무위험 이자율로 할인하여 3개월 전의 현재가치를 구했다. 2500회를 도출한 추정량에서 〈표 11-2〉와 같이 \$2.804라는 답을 얻었고, 이것은 실제 가치인

$2.78과 유사하다.

〈표 11-2〉에서 $S=\$40$, $K=\$40$, $\sigma=30\%$, $r=8\%$, $t=91$ days 그리고 $\delta=0$인 European 콜옵션의 몬테카를로 가치평가의 결과, 블랙-숄즈 가격은 $2.78이다. 각각의 시도는 500회의 임의의 시행을 사용했다.

표 11-2 European 콜옵션의 몬테카를로 가치평가의 결과

Trial	Computed Price($)
1	2.98
2	2.75
3	2.63
4	2.75
5	2.91
Average	2.804

2. 몬테카를로 가치평가의 정확도

유로피언옵션의 가치를 구하는 데에 몬테카를로 방식을 사용할 필요는 없다. 하지만 몬테카를로 방식을 사용함으로써 몬테카를로 가치평가 방식으로 가격을 시뮬레이션 하여 구한 숫자의 정확도를 평가할 수 있다. 중요한 문제는 얼마나 많은 시뮬레이션 된 가격들이 옵션가치의 요구되는 정확도를 충족시키냐는 것이다. 몬테카를로 가치평가는 간단하지만 상대적으로 비효율적이다. 몬테카를로의 효율성을 향상시키는 방법에는 5가지가 존재한다. 이 중 몇 개를 5절(V. 효율적 몬테카를로 가치평가)에서 논할 것이다.

몬테카를로 추정치의 정확도를 평가하기 위해서, 다른 횟수의 시뮬레이션을 실행할 것이고 결괏값에서 얼마나 큰 변동성이 보이는지 살펴볼 것이다. 물론 이 경우에도 우리는 블랙-숄즈 모형의 값이 $2.78이라는 것을 알고 시작할 것이다.

〈표 11-2〉는 각각 500개의 유도된 임의의 주식가격을 포함한 몬테카를로 가치평가의 결과를 보여주고 있다. 2500개 시뮬레이션의 결괏값은 정확한 값에 근접하다($2.804와 $2.78은 거의 근접하다). 그러나 각각의 500개의 시뮬레이

션들은 상당한 변동성을 보인다.

정확도를 평가하기 위해서 추정치의 표준편차를 알아야 한다. $C(S_i)$를 임의로 생성된 주식가격인 S_i의 콜옵션가격이라고 하자. 만약 n번의 시행을 했다면 몬테카를로 추정치는 $\overline{C_n} = \frac{1}{n} \sum_{i=1}^{n} C(S_1)$이다.

σ_c가 하나의 실행의 표준편차라고 하고, σ_n을 n번의 실행의 표준편차라고 하자. 독립적이고 동일하게 분포하는 Si들의 평균의 분산은 $\sigma_n^2 = \frac{1}{n}\sigma_c^2$ 혹은 $\sigma_n = \frac{1}{\sqrt{n}}\sigma_c$이다.

그러므로 몬테카를로 추정치의 표준편차는 실행 수의 제곱근에 반비례한다.

〈표 11-2〉에 있는 몬테카를로 실행의 결과치의 표준편차는 \$4.05이다(이 값은 평균을 구하기 위해 사용된 2500개 가격들의 표준편차를 계산하여 구한 것이다). 500개 실행들의 표준편차는 $\frac{\$4.06}{\sqrt{500}} = \$0.18$이다.

주어진 정확한 값인 \$2.78에 대해선 \$0.18이라는 표준편차는 옵션가격에 상당한 부분을 차지한다(6.5%). 2500개의 관측치에 대해서는, 표준편차는 \$0.08로 줄어들며, 5개의 정답들의 평균은 \$2.80을 나타내며 정확한 값과 매우 근접하다. 1%(\$0.028)에 해당하는 표준편차를 갖기 위해서는 2100번의 시행을 해야 한다.

3. 산술적 아시안옵션

몬테카를로 가치평가에 대한 이전 예시에서 이미 블랙-숄즈 공식을 사용하여 가치를 구할 수 있는 옵션에 대해서 가치평가를 했다. 실무에서, 몬테카를로 가치평가는 다음과 같은 조건에서 유용하다.

- 옵션 가치평가를 위한 임의의 요소들의 수가 너무 많아서 직접적인 수치적 해결이 힘든 경우
- 기초자산들이 직접적인 계산이 힘들게 분포되어 있는 경우
- 옵션들이 path에 의존하는 경우. 예를 들어, 만기일의 payoff가 기초자산 가격의 과거행적에 의존하는 경우

과거 적에 비독립적인 옵션의 경우, 몬테카를로 추정은 간단하다. 위에서 논한 것과 같이, 주식가격의 변화를 시뮬레이션 할 뿐만 아니라 만기 가치까지도 측정할 것이다. 예를 들면 3개월 후에 끝나는 증권의 가치는 첫 번째 달, 두 번째 달, 세 번째 달 말의 가격의 산술적 평균을 바탕으로 지불된다고 하자. 이것은 산술적 가격평균 아시안옵션이다. '아시안'은 payoff가 평균에 기초하기 때문이며, '산술적 가격평균'은 산술적 가격평균이 실제 만기 시의 주식가격을 대체하기 때문이다.

평균에 대한 옵션 가치를 만기시의 실제 주식가격에 기초한 옵션의 비교하였을 때 어떠할까? 직관적으로, 평균은 큰 이득과 큰 손실의 가능성을 줄여준다. 주식이 높은 가치로 끝난 어떠한 경우에도(경우 콜옵션은 만기 시에 높은 가치를 가질 것이다.) 주가는 고점을 향해 가는 과정에서 중간가격들을 횡단해서 갈 것이다. 아시안옵션의 payoff는 이러한 낮은 중간가격들을 반영하며, 그러므로 높은 payoff의 가능성은 낮다.

첫 번째 달, 두 번째 달, 세 번째 달의 주식가격을 다음과 같이 계산하였다.

$$S_1 = 40e^{(r-\delta-\sigma^2/2)T/3+\sigma\sqrt{T}/3\ Z(1)}$$
$$S_2 = S_1 e^{(r-\delta-\sigma^2/2)T/3+\sigma\sqrt{T}/3\ Z(2)}$$
$$S_3 = S_2 e^{(r-\delta-\sigma^2/2)T/3+\sigma\sqrt{T}/3\ Z(3)}$$

$Z(1)$, $Z(2)$, 그리고 $Z(3)$는 표준정규분포에서 독립적으로 뽑은 값들이다. 이러한 실행을 많이 반복하여 많은 Zi들을 뽑을 것이다. 이 경우 증권의 가치는 다음과 같이 계산된다.

$$C_{Asian} = e^{-rT}E(max[(S_1+S_2+S_3)/3-K,0]) \tag{11.8}$$

〈예제 2〉

$r=8\%$, $\sigma=0.3$ 그리고 최초 주식가격은 \$40이라고 가정해보자. [그림 11-2]는 3개월 후의 실제 위험중립적 주가 분포와 3개월의 월말 가격을 평균하여 생성된 주식 평균가격 분포의 2개의 히스토그램을 비교한 그림이다. 예상했

그림 11-2 주식 평균가격 분포(3개월 후)

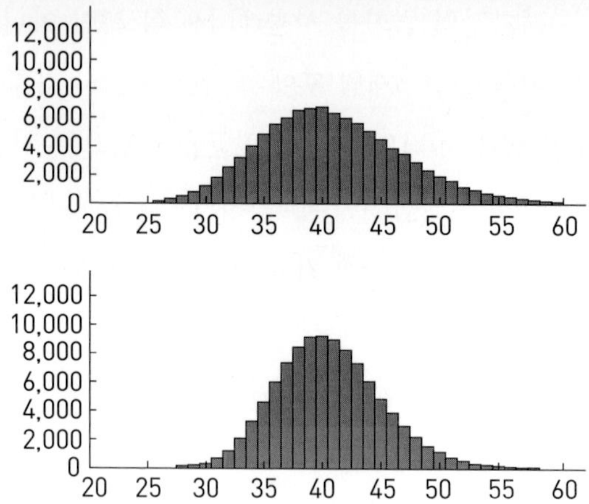

표 11-3 몬테카를로 시뮬레이션 결과치

Number of Average	몬테카를로 가격($)		정확한 기하학적 가격($)	σ_n
	산술	기하		
1	2.79	2.79	2.78	0.0408
3	2.03	1.99	1.94	0.0291
5	1.78	1.74	1.77	0.0259
10	1.70	1.66	1.65	0.0241
20	1.66	1.61	1.59	0.0231
40	1.63	1.58	1.56	0.0226

던 것과 같이 평균값을 적용하지 않은 분포가 꼬리분포에서 더 높은 확률을 보였으며 최초 주식가격인 $40에 가까워질 확률 역시 낮았다.

〈표 11-3〉은 각각 10,000번의 몬테카를로 실행을 하여 계산된 아시안옵션의 가격 목록을 보여주고 있다. 첫 번째 행은 보통의 3개월 만기의 콜옵션의 가격을 나타내고 있다. 다른 행들은 보다 빈도가 있는 평균값 계산을 나타낸다. 옵션이 3개월 만기를 가지고 있고, 평균은 기간 동안의 동일한 가격을 사용하여 계산 되었다고 가정하자. 각각의 가격은 10,000회의 실행을 통해서 계산되었고, $S=\$40$, $K=\$40$, $\sigma=30\%$, $r=8\%$, $T=0.25$ 그리고 $\delta=0$이라고 가정하자. 각각의 행에서 기하적 그리고 산술적 평균가격 옵션을 구하는 데 임의의 같은 숫자들이 사용되었다. σ_n은 추정된 산술옵션가격의 표준편차이며, $\sqrt{10,000}$으로 나누었다.

아시안 가격은 평균을 계산하는 빈도가 증가함에 따라서 감소한다. 가장 큰 가격 감소는 〈표 11-3〉의 첫 번째 줄인 평균계산을 하지 않는 값과 〈표 11-3〉의 두 번째 줄 다달이 평균값을 계산할 때의 차이이다.

또한 모든 열에서 산술적 가격평균은 기하적 가격평균보다 언제나 높다는 것을 알아두자. Jensen의 부등식에 따라 기하적 평균은 산술적 평균보다 낮은 평균가격을 갖게 되며 그에 따라 산술적 평균의 옵션가격에 비해 기하적 평균의 옵션가격은 더 낮은 값을 갖게 됨은 자명하다.

VI. 효율적 몬테카를로 가치평가

주어진 숫자의 시행에 대한 시뮬레이션의 분산을 줄이고자 하는 시도를 하지 않음으로써 단순한 몬테카를로에 대해서 설명했다. 빠른 몬테카를로 가치평가를 달성하는 데는 많은 방법이 있다.

1. 변량통제 방법

산술적 아시안옵션에 대한 '단순한' 몬테카를로 추정은 많은 시뮬레이션이 필요하다는 것을 보았다. 〈표 11-3〉에서 10,000회의 시뮬레이션을 하였음에도 여전히 옵션가격은 어느 정도 수준의 표준편차가 있었다.

〈표 11-3〉의 각각의 행에서, 같은 임의의 숫자들이 옵션가격을 추정하는 데에 쓰였다. 그 결과로, 산술적 그리고 기하적 가격들의 오차들이 상관되어있었다. 기하적 옵션에 대한 추정된 가격이 높을 때, 이것은 주식가격 시뮬레이션에서 높은 수익을 얻어왔기 때문이다. 이것은 산술적 가격의 결과에서 또한 마찬가지다.

이러한 관찰은 몬테카를로의 정확도를 높이기 위한 변량 통제 방법을 제안한다. 이 아이디어에 대한 기본적인 방법은 가격결정 공식을 가지고 있는 상관된 옵션의 가격을 사용하여, 시행 착오법을 통해서 추정하는 것이다. 이 통제된 가격으로부터 구해진 추정 오차는 각각의 시행에 대하여 몬테카를로 가격의 정확도를 향상시키는 데 사용될 수 있다.

아시안옵션은 이 아이디어를 설명한다. 왜냐하면 기하학적 아시안옵션가격에 대한 공식을 가지고 있기 때문에, 몬테카를로를 통해 구한 기하학적 가격이 높은지 낮은지 알고 있다. 주어진 임의의 주식가격들 묶음에서 산술적 그리고 기하학적 가격들은 보통 동시에 모두 높거나 낮다. 그래서 기하학적 가격에 대한 오차를 명확한 공식이 없는 산술적 가격의 추정치를 조정하는 데 사용할 수 있다.

보다 구체적으로, 같은 시뮬레이션을 산술적 가격인 $\overline{A}$와 기하학적 가격인 $\overline{G}$ 모두에 사용한다. G와 A가 각각 기하학적 그리고 산술적 가격을 나타낸다고 하자. 몬테카를로 추정의 기하학적 가격에 대한 오차는 $(G-\overline{G})$이다. 이 오차를 산술적 가격의 추정치를 개선하는 데 사용하길 원한다.

$$A^* = \overline{A} + \beta(G-\overline{G}) \tag{11.9}$$

이것은 통제된 변량 추정이다. 몬테카를로는 G에 대한 불편 추정량을 제공한다($E(\overline{G})=G$). 그러므로 A에 대한 추정치 또한 편향되어있지 않다($E(A^*)=E(\overline{A})=A$). A^*의 분산은 다음과 같다.

$$Var(A^*) = Var(\overline{A}) + \beta^2 Var(\overline{G}) - 2\beta\ Cov(\overline{A}, \overline{G}) \tag{11.10}$$

분산 $Var(A^*)$은 $\beta=\overline{\beta}$, $\overline{\beta}=Cov(\overline{A},\overline{G})/Var(\overline{G})$로 β를 설정함에 따라서 최소화될 수 있다. $\overline{\beta}$은 $\overline{A}$에 대한 $\overline{G}$의 회귀식의 기울기 계수로 인식할 수 있다. β가 $Var(A^*)$를 최소화하도록 선택됨에 따라 변량통제 몬테카를로 분산은 다음과 같다.

$$Var(A^*) = Var(\overline{A})(1-\rho^2) \tag{11.11}$$

ρ는 $\overline{A}$과 $\overline{G}$의 상관관계이다. 일반적으로 통제 변량의 분산은 '순박한' 몬테카를로보다 작다. 만약 β가 최적으로 선택된다면, 이것은 최선이다. $\overline{\beta}$는 적은 수의 몬테카를로 실행을 수행하고 위의 식에서 회귀분석을 함으로써 추정할 수 있다. 최적의 β값은 적용에 따라서 다르다.

만약 시뮬레이션 된 값과 통제가 깊게 상관되어 있다면, 변량 통제 방법에 따른 분산의 감소는 클 수 있다. [그림 11-3]은 간단한 몬테카를로 계산을 변량 통제 계산과 비교한 것이다. 변량 통제 추정의 표준편차는 간단한 몬테카를로 계산의 10%이다.

2. 다른 몬테카를로 방법

몬테카를로 시뮬레이션 방법에는 그 효율성을 더 증가시키는 다른 여러 방법이 존재한다.

Antithetic variate method는 시뮬레이션을 진행함에 있어 나오는 값의 반대 값도 포함시켜서 현실화 시키는 방법이다. 예를 들어 시뮬레이션 결과가 0.5가 나왔을 때 −0.5도 포함시켜서 현실화를 시켜 분포를 구한다. 따라서 한 번의 시뮬레이션에서 2개의 값이 나오게 된다. 이러한 방법은 시뮬레이션 결과 2개의 값이 −1의 상관계수를 가지지 때문에 예측의 편차가 작게 나와 효율적이다. 만약 분포의 한쪽 꼬리 부분이 평균에서 크게 벗어난 값을 가질 때 나머지 한쪽 꼬리도 평균에서 크게 벗어난 값을 가지게 된다.

예측값을 컨트롤 하는 방법 중 또 다른 중요한 방법은 Stratified sampling이라는 방법이다. 만약 $u=1, 2, \cdots, 100$인 100개의 임의의 숫자를 가지고 있다고 생각하자. 단순 몬테카를로 시뮬레이션이라면 각각의 값은 임의적으로 누적분포에 집계될 것이다. 하지만 100개의 임의의 변수라면 이 분포(z)는 정규분포와는 다르게 나올 가능성이 존재한다. 분포 중 일부분에 변수가 지나치게 많이 기록될 수도, 적게 기록될 수도 있다. 이러한 문제점을 개선하기 위해 각각의 퍼센트에서 임의값을 정하도록 해준다. 먼저 u_1을 랜덤하게 뽑은 뒤에 100으로 나눠 준다. 결괏값인 U_1은 [0, 0.01]에서 분포를 가지게 된다. 그 다음 u_2를 무선추출 후 0.01을 더해준다. 결괏값인 U_2는 [0.01, 0.02]에서 분포를 가지게 된다. I 번째에서 $U_i=(i-1+u_i)/100$이 된다. 이 값은 I 백분위 안에서 균일하게 분포를 가진다. 이러한 방법으로 시뮬레이션을 진행할 때, 각 백분위 안에서 정규분포를 형성하게 된다. 앞서 예로 들었던 100이 아닌 다른 숫자로도 시뮬레이션이 가능하다. 이러한 방법을 일반화시킨 것이 Latin hypercube sampling이다.

[그림 11-3]에서 아래 부분의 그래프는 stratified sampling을 보여준다. 밑에서 왼쪽에 있는 그래프는 European call의 가격을 200개의 임의의 변수로 이용하여 구한 히스토그램이다. 밑에서 오른쪽에 있는 그림은 임의의 변수에서 백분위를 절반으로 한 stratified sampling를 보여준다. 표준편차는 그냥 몬테카를로 시뮬레이션을 했을 때의 10분의 1보다 작게 나온다.

그림 11-3 단순 몬테카를로와 효율적 몬테카를로 비교

Histograms comparing simple and efficient Monte Carlo estimates. All panels depict the distribution of 100 valuations using 200 estimates per valuation. The top two panels show the distribution of estimates for a 1-year arithmetic Asian option with monthly averaging. The top left panel shows the distribution obtained with simple Monte Carlo (σ_n=\$0.399), and the top right for the control variate estimate (σ_n=\$0.042). The estimated value using all control variate trials is \$3.42. The bottom panel shows 100 valuation using 200 estimates per valuation for a European call. The left panel is simple Monte Carlo (σ_n=\$0.606) and the right panel uses stratified sampling estimates. In all cases S=\$40, K=\$40, σ=0.3, r=0.08, T=1.00, and δ=0.

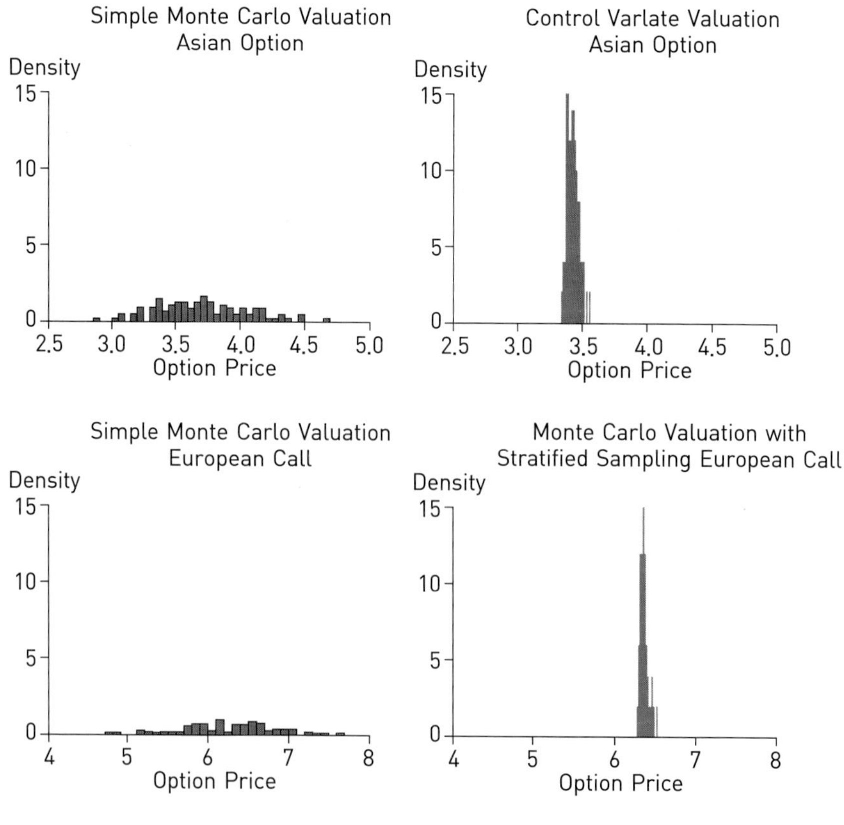

Stratified sampling의 개선형에는 importance sampling이 있다. 이는 임의의 변수가 가장 많은 구간에 집중되어 있다. 결국 이것은 low discrepancy sequence를 구성하게 되고 이는 더 일정하게 수렴하는 분포를 만든다. 이 방법은 차원이 높을 때 효율적이다.

만약 한 번의 계산을 이용한다면 그냥 몬테카를로 시뮬레이션이 적절하다. 하지만 시뮬레이션을 여러 번 실행한다면 문제를 분석하고 하나 이상의 표준편차를 줄이는 기술을 쓰는 것이 훨씬 효율적이다.

VII. 아메리칸옵션의 가치평가

보편적으로 American option의 가치평가는 European option의 가치평가보다 더 어렵고 이것은 몬테카를로 시뮬레이션에도 적용된다. 표준 몬테카를로 시뮬레이션은 앞으로의 주식의 가격을 시뮬레이션을 통해 측정하고 이에 평균을 구해 만기 때의 청산 가격을 빼준다. American option의 경우 언제 option을 행사할지 모르기 때문에 거꾸로 돌아가 이 시간을 결정해야 한다. 최근에 Broadie와 Glasserman, Longstaff와 Schwartz는 몬테카를로를 이용하여 현실적인 가치평가 방법을 고안했다.

3년 풋옵션 $X = \$1.10$에 대해 의논해보자. 만기 이전에 조기 행사에 대해서도 생각해야 하기 때문에 주식가격의 경로를 시뮬레이션 해야 한다. 〈표 11-4〉는 8가지의 가설적 시뮬레이션 경로를 연 단위로 보여주고 있다. In-the-money일 때 이 옵션을 행사한다고 가정하면, 언제 행사하는 것이 가장 최적화된 행사 시간일까?

이 질문을 해결하는 것에 있어 기본적으로 생각해야 할 것은 바로 행사하는 것과 행사하지 않았을 때 옵션이 가지는 가치를 비교하는 것이다. 그렇기 때문에 문제는 행사하지 않았을 때의 가치를 각 시간 때마다 예측하는 것이라고 볼 수 있다.

각 시간 때에서의 옵션의 가치를 예측하여 옵션을 행사하는 것과 행사하지 않는 것 중 어떤 것이 더 큰 가치를 가지는가를 구별해서 가장 최적의 행사 시간을 구할 수 있다. 〈표 11-4〉에서 Path 1을 보자. $t=3$일 때 옵션은 out-of-

표 11-4 주가의 경로

	Stock Price Paths			
path	t=0	t=1	t=2	t=3
1	1.00	**1.09**	**1.08**	1.34
2	1.00	1.16	1.26	1.54
3	1.00	1.22	**1.07**	**1.03**
4	1.00	**0.93**	**0.97**	**0.92**
5	1.00	1.11	1.56	1.52
6	1.00	**0.76**	**0.77**	**0.90**
7	1.00	**0.92**	**0.84**	**1.01**
8	1.00	**0.88**	1.22	1.34

출처 : Longstaff and Schwartz(2001)

(음영) 이 부분은 행사하는 것이 최선(optimal)이다.

money이기 때문에 아무런 가치를 지니지 않는다. 그렇기 때문에 $t=2$일 때가 $t=3$일 때보다 더 큰 가치를 가지고 있기 때문에 $t=2$에서 행사하는 것이 가지고 있는 것보다 더 큰 가치를 가지게 된다. 하지만 현실에서는 미래의 주식가격을 알 수 없기 때문에 이러한 결정을 내리는 것은 불가능하다. 미래의 주식가격을 알고 있다고 가정하는 것은 옵션의 가치를 너무 높게 평가하게 한다. 이 같이 미래를 안다고 가정하는 방법에 의한 오류를 수정하기 위해서는 그 시간 이후의 평균 결괏값에 의해 행사 결정을 내리게 하면 된다. 평균 결괏값을 측정하는 방법은 적어도 2가지가 존재한다. 첫 번째 방법은 여러 정을 기반으로 회귀분석을 통해 그 옵션이 가지는 가치를 평가하는 것이고, 또 하나의 방법은 각 시뮬레이션마다 또 다른 시뮬레이션을 만들어 더해주어 그것들의 결괏값의 평균을 내는 방법이다.

첫 번째 옵션의 가치측정방법은 〈표 11-4〉에서 열을 거꾸로 가면서 각 시간마다의 주식가격을 회귀 분석을 통해 측정하는 방법이다. 이때 거꾸로 회귀분석을 하는 이유는 $t=1$일 때 행사 여부를 결정하는 것은 $t=2$에서의 옵션의 가치이기 때문이다. $t=2$에서 in-the-money인 경우는 총 5가지이다(1, 3, 4, 6, 7). 각각의 경우에 즉각 행사했을 경우 혹은 행사 하지 않았을 경우 두 가지의 옵션 가치를 알 수 있다. Longstaff와 Schwartz는 회귀 분석을 통해 $t=2$에서 옵션을 행사하지 않았을 경우의 현재가치와 주식의 가격과 이를 제곱한 것을 비교해 보았다. 이를 식으로 표현하면 다음과 같다.

Continuation value at time $2=-1.07+2.98\times S-1.81\times S^2$

이때 S는 $t=2$에서의 주식의 가격을 나타낸다. 이제 각 in-the-money인 경우에 주식의 가격을 회귀식에 넣어보면 옵션을 행사하지 않았을 때의 옵션의 가치를 알 수 있다. 이를 구해서 행사할 것인가 아니면 행사하지 않을 것인가를 결정할 수 있다. 예를 들어 첫번째 행에서 $S=1.08$일 때 행사하지 않은 옵션의 가치는 다음과 같다.

$$-1.07+2.98\times 1.08-1.81\times 1.166=0.037 \qquad (11.12)$$

즉시 행사의 가치는 1.10−1.08=0.02이므로 이 경우에는 행사하지 않는 것이 옳은 선택이다. 〈표 11-4〉는 이러한 방법의 결과를 요약하여 보여주고 있다.

이와 같은 방법을 $t=1$에서도 반복할 수 있다. 이 방법으로 언제 행사할 것인가에 대한 최종 결정은 〈표 11-6〉에서 보여주고 있다. 각각 최적의 경우의 가치를 현재 가격으로 변환하여 계산할 수 있다. 결과적으로 American put option의 가치는 0.1144달러이고 European put option의 가격은 0.0564달러로 많은 차이를 보이고 있다.

회귀분석(regression analysis)을 통한 접근의 문제점은 행사하지 않았을 때의 옵션의 가치를 결정하는 수식이 명확하지 않다는 점이다. Longstaff와 Schwartz는 다양한 수식에서도 비슷한 결과를 얻었다고 보고하였지만 새로운 경우에는 또 다른 수식을 써야 한다는 단점이 존재한다.

Broadie와 Glasserman은 American option의 가치평가는 다른 많은 오류가 있을 것이라고 생각하여 새로운 방법을 도입하였다. 앞서 언급된 것처럼 미래의 주식가격을 알고 있다고 가정하여 옵션의 가치를 측정하게 되면 실제 옵션의 가치보다 높게 평가될 수 밖에 없었다. 그 이유는 미래의 주식가격을 안다고 가정하면 가장 최적의 가격으로 옵션을 행사하거나 팔 수 있지만 이는 현실성이 없기 때문이다. 또한 최적이 아닌 다른 가격으로 행사했다고 가정하면 너무 낮은 가격이 측정되었다. 이러한 2가지의 오류를 조정하기 위해 Broadie와 Glasserman은 2가지 가정 모두를 사용하였다. 이러한 측정을 사용하기 위해 그들은 각각의 경우에 새로운 경우를 만들었다.

높은 성향의 가격 예측으로는 만약 옵션이 행사하지 않을 때 더 높은 가치를 가진다면 이 가격의 평균을 현재 가치로 측정하여 평가하고, 만약 옵션을 행사할 때 더 높은 가치를 가지게 된다면 행사하였을 때의 가치를 평가한다. 이후 만드는 경우들은 시뮬레이션을 통해 만들어지므로 샘플링 오류가 존재한다. 이 오류들의 영향을 알기 위해서는 항상 최적의 시간에 옵션을 행사한다는 가정이 있어야 한다. 만약 샘플링 오류에 의해 이후의 경우가 너무 높게 나올 때에는 옵션을 행사하지 말고 더 높은 가치를 가질 때 행사해야 한다. 이제 행사 시간이 최적화되어 있지 않고 샘플링 오류에 의해 이후 경우가 낮게 측정된다고 가정하여 보자. 이때 옵션을 행사하고 이후에 더 높은 가격을 배정해야 한다.

낮은 성향의 측정 가격은 각각의 경우에서 2개의 가지로 나누어 얻는다. 첫 번째 가지에서는 옵션을 행사하지 않았을 때의 가격을 예측한 다음 이의 행사 여부를 결정한다. 만약 행사하지 않는 것이 최선이라면 두 번째 가지에서는 옵션의 가치를 평가한다. 이 두 가지 방법을 모두 사용하면 가격이 높게 측정되는 성향을 피할 수 있다. 경우가 많아질수록 이러한 두 가지 방법을 서로 수렴하여 현실의 옵션 가치와 비슷하게 측정된다.

표 11-5 t=2 중 S<1.10인 node의 행사여부

Path	PV(Wait)	S	S^2	Exercise	Continuation	Result
1	0.000	1.08	1.166	0.02	0.037	Wait
3	0.066	1.07	1.145	0.03	0.046	Wait
4	0.170	0.97	0.941	0.13	0.118	Exercise
6	0.188	0.77	0.593	0.33	0.152	Exercise
7	0.085	0.84	0.706	0.26	0.156	Exercise

표 11-6 옵션행사가 최적일 경우의 경로

	Stock Price Paths			
path	t=0	t=1	t=2	t=3
1	1.00	1.09	1.08	1.34
2	1.00	1.16	1.26	1.54
3	1.00	1.22	1.07	**1.03**
4	1.00	**0.93**	0.97	0.92
5	1.00	1.11	1.56	1.52
6	1.00	**0.76**	0.77	0.90
7	1.00	**0.92**	0.84	1.01
8	1.00	**0.88**	1.22	1.34

(음영) 이 부분은 행사하는 것이 최선(optimal)이다.

VIII. 포아송 분포

우리는 로그 정규분포가 큰 주식가격변화에 있어서 낮은 확률을 가지고 있다는 것을 알고 있다. 더 현실성 있는 접근을 하기 위한 방법은 큰 주식가격변화를 포함시키는 것이다. 큰 가격변화는 두터운 꼬리를 가진 분포를 만든다.

포아송 분포는 불연속 확률분포로서 일정 시간 동안 큰 가격변화가 일어난 사건의 수를 세는 분포이다. 포아송 분포는 변수 λ에 의해 결정되고 λh는 h 동안 일어날 수 있는 사건의 확률을 나타낸다. 포아송 분포 사건은 짧은 시간에는 거의 일어나지 않는다. λ는 짧은 시간 동안 일어날 수 있는 사건의 연 단위의 확률이다.

긴 시간 t동안 m번의 사건이 일어날 확률은 다음의 수식과 같다.

$$p(m,\lambda t) = \frac{e^{-\lambda t(\lambda t)m}}{m!}$$

누적된 포아송 분포에서 0부터 t까지의 시간에서 m보다 적은 사건이 일어날 확률은 다음과 같다.

$$p(m,\lambda t) = pr(x \leq m;\lambda t) = \sum_{i=0}^{m} \frac{e^{-\lambda t}(\lambda t)^i}{i!}$$

사건의 기댓값이 주어졌을 때 포아송 분포는 일정 기간 동안의 이 사건들이 일어날 확률을 보여준다. 이 분포의 평균은 λt 이다.

〈예제 3〉

짧은 기간 h 동안 market crash가 일어날 확률이 λh라고 하자($\lambda=0.02$). 그러면 어떤 기간에서건 market crash가 발생하지 않을 확률은 $P(0, 0.02\times1) = 0.9802$. 10년간 사고가 일어나지 않을 확률은 $P(2, 0.02\times10)=0.0164$이다.

[그림 11-4]의 그래프는 3개의 λ에 따른 포아송 분포를 나타낸다. 우리가 10년 안에 몇 번의 사건이 일어날지에 대해 궁금해 한다고 가정하자. [그림 11-4]는 $t=10$일 때 $\lambda=0.01$(1년에 1%), $\lambda=0.025$(1년에 2.5%), $\lambda=0.05$(1년에 5%)를 보여준다. 가장 흔한 경우는 3가지 모두 한 번도 사건이 일어나지 않는 경우이다. 또한 3가지 모두 4번 혹은 그 이상 사건이 일어나는 경우는 거의 없다.

포아송 분포는 사건이 일어나는지에 대해서만 설명이 가능하다. 사건이 일어났을 때 그 사건의 크기는 로그 정규분포와 같은 분포로 또 설명이 필요하다. 따라서 포아송 분포로 사건의 유무를 판단한 후 따로 분포를 하나 더 이용하여 그 사건의 정도를 파악하여야 한다.

포아송 분포의 역 누적분포를 이용하면 포아송 분포의 임의변수를 만들어 낼 수 있다. 이러한 방법이 아니더라도 누적분포를 이용하여 역분포를 만들어 낼 수 있다.

〈표 11-7〉은 평균이 0.8일 때 포아송 분포를 계산한 것이다. 이 표를 보면

그림 11-4 포아송 분포 그래프

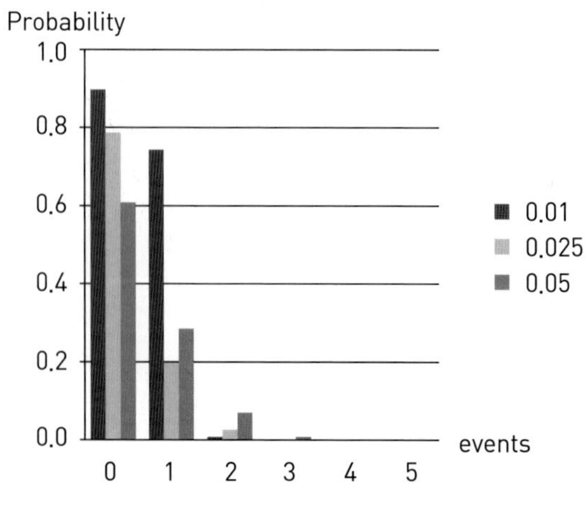

표 11-7 포아송 분포와 누적 포아송 분포의 값(λt가 0.8의 값을 가질 때)

시행 횟수	확률	누적 확률
0	0.4493	0.4493
1	0.3595	0.8088
2	0.1438	0.9526
3	0.0383	0.9909

쉽게 포아송을 그려낼 수 있다. 먼저 (0,1)인 일정한 임의변수를 그린다. 그 다음 우리는 표의 값을 가지고 이 사건이 몇 번 일어날지를 결정한다. 만약 일정한 임의의 변수가 0.4493보다 작다면 사건이 일어나지 않을 것이라고 알 수 있다. 만약 그 값이 0.4493과 0.8088 사이에 있다면 한 번의 사건이 일어날 것이라는 것을 알 수 있다. 로그 정규분포가 큰 규모의 주가 움직임에 낮은 확률을 부여한다는 것을 확인했다.

주가의 움직임에 대한 좀 더 현실적인 분포를 찾기 위한 또 다른 접근 방법은 큰 규모의 주가 변동이 무작위적으로 일어나도록 허용하는 것이다. 큰 규모의 주가 변동이 가끔씩 일어날 때 fat tail이 형성될 수 있다.

IX. 포아송 분포를 활용한 주가 급등 시뮬레이션

지금껏 논의해 왔듯이, 주가는 가끔 로그 정규분포로부터 예측한 것보다 더 크게 움직이는 경우가 있다. 만약 시장 변동성이 20%고 기대수익률이 15%라면 시장에서 하루 만에 5%가 하락하는 사건은 250만 일에 하루 정도의 꼴로 일어난다. 즉, 사실상 불가능하다는 것을 뜻한다. 단, 주가가 합리적인 변동성과 함께 로그 정규분포되어 있을 때, Merton(1976)은 옵션가격측정에 포아송 분포를 도입했다. 포아송 분포는 주어진 기간 동안 특정 사건이 일어날 횟수를 센다. 만약 그 특정 사건이 주가의 급작스런 상승이라고 한다면 그 상승의 크기를 측정하기 위해서 로그 정규분포를 사용할 수 있다. 이 포아송-로그 정규 모델은 주가의 급등들이 서로 독립적이라는 것을 가정한다. 이런 독립성 외에도 각각의 주가 상승이 고유의 특성을 갖고 있음을 가정하며 이것은 각 상승이 분산될 수 있음을 의미한다. 이 경우 급등이 일어날 확률은 자산의 리스크 프리미엄에 영향을 주지 않는다. (이러한 가정들은 편의성을 위한 가정들이지만 항상 옳진 않다. 주가 급등에서 특이성은, 거시적 시장 변화에선 체계적이라 정의한다.)

로그 정규분포한 상승 Y가 다음과 같다고 해보자.

$$Y = e^{\alpha_j - 0.5\sigma_j^2 + \sigma_j W}$$

W는 표준정규확률변수이다. S는 상승이 일어나기 전의 가격, YS는 급등이 일어난 후의 가격, e^{α_j}는 기대 급등값, 그리고 σ_j는 급등에 로그를 취한 것의 표준편차이다.

주식 급등의 기대 확률은 다음과 같다.

$$E\left(\frac{YS-S}{S}\right) = e^{\alpha_j} - 1 = K \tag{11.13}$$

1. 급등을 가진 주식가격의 시뮬레이션

기간 h 동안 주가를 시뮬레이션 하기 위해, 두 개의 균일한 확률변수를 추출한다(급등의 숫자와 정상적인 로그 정규수익을 결정하기 위함이다). 만약 m 번의 급등이 있었다면 반드시 추가적으로 m개의 확률변수를 추출해야 급등의 정도를 결정할 수 있다. 각각의 급등은 주가에 배수적으로 영향을 미친다. 주가가 St라고 가정해보자. 주가가 급등하지 않는다면 $t+h$에서 주가는 다음과 같다.

$$S_{t+h=} S_t e^{(\alpha-\delta-0.5\sigma^2)h + \sigma\sqrt{h}\,Z}$$

이제 급등이 가능한 동일한 주식을 생각해보자(가격이 $\hat{S}_t$일 때). 주가는 두 가지로 구성되는데 급등이 있는 부분과 없는 부분이다. 점프가 없는 로그 정규 요소는 다음과 같다.

$$S_t e^{(\hat{\alpha}-\delta-0.5\sigma^2)h+\sigma\sqrt{h}\,Z}$$

급등이 없을 때 주식의 기대수익률을 α라 한다. 왜 이렇게 각각의 수익률에 대해서 다른 기호를 쓰는지 곧 보게 될 것이다. 만약 주가의 급등이 $t \sim t+h$ 기간 사이에서 m회 일어났다면 각각의 급등은 다음의 요소를 통해 주가를 변화시킨다. 그 요소는 다음과 같다.

$$Y_i = e^{\alpha_j - 0.5\sigma_j^2 + \sigma_j W_i}$$

Z와 $W(i)$는 표준정규확률변수이다. 급등의 누적은 Y_i들의 곱과 같다.

$$\prod_{i=1}^{m} Y_i = e^{m(\alpha_j - 0.5\sigma_j^2) + \sigma_j \sum_{i=1}^{m} W_i}$$

급등들의 누적이 로그 정규임에 주목하라. $t+h$시점에서 주가는 로그 정규 수익률과 급등을 동시에 고려해야 한다.

$t+h$시점에서의 주가를 이 표현을 사용하여 시뮬레이션 하는 것이 가능하다.

$$\hat{S}_{t+h} = \hat{S}_t e^{(\alpha-\delta-0.5\sigma 2)h+\sigma h\sqrt{Z}} \times e^{m(\alpha_j - 0.5\sigma_j^2) + \sigma j \sum_{i=1}^{m} W_i} \quad (11.14)$$

$\hat{S}_{t+h}$를 이 표현을 이용하여 시뮬레이션 하는 게 가능하며 다음의 3단계를 거친다.

Step 1. 표준정규변수 Z를 고른다.

Step 2. 포아송 분포로부터 m을 고른다.

Step 3. m으로부터 표준정규분포를 따르는 W_i, $i=1, \cdots, m$을 구할 수 있다.

위의 변수들을 식에 대입함으로써 $t+h$시점에서의 주가를 구할 수 있으며 로그 정규 표현의 산물이므로 이것은 로그 정규이다.

알파 hat이 무엇인지에 대한 질문에 아직 대답을 하지 않았다. 급등이 일어 났을 때 주가가 변화할 기대확률은 $e^{\alpha_j}-1$이다. 만약 $\alpha_j \neq 0$이라면, 급등은 평균적인 수준의 주가 변동을 야기할 것이다. 그러나 각각의 급등은 고유하다고 가정했던 것을 상기하라. 급등들이 체계적 위험을 갖고 있지 않을 때 급등은 주식의 기대수익률에 영향을 미치지 않는다. 따라서 주식의 무조건적 기대수익률은 급등에 상관없이 같아야만 한다. 예를 들어 평균적인 급등 수익률이 −10%라고 하면 시간이 흐르면서 주식은 급등으로 인해 평균치만큼 하락할 것이다. 평형상태에서 주식은 소유자에게 무조건적으로 타당한 수익률을 돌려주기 위해 가치가 올라야 한다. 만약 α_j가 −10%라면 마찬가지 이유로 주식의 평균적인 기대수익률을 올려야 할 것이다.

λk를 급등이 없는(no jump) 기대수익률에서 차감함으로써 α_j를 조정해 준다. (λ는 포아송 모수이며 k는 식에 주어져 있음)

따라서 아래 식이 도출된다.

$$\alpha(\text{hat}) = \alpha - \lambda k \tag{11.15}$$

이 조정에 의해 만약 기대 급등이 양의 값이라면 급등이 일어나지 않을 때 주식의 기대수익을 낮추며 반대의 경우에 대해선 반대의 효과를 준다.

따라서 주가에 대한 최종적인 표현은 다음과 같다.

$$S_{t+h} = S_t e^{(\alpha - \delta - 0.5\sigma^2)h + \sigma\sqrt{h}\,Z} \times \prod_{i=0}^{m} e^{\alpha j - 0.5\sigma j^2 + \sigma j W_i} \tag{11.16}$$

α_j와 σ_j는 각각 급등 정도의 평균과 표준편차이다. Z와 W_i는 표준정규확률변수이며 m은 포아송 분포의 확률변수이다. Merton(1976)에서도 비슷한 표현이 등장한다.

[그림 11-5]는 두 가지 주식의 시뮬레이션 결과를 보여주고 있다. 하나는 급등이 일어나지 않은 주식이며 하나는 식 (11.16)을 이용하여 생성한 것이다. 급등이 없을 때 주가는 α=8%, σ=30%인 로그 정규 과정을 따르는 것으로 가정한다. 급등 구성요소로는 λ=3, α_j=−2%, σ_j=5%로 가정한다. 그래프에서 무급등(no-jump) 그래프는 똑같은 무작위의 Z를 사용하여 그렸기 때문에 급등을 확인할 수 있다. 일부 차이는 (예를 들어 1000~1500) 급등이 일어나지 않았을 때 주식에 더해진 6%의 추가 수익(λk) 때문이다.

그림 11-5 10년 동안 시뮬레이션된 주식가격

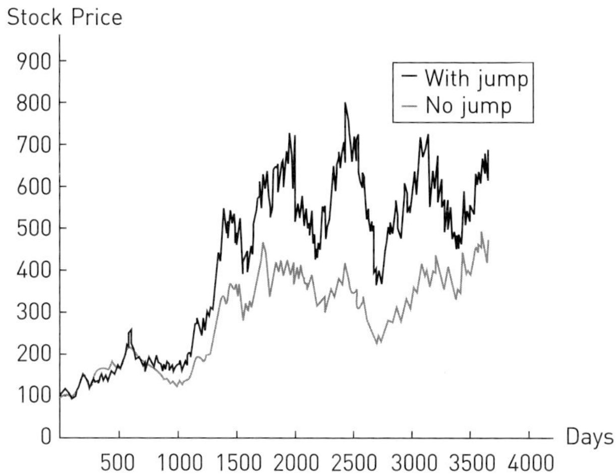

그림 11-6 7로부터 생성된 일일 수익률에 관한 히스토그램과 정규분포 도표

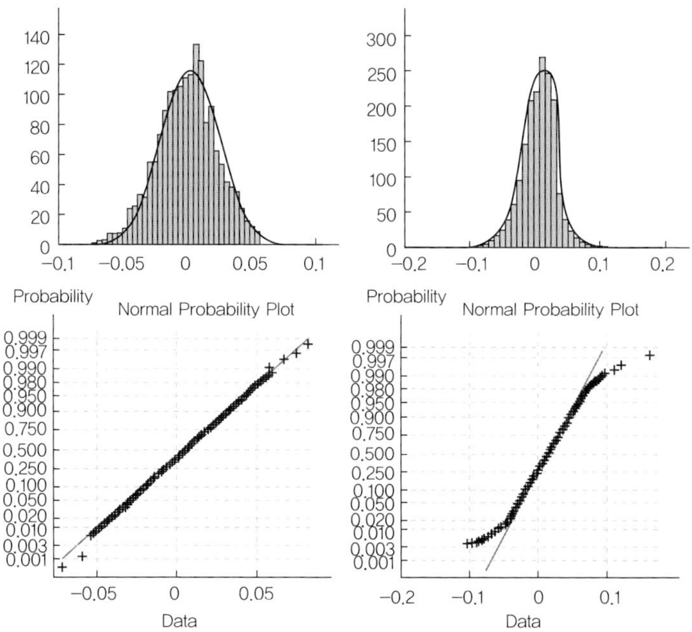

정규 테스트를 [그림 11-5]의 주가에 적용하면 어떻게 될까?

[그림 11-6]은 두 주식의 히스토그램과 정규 확률 도표를 보여주고 있다. 점프가 없을 때 연속적으로 곱해진 수익은 정규분포를 따르는 것처럼 보인다. 급등이 있을 때는 데이터가 정규분포를 따르지 않는 것처럼 보인다. 급등이 없

을 시의 그래프 첨도는 2.93이며 이는 정규분포의 기댓값이 3과 매우 가깝다. 급등이 있을 시의 첨도는 7.40이다.

2. 다수의 주식 급등

한 번의 급등이 일어났을 때 주가의 로그 정규 움직임을 가정하면 큰 규모의 주가 변동만을 얻을 수 있다. 그 원인은 하나의 로그 정규분포로부터 추출하기 때문이다.

대안으로 제시되는 것은 두 개의 포아송 변수가 있다고 가정하는 것이다. 하나는 상승 급등을 조절하며 하나는 내려가는 급등을 조절한다. 로그 정규 움직임에 관계된 각각은 다른 평균과 표준편차 값을 가질 수 있다.

X. 상관된 주식가격 시뮬레이션

S와 Q가 모두 로그 정규분포인 주가라고 해보자.

$$\ln(S_t) = \ln(S_0) + (\alpha_S - 0.5\alpha_S^2)t + \sigma_s \sqrt{t}\, W$$
$$\ln(Q_t) = \ln(Q_0) + (\alpha_Q - 0.5\alpha_Q^2)t + \sigma_Q \sqrt{t}\, Z$$

만약 S와 Q가 서로 연관되어있지 않다면 W와 Z를 독립적으로 추출함으로써 두 가지 가격을 모두 시뮬레이션 할 수 있다. 그러나 S와 Q의 상관관계가 p라고 해보자. 각각의 상관관계를 설명하는 두 가지 랜덤 변수를 시뮬레이션 하는 방법이 나와 있다.

ϵ_1, ϵ_2를 $N(0,1)$을 따르는 독립 변수라고 하자.

$$W = \epsilon_1$$
$$Z = \rho\epsilon_1 + \epsilon_2\sqrt{1-p^2} \qquad (11.17)$$

그러면 Z와 W의 상관계수는 p, 그리고 Z는 $N(0,1)$을 따른다. Z와 W는 평균이 0임을 기억하라. Z와 W의 공분산과 Z의 분산을 계산해보자.

$$E(WZ)=E[\epsilon_1+\epsilon_2\sqrt{1-p^2}]=\rho E(\epsilon_1^2)=p$$
$$E(Z^2)=E[\epsilon_1\rho\epsilon_1+\epsilon_2\sqrt{1-p^2}]=1$$

따라서 Z와 W는 모두 $N(0,1)$을 따르며 상관계수 p를 가진다. 이제 연속적으로 복리된 S와 Q의 수익을 구해보자. $\ln(S_t)$와 $\ln(Q_t)$ 사이의 공분산을 구하자.

$$E[\ln(S_t)-E[\ln(S_t)](\ln(Q_t)-E[\ln(Q_t)])]=E(\sigma_S W\sqrt{t}\,\sigma QZ\sqrt{t}\,)$$

상관계수는 다음과 같다.

$$\text{Correlation}=\sigma_S\sigma_Q p^t/\sigma_S\sqrt{t}\,\sigma Q\sqrt{t}=\rho$$

따라서 만약 W와 Z가 상관계수 P를 가진다면 S와 Q 역시 마찬가지 값을 가진다.

n개의 로그 정규변수를 갖고 있다고 가정해보자. 여기서 제기하는 질문은 직전의 분석을 어떻게 일반화하느냐이다. 첫 n개의 랜덤 변수는 다른 변수들과 $n-1$개의 상관관계를 맺는다.

두 번째는 $n-2$개의 상관관계를 맺는다. 이런 식으로 세게 되면 다음을 얻게 된다.

$$n-1+n-2\cdots1=1/2n(n-1)$$

i와 j 사이의 상관관계를 $\rho_{i,j}$로 표기하기로 한다. 상관관계가 없는 독립된 $N(0,1)$ 변수들은 ϵ_1, ϵ_2, $\epsilon_3,\cdots$, ϵ_n로 표기한다. $Z(1)$, $Z(2)$, $Z(3),\cdots$, $Z(n)$로 상관관계가 존재하는 랜덤 변수들이다.

$$E[Z(i)Z(j)]=\rho_{i,j}$$

$Z(i)$를 다음과 같이 생성할 수 있다.

$$Z(i)=\sum_{j=1}^{i}a_{i,j}\,\epsilon_j$$

$a_{i,j}$는 짝을 이룬 상관관계가 옳은 것인지 확인하기 위한 계수이다. $a_{i,j}$ 계수를 생성하는 것은 recursive solution을 갖는다. $Z(1)$을 구하고 그것을 통해서 $Z(2)$를 다시 구하고 계속해서 같은 방식으로 해나가면 $a_{i,j}$의 식을 다음과 같이 구할 수 있다.

$$a_{i,j} = \frac{1}{a_{j,j}}[\rho_{i,j} - \sum_{k=1}^{j-1} a_{j,k}\, a_{i,k}] \quad i>j$$
$$a_{i,i} = \sqrt{1 - \sum_{k=1}^{i-1} a_{i,k}^2} \qquad (11.18)$$

변수가 두 개인 경우 위의 식으로 환원될 수 있다.

$a_{i,j}$ 행렬은 원 상관계수 행렬의 Cholesky decomposition이라고 불린다. 위의 식이 계수를 교정하기 위해서 각각의 상관계수는 무한의 양의 값이어야 하며 이것은 상관계수가 변수들을 합하고 음수의 분산이 나올 수 없게끔 만들어야 함을 의미한다. 이 조건이 만족되지 않으면 상관계수는 유효하지 않다.

따라서 상관계수와 공분산은 임의적일 수 없음을 의미한다. 실제로 공분산 행렬이 어떻게 구해졌느냐에 따라서 이것이 매우 중요한 고려 요소가 될 수 있다. 수백 개의 채권, 주식, 통화, 현물 간의 진정한 공분산은 반드시 무한한 양의 값의 공분산 행렬을 만들어야 한다. 그러나 공분산의 추정치는 무한한 양의 값이 아닐 수도 있다. 만약 $n>m$이고 m개의 관측값이 있다면 이 데이터들로부터 추정된 공분산 행렬은 무한의 양의 값이다. 그러나 만약 서로 다른 데이터들로부터 서로 다른 공분산이 구해진다면 무한한 양의 값은 보장되지 않는다. 그러한 공분산으로부터 구해진 시뮬레이션의 결과는 무의미하다.

CHAPTER

12

금융수리모형

CHAPTER 12

I. 서론

확률적 분포인 $Z(t)$는 정규분포를 따른다는 가정하의 브라운 운동(Brownian motion)이다. 이것은 시간이 흐름에 따라 독립적으로 움직이며, 시간 구간이 길어질수록 변동성 또한 늘어나며, 연속적인 운동형태이다. 브라운 운동의 변동은 $dZ(t)$로 표기된다. $Z(t)$라는 분포와 이것의 변화량 $dZ(t)$는 파생상품의 가격평가모형들에게 초석을 다지게 해 주었다. 하지만 브라운 운동의 $Z(t)$ 홀로는 자산가치를 평가하는 데는 부적합한 모형이지만 $dZ(t)$로 대변되는 이것의 변화량은 자산위험을 평가하는 데 많은 공헌을 했다. $dZ(t)$라는 요소를 곱하고 드리프트항을 추가함으로써, 분산과 평균값을 통제할 수 있게 되었고, 더 현실적인 모델이 되었다. 이런 과정들은 Ito's process 혹은 Diffusion process라고 불려진다. 블랙과 숄즈는 이런 프로세스를 사용하여 옵션가격평가모델을 개발하였다.

만약 한 주식이 Ito's process를 따른다는 가정하에, 이토의 보조정리(Ito's Lemma)는 우리가 한 자산이 따르고 있는 프로세스를 도출하는 데 도움을 준다. 두 가지 청구권의 현재가치를 계산하는 것은 Ito's Lemma의 사용법을 증명해준다.

브라운 운동의 오점은 주식이 항상 연속성을 띤다는 가정하에 접근한다는 점이다. 하지만 주식은 실례에서 볼 수 있듯이 급속한 점프를 겪을 때도 있으며, 이것을 Ito's Lemma를 통해 브라운 운동에 포함시켜 의미있는 옵션가격평가모형을 도출하는 방법 또한 존재한다.

브라운 운동의 기본적인 뜻은 기체 또는 액체 안에서 움직이는 작은 입자의 불규칙적인 운동이다. 선물옵션에서 나오는 브라운 운동은 프랑스 경제학자 루이 바슐리에(Louis Bachelier)가 1900년에 박사 학위 논문 '투기이론'에서 금융시장의 가격변동을 브라운 운동으로 모형화한 것이다. 이는 주식가격이 무작위적인 양만큼 상승하거나 하락하는 것을 이야기한다. 브라운 운동은 시간과 운동이 연속적인 확률 과정을 의미하며 확률 과정이란 임의과정으로 시간의 함수를 의미한다.

II. 브라운 운동

1. 브라운 운동의 정의

브라운 운동의 정의는 다음과 같다. 일련의 가격 $S(y)$, $0 \le y < \infty$에 대하여 음수가 아닌 임의의 값 y와 t에 대하여, 확률변수$(S(t+y)-S(y))$가 y시점 이전의 모든 가격들과 독립적이면서 평균이 μt이고 분산이 $t\sigma^2$인 정규확률변수가 되면, 일련의 가격 $S(y)$, $0 \le y < \infty$는 추세 모수가 μ이고, 분산 모수가 σ^2인 브라운 운동(Brownian motion)을 따른다고 말한다.

브라운 운동은 연속 확률 과정$(Z(y))$이고 4가지 성격을 지닌다. $Z(0)=0$이고, $Z(t+s)-z(t)$는 0의 평균과 s의 분산을 가진 정규분포이다. 또한 겹치지 않는(nonoverlapping) 증가분들은 독립적으로 분포되고, $Z(t)$는 연속적이라는 것이다. 이러한 4가지 성격들은 $Z(t)$가 마팅게일 과정이라는 것을 보여준다. 마팅게일이란 평균과 표준편차를 알더라도 미래를 예측하지 못하는 사건을 의미한다. 또한 $Z(t)$는 발산 과정으로 불린다. 브라운 운동은 랜덤 워크의 예시이다.

브라운 운동의 체험적인 이해는 $Z(t)$를 이항적인 모델로 바꾸면 이해될 수 있다. 브라운 운동은 극소 시간에 대한 극소 증가분들의 극한 합계이다. h는 짧은 시간을 의미하며, $Y(t)$는 이항분포로부터 무작위로 추출한 것을 나타낸다. $Y(t)$는 0.5의 확률로 ± 1이며, $E[Y(t)]=0$, $Var[Y(t)]=1$이다.

$$Z(t+h)-Z(t)=Y(t+h)\sqrt[2]{h} \tag{12.1}$$

어떤 h보다 더 긴 기간에 대해서 Z는 이항적인 증가분들의 총합이 된다. $n=T/h$라고 할 때 h는 0에서 T의 구간을 갖게 된다.

$$Z(T)-Z(0)=\sum_{i=1}^{n}(Z(ih)-Z[(i-1)h])=\sum_{i=1}^{n}Y(ih)\sqrt{h} \tag{12.2}$$

$h=T/n$이므로 다음과 같이 된다.

$$Z(T)-Z(0)=\sqrt{T}\left[\frac{1}{\sqrt{n}}\sum_{i=1}^{n}Y(ih)\right] \tag{12.3}$$

$$E\left[\frac{1}{\sqrt{n}}\sum_{i=1}^{n}Y(ih)\right]=0$$

$$Var\left[\frac{1}{\sqrt{n}}\sum_{i=1}^{n}Y(ih)\right]=1$$

위와 같이 ($E[Y(ih)]=0$이고, $Var[Y(ih)]=1$이기 때문에) 중앙극한이론(central limit theorem)에 의해, 이항분포는 정규분포로 근사하게 된다. 따라서 $\lim_{n\to\infty}\frac{1}{\sqrt{n}}\sum_{i=1}^{n}Y(ih)\sim N(0,1)$을 따르게 된다. $Z(T)-Z(0)\to N(O,T)$의 분포를 보이고, $Z(T)$가 브라운 운동하는 것을 확인할 수 있다.

2. 브라운 운동의 특성

브라운 운동의 특성을 알아보기 위해서 이항적 근사치를 브라운 과정(Brownian process)에 사용할 것이다. 이차 변형이란 제곱 증분 합의 과정인데 브라운 과정 Z(t)의 이차 변형은 다음과 같다.

$$\lim_{n\to\infty}\sum_{i=1}^{n}[Z(ih)-Z(i-1)h]^2=\lim_{n\to\infty}\sum_{i=1}^{n}[\sqrt{h}Y(ih)]^2=\lim_{n\to\infty}\sum_{i=1}^{n}hY(ih)^2=T$$

그리고, 브라운 과정의 전체 변형은 다음과 같다.

$$\lim_{n\to\infty}\sum_{i=1}^{n}|Y(ih)\sqrt{h}|=\lim_{n\to\infty}|Y(ih)|\sqrt{h}=\infty$$

즉, 절대적인 브라운 경로의 길이(absolute length of a Brownian path)는 유한한 구간에 대해서도 무한하다. 무한함을 가지기 위해서는 움직임이 재빨라야 한다. 이러한 행동은 무한한 교차지점(infinite crossing)의 특성을 의미한다.

3. 기하학적 브라운 운동

순수한 브라운 운동에서, 기대되는 변화는 Z는 0이고, 시간 단위에 대한 분산은 1이다. 이것을 임의적인 분산과 0이 아닌 평균을 통해 일반화할 수 있다. $X(t+h)-X(t)=\alpha h+\sigma Y(t+h)\sqrt{h}$로 쓸 수 있고, $X(T)$는 정규분포이며, $h=T/n$이다.

$$X(T)-X(0)=\sum_{i=1}^{n}\left(\alpha\frac{T}{n}+\sigma Y(ih)\sqrt{\frac{T}{n}}\right)=\alpha T+\sigma\sqrt{T}\sum_{i=1}^{n}\frac{Y(ih)}{n}$$

$n\to\infty$에 따라 $N(O,T)$를 따르게 되고 이는 다음과 같이 된다.

$$X(T)-X(0)=\alpha T+\sigma Z(T) \tag{12.4}$$

이를 다르게 표현하면 다음과 같이 쓸 수 있다.

$$dX(t)=\ \alpha dt\ +\ \sigma dZ(t) \tag{12.5}$$

이를 산술적인 브라운 운동이라고 한다. 산술 브라운 운동(ABM)에서 이 산술적 브라운 운동의 특성은 $X(t)$가 척도화된 브라운 과정(scaled Brownian process)에 의해 정규분포한다는 것이다. 또한 α는 즉각적인 시간 단위에 대한 평균이고, δ^2은 즉각적인 시간 단위에 대한 분산이라고 할 수 있다. 변수 $X(t)$는 개별 변화들인 dX의 합이다. 따라서 이를 다음과 같이 나타낸다.

$$X(T)-X(0)\sim N(\alpha T,\delta^2 T)$$

앞선 ABM을 정적분으로 표현하게 되면 다음과 같다.

$$X(T)=X(0)+\int_0^T\alpha dt+\int_0^T\sigma dZ(t)$$

정적분으로 표현한 ABM은 척도화된 브라운 과정(scaled Brownian process)에 의해 정규분포를 이룬다. 또한 이를 통해 과정의 분산을 구체화할 수 있다. αdt를 더하는 것은 α에 대한 시간 단위마다 $X(t)$에 더해주는 효과를 가진다. 그러나 이러한 브라운 운동도 몇 가지 설명하지 못하는 부분이 있다. 첫째는 X가 음수가 되는 것을 막을 방법이 없어서, 주식가격에 있어서는 좋지 못한 모형이다. 또한 평균과 분산의 변화들은 달러 기준에서 주식가격의 수준과는 독립적이다. 실제로, 만약 주식가격이 두 배가 되면, 달러의 예상 수익과 달러의 표준편차의 수익들이 대체로 두 배가 되는 것을 예상한다.

4. The Ornstein-Uhlenbeck Process(오른스타인-윌렌베크 과정)

산술적인 브라운 과정의 또 다른 변형은 평균 회귀를 가능하게 한다. 상품

가격측정이나 이자율을 모델링 할 때에 평균 회귀가 고려되는 것은 자연스러운 일이다. 예를 들어서 이자율이 충분히 높다면, 이자율이 떨어질 가능성이 높을 것이고, 만약 가치가 충분히 낮다면 오를 가능성이 높을 것이다. 상품 가격들은 따라서 평균 회귀에 대한 경향을 보여줄 것이고, 평균 회귀는 추세항(drift term)을 수정함으로 포함된다.

$$dX(t) = \lambda[\alpha - X(t)]dt + \sigma dZ(t) \tag{12.6}$$

이 방정식이 Ornstein-Uhlenbeck 과정이라고 불린다. 이 방정식은 의미를 가지는데, 만약 X가 α 이상으로 오른다면 $\lambda[\alpha - X(t)]$는 음수항이 될 것이고 X가 α 이하로 떨어진다면 $\lambda[\alpha - X(t)]$는 양수항이 될 것이다. 모수인 λ는 회귀의 속도를 측정하며, 만약 λ가 큰 경우, 회귀는 더 빠르게 일어난다. 장기적으로 X가 α를 향해 되돌아 가는 것을 알 수 있다. 산술적인 브라운 운동에서 X는 여전히 음수가 될 수 있다.

III. Geometric Brownian Motion(기하적 브라운 운동)

일반적으로 X함수의 이동성 및 변동성을 다음과 같이 표현할 수 있다.

$$dX(t) = \alpha[X(t)]dt + \sigma[X(t)]dZ(t) \tag{12.7}$$

이는 Ito's process라고 불리는데 이 식에서는 이동성 α, 변동성 σ 값들이 $X(t)$에 의존한다.

$X(t)$에 비례하는 즉각적인 평균과 표준편차를 위해 산술적인 브라운 운동 식으로 변형하면 다음과 같다.

$$\begin{aligned} dX(t) &= \alpha X(t)dt + \sigma X(t)dZ(t) \\ &= \frac{dX(t)}{X(t)} = \alpha dt + \sigma dZ(t) \end{aligned} \tag{12.8}$$

이 식은 달러의 평균과 $X(t)$의 표준편차가 $\alpha X(t)$와 $\sigma X(t)$로 $X(t)$의 수준에 비례한다는 것을 알 수 있게 해준다.

위 식의 적분표시식은 다음과 같다.

$$X(t)-X(0)=\int_0^T \alpha X(t)\,dt+\int_0^T \sigma X(t)\,dZ(t)$$

1. Lognormality(로그 정규화)

기하학적인 브라운 운동식을 따르는 변수는 로그분포를 따른다. X는 정규분포를 따르지 않더라도 $\ln[X(t)]$는 정규분포를 따른다.

$$\ln[X(t)]\sim N(\ln[X(0)]+(\alpha-0.5\sigma^2)t,\sigma^2 t \qquad (12.9)$$

$$X(t)=X(0)e^{(\alpha-0.5\sigma^2)t+\sigma\sqrt{t}Z} \qquad (12.10)$$

이것은 브라운 운동식과 로그정상성 간의 연결고리이다. 만약 변수의 즉각적인 퍼센티지 변화가 기하학적인 브라운 운동을 따르는 방식으로 분포되어 있다면, 개별 기간 동안 그 변수는 로그 정규분포를 따르게 된다.

기하학적인 브라운 운동을 따를 때 미래의 X 기댓값을 다음과 같이 계산해 볼 수 있다.

$$\begin{aligned}E[X(t)]&=X(0)e^{(\alpha-0.5\sigma^2)t}\,E_0(e^{\sigma\sqrt{t}Z})\\&=X(0)e^{(\alpha-0.5\sigma^2)t}\,e^{0.5\sigma^2 t}\\&=X(0)e^{\alpha t}\end{aligned} \qquad (12.11)$$

이렇게 하여 α값은 X의 기대수익률에 연속적으로 복리적이 된다.

2. Relative Importance of the Drift and Noise Terms (추세항과 확산항)

산술적인 브라운 운동식과 개별적으로 대응관계에 있는 식을 보면 다음과 같다.

$$X(t+h)-X(t)=\alpha h+\sigma Y(t)\sqrt{h}$$

짧은 시간 간격 동안 X의 변화에 영향을 미치는 2가지 구성요소가 있다.

추세항인 αh와 확산항인 $\sigma Y(t)\sqrt{h}$이다. 중요한 사실은 짧은 시간 간격 동안 브라운 운동과정의 특징은 거의 전적으로 확산항에 의해 결정된다는 것이다. 그 변화는 확산항에 의해 유발되는 모든 상하운동 가운데서 감지될 수 없다. 짧은 시간 간격 동안 확산항이 왜 중요한 것인지 이해하기 위해서 변화에 대한 표준편차 비율을 살펴보도록 하겠다.

$$\frac{\sigma\sqrt{h}}{\alpha h}=\frac{\sigma}{\alpha\sqrt{h}}$$

위 비율은 h가 dt로 접근함에 따라 무한대가 된다.

3. Multiplication Rules

짧은 시간 간격 동안 확산항이 우월하다는 것은 다른 암시를 가지고 있다.

$$[X(t+h)-X(t)]^2=[\alpha X(t)h+\sigma X(t)Y(t)\sqrt{h}]^2$$

$$[X(t+h)-X(t)]^2=\alpha^2 X(t)^2 h^2+2\alpha\sigma X(t)^2 Y(t)h^{1.5}+\sigma^2 X(t)^2 Y(t)^2 h$$

h가 하루라고 가정하자. 그러면 $h=0.00274$, $h^{1.5}=0.000143$, 그리고 $h^2=0.0000075$이다.

만약 h가 한 시간이라면 $h=0.000114$, $h^{1.5}=0.0000012$, 그리고 $h^2=0.00000001$이다.

명백히 h 제곱수들의 상대적인 규모는 h가 작아지는 것보다 더 커진다. Y에 대해서도 이와 같이 생각해본다면 다음과 같은 식을 도출할 수 있다.

$$[X(t+h)-X(t)]^2\approx\sigma^2 X(t)^2 h$$

or

$$[dX(t)]^2=\sigma^2 X(t)^2 dt$$

이 식은 짧은 시간 간격 동안 주식가격 변화의 제곱값을 관찰할 때, 그 변화의 영향을 인지해야 한다는 것을 알려준다.

$$[\alpha X(t)h+\sigma X(t)Y(t)\sqrt{h}]h=\alpha X(t)h^2+\sigma X(t)Y(t)h^{1.5}$$

h의 가장 작은 파워가 1.5이기 때문에 h가 0으로 수렴함에 따라 위 전체적인 값은 h에 상대적으로 사라지게 된다. 위 식들을 기계적으로 만드는 한 가지 방법은 dt와 dz를 함유하는 소위 multiplication rules라고 불리는 다음과 같은 식들을 사용하는 것이다.

$$dt \times dZ = 0 \tag{12.12}$$
$$(dt)^2 = 0$$
$$(dZ)^2 = dt$$

4. Modeling Correlated Asset Prices (자산 가격들과 상관관계를 갖는 모델)

파생상품의 가격을 매기기 위해 여러 가지 자산들 사이의 쌍별 상관관계를 구체화할 필요가 있다. 구체적이기 위해 m 자산의 과정이 다음과 같다고 가정해보자.

$$\frac{dX_i}{X_i} = (\alpha_i - \delta_i)dt + \sigma_i dZ_i \quad (\text{단, } i = 1, \cdots, m) \tag{12.13}$$

X_i와 X_j의 상관관계는 $Z_i(t)$와 $Z_j(t)$의 불확실한 수익 부분 사이의 상관관계로부터 발생된다. dZ_i와 dZ_j의 독립적인 확산의 합으로 표현함으로써 확산 상관 과정을 창출할 수 있다. 한 사례를 통해 설명해보도록 하겠다. $W_1(t)$와 $W_2(t)$이 개별적인 브라운 운동을 따르고 다음과 같이 정의된다고 가정하자.

$$dZ_1(t) = dW_1(t); \qquad dZ_2(t) = \rho dW_1(t) + \sqrt{1-\rho^2}\, dW_2(t)$$

위 식은 Cholesky decomposition이라고 알려져있다. $dZ_1(t)dZ_2(t)$를 평가하기 위해 $dW_1(t)^2$와 $dW_1(t)dW_2(t)$를 모두 평가할 필요가 있다.

$$E_t\{[W_1(t+s) - W_1(t)][W_2(t+s) - W_2(t)]\} = 0$$

다른 표기법을 사용하면 $dW_i(t) \times dW_j(t) = 0$이라고 쓸 수 있다. 그러면 다음을 확인할 수 있다.

$$dZ_1(t)dZ_2(t) = dW_1(t)[\rho dW_1(t) + \sqrt{1-\rho^2}dW_2(t)]$$
$$= \rho dW_1(t)^2 + \sqrt{1-\rho^2}dW_1(t)dW_2(t)$$
$$= \rho dt$$

여기서 위 사례를 아래와 같이 n processes에 적용해보도록 하겠다. 위 식에서 dZ_i에 아래와 같은 식을 대입한다.

$$dZ_i(t) = \sum_{i=1}^{n}\lambda_{i,k}dW_k(t) \tag{12.14}$$

여기서 $\sum_{k=1}^{n}\lambda_{i,k}^2 = 1$로 계수의 크기를 조정하면 다음과 같이 정리할 수 있다.

$$Var[dZ_i(t)] = Var\left(\sum_{k=1}^{n}\lambda_{i,k}dW_k(t)\right) = \sum_{k=1}^{n}\lambda_{i,k}^2 dW_k(t)^2 = dt$$

코시의 부등식에 따르면 $(\sum_{k=1}^{n}\lambda_{i,k}\lambda_{j,k}{}^2) \equiv \rho_{i,j}^2 \le \sum_{k=1}^{n}\lambda_{i,k}^2\sum_{k=1}^{n}\lambda_{j,k}^2$이 성립한다. 왜냐하면 $\sum_{k=1}^{n}\lambda_{i,k}^2$이라고 가정했고, $-1 \le \rho_{i,j} \le 1$이기 때문이다.

위 설명에 따라 결론적으로 다음과 같이 정리할 수 있다.

$$dZ_i(t)dZ_j(t) = \sum_{k=1}^{n}\lambda_{i,k}dW_k(t)\ \sum_{k=1}^{n}\lambda_{j,k}dW_k(t) = \sum_{k=1}^{n}\lambda_{i,k}\lambda_{j,k}dt \equiv \rho_{i,j}dt$$

이때 $\rho_{i,j} \equiv \sum_{k=1}^{n}\lambda_{i,k}\lambda_{j,k}$이며, $dW_i(t)$와 $dW_j(t)$는 독립적이다(단, $i \ne j$). 따라서 $dW_i(t)dW_j(t) = 0, (i \ne j)$이다.

IV. Ito's Lemma(이토의 보조정리)

콜옵션의 가격은 주가에 의해 결정된다. 만약 주가가 Ito 프로세스를 따라간다면(예로, 기하적 브라운 운동), 콜옵션의 가격 또한 Ito 프로세스를 따라간다. Ito's Lemma란 기초자산인 주식이 Ito 프로세스를 따를 때, 콜(또는 payoff가 주가에 의해 결정되는 모든 파생상품)에 따른 프로세스를 끌어내는 도구이다.

주가 $S(t)$가 아래의 Ito 프로세스를 따른다고 가정한다.

$$dS(t) = \{\hat{\alpha}[S(t), t] - \delta[S(t), t]\}dt + \hat{\sigma}[S(t), t]dZ(t) \qquad (12.15)$$

위의 공식에서, 기대수익 α, 배당수익 δ, 변동성 σ는 주가와 시간의 함수이다. $S(t)$가 기하적 브라운 운동을 따른다는 것은, 구체적으로 다음과 같이 가정하는 것이다.

$$\hat{\alpha}[S(t), t] = \alpha S(t), \delta[S(t), t] = \delta S(t), \ \hat{\sigma}[S(t), t] = \sigma S(t)$$

1. Ito 프로세스

Ito 프로세스의 함수를 따져보면 다음과 같다.

S_t가 시간 t에서의 주가일 때, $V(S_t, \ t)$를 생각해보자. 옵션의 움직임을 파악하기 위해, S가 기하적 random walk를 따르고, 위 또는 아래를 향한 움직임의 확률이 동일하다고 생각하자. y축을 V, x축을 S라고 생각했을 때, 볼록성 때문에 각 방향으로의 동일한 S의 변화가 곧 동일한 변화의 $V(S,t)$를 의미하지 않음을 확인할 수 있다. 증가하는 볼록성의 성격을 지니고 있기 때문에 위로의 변화가 아래로의 변화보다 V를 많이 움직인다.

그러므로, 만약 S의 기대변화가 0이라면, V의 기대변화는 0이 아닐 것이다. 직관적으로, V의 실제 기대변화는 V의 곡선성과 S의 확률분포에 의존할 것이며, 이는 위와 아래의 기대변화 정도를 알려줄 것이다.

V의 기울기 또한 S가 증가함에 따라 커짐을 확인할 수 있다. 그러므로 이때, V의 기대변화는 양의 값을 가짐을 유추할 수 있을 것이다. 이를 젠센부등식이라고 하는데, V가 볼록할 때, $V[E(S)] \leq E[V(S)]$로 표현된다.

확장 테일러 급수를 사용하면, V가 S에 어떻게 의존하는지 확인할 수 있다.

$$V(S+dS,\ t+dt)=V(S,t)+V_s dS+V_s dSt+\frac{1}{2}V_{ss}(dS)^2+\frac{1}{2}V_{tt}(\mathrm{dt})^2 + V_{St}\ dSdt+[(dt)^{\frac{3}{2}} \text{과 이상의 고차항들}]$$

3번째 부분에서 다뤄진 곱셈 법칙은 S가 Ito 프로세스이기 때문에, $(dt)^2$과 $dS^* dt$, 그리고 추가적인 이 이상의 부분이 소거됨을 확인할 수 있다. 직관적으로 시간의 간격이 짧기 때문에 noise항이 지배적이며, noise항의 제곱은 drift의 정도와 같음을 확인할 수 있다. 이 결과는 2번째 부분에서 다룬 quadratic variation의 성격과 그 맥락을 같이한다.

테일러 확장을 시간에 맞춰 통합한다면, 변화의 제곱을 다룬 수식부분들은 시간에 비례하여 값을 달리할 것이다. 그 이상의 부분 또한 그 합이 0이 될 것이다. 이 수식전개가 Ito's Lemma의 기본이 된다.

주가변동이 위에서 언급한 수식에 의해 나타난다고 가정하고, $C[S(t)$, $S(t)$의 twice-differentiable function이라고 한다면, C의 변화, $dC[S(t), t]$는 다음과 같다.

$$dC(S,t)=C_s dS+\frac{1}{2}C_{ss}(dS)^2+C_t dt \tag{12.16}$$

$$=\{[\alpha(S,t)-\delta(S,t)]C_s dt+\frac{1}{2}\hat{\sigma}(S,t)^2 C_{ss}+C_t\}dt+\delta(S,t)C_\delta dZ$$

($C_s=\frac{\partial C}{\partial S}$, $C_{ss}=\frac{\partial^2 C}{\partial S^2}$, $C_t=\partial C/\partial t$이며, { }안의 사항들은 옵션가격의 기대변동을 말한다.)

$S(t)$가 기하적 브라운 운동을 따를 때 다음과 같다.

$$\hat{\alpha}[S(t),t]=\alpha S(t), \delta[S(t),t]=\delta S(t),\ \hat{\sigma}[S(t),t]=\sigma S(t)$$

$$dC(S,t)=[(\alpha-\delta)SC_s+\frac{1}{2}\sigma^2 S^2 C_{ss}+C_t]dt+\sigma SC_s dZ$$

만약 불확실성이 없거나($\sigma=0$), $C(S,t)$가 선형을 그린다면($C_{ss}=0$), Ito's Lemma는 보통 미적분으로 그 수식을 감축시킨다.

$$dC(S,t)=C_s dS+C_t dt$$

분산을 포함한 추가적인 부분은 $(dS)^2$에서 비롯되며, 이는 확률 프로세스의 불확실성과 $C(S,t)$의 곡선형에서 비롯되는 젠센 부등식의 정정 사항이다. 다음 수식 또한 고려해보자.

$$\begin{aligned} & C[S(t+h),\ t+h]-C[S(t),t] \\ & \approx [S(t+h)-S(t)]\,\Delta[S(t),t]+\frac{1}{2}[S(t+h)-S(t)]^2\gamma[S(t),t]+\theta[S(t),t]h \end{aligned}$$

이렇게 $h \rightarrow dt$, $S(t+h)-S(t) \rightarrow dS$로 바꾼다. γ, Δ, θ는 옵션가격의 편미분한 값이다.

$$\Delta \equiv C_s\,;\ \gamma \equiv C_{ss}\,;\ \theta = C_t$$

델타-감마 근사치를 아주 짧은 시간으로 전개하면 Ito's Lemma인 것이다.

Ito's Lemma를 이용하여 주가의 로그 정규의 표현이 기하적 브라운 운동을 만족시킴을 증명할 수 있다.

로그 정규의 표현의 주가는 다음과 같다.

$$S(t) = S(0)e^{(\alpha-\delta-\frac{1}{2}\sigma^2)t+\sigma Z(t)} \tag{12.17}$$

주가는 브라운 프로세스의 $Z(t)$의 함수이다. Ito's Lemma를 이용하여 $Z(t)$의 함수로서의 주가의 움직임을 특징지을 수 있다.

$$\frac{\partial S(t)}{\partial t} = \left(\alpha-\delta-\frac{1}{2}\sigma^2\right)S(t)\,;\quad \frac{\partial S(t)}{\partial Z(t)} = \sigma S(t)\,;\quad \frac{\partial^2 S(t)}{\partial Z(t)^2} = \sigma^2 S(t)$$

Ito's Lemma에 의하면 $dS(t)$는 다음과 같다.

$$\begin{aligned} dS(t) &= \frac{\partial S(t)}{\partial_t}dt+\frac{\partial S(t)}{\partial Z_t}dZ(t)+\frac{1}{2}\frac{\partial^2 S(t)}{\partial Z(t)^2}[dZ(t)]^2 \\ &= \left(\alpha-\delta-\frac{1}{2}\sigma^2\right)S(t)dt+\sigma S(t)dZ(t)+\frac{1}{2}\sigma^2 S(t)dt \\ &= (\alpha-\delta)S(t)dt+\sigma S(t)dZ(t) \end{aligned}$$

두 번째 줄에서 세 번째 줄로 넘어갈 때 $dZ(t)^2 = dt$를 사용했으며, 이 풀이는 Ito's Lemma를 사용하여 식 (12.16)에 도달할 수 있음을 확인할 수 있다.

이어서, $Y(t)=\ln[S(t)]$라고 하자.

$$d\ln[S(t)]=\frac{dS(t)}{dZt}-\frac{1}{2}\frac{dS(t)^2}{S(t)^2}=\frac{dS(t)}{S(t)}-\frac{1}{2}\sigma^2 dt \quad (12.18)$$

그러므로 대수함수의 오목함으로 인한 drift 항을 제외하고는 $d\ln[S(t)]$는 $dS(t)/S(t)$와 같은 프로세스를 따르는 것을 확인할 수 있다. 이는 젠센 부등식에 기인한다.

바로 위의 공식으로 continuously compounded returns$(S(T)/S(0))$가 instantaneous return보다 작음을 확인할 수 있다.

2. Multivariate Ito's Lemma(이토의 보조정리 다변수 일반화)

지금까지는 옵션의 가치가 하나의 Ito 프로세스에 의존하는 것을 염두해 왔다. 다만, 파생상품은 하나 이상의 가격에 그 가치가 의존할 수 있으며, 이때 Ito's Lemma의 다변수 일반화를 사용할 수 있다.

n개의 상관 Ito 프로세스가 있다고 가정하자.

$$\frac{dS_i(t)}{S_i(t)}=\alpha_i dt+\sigma_i dZ_i(\text{단, } i=1,\ldots\ldots,n)$$

각 i와 j의 상관관계를 $E(dZ_i\times dZ_j)=\rho_{i,j}dt$라고 하자. 만약 $C(S_1,\ldots\ldots\ldots,S_n,\ t)$가 S_i의 twice-differentiable 함수라면 다음과 같이 나타낼 수 있다.

$$dC(S_1,\ldots\ldots\ldots,S_n,\ t)=\sum_{i=1}^{n}C_{Si}dS_1+\frac{1}{2}\sum_{i=1}^{n}\ \sum_{j=1}^{n}dS_i dS_j C_{SiSj}+C_t dt$$

단위 시간별 C의 기대변화는 이와 같다.

$$\frac{1}{dt}E[dC(S_1,\ldots\ldots\ldots,S_n,\ t)]=\sum_{i=1}^{n}\alpha_i S_1 C_{Si})+\frac{1}{2}\sum_{i=1}^{n}\ \sum_{j=1}^{n}\sigma_i\sigma_j\ \rho_{i,j}S_i S_j C_{SiSj})+C_t$$

$C(S_1,S_2)=S_1S_2$라 가정하면 Ito's Lemma로 인해 다음과 같이 나타낸다.

$$d(S_1, S_2) = S_2 dS_1 + S_1 dS_2 + dS_1 dS_2$$

이는 다음을 의미한다.

$$E(dC) = (\alpha_1 + \alpha_2 + \rho\sigma_1\sigma_2) S_1 S_2 dt$$

여기서 $C(S_1, S_2)$가 명백하게 시간에 의존하지 않기 때문에, $C_t = 0$ 이다.

위의 식이 흥미로운 이유는 로그 정규의 변수들 간의 곱은 로그 정규의 성격을 지니기 때문에 두 개의 로그 정규의 변수들 간의 곱의 drift가 단순히 drift들 간의 합이라고 생각할 수 있기 때문이다. 하지만, drift에는 두 변수 간의 공변동으로 인해 별도의 항이 존재한다.

$C(S_1, S_2) = S_1/S_2$라고 가정하면 Ito's Lemma로 인해 다음과 같이 나타낸다.

$$d\left(\frac{S_1}{S_2}\right) = dS_1 \frac{1}{S_2} - dS_2 \frac{S_1}{S_2^2} + 0.5\left[2(dS_2)^2 \frac{S_1}{S_2^3} - 2dS_1 dS_2 \frac{1}{S_2^2}\right]$$

이는 다음을 의미한다.

$$d\left(\frac{S_1}{S_2}\right)\frac{S_2}{S_1} = (\alpha_1 - \alpha_2 + \sigma_2^2 - \rho\sigma_1\sigma_2)dt + \sigma_1 dZ_1 - \sigma_2 dZ_2 \qquad (12.19)$$

이전에 언급했던 상관관계의 Ito 프로세스에 의하면 위의 수식을 다음과 같이 표현할 수 있을 것이다.

$$d\left(\frac{S_1}{S_2}\right)\frac{S_2}{S_1} = (\alpha_1 - \alpha_2 + \sigma_2^2 - \rho\sigma_1\sigma_2)dt + \hat{\sigma} dZ$$

이때, $\hat{\sigma} = \sigma_1^2 + \sigma_2^2 - 2\rho\sigma_1\sigma_2$이며, $dZ = (\sigma_1 dZ_1 - \sigma_2 dZ_2)/\hat{\sigma}$이다.

S_1과 S_2가 동일한 drift를 갖고 있더라도($i,e.,\ \alpha_1 = \alpha_2$), 두 가격의 비율은 젠센 부등식 때문에 전반적으로 0의 drift를 갖지는 않을 것이다.

V. 샤프 비율

샤프 비율은 금융학에서 전반적으로 다뤄지는 개념으로 투자의 성과를 불확실성으로 조정하여 판단하게 해주는 지표이다. 만약 i라는 자산이 α_i라는 기대수익을 가지고 있을 때, 해당 자산의 리스크 프리미엄은 $\alpha_i - r$로 규정된다. 이때 r은 무위험수익률이다.

그리고 i라는 자산의 샤프 비율은 $\alpha_i - r$로 규정된 리스크 프리미엄을 위험의 단위로 나눈 것과 같다.

$$\text{Sharpe Ratio} = \frac{\alpha_i - r}{\sigma_i} \tag{12.20}$$

Brownian Motion and Ito's Lemma에서 강조하는 것은, 같은 dZ로 인해 영향받는 두 자산의 수익률은 완벽한 상관관계를 보이고 샤프 비율 또한 같게 나온다는 것이다.

샤프 비율은 잘 분산된 포트폴리오들을 비교할 때 주로 쓰인다는 점을 인지해야 한다. 다시 말해, 샤프 비율은 각각의 자산을 비교하는 것이 아닌 포트폴리오를 비교한다는 점에 주목해야 한다. 만약 분산가능위험이 다르다면, 같은 분산정도인 σ를 가지고 있는 두 자산도 마켓 포트폴리오와 다른 공분산의 정도를 가지고 있으면, 그 두 자산은 다른 정도의 리스크 프리미엄을 가질 수 있으며, 그것은 곧 다른 정도의 샤프 비율을 갖게 만든다. 하지만 완벽한 기초자산과 파생상품과 같이 완벽한 상관관계를 갖는 자산에 한에서는 샤프 비율을 사용하여 비교할 수 있다.

두 가지 완벽한 상관관계의 자산이 같은 샤프 비율을 가진다는 것을 보기 위해, 두 개의 무배당 증권을 예시로 들 수 있다.

$$dS_1 = \alpha_1 S_1 dt + \sigma_1 S_1 dZ \tag{12.21}$$

$$dS_2 = \alpha_2 S_2 dt + \sigma_2 S_2 dZ \tag{12.22}$$

이 식의 두 유가증권의 가격은 같은 dZ에 의해 결정되기 때문에, $(\alpha_1 - r)/$

σ_1과 $(\alpha_2-r)/\sigma_2$는 같다는 관계가 성립되며, 만약 그렇지 않다면 그것은 차익거래기회가 존재한다는 것을 의미한다.

차익거래는 꽤나 단순하다. 만약 1이라는 자산의 샤프 비율이 2라는 자산의 샤프 비율을 상회할 때, $1/(\alpha_1 S_1)$주의 자산 1을 사고, $1/(\alpha_2 S_2)$주의 자산 2를 공매도하는 형태로 접근한다. 두 포지션은 일반적으로 다른 비용을 가지고 있을 것이므로, $1/\sigma_1-1/\sigma_2$로 표현되는 비용의 차이를 rdt의 수익률을 가진 무위험 자산에 투자하거나 혹은 무위험 수익률로 빌리는 형태로 접근한다. 이때 두 자산과 무위험자산의 수익률은 다음과 같이 표기한다.

$$\frac{1}{\sigma_1 S_2}dS_1-\frac{1}{\sigma_2 S_2}dS_2+\left(\frac{1}{\sigma_2}-\frac{1}{\sigma_1}\right)rdt=\left(\frac{\alpha_1-r}{\sigma_1}-\frac{\alpha_2-r}{\sigma_2}\right)dt \qquad (12.23)$$

이 관계는 자산 1의 샤프 비율이 자산 2의 샤프 비율보다 높다는 가정하에 양(+)의 무위험 수익률을 통해 zero-investment 포트폴리오를 만들 수 있다는 것을 말한다. 그러므로, 차익거래가 없기 위해서는 자산 1과 자산 2는 같은 샤프 비율을 가지고 있어야 한다.

옵션에서의 샤프 비율은 주식에서의 샤프 비율과 같다. 주식과 옵션 모두 같은 dZ로 불리는 불확실성의 근원을 공유하고 있기 때문이다. 콜옵션의 변동성은 주식의 옵션보다 훨씬 크기 때문에, 주식과 옵션은 같은 변동성을 가지고 있지는 않으며, 콜옵션의 리스크 프리미엄 또한 주식의 리스크 프리미엄을 크게 상회한다. 하지만, 그럼에도 불구하고 그들의 샤프 비율은 같다.

VI. Risk Neutral Valuation(위험중립가치평가)

이 절에서는 자산의 가격 $S(t)$가 기하학적 브라운 모형을 만족할 때의 불확실성에서 중립적인 가치평가를 하는 예를 들어보자.

$$\frac{dS(t)}{S(t)}=(\alpha-\delta_{dt})+\sigma d\tilde{Z}(t) \tag{12.24}$$

위의 식은 현실 세계에서의 유가증권의 가격의 진화, 곧 유가증권의 분배를 설명하며, 불확실성에 대해 중립적으로 조정했을 때의 분배는 다음 공식으로 설명된다.

$$\frac{dS(t)}{S(t)}=(\alpha-\delta_{dt})+\sigma dZ(t) \tag{12.25}$$

만약 T시점에 $V(S(T),T)$라는 지급이 일어났을 때 $V(S(0),0)$로 일컬어지는 해당 유가증권의 수익의 기대치를 무위험수익률로 조정한 다음의 공식으로 구할 수 있다.

$$V(S(0),0)=e^{-rT}E_0^{\ *}[V(S(T),T)] \tag{12.26}$$

이때 $E_0^{\ *}$는 불확실성에 중립적인 분배에서의 기대치를 나타낸다.

$V(S(T),T)=\ S(T)^a$인 청구권을 고려해보자. S가 기하학적 브라운 모형을 따를 때, $S(T)$는 로그노말 분포를 따르며, 그것의 기대지급은 다음 공식과 같다.

$$S(T)^a=S(0)^a e^{a(r-\delta-0.5\sigma^2)T+a\sigma Z(T)}$$

이때 로그노말 변수의 기대치를 계산하여 무위험 수익률로 조정하면 다음과 같다.

$$\begin{aligned}e^{-rT}E[S(T)^a]&=e^{-rT}S(0)^a e^{a(r-\delta-0.5\sigma^2)T+0.5a^2\sigma^2T}\\&=e^{-rT}S(0)^a e^{[a(r-\delta)+0.5a(a-1)\sigma^2]T}\end{aligned}$$

위 공식이 $V(S(T),T)=S(T)^a$인 청구권의 현재가치, 곧 다시 말해 선납 선물가격이 되며, 선물가격은 가격조정을 하지 않은 기대치와 같다.

만약 $S(t)$가 $\frac{dS(t)}{S(t)}=(\alpha-\delta_{dt})+\sigma dZ(t)$의 관계를 따르고, 무위험 이자율이 일정할 때, $V(S(T),T)=S(T)^a$인 청구권의 현재가치, 즉 선납 선물가격은 다음과 같이 정의되며, 그것을 토대로 기대치로 할인하지 않은 선물가격까지 구할 수 있다.

$$F^P_{0,T}[S(T)^a]=e^{-rT}S(0)^a e^{[a(r-\delta)+0.5a(a-1)\sigma^2]T} \tag{12.27}$$

$$F_{0,T}[S(T)^a]=S(0)^a e^{[a(r-\delta)+0.5a(a-1)\sigma^2]T} \tag{12.28}$$

Ito's Lemma를 사용하여 $E[S(T)^a]$를 계산하면, 다음을 도출할 수 있다.

$$dS^a=aS^{(a-1)}dS+0.5a(a-1)S^{(a-2)}dS^2$$

$$=aS^a\frac{dS}{S}+0.5a(a-1)S^a\sigma^2dt$$

$\frac{dS(t)}{S(t)}=(\alpha-\delta_{dt})+\sigma dZ(t)$를 대입하면 다음의 관계를 도출할 수 있다.

$$\frac{dS(t)^a}{S^a}=[a(r-\delta)+0.5a(a-1)\sigma^2]dt+a\sigma dZ \tag{12.29}$$

이것에 대한 해답은 $S(T)^a=S(0)^a e^{a(r-\delta+0.5a(a-1)\sigma^2)T-0.5a^2\sigma^2T+a\sigma Z(T)}$로 규명된다.

결과적으로 보면 무배당유가증권의 현재가치는 오늘의 주가와 같지만, $V(S(T),T)=S(T)^a$인 청구권의 현재가치는 $S(0)^a$가 아니라는 점에 주목할 필요가 있다. 그 이유로는 젠센의 부등식이 있는데, a가 1보다 클 때, 지급액은 볼록하며 청구권의 델타계수가 올라감에 따라 증권에서의 수익도 늘어날 것이고 손해 또한 감소될 것이므로 투자자들은 추가적인 금액을 지불하여 볼록성에 의해 증가되는 총 수익률을 얻는다. 만약 a가 1보다 작다면, 지급액은 오목하며, 투자자들은 오목한 지급액에 의해 수익이 감소되고 손해가 늘어나는 것에 근거, 해당 청구권의 가치를 $S(0)^a$보다 낮게 평가한다.

이 현상은 다음의 공식에서 유가증권의 가격이 $(a-1)$항에 영향을 받는 데서 수식적으로 관찰할 수 있다.

$$F^P_{0,T}[S(T)^a]=e^{-rT}S(0)^a e^{[a(r-\delta)+0.5a(a-1)\sigma^2]T}$$

$S(0)$와 $S(0)^a$가 모두 동시에 $S(T)$와 $S(T)^a$의 현재가치를 투영하지 않는다는 것은 젠센의 부등식에서 보여지는 것처럼 가격의 조정이 필요하기 때문이다.

a가 0, 1, 2일 때 각각의 사례를 살펴보도록 하자.

- a가 0일 때, $F^P_{0,T}[S(T)^a] = e^{-rT}S(0)^a e^{[a(r-\delta)+0.5a(a-1)\sigma^2]T}$ 라는 공식에 근거하여 $V(0) = e^{-rT}$이 도출된다. 즉, T기간의 할인채권가격과 해당 유가증권의 현재가치는 동일하다.
- a가 1일 때, $F^P_{0,T}[S(T)^a] = e^{-rT}S(0)^a e^{[a(r-\delta)+0.5a(a-1)\sigma^2]T}$ 라는 공식에 근거하여 $V(0) = S(0)^{-\delta T}$이 도출된다. 즉, 선납 선물가격과 해당 유가증권의 현재가치는 동일하다.
- a가 2일 때, $F^P_{0,T}[S(T)^a] = S(0)^a e^{[a(r-\delta)+0.5a(a-1)\sigma^2]T}$ 라는 공식에 근거하여 다음이 도출된다. 즉, 제곱된 유가증권의 가격의 선물가격은 제곱한 선물가격에 분산항을 곱한 것이다.

$$F_{0,T}(S^2) = e^{rT}S(0)^2 e^{-[-r+2\delta-\sigma^2]T} = S(0)^2 e^{2(r-\delta)T} e^{\sigma^2 T} = [F_{0,T}(S)]^2 e^{\sigma^2 T} \tag{12.30}$$

위 식에서 제곱된 선물가격은 직관적이지만, 분산항은 조금 더 설명이 필요하다. 예를 들어 달러로 표기된 한 보통주가 있다고 가정하고, 그것과 모든 게 동일하지만 주식을 처분할 때 달러 대신 보통주를 받는 또 다른 주식이 있다고 가정할 때, 이 달러에서의 주식수로의 환산이 증권의 제곱을 뜻하는 것이다. 증권의 제곱이 있을 때, 증권가격이 올라가면 주가의 상승분만큼의 수익뿐만이 아닌 절상된 각각의 한 주의 가격 또한 수익으로 실현할 수 있다.

이 작용은 주가가 떨어질 때는 역으로 작용한다. 주가가 떨어질 때 주당 더 적은 돈과, 돈 대신에 받게 되는 주식수도 그 가치가 떨어진다. 하지만 두 번째 주식을 보유함으로써 받는 주식의 수도 줄어들기 때문에 주가의 하락부분에서의 충격은 덜하다. 그러므로, 평균적으로 봤을 때 주가가 상승할 때 얻는 추가분이 주가가 떨어질 때의 추가적 손실보다 더 크다. 이것은 더 많은 손실과 더 많은 이익을 의미하는, 보다 변동성이 큰 상황에서 더 중요하다. 결론적으로 우리는 증권을 사기 위해 더 많은 돈을 낼 것이고, 그 추가분은 변동성과 양의 상관관계를 가진다.

이제 두 개의 자산의 가격에 근거한 청구권을 보자. $S(T)^a$와 $Q(T)^b$를 지급하는 청구권을 보도록 하고, S와 Q는 불확실성 중립적인 프로세스를 따른다고 가정해보자.

$$\frac{dS}{S}=(r-\delta_s)dt+\sigma_s dZ_s \tag{12.31}$$

그리고 Q는 다음 관계를 가지고 있다.

$$\frac{dQ}{Q}=(r-\delta_Q)dt+\sigma_Q dZ_q \tag{12.32}$$
$$dZ_s dZ_Q=pdt$$

〈명제 1〉

만약 S와 Q가 $\frac{dS}{S}=(r-\delta_s)dt+\sigma_s dZ_s$관계와 $\frac{dQ}{Q}=(r-\delta_Q)dt+\sigma_Q dZ_q$를 만족한다고 가정해보자. 그렇다면 S^a와 Q^b의 가격은 앞에서 증명했듯이 구해질 수 있다. 그렇다면 S^aQ^b의 선물가격은 두 선물가격의 곱에 공분산으로 조정하는 변수를 곱해준 값과 같다.

$$F_{t,T}(S^aQ^b)=F_{t,T}(S^a)F_{t,T}(Q^b)e^{ab\rho\sigma_S\sigma_Q(T-t)}$$

그리고 S^aQ^b의 분산은 이하 식으로 도출된다.

$$a^2\sigma S^2+b^2\sigma_Q+2ab\rho\sigma_s\sigma_Q$$

증권의 제곱은 명제 1에서의 특별한 사례이다. $S=Q$이고 $a=b=1$이며 $\rho=1$일, 공분산항은 $ab\rho\sigma_s\sigma_Q=\sigma_S^2$와 같이 변화하며 이것은 $F_{0,T}(S^2)=e^{rT}S(0)^2e^{-[-r+2\delta-\sigma^2]T}=S(0)^2e^{2(r-\delta)T}e^{\sigma^2T}$와 같은 결과를 도출하여 증권의 제곱을 다룰수 있게 해준다. 두 가지 식을 사용하여, 그리고 두 개의 관계 모두 로그노말한 분포를 가지고 있다는 가정하에 $S(T)^aQ(T)^b$를 계산해보면 다음과 같은 관계를 도출할 수 있다.

$$S(T)^aQ(T)^b=S(0)^ae^{a(r-\delta_s-0.5\sigma_S^2)T+a\sigma_sZ_s(T)}Q(0)^be^{b(r-\delta_Q-0.5\sigma_Q^2)T+b\sigma_QZ_Q(T)}$$

이를 다시 한 번 분리하면 다음과 같이 규정할 수 있다.

$$S(T)^a Q(T)^b = S(0)^a Q(0)^b e^{a(r-\delta_s-0.5\sigma_S^2)T+b(r-\delta_Q-0.5\sigma_Q^2)} e^{a\sigma_S Z_s(T)+b\sigma_Q Z_Q(T)}$$

여기서 두 번째 제곱항이 $e^{0.5[a^2\sigma\frac{S}{S}+b^2\sigma\frac{S}{Q}+2ab\sigma_S\sigma_Q\rho]T}$라는 것을 고려하면 다음과 같이 불확실성은 중립적으로 T에서의 S^aQ^b를 구할 수 있다.

$$E_0^B[S(T)^a Q(T)^b] = S(0)^a Q(0)^b e^{[a(r-\delta_s)+b(r-\delta_Q)+\frac{1}{2}a(a-1)\sigma\frac{2}{S}+\frac{1}{2}b(b-1)\sigma\frac{2}{Q}+ab\rho\sigma_S\sigma_Q]T}$$

이것은 $F_{t,T}[S(T)^a] = S(0)^a e^{[a(r-\delta)+0.5a(a-1)\sigma^2]T}$라는 개념을 적용하면 다음과 같이 다시 쓸 수 있다.

$$F_{0,T}(S^aQ^b) = F_{0,T}(S^a)F_{0,T}(Q^b)e^{ab\rho\sigma_S\sigma_Q T} \qquad (12.33)$$

이 식의 오른쪽 항은 선물가격과 두 개 자산의 공분산을 곱한 요소이다. 이것은 가격을 구할 때 공분산까지 곱해진 꽤나 중요한 결과이다.

VII. Jumps in Stock Price(주가의 급변동)

브라운 운동에 대한 실용적인 반증은 브라우니안 모델이 연속적이라는 가정에서 비롯된다. 주가의 갑작스러운 상승 등은 없다는 가정하에 시작된다. 실제로, 자산가격은 종종 급작스러운 변동을 통해 점프하는 현상을 보여준다. 예를 들어 1987년 10월 19일엔 다우존스 지수가 하루안에 22%나 급락했다. 로그노말 모델에서 다루지 못하는 급작스러운 변동들이나 더 작게는 어닝쇼크 혹은 어닝서프라이즈로 인해 급작스럽게 변동하는 경우도 있다. 이런 로그노말분포를 따르지 않는 변동들을 고려하기 위해 머튼은 종종 있는 점프를 고려한 모델 또한 도입하였다.

우리는 포아송 분포를 사용하여 점프를 고려한다. 점프를 하는 순간에, 주가변동에 분포를 적용한다. 로그노말분포는 점프가 일어났을 때 주가변동을 도출할 수 있는 합리적이고 편한 모형 중 하나이다.

점프를 다음과 같이 기록할 수 있다. 포아송 분포를 사용하여, 점프의 발생확률은 시간의 길이에 비례한다. 그리고, 가장 작은 단위로 분해한 dt에서 하나 이상의 점프가 발생활 확률은 0과 같다. 만약 $q(t)$가 합산된 점프를 표현하고, dq가 모든 점프에서의 변화들을 말한다고 가정한다면, 대부분의 시점에서 점프가 없을 것이고 $dq=0$일 것이다. 점프가 있을 때엔, Y라는 무작위수가 점프의 크기를 표현하고, $k=E(Y)-1$은 주가의 변동폭을 %로 나타낸 것을 표현한다. 그리고 λ는 dt 내에서의 점프 수의 기댓값을 표현한다.

다시 말해 위에서 설명한 것들은 다음 식으로 표현할 수 있다.

$$Pr(\text{jump}) = \lambda dt$$
$$Pr(\text{no jump}) = \lambda dt$$

그리고 이것으로 주가를 표현하면 다음과 같고, 점프가 없을 때는 $dq=0$이며, 점프가 있을 때는 $Y-1$이다.

$$dS(t)/S(t) = (\alpha - \lambda k)dt + \sigma dZ + dq \qquad (12.34)$$

그렇다면 $E(dq) = \lambda kdt$가 되고 드리프트는 dq가 0이 아닌 기대값을 가지고 있으므로 λkdt를 빼주어 분산의 효과를 명기해준다. 그러면 다음 공식이 도출된다.

$$E\frac{dS}{S} = (\alpha - \lambda k)dt + E(\sigma dZ) + E(dq) = \alpha dt$$

그러므로 예를 들어보자면 하방 점프가 생겼을 때, k값은 0보다 작으며, 점프가 없을 때는 $-\lambda kdt > 0$이라는 추가적인 드리프트를 집어넣어 점프로 인해 나빠진 상황까지 반영해줘야 한다. 이 모델의 시사점은 점프가 없을 때는 주가 S는 브라운 운동을 따르고, 점프가 일어났을 때 새 주가는 YS가 된다는 것이다.

〈명제 2〉

만약 자산이 $dS(t)/S(t) = (\alpha - \lambda k)dt + \sigma dZ + dq$ 공식을 따른다는 가정하에, $C(S,t)$가 두 번 미분가능한 주가의 함수이면, C가 따르는 프로세스는 다음과 같이 정의된다.

$$dC(S,t) = C_s dS + \frac{1}{2} C_{ss} \sigma^2 S^2 dt + C_t + \lambda E_Y[C(SY,t) - C(S,t)] \qquad (12.35)$$

이 식의 마지막 항은 점프의 폭과 점프의 확률을 고려한 예상 점프량을 반영하는 것이다.

CHAPTER

13

옵션가격산출이론 1

CHAPTER 13

I. 블랙–숄즈의 주식옵션가격결정모형

1970년대 초, 마이론 숄즈(Myron Scholes), 피셔 블랙(Fischer Black), 로버트 멀튼(Robert Merton)은 주식옵션의 가격을 결정하는 데 돌파구를 여는 논문을 통해 블랙–숄즈 모형을 발표했다. 1973년에 시카고 대학 연구논문집에서 발표한 모형으로 거래자들이 옵션의 가치를 평가하고 헷지하는 방식에 큰 영향을 미쳤다. 물리학에서 열 확산 속도를 계산하는 공식을 이용하여 만든 모형이기도 하다.

블랙과 숄즈는 변동성, 옵션의 권리행사 가격, 만기까지의 기간, 무위험자산의 금리 등 입수하기 쉬운 다섯 가지 종류의 데이터로부터 옵션이론을 도출했으며 이 모형은 옵션의 대표적인 평가방법으로 널리 이용되고 있다. 이 모형은 1980~1990년대의 금융공학의 성장과 성공에 주요한 역할을 하였고, 숄즈와 멀튼은 1997년에 노벨 경제학상을 수상하였다. 이 모형은 특정 기일에만 권리행사를 할 수 있는 유럽식 옵션을 대상으로 한다. 이에 따라 유로피언 콜옵션과 풋옵션의 가치를 평가하기 위해 이 모형이 주요하게 이용된다. 하지만 주식의 배당을 고려하지 않는 등 현실과는 동떨어진 측면도 있다.

블랙–숄즈 주식옵션가격결정모형은 기본적으로 기초자산의 가격이 연속적으로 변화한다는 것을 전제로 하고 있다. 이는 주식옵션가격결정모형은 주가가 어떻게 변하는지에 대한 가정을 반드시 포함해야 한다는 것을 의미한다. 만일 오늘의 주가가 $100이면, 내일의 주가, 1주일 후의 주가, 또는 1년 후의 주가에 대한 확률 분포는 무엇인지에 대한 결정을 해야 한다. 블랙–숄즈의 모형에서는 주가는 랜덤워크에 따라 변화하는 브라운 운동을 가정하였다. 즉, 주가의 변화율은 정규분포를 따른다는 가정을 한 것이다.

주가를 S, 주식의 기대수익률을 μ, 주가의 변동성을 σ라고 한다면 δt 기간 동안 변화율의 평균은 $\mu\delta t$이고 변화율의 표준편차는 $\sigma\sqrt{\delta t}$이다. 따라서 블랙–숄즈 모형의 기본 가정은 다음과 같다.

$$\frac{\delta S}{S} \sim \varnothing\,(\mu\delta t,\ \sigma\sqrt{\delta t})$$

δS는 기간 동안의 S의 변화이고, $\varnothing(m,\ s)$는 평균이 m이고 표준편차가 s인 정규분포이다.

달리 말해 다음과 같은 식으로도 표현할 수 있다.

$$\frac{dS}{S} = \mu dt + \sigma dz$$

(S=주가, dS=주가의 변화, dt=시간의 순간변화, μ=dt시간 동안 주식의 평균수익률, σ=dt시간 동안 주식수익률의 표준편차, dz=평균이 0이고 분산이 1인 정규분포 확률변수)

그림 13-1　로그노말분포와 정규분포

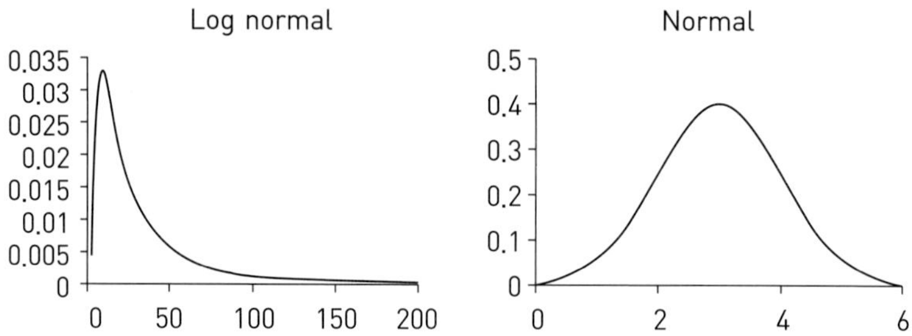

랜덤워크 가정은 미래 어느 시점에서의 주가가 대수정규분포를 따른다는 것을 의미한다. 대수정규분포의 기본형태는 위의 첫 번째 그래프와 같으며 이 형태를 두 번째 그래프인 정규분포 형태와 비교하면 차이점을 알 수 있다. 정규분포하에서 변수는 양의 값과 음의 값을 모두 취할 수 있는 반면, 대수정규분포하에서 변수는 오직 양의 값을 취한다. 또한 정규분포가 대칭적인 것에 반해, 대수정규분포는 평균, 중위수(median), 최빈수(mode) 값이 모두 다른 비대칭적인 특징을 지니고 있다. 게다가 대수정규분포를 갖는 변수의 속성은 자연로그 값이 정규분포를 따른다는 것이다. 따라서 주가에 대한 블랙-숄즈의 가정은

$\ln S_T$가 정규분포를 따른다는 가정과 같다.(S_T는 미래 T시점에서의 주식의 가격을 말한다.) $\ln S_T$의 평균은 $\ln S_0 + \left(\mu - \frac{\sigma^2}{2}\right)T$이고, 표준편차는 $\sigma\sqrt{T}$ 이다.

단, S_0는 현재 주식의 가격이다. 이 결과를 다음과 같이 표시할 수 있다.

$$\ln S_0 \sim \varnothing\left[\ln S_0 + \left(\mu - \frac{\sigma^2}{2} T, \sigma\sqrt{T}\right)\right]$$

S_T의 평균 또는 기대치는, $E(S_T) = S_0 e^{\mu T}$이고, 이는 μ가 기대수익률이라는 정의와 일치한다. S_T의 분산은, $Var(S_T) = S_0 e^{2\mu T}(e^{\sigma 2T} - 1)$이다.

이 밖에도 거래비용과 세금이 없고, 배당을 지급하지 않는다는 가정이 있는데 총정리하자면 다음과 같다.

- 기초자산의 수익률은 대수정규분포를 따르며, 기초자산 가격의 변동성은 위너 과정(Wiener process)을 따른다. 위너 과정은 순간적인 수익률의 평균과 분산이 시간에 따라 일정하다는 것을 가정하는 연속적인 확률 과정을 말한다.
- 기초자산은 충분히 분할가능하며, 자산의 거래는 연속적으로 이루어진다.
- 기초자산은 공매(short-selling)가 가능하다.
- 무위험 수익률은 확률변수가 아니며 만기시점까지 일정한 값을 갖는다.
- 기초자산인 주식에 대하여 배당은 지급되지 않는다.
- 옵션은 만기이전에는 행사되지 않은 유럽형 옵션이다.
- 차익거래기회는 존재하지 않는다.
- 시장은 세금과 거래비용이 존재하지 않는 완전자본시장이다.
- 투자자들은 위험 중립적(risk neutral)이다.
- 완전 대체 자산들(perfect substitutes)의 균형수익률은 동일하다.

II. 기대수익률

기대수익률(μ)은 주식의 위험도나 시장이자율의 수준에 따라 다르다. 즉 위험이 낮거나 무위험 이자율이 낮은 경우 기대수익률도 낮으며, 반대로 위험이 높으면 기대수익률도 높다.

$$\frac{\delta S}{S} \sim \varnothing(\mu\delta t,\ \sigma\sqrt{\delta t})$$

위 식에 따르면 μ는 δt 간의 기대수익률이다. 이 수익률은 δt가 0이 될 때 연속복리수익률이 된다. 그렇지만 다음의 식에 의하면 이는 맞지 않음을 알 수 있다.

T년간 실현된 연속복리수익률은 $\frac{1}{T}\ln\frac{S_T}{S_0}$이고 이 수익률의 기댓값은 $\ln\frac{S_T}{S_0} \sim \varnothing[\left(\mu-\frac{\sigma^2}{2}\right)T, \sigma\sqrt{T}]$라는 식을 통해서 아래와 같은 값을 도출할 수 있다.

$$\mu-\frac{\sigma^2}{2}$$

여기서 수익률의 기댓값이 μ와 $\mu-\frac{\sigma^2}{2}$로 차이가 발생하는데 이를 설명하기 위해서 S_T의 기대치 식인 $E(S_T)=S_0e^{\mu T}$을 이용한다.

이 식에서 양변에 로그를 취하면 $\ln[E(S_T)]=\ln(S_0)+\mu T$가 나오는데, 이를 통해서 얻을 수 있는 관계는 $E[\ln\left(\frac{S_T}{S_0}\right)]<\mu T$이고 이는 수익률의 기대치가 $\mu-\frac{\sigma^2}{2}$라는 계산에 힘을 실어준다. 또한 δt라는 기간이 많이 존재할 때 i 번째 주가가 S_i라 하면 δS_i는 $S_{i+1}-S_i$가 되고 이때 각 기간 동안의 주식 수익률 평균은 μ와 가깝다. 결론적으로 μ는 $\delta S_i/S_i$와 근사하기 때문에 블랙-숄즈 모형에서 기대수익률은 $\mu-\frac{\sigma^2}{2}$에 가깝다.

앞에서 언급했다시피 기대수익률은 무위험 이자율과 주식수익률의 표준편차, 즉 변동성에 의해 결정된다. 무위험 이자율의 추정을 이용하기 위해서는 여러 가지 사항을 고려해야 하는데 우선 알맞은 무위험 이자율을 선택해야 한다. 이 단계에서 미국은 T-Bill 이자율을 사용한다. 두 번째로 고려해야 하는 점은 무위험 이자율 만기에 따른 기간구조의 수익률 곡선의 선택이다. 수익률 곡선이 가파른 경우 만기에 따라 수익률이 다를 수 있기 때문이다.

III. 변동성

주식의 변동성 σ은 주식수익률에 대한 불확실성을 알 수 있게 한다.

$$\ln\frac{S_T}{S_0} \sim \varnothing[\left(\mu - \frac{\sigma^2}{2}\right)T, \sigma\sqrt{T}]$$

위 공식에 의하면 변동성은 수익률을 연속복리로 계산할 때 1년간 얻는 수익률의 표준편차라고 할 수 있다. 여기서 $\ln S_T \sim \varnothing[\ln S_0 + \left(\mu - \frac{\sigma^2}{2}\right)T, \sigma\sqrt{T}]$을 보면 $\sigma\sqrt{T}$는 $\ln S_T$의 표준편차이다.

이 계산에서 T가 작은 경우 $\frac{\delta S}{S} \sim \varnothing(\mu\delta t,\ \sigma\sqrt{\delta t})$에 의해서 $\sigma\sqrt{T}$는 T시간 동안의 주가변화율의 표준편차와 근사하다. 또한 $\frac{\delta S}{S} \sim \varnothing(\mu\delta t,\ \sigma\sqrt{\delta t})$을 통해서 미래 주가의 불확실성은 표준편차로 측정될 수 있는데 이는 예측하는 기간의 제곱근과 비례해서 증가한다. 예를 들면 9주 기준의 주가 변동성의 표준편차는 대략 1주 기준 변동성의 표준편차의 3배라고 말할 수 있다.

1. 과거 자료로부터의 변동성 추정

주식 수익에 대한 불확실성, 즉 변동성을 추정하기 위해서 과거의 주가자료를 사용할 수 있다. 이 방법은 과거의 변동성이 일정하게 유지될 것이며 최근의 경향이 가까운 미래에도 계속될 것이라는 가정하에 사용 가능하기에 기초자산 가격변동의 확률분포에 대한 안정성이 유지되어야 한다. 주식의 가격은 보통 날마다, 주마다, 달마다 일정하게 관찰되기 때문에 과거의 주가자료 역시 그러한 형태로 기록되어있다. 과거의 자료를 이용해서 변동성을 측정하기 위해서는 우선 아래와 같이 세 가지 정의를 한다.

$n+1$: 관측 자료의 수

S_i : i번째 기간 끝 시점 주가

τ : 연 단위로 표현한 기간의 길이

i의 기대수익률인 $\mu_i = \ln\left(\dfrac{S_i}{S_{i-1}}\right)$의 표준편차의 추정값은 s이고 그 값은 아래의 공식과 같다.

$$s=\sqrt{\frac{1}{n-1}\sum_{i=1}^{n}(u_i-\bar{u})^2}=\sqrt{\frac{1}{n-1}\sum_{i=1}^{n}u_i^2-\frac{1}{n(n-1)}(\sum_{i=1}^{n}u_i)^2}$$

3절에 나온 변동성의 내용에 의하면 u_i의 표준편차는 $\sigma\sqrt{\tau}$, 즉 s는 $\sigma\sqrt{\tau}$ 추정값이다. 그렇기 때문에 $\hat{\sigma}$를 σ 자체의 추정치로 쓸 수 있고 여기서 $\hat{\sigma}=\dfrac{S}{\sqrt{\tau}}$이다. 이 추정값의 표준오차는 $\dfrac{\hat{\sigma}}{\sqrt{2n}}$이다.

과거 자료로부터 현재의 변동성을 추정하는 계산에서 가장 중요한 부분은 적절한 n값을 구하는 것이다. 왜냐하면 정확도를 증가시키기 위해서 n을 크게 잡아 오래된 자료들도 포함하게 되면 또 다른 문제가 발생하기 때문이다. 그 문제 중 하나는 아주 예전 자료까지 포함시키는 경우 시간의 흐름에 따라 σ는 변하게 되고 지나치게 과거의 자료는 미래예측에 적합하지 않다는 점이다. 그렇기 때문에 일반적으로 사용하는 방법은 90일에서 180일 정도의 일별 종가 자료를 이용하거나 변동성이 적용되는 일수에 n을 맞춘다. 예를 들면, 변동성이 3년 만기인 옵션 가치를 평가하는 데는 그 기간 동안의 일별자료가 이용되는 것으로 설명할 수 있다. 적절한 n의 크기를 잡는 것 말고도 과거 자료를 통한 변동성 추정에 중요한 부분은 모수를 추정할 때 달력일과 거래일 중에서 어떤 기준을 사용할지 결정하는 것이다.

2. 내재변동성

역사적 자료를 통해 변동성을 추정하는 것은 옵션가격이 기초자산의 미래가격에 의존하고 그를 통해 계산되어야 한다는 측면에서 단점이 있기 때문에 내재변동성을 이용하기도 한다. 내재변동성은 옵션의 현재 시장가격을 균형가격이라고 가정하고 옵션의 내재변동성이 시장가격과 일치하는 모형을 제공하는 유일한 σ를 찾기 위해서 시행 착오법을 사용해서 구할 수 있다. 즉 다른 변수들의 값을 대입해서 역으로 모형 속의 변동성을 계산해내는 방법이다. 이 방법은 이론으로만 보았을 때는 간단해 보이지만, 블랙-숄즈 모형에서는 다른 옵션가격 결정요인을 표준편차에 관한 함수로 계산하는 것이 불가능하기 때문에 내재변동성을 추정하는 것은 역사적 변동성을 추정하는 것보다 어려움이 따른다.

IV. 블랙-숄즈 모형의 연구

1. 블랙-숄즈 모형의 도출과정

블랙-숄즈가 옵션가격결정모형을 도출할 때 사용했던 가정은 다음과 같다.

- 주가의 형태는 연속적인 브라운 운동(Brownian motion)을 따른다. 그 변동성은 로그 정규분포(Log Normal distribution)를 이룬다.
- 거래비용과 세금이 존재하지 않는 완전자본시장이다.
- 무위험 이자율로 차입과 대출이 자유로워 차익거래 기회는 존재하지 않는다.

- 옵션의 만기일까지 배당은 없다.
- 증권의 거래는 연속적으로 이루어진다.
- 증권의 거래는 연속적으로 이루어지며 모든 증권은 완전히 분할 가능하다.

옵션과 기초주식으로 구성된 무위험 포트폴리오의 수익률은 차익거래 기회가 존재하지 않는 경우 무위험 이자율이어야 한다. 무위험 포트폴리오를 구성할 수 있는 이유는 주가와 옵션가격이 모두 같은 주가변화에 의해 영향을 받기 때문이다. 매우 짧은 기간 동안 콜옵션의 가격은 기초 주식의 가격과 완전 정의 관계를 갖는다. 반면, 풋옵션의 가격은 기초 주식의 가격과 완전 부의 관계를 갖는다. 이와 같이 주식과 옵션을 이용하여 적절히 포트폴리오를 구성하면 주식포지션에서의 이익이나 손실은 옵션포지션에서의 손실이나 이익을 정확히 상쇄하여 짧은 기간 동안 포트폴리오의 전체 가치는 변하지 않는다. 이러한 무위험 포지션은 아주 짧은 기간 동안만 무위험 상태로 존재하게 된다. 무위험 상태를 계속 유지하기 위해서는 포지션을 계속 조정해야 한다.[1)]

블랙-숄즈 모형의 도출과정은 무위험 포트폴리오의 구성, 옵션의 미분방정식 도출, 옵션가격결정모형의 도출의 순서로 진행된다. 무위험 헷지 포트폴리오의 가치를 V_H라고 하면 다음과 같이 나타낼 수 있다.

$$V_H = Q_S \cdot S + Q_c \cdot C$$

(Q_S: 주식의 수, Q_c: 옵션의 수, S: 주식의 가격, C: 옵션의 가격)

무위험 헷지 포트폴리오의 가치변화를 알기 위해 전미분을 구하면 $dV_H = Q_S \cdot dS + Q_c \cdot dC$가 되는데, 주가는 시간에 따라 변하고 기하 브라운 운동 과정을 따르므로 주가수익률(dS/S)은 다음과 같이 나타낼 수 있다.

1) John C. Hull, 파생상품의 평가와 헷징전략 제3판, 탐진, pp. 389~390

$$dS/S= \mu dt +\sigma dZ$$

(μ: 순간 기대수익률, σ: 수익률의 순간 표준편차, dt: 시간의 증분, dZ: 위너 과정)

옵션의 가격은 주가의 함수이므로 옵션가격의 움직임은 주가움직임과 관련되어 있다. 따라서 옵션의 가격변화(dC)는 이토의 보조정리(Ito's Lemma)를 사용하여 전개시킬 수 있다.

$$dC= \frac{\partial C}{\partial S}dt+\frac{\partial C}{\partial t}dt+\frac{1}{2}\frac{\partial^2 C}{\partial S^2}S^2\sigma^2 dt$$

옵션가격의 변화와 주식가격의 변화를 무위험 헷지 포트폴리오 전미분식에 대입하면 다음과 같다.

$$dV_H=Q_S\cdot dS+Q_c\left(\frac{\partial C}{\partial S}dt+\frac{\partial C}{\partial t}dt+\frac{1}{2}\frac{\partial^2 C}{\partial S^2}S^2\sigma^2 dt\right)$$

여기서 무위험 헷지 포트폴리오는 주가변화(dS)에 관계없이 일정한 수익을 가져오는 포트폴리오이다. 따라서 위 식에서 dS를 갖는 항은 모두 0이 되어야 한다. 또한 무위험 헷지 포트폴리오의 수익률이 주가변동과는 관계없이 일정하므로 균형상태에서의 수익률은 무위험 이자율과 같아야 한다. 이 두 가지의 조건을 반영하면 다음과 같은 옵션가격결정을 위한 미분방정식이 얻어진다.

$$\frac{\partial C}{\partial S}=r_f\cdot C-r_f\cdot S\frac{\partial C}{\partial S}dt-\frac{1}{2}\frac{\partial^2 C}{\partial S^2}S^2\sigma^2$$

한편 만기에서의 콜옵션의 경계조건은 $C^*=max[S^*-X,\ 0]$이다. 이 식을 제약조건으로 하는 미분방정식의 해가 옵션의 가격결정식이다. 블랙-숄즈는 열전도방정식(One-Dimensional Heat Equation)을 이용하여 미분방정식의 해를 도출하여 다음의 결과를 얻었다.[2)]

2) 서정현, 석사 학위논문,「옵션가격결정모형을 이용한 주가평가」, 부산대학교, 2003, p. 11~15

$$C = SN(d_1) - Xe^{-r_f T}N(d_2)$$

$$d_1 = \frac{LN(S/X) + (r_f + \frac{1}{2}\sigma^2)T}{\sigma\sqrt{T}}$$

$$d_2 = \frac{LN(S/X) + (r_f - \frac{1}{2}\sigma^2)T}{\sigma\sqrt{T}}$$

(S=주식의 현재가치, X=행사가격, r_f=무위험 이자율, σ=주가의 표준편차, $N(d)$=표준정규분포의 누적확률)

2. 옵션가격결정모형

위 유로피언 콜옵션(European call option)의 가치를 구하는 블랙-숄즈의 공식에서 풋-콜 패리티(put-call parity)를 이용해 유로피언 풋옵션의 가치를 구하는 공식도 도출할 수 있다.

$$P(S,\ K,\ \sigma,\ r,\ T,\ \delta) = C(S,\ K,\ \sigma,\ r,\ T,\ \delta) + Ke^{-rT} - Se^{-\delta T}$$
$$P(S,\ K,\ \sigma,\ r,\ T,\ \delta) = Ke^{-rT}N(-d_2) - Se^{-\delta T}N(-d_1)$$

또한, 무배당 주식의 경우 아메리칸 콜옵션의 가격은 유로피언 콜옵션의 가격과 같으므로 아메리칸 콜옵션의 가격도 구할 수 있다. 하지만 무배당 주식에 대한 아메리칸 풋옵션의 가격을 구하는 공식은 존재하지 않는다. 이론적으로 블랙-숄즈의 공식은 단기이자율 r이 일정한 경우만 성립한다. 또한, 블랙-숄즈의 공식은 누적정규분포함수(cumulative normal distribution function) N을 활용한다.

블랙-숄즈 모형에서 $N(d_1)$은 주가변화에 대한 콜옵션 가격의 민감도를 나타내는 값이다. 이는 주식과 콜옵션을 결합하여 무위험 헷지 포트폴리오를 구성하기 위한 헷지 비율(hedge ratio)을 의미한다. $N(d_2)$는 옵션만기일에 콜옵션이 행사될 확률을 의미한다. 콜옵션의 델타는 0과 1 사이의 값이 되며, 풋옵션의 델타는 −1에서 0 사이의 값이다.

주가 S_0가 매우 높은 경우, 콜옵션 행사가능성이 높아진다. 이 경우 콜옵션은 인도가격을 X로 하는 선도계약과 매우 유사하다. S가 매우 높은 경우, d_1, d_2는 매우 큰 값을 가지며 $N(d_1)$, $N(d_2)$는 1에 접근하기 때문이다. 유로피언 풋옵션의 가격 p는 0에 접근한다. 왜냐하면 S가 매우 높으면 $N(-d_1)$, $N(-d_2)$는 모두 0에 접근하기 때문이다.

반대로, 주가가 매우 낮은 경우, d_1, d_2는 매우 커지고 음수가 된다. $N(d_1)$, $N(d_2)$는 모두 0에 접근하므로 콜옵션의 가격도 0에 접근한다. 풋옵션의 경우는 $N(-d_1)$, $N(-d_2)$가 1에 접근하므로 풋옵션의 가격은 $Xe^{-rT}-S$에 접근한다. [3]

그림 13-2 Value before explration at time t[4] (만기시점 t 이전의 옵션의 가치)

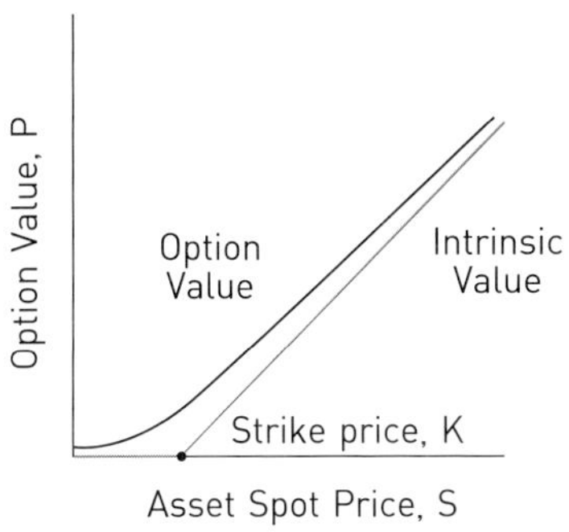

출처 : en.wikipedia.org/wiki/Option_time_value#/media/File:Option_value.gif

3) John C. Hull, 파생상품의 평가와 헷징전략 제3판, 탐진, pp. 392~393
4) 콜옵션의 가치를 나타내는 굵은 선의 기울기는 $N(d_1)$이다.

V. 중립가치평가

파생증권의 가치를 평가하는 데 필요한 원칙은 위험중립가치평가원칙이다. 이 원칙이 함의하는 바는 파생증권의 가치가 평가되기 위해서 투자자의 위험중립성 가정이 필요하다는 것이다. 주의할 점은 투자자의 위험에 대한 태도 그 자체는 주식옵션의 가치에 영향을 주지 않는다는 것이다. 주식옵션의 가치는 기초주식 가치의 함수로 표현되기 때문이다. 즉, 옵션을 평가하기 위해서 위험중립 가정이 필요한 것이지, 투자자가 꼭 그런 것은 아니다. 이러한 논리는 옵션가격결정모형에 의해 주식의 기대수익률 u가 없음을 뜻한다.

이 논리가 유용한 점은 특정 시점에서 이득을 제공하는 옵션과 기타 파생상품은 위험중립가치평가원칙을 적용하여 평가할 수 있다는 것이다. 평가절차는 다음과 같다.

Step 1: 기초자산의 기대수익률이 무위험 이자율 r이라 가정한다.(즉, $u=r$)

Step 2: 만기일에서 옵션의 기대이득을 계산한다.

Step 3: 기대이득을 무위험 이자율로 할인하여 현재가치를 계산한다.

만약 위험중립평가원칙이 성립하면 모든 증권의 기대수익률은 무위험 이자율이며, 이 이자율은 어떤 미래현금에도 적용할 수 있는 할인율이다. 여기서는 이자율 r이 일정하며, 무배당 주식임을 가정한다. 선도계약 가격을 K, 인도일을 T시점으로 하면, 인도일에 선도계약의 가치는 S_T-K이다. 여기서 S_T의 기대치는 S_0e^{uT}이다. 위험중립을 가정하면 기대치는 S_0e^{rT}가 된다. 따라서 기대이득은 $S_0e^{rT}-K$가 된다. 이 기대이득을 무위험 이자율 r로 T기간 동안 할인하면 선도계약의 가치가 된다. 이를 수식으로 표현하면, $e^{-rT}(S_0e^{rT}-K)=S_0-Ke^{-rT}$이다.

VI. 내재변동성

옵션평가모형에 있는 모수 중 직접 관찰할 수 없는 것은 주가의 변동성이다. 주가의 내재변동성은 시장에서 관측 가능한 옵션의 가격에 내재된 변동성을 뜻한다. 예를 들어 무배당 주식에 대한 콜옵션의 가치가 1.90인 경우를 고려해보자. 현재, $S_0=21$, $X=20$, $r=0.1$, $T=0.25$이다. 이때 내재변동성(σ)은 옵션가격결정모형 공식을 이용하여 $c=1.90$을 구할 수 있는 값이다. 수식적으로 σ은 옵션가격결정모형에서 도출할 수 없다. 따라서 σ을 구하기 위해서는 반복탐색절차(시행착오법)를 사용한다. $\sigma=0.2$라 가정하면 콜옵션의 가격은 1.76이다. σ가 증가함에 따라 콜옵션의 가격은 증가하기 때문에 위 경우는 σ가 더 높아야 한다. 반대로 $\sigma=0.3$이라 가정하면 가격은 2.10으로 높다. 따라서 σ를 낮추어야 하고, 이를 계속하면 내재변동성(σ)은 0.242이다.

또한, 내재변동성은 특정 주식의 변동성에 대한 시장의 의견을 파악하는데도 사용할 수 있다. 같은 기초자산을 사용했을 때, 시장에서 비교적 활발하게 거래되지 않은 옵션의 가격은 시장에서 활발하게 거래되는 주식옵션으로부터 내재변동성을 추산하고 이를 이용하여 추정할 수 있다.

다만 이때 심내가격(deep in the money)과 심외가격(deep out of the money) 옵션가격은 비교적 변동성에 민감하지 않음에 주의해야 한다. 따라서 이 경우에 위의 방법으로 도출한 내재변동성은 현실적이지 않을 수 있다.

변동성의 원인에 대해서는 두 가지 설이 있다. 첫째는 변동성이 주식의 미래수익률에 영향을 주는 새로운 정보가 무작위로 시장에 알려짐에 따라 야기된다는 주장이고, 다른 하나는 변동성이 주로 거래에 의해 발생한다는 주장이다. 이를 검증하기 위해서는 거래가 이루어질 때와 그렇지 않을 때의 변동성이 같은지 보아야 한다. 이를 위해 파마와 프렌치는 일정기간 동안의 일별종가 자료를 모은 후 두 가지를 계산하였다. 금일의 종가와 익일의 종가를 이용한 수익률의 분산(금일과 익일 사이에는 비거래일이 없다)과 금요일의 종가와 월요일의 종가를 이용한 수익률의 분산이다. 만일 비거래일과 거래일 간에 차이가 없다면(즉, 변동성이 거래와 무관하다면) 후자의 분산은 전자의 분산의 3배이어야 한다. 그러나 파마와 프렌치의 분석에 의하면 약 20% 내외의 차이를 보였다.

이러한 결과는 거래가 이루어질 때의 변동성이 이루어지지 않을 때의 변동성보다 훨씬 크다는 것을 의미한다. 이에 대해 변동성이 오직 새로운 정보에 의해 발생한다고 주장하는 자들은 그 기간 동안 정보가 추가되었다고 반박할 수 있다. 하지만, 농산물 선물가격연구에서도 비슷한 결과가 도출된다는 점을 볼 때 그들의 주장은 옳지 않다. 농산물의 가격은 기후에 의하여 결정되는데, 기후에 관한 뉴스는 특정 요일에 편중되지 않기 때문이다. 따라서 합리적인 결론은 변동성이 상당부분 거래 자체에 의해 야기된다는 것이다.

이와 같은 실증결과가 암시하는 것은 변동성을 측정할 때 일별 자료를 사용하거나 변동성으로 옵션가치를 평가할 때 비거래일을 무시해야 한다는 것이다. 이때, 연간 변동성을 측정하기 위해서는 거래일별 변동성을 이용하여 계산해야 하고, 그 결과는 다음과 같다. 1년 동안 거래일을 252로 가정할 때, 연간 변동성 = 거래일별 변동성 $\times\sqrt{\text{1년 동안의 거래일수}}$ 라 할 수 있다.

VII. 배당금

위의 경우는 전부 무배당을 가정하였으나 대부분의 주식은 배당을 지급하고 있다. 모형을 확정하기 위해 옵션의 만기일까지 지급될 배당금을 확실히 예측할 수 있다고 가정하자. 대부분 거래되는 옵션의 만기는 1년 이내이므로 위 가정이 비현실적이진 않다. 이 경우에 배당금은 배당락일에 지급되는 것으로 가정되어야 한다. 배당락일에 주가는 배당금만큼 하락한다. 따라서 콜옵션의 가치는 하락하고 풋옵션의 가치는 상승한다.

1. 유로피언옵션(European Option)

옵션의 잔존기간 동안 배당락일이 있는 경우, 주가가 무위험부분과 위험부분의 합이라고 가정함으로써 유로피언옵션의 가치를 평가할 수 있다. 무위험부분은 옵션의 만기일까지 지급되는 배당금의 현재가치로서 배당락일부터 기준 시점까지 무위험 이자율로 할인하여 구한다. 이에 더불어서 S_0가 위험부분과 같다고 가정하면 블랙-숄즈의 공식을 이용할 수 있다. 즉, 주가가 잔존기간 동안 지급되는 모든 배당금의 현재가치만큼 하락할 때 사용 가능하다. 물론 배당금의 현재가치는 배당락일부터 무위험 이자율로 할인하여 구한다.

예를 들어, 배당락일이 2개월과 5개월 후인 주식의 콜옵션을 분석해보자. 배당락일의 배당금은 각각 0.50달러로 기대된다. 현재 주가는 40달러, 주가 변동성은 연 30%, 무위험 이자율은 연 9%, 만기는 6개월이다. 이때 배당금의 현재가치는 $0.5e^{-0.09\times2/12}+0.5e^{-0.09\times5/12}=0.9741$이다. $S_0=39.0259$, $r=0.09$, $\sigma=0.3$, $T=0.5$일 때, $d_1=0.2017$, $d_2=-0.0104$이다. 이때 $N(d_1)=0.5800$, $N(d_2)=0.4959$이므로 콜옵션의 가격은 블랙-숄즈 공식에 의하여 $39.0259\times0.5800-40e^{-0.09\times0.5}\times0.4959=3.67$이다.

이때 블랙-숄즈의 공식을 이용하는 데 있어 σ는 주가 자체의 변동성이 아니라 주가의 위험부분의 변동성이어야 한다. 이론적으로 위험부분의 변동성은 대략적으로 주가 자체의 변동성의 $S_0/(S_0-D)$ 배이다. 그러나, 실제로는 주가 자체의 변동성과 위험부분의 변동성이 같다는 가정하에 계산한다.

2. 아메리칸옵션(American Option)

블랙의 방법에 의하면 아메리칸옵션을 구하기 위해서는 2개의 유로피언옵션의 가치를 구하는 과정을 포함한다. 아메리칸옵션과 만기일이 같은 유로피언옵션과 아메리칸옵션의 만기일 이내에 있는 배당락일 중 마지막 배당락일 직전에 만기가 되는 유로피언옵션이 그것이다. 앞의 예에서의 유로피언옵션을 아메리칸옵션이라 가정하자. 행사가격, 현재주가, 무위험 이자율, 변동성이 모두 같을 경우에 아메리칸옵션의 가격은 위 2개의 옵션 중 가격이 높은 것이다. 이 경우 첫 번째 배당금의 현재가치는 $0.5e^{-0.09\times 2/12}=0.4926$이다. 마지막 배당일 전에 만기가 되는 옵션의 가치는 블랙-숄즈 공식에 $S_0=39.5074$, $X=40$, $r=0.09$, $\sigma=0.3$, $T=0.4167$을 대입하여 구할 수 있다. 이때 콜옵션 가격은 3.52이다. 앞의 유로피언옵션의 가격이 3.67이었으니 아메리칸옵션의 가격은 3.67이다.

한편, 아메리칸옵션의 경우 배당을 지급하는 주식의 경우, 배당락일 직전에 권리를 행사하는 것이 최적일 수도 있다. 배당금은 주식과 콜옵션의 가치를 모두 하락시키는데, 만일 배당금이 크고 콜옵션이 심내가격에 있는 경우 배당금이 주가에 미치는 불리한 영향을 피하기 위해 옵션의 만기일까지의 시간가치를 포기하는 것이다.

VIII. 결론

주식 옵션의 가격 결정을 위해 자주 사용하는 가정은 오늘의 주가에 기초한 미래 어느 시점에서의 주가는 대수정규분포를 따른다는 것이다. 이는 어느 기간 동안의 주식의 연속복리수익률이 정규분포를 따른다는 것을 의미한다. 먼 장래를 예측할수록 미래 주가에 대한 불확실성은 증가한다. 대략적으로 주가의 표준편차는 예측하는 기간의 제곱근에 비례한다고 말할 수 있다.

실증적으로 주가의 변동성 σ를 추정하기 위해서는 일정한 간격으로(예를 들어 매일, 매주, 매월) 관찰한 주가를 이용한다. 매 기간마다 기말주가를 기초주가로 나눈 비율의 자연로그값을 계산할 수 있다. 변동성은 자연로그값들의 표준편차를 연 단위로 표시한 기간의 제곱근으로 나누어 구한다. 변동성을 계산할 때 일반적으로 비거래일을 무시한다.

주식옵션의 가치를 평가하기 위해서 옵션과 주식을 결합한 무위험 포트폴리오를 구성한다. 주식의 가격과 옵션의 가격은 같은 원천의 불확실성에 의존하므로 무위험 포트폴리오를 구성하는 것은 항상 가능하다. 무위험 포트폴리오는 아주 짧은 기간 동안만 무위험 상태로 존재한다. 그러나 무위험 포지션의 수익률은 항상 무위험 이자율이어야 한다. 그렇지 않으면 차익거래기회가 존재하기 때문이다. 이 논리를 이용하여 주식의 가격을 기준으로 옵션의 가격을 결정할 수 있다. 원래의 블랙-숄즈 가격결정공식은 무배당 주식에 대한 유로피언 콜옵션과 풋옵션의 가치를 주가, 행사가격, 무위험 이자율, 변동성, 그리고 만기 등 다섯 변수의 함수로 나타낸다.

놀랍게도, 주식의 기대수익률은 블랙-숄즈의 공식에 나타나지 않는다. 이 사실은 약간은 이외이나 이는 위험중립가치평가원칙에 의한다. 위험중립가치평가원칙은 거래되는 증권에 기초하는 다른 증권의 가치는 위험중립 가정하에 평가할 수 있다는 것이다. 이 결과는 실제로 매우 유용하다. 위험중립 세상에서 모든 증권의 기대수익률은 무위험 이자율이며 모든 기대현금흐름의 할인율 또한 무위험 이자율이다.

내재변동성은 원래의 블랙-숄즈의 공식 또는 이를 확장한 공식에 옵션의 시장가격을 적용하여 계산한 변동성을 말한다. 거래자는 내재변동성을 주시하며 때로는 하나의 옵션가격에서 계산한 변동성을 말한다. 거래자는 내재변동성을 주시하며 때로는 하나의 옵션가격에서 계산한 내재변동성을 이용하여 같은 주식에 대한 다른 옵션의 가격을 계산하기도 한다. 실증분석 결과에 따르면 주식의 변동성은 비거래일보다 거래일에 훨씬 높은 것이라 한다. 이는 거래 자체가 주가의 변동성을 어느 정도 야기시킨다고 말할 수 있다.

블랙-숄즈의 가격결정공식을 쉽게 확장하여 배당을 지급하는 주식에 대한 유로피언 콜옵션과 풋옵션의 가격을 결정할 수 있다. 하나의 방법은 블랙-숄즈의 공식을 이용하되, 옵션의 만기일까지 예상하는 배당금의 현재가치만큼 주가를 하락시키고, 또한 배당금의 현재가치만큼을 주가에서 차감한 후 이 부분의 변동성을 이용하는 것이다. 블랙은 배당을 지급하는 주식에 대한 아메리칸 콜옵션 가격의 근사치를 계산하는 방법을 제안하였다. 이 방법은 아메리칸 콜옵션의 가격을 다음 두 유로피언 콜옵션의 가격 중 큰 것과 같다고 하는 것이다. 첫 번째 유로피언옵션은 고려하는 아메리칸옵션과 만기가 같으며 두 번째 유로피언옵션은 고려하는 아메리칸옵션의 만기일 이내에 있는 배당락일 중 마지막 배당락일 직전에 만기가 되는 옵션이다.

IX. 부록

1. 블랙-숄즈 모형의 가정

주가는 위너 과정(Wiener process)을 따른다. 즉, 주가는 미세한 시간 사이에서 연속적으로 변동하는데, 그 변동성은 로그 정규분포(log normal distribution)를 이루며, 주식에 대한 순간적 수익률은 일정한 기대치와 분산을 갖는다. 주식시장, 옵션시장은 완전자본시장이다. 무위험 이자율로 차입과 대출이 자유롭고 세금이나 거래비용 등이 존재하지 않는다. 따라서 차익거래 기회는 존재하지 않는다. 주식이나 옵션의 공매에 대한 제한이 없다. 무위험 이자율은 옵션만기동안 일정하다. 평가 대상은 만기일에만 행사가 가능한 유럽식 옵션으로, 옵션만기까지 배당을 지급하지 않는 주식을 기초자산으로 하는 주식옵션이다.

2. 블랙-숄즈 옵션가격결정모형의 도출 과정

블랙-숄즈 모형은 기초자산인 주식과 옵션을 적절히 결합하여 무위험 헷지 포트폴리오를 구성하면, 균형시장하에서는 무위험 헷지포트폴리오의 순간적 수익률이 연속 무위험 이자율과 동일한 값이 되는 미분방정식에 의하여 옵션가격이 결정된다. 이와 같은 원리에 따라 유럽형 콜옵션과 풋옵션의 가격 결정식을 구해보면 다음과 같다.

$$E(\text{콜옵션 가격}) = Pr(S_t > X)[E(S_t \mid S_t > X) - X]$$

$$PV_0[E(\text{콜옵션 가격})] = e^{-rt}Pr(S_t > X)[E(S_t \mid S_t > X) - X]$$

$$E(\text{풋옵션 가격}) = Pr(S_t < X)[X - E(S_t \mid S_t < X)]$$

$$PV_0[E(\text{풋옵션 가격})] = e^{-rt}Pr(S_t < X)[X - E(S_t \mid S_t < X)]$$

$$C = S \cdot N(d_1) - Xe^{-rt}N(d_2)$$

$$P = Xe^{-rt}N(-d_2) - S \cdot N(-d_1)$$

C = 콜옵션의 가격

P = 풋옵션의 가격

S = 기초자산(주식)의 현재가격

X = 행사가격

r_f = 연속복리의 무위험 이자율

t = 만기까지의 기간

$N(d_1)$ = 표준정규분포에서 d 이하의 누적확률

여기서 d_1과 d_2는 다음의 식에 의하여 구한다.

$$d_1 = \frac{\ln\left(\frac{S}{X}\right) + \left(r_f + \frac{\sigma^2}{2}\right)T}{\sigma\sqrt{T}}$$

$$d_2 = d_1 - \sigma\sqrt{T}$$

앞의 식에서 d_1과 d_2는 주식과 콜옵션의 결합으로 구성한 무위험 헷지 포트폴리오의 순간적 수익률을 연속 무위험 이자율과 동일한 값으로 놓고 미분방정식을 만든다. 이와 같이 만들어진 방정식은 2차방정식이 되는데, 이때의 해가 d_1, d_2가 된다.

CHAPTER

14

옵션가격산출이론 2

CHAPTER 14

I. 서론

금융상품의 공정한 가격을 산출하는 방법에는 다양한 것이 있을 것이다. 그렇다면 '공정'이라는 것은 어떠한 개념일 것인가? 금융시장이 불공정하다면 시장 참여자들이 줄 것이고, 시장은 존립을 위협받게 된다. 시장은 참여자가 많아지면서 스스로 공정성을 유지할 수 있는 힘을 가진다. 시장의 공정성에 대해 위험중립확률(risk nuetral probability), 효율적 시장 가설(effective market hypotheisis) 등으로 설명할 수 있지만, 본 장에서 설명할 '마팅게일'이라는 개념 역시 시장의 공정성을 설명한다. 마팅게일은 금융자산의 가격이나, 시장의 공정성에 대한 표현으로 어떤 참여자도 불만을 가지지 않는 상태를 의미한다. 이러한 마팅게일의 조건하에서 금융 자산의 공정한 가격이 산출되기 때문에 마팅게일은 중요한 개념이라고 할 수 있으며, 마팅게일이 금융 자산의 공정한 가격을 산출하는 방법에 대해 알아 볼 것이다.

II. 마팅게일의 유래

마팅게일이라는 용어는 19세기 프랑스의 도박사들 사이에서 유행했던 게임에서 유래한 것이다. 마팅게일이라는 도박은 질 때마다 앞서 배팅한 금액의 2배를 걸어 가는 게임이다. 동전을 던져서 앞면이 나오면 1을 얻고, 뒷면이 나오면 1을 잃는 도박이 있다고 하자. 패할 때 판돈을 2배로 건다고 가정하고, 도박사가 승리하면 게임이 스톱된다고 하였을 때 첫 번째 게임부터 n번째 게임까지의 동전던지기에서 도박사가 얻은 수익을 x_n이라 한다. n번째까지의 동전던지기에서 모두 뒷면이 나왔다면 $x_n=(2^n-1)$이고, $n+1$번째 동전던지기에서 앞면이 나온다면 $x_{n+1}=1$이 된다. $n+1$번째 동전던지기에서 앞면이 나올 확률과 뒷면이 나올 확률은 각각 $\frac{1}{2}$이므로 다음과 같이 된다.

$$E(x_{n+1} \mid x_1, x_2 \cdots\cdots x_n) = \frac{1}{2}\times 1+\frac{1}{2}\times[-(2^{n+1}-1)]=-(2^n-1)=x_n$$

마팅게일 게임에서 언젠가는 도박사가 이기지만, 제 n번까지 전부 진다면 베팅 총액은 (2^n-1)이므로, 큰 금액을 필요로 한다. 따라서 도박사는 이길 때까지 버틸 만한 경제력과 정신을 필요로 하며 이 게임은 현재 카지노에서는 금지되고 있다. 또한 이 게임의 순이익의 기댓값은 1원이므로, 마팅게일 게임을 해서는 안 된다.

III. 마팅게일을 위한 기본 배경

1. 주식가격 산정 기본 수식

일반적으로 주식 i의 가격을 산정하는 방식은 아래와 같은 수식을 따르며 여기서 α_i는 주식의 예상 수익, δ_i는 배당 수익을 나타낸다. 대부분의 주식에서 $\alpha_i > r$이므로 리스크 프리미엄은 0보다 크다. 하지만 파생이 가격을 결정할 때에는 위험중립 주식 수익 모형을 따른다.

$$\frac{dS_i}{S_i} = (\alpha_i - \delta_i)dt + \sigma_i d\tilde{Z}_i \qquad (14.1)$$

반면, 여기에서는 주식이 아래와 같은 수식을 따른다고 가정하며 예상 파생상품의 수익을 이 수식을 통해 구하고 이를 무위험 수익률로 할인한다.

$$\frac{dS_i}{S_i} = (r - \delta_i)dt + \sigma_i dZ_i \qquad (14.2)$$

이 수식이 나오게 된 배경을 알기 위해서는 먼저 투자자들이 어떻게 포트폴리오 구성을 결정하는지에 대해 이해하여야 한다. 투자자들은 포트폴리오 구성을 위해 각각의 자산들의 가치를 매기고, 미래 수익을 할인하여 평가한다. 이러한 포트폴리오 구성 문제에 대한 해답은 가치평가 과정을 나타내며 이것이 위험중립 가치평가를 탄생시킨다. 여기에서는 앞선 수식이 어떠한 자산에도 적용될 수 있는가에 대한 문제를 야기시키는데, 포트폴리오 구성 문제에 대한 해답이 일관성이 있다면 적법하다고 판단한다. 여기에서 말하는 일관성은 매우 단순한데, 적절한 가격평가 모델은 자산 가격의 비율이 마팅게일을 따른다는 것이다. 이 수식에서 S_1과 S_2는 배당금을 지급하지 않는 두 자산의 가격을 의미하며 현재시간인 t는 확률분포에 따라 계산이 된다. 또한, 이 수식에서 분모가 무위험률에 기초한 단기 이자율 지급일 때 위험중립가격결정모형이 다시 적용될 수 있음을 추후에 확인할 것이다.

2. 위험 회피와 한계효용 개념

모든 투자자들은 오늘과 미래에 얼마나 소비할 것인가, 어떤 자산을 저장해 둘 것인가에 대한 두 가지 기본적인 문제에 직면한다. 여기에 대한 두 결정은 저장된 자산이 미래 소비의 근간이 된다는 점에서 연관이 된다고 할 수 있다. 또한 포트폴리오를 구성하는 것은 가치평가와 연관이 되어있는데, 투자 결정을 하는 것은 미래 수익을 할인하고 평가하는 것을 요구하기 때문이다. 포트폴리오를 결정하는 문제는 특정 자산에 대한 수요를 결정하고 이 수요가 공급과 만나는 점에서 결정된 가격을 투자자는 기꺼이 받아들인다. 즉, 각각의 자산에 있어 리스크 프리미엄은 수요와 공급이 일치하도록 만들어주는 점에서 형성된다. 여기서는 완벽한 시장을 가정하며, 이 경우 균형점에서 자산은 다양화로 제거될 수 없는 위험에 대해서만 리스크 프리미엄을 가진다. 또한 미래의 경제적인 결과를 특징적인 사건으로 구분하여 '좋은 상황'과 '나쁜 상황'으로 구분한다고 가정한다.

이러한 가정을 따를 때, 투자자는 t 시점, j 상황에서 얼마나 소비할지를 결정하며 이를 $C(t, j)$로 나타낼 수 있다. 이때 투자자는 소비 그 자체보다는 소비가 주는 효용에 집중한다. 미래 시점 T에서 소비자는 소비의 양을 결정하고, 소비하지 않은 것을 저축하는 과정을 무한하게 반복한다. 이러한 것이 포트

폴리오 결정 문제의 기본적인 구조이다. 현재 시점 t에서 볼 때, 미래 시점 T의 부(wealth)는 임의의 변수라고 할 수 있으며, 투자자는 다른 상황들의 가능성을 고려한다. 여기서 미래의 상태는 알 수 없기 때문에 미래의 소비 역시 임의의 변수라고 할 수 있으며 $\tilde{C}(T)$로 나타낼 수 있으며 미래 시점 T의 소비 효용의 현재가치는 $E_t[U|\tilde{C}(T),T]$로 표현할 수 있다. 투자자의 효용 함수는 증가하다가 오목해지는 형태를 가진다.

그림 14-1 한계효용 그래프

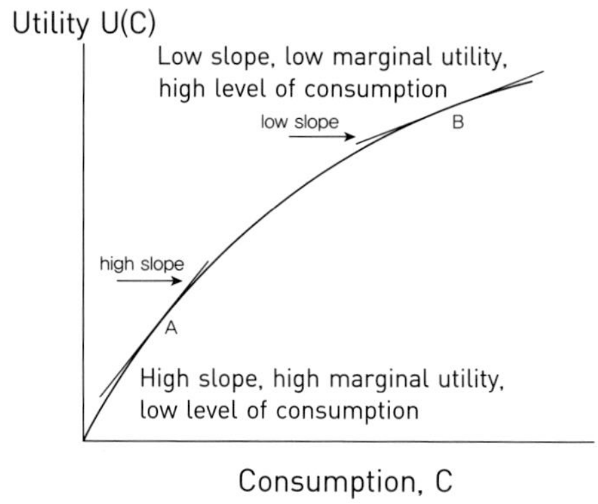

여기서 중요한 것은 한계효용의 개념인데, 한계효용은 소비의 정도가 높거나 낮음을 측정할 수 있는 수단이며 이는 투자자가 좋은 상황에 있는지 나쁜 상황에 있는지 알 수 있게 해 주는 수단이다. 소비의 정도가 증가할수록 효용 함수의 곡선은 점점 완만해지며, 이는 한계효용이 감소함을 의미한다. 낮은 소비와 높은 한계효용을 가지는 투자자는 '나쁜 상황'에 있으며, 높은 소비와 낮은 한계효용을 가지는 투자자는 '좋은 상황'에 있음을 알 수 있다.

3. 포트폴리오 선택과 1계조건

가장 기본적인 포트폴리오 구성 문제는 t와 T 두 기간밖에 없다고 가정하는 모델이다. 이 모델에서 $S_i(t)$를 t 시점에서의 자산 가격, $N_i(t)$를 자산 i에 투자한 단위라고 할 때, 투자는 소비를 하고 남은 부분을 통해 이루어지므로, 다음과 같은 수식을 도출해낼 수 있다.

$$W(t)-C(t)=\sum_{i=1}^{n}N_i(t)S_i(t)$$

이 경우, T 기간$(t+h)$의 부를 다음과 같이 나타낼 수 있다.

$$W(t+h)=\sum_{i=1}^{n}N_i(t)S_i(t+h)$$

포트폴리오 구성 결정을 할 때, 투자자는 $U[C(t), t]+E_t\{U[C(t), t]\}$를 최대화하는 결정을 한다. 만약 여기에 2기간 밖에 없다고 가정한다면, 투자자는 T 시점에서의 부를 모두 소비할 것이기 때문에 $C(T)=W(T)$라고 할 수 있다. 앞서 말한 수식들을 통해 $U[C(t), t]+E_t\{U[C(t), t]\}$이 극대화되는 전제 조건은 $U'(t)S_i(t)=Et[U'(T)S_i(T)]$가 됨을 알 수 있다. 이를 정리하면, 다음과 같은 수식을 얻을 수 있다.

$$E_t\left[U'(T)\frac{S_i(T)}{S_i(t)}\right]=U'(t) \tag{14.3}$$

이 수식은 미래 소비의 한계효용과 1+자산 i의 실현 수익을 곱한 것의 기대 생산이 오늘날 소비의 한계효용과 같다는 것을 의미한다. 여기서 t, $U'(T)$, $S_i(T)$는 모두 임의의 변수이지만, $U'(t)$와 $S_i(t)$는 모두 이미 알고 있다. 결과적으로 투자자는 오늘날 소비를 한 단위 줄이는 것과 미래에 추가적으로 특정 단위를 더 소비하는 것에 무차별하다. 미래의 소비에 의한 기대 한계 수익은 모든 자산에 똑같으며 $U'(t)$와 같다.

이 수식에서 $S_i(t)$를 오른쪽으로 이항할 경우, 다음과 같은 수식을 얻을 수 있다.

$$E_t\left[\frac{U'(T)}{U'(t)}\ S_i(T)\right]=S_i(t) \tag{14.4}$$

여기에서 미래의 현금흐름은 한계효용과 확률을 고려해서 결정될 것이다. $U'(T)/U'(t)$는 Stochastic Discount Factor라고 불린다. 이 수식을 통해, 미래의 주가를 한계효용의 비율로 할인한 것이 현재의 주가를 결정한다는 것을 알 수 있다. 이를 해석해 보자면, 한계효용은 '좋은 상황'에서는 낮고 '나쁜 상황'에서는 높다. 이 수식은 좋은 상황에서의 주식가격에는 낮은 비중(낮은 한계효용)

을 부여하고 나쁜 상황에서의 주식가격에는 높은 비중(높은 한계효용)을 부여한다. 따라서 미래의 가격이 동일할 것으로 예상되는 두 주식이 있다면, 나쁜 상황에서 높은 가격을 가지는 주식이 좋은 상황에서 높은 가격을 가지는 주식보다 오늘 더 가치가 있다.

IV. Change of Measure and Change of Numeraire(측도변환)

$$E_t\left[U'(T)\frac{S_i(T)}{S_i(t)}\right]=U'(t) \tag{14.5}$$

위의 식을 정리하면, 아래와 같은 식을 구할 수 있다.

$$E_t\left[\frac{U'(T)}{U'(t)}\ \frac{S_i(T)}{S_i(t)}\right]=1 \tag{14.6}$$

위 식은 한계효용이 미래수익의 분배 가능성을 재정의하는 데에 사용될 수 있다는 것을 의미한다. 또한 기존의 가능성들의 중요성을 재조정하기 위하여 한계효용을 활용하여 새로운 가능성들을 만들 수 있게 된다. 이러한 하나의 확률적인 분포를 다른 것으로 옮겨가는 과정들을 change of measure라고 한다. change of measure를 정의할 때, 수익을 측정하는 단위를 재구성하는 데에 전형적인데, 이것을 change of numeraire라고 한다.

1. Change of Measure

m개의 다른 결과의 가능성이 있는 변수가 있다고 가정하자. i의 가능성을 P_i라고 하자. 확률들은 모두 0보다 큰 값을 갖고, 모든 확률들의 합은 1이다. 그러므로, 다음과 같은 식을 도출할 수 있다.

$$P_i \geq 0 \quad i \in \{1 \ldots m\} \quad \text{and} \quad \sum_{i=1}^{n} P_i = 1$$

만약, $E[\cdot]$ 이 과정의 기대 오퍼레이터라면, 그리고 $\tilde{x}$ 가 임의의 변수라면, x_i가 m에 따라 나오는 결과물이라고 한다면 아래와 같은 식을 도출할 수 있다.

$$E(\tilde{x}) = \sum_{i=1}^{m} P_i x_i$$

이제, $\tilde{x}$ 가 0보다 큰 값을 갖는 임의의 변수라면 m개의 사건하에서, 아래와 같다.

$$\sum_{i=1}^{m} P_i x_i = 1 \tag{14.7}$$

그러므로, x는 1의 평균을 갖는다. 새로운 가능성인 P_i^x를 정의하기 위해 중요한 절차는 아래와 같다.

$$P_i^x = x_i P_i \tag{14.8}$$

여기서 임의의 변수인 x에 가중치를 재배정하기 위한 가능성을 P_i라 하고, 이를 통해 새로운 가능성, 확률인 P_i^x를 얻었다. 이것이 바로 change of measure이다. P_i^x는 확률들이다. 왜냐하면 0보다 크거나 같고, $\sum_{i=1}^{m} P_i x_i = 1$의 속성을 갖기 때문이다. x_i의 값이 1보다 클 때 P_i^x의 값이 P_i보다 크다고 할 수 있다. 이 식은 아래와 같이 표현된다.

$$P_i^x = P_i + P_i \times [x_i - 1] \tag{14.9}$$

이를 요약하자면, 음수가 아닌, 평균의 1의 값을 갖는 임의의 변수는 change of measure를 활용하는 데 이용된다. 위의 식들을 고려하여 볼 때, $U(T)S_i(T)/U(t)S_i(t)$ 비율은 새로운 확률분포를 구하는 데 사용할 수 있다. 이 확률분포는 change of measure이다.

2. 마팅게일 자산

$$E_t\left[\frac{U'(T)}{U'(t)}\,S_i(T)\right]=S_i(t)$$

위 식에서 도출하여, 자산 k의 가치평가는 아래와 같다.

$$S_k(t)=E_t\left[\frac{U'(T)S_k(T)}{U'(t)}\right]$$

이를 $S_k(t)$의 가치를 구하기 위해 다시 써본다면 아래와 같다.

$$S_k(t)=\sum_{j=1}^{m}P_j\frac{U'[C(T,j)\,T]}{U'(t)}\,S_k(T,j) \tag{14.10}$$

자산 1을 이용하여 새로운 확률분포를 구할 수 있다. $S_1(t)$, $S_1(T)$를 활용하여 한계효용을 곱하고 나누는 작업을 통해 아래의 식을 얻을 수 있다.

$$\frac{S_k(t)}{S_1(t)}=\sum_{j=1}^{m}P_j\frac{U'[C(T,j),T]S_1(T,j)}{U'(t)S_1(t)}\;\frac{S_k(T,j)}{S_1(T,j)} \tag{14.11}$$

여기서 가격 $S_1(t)$를 디플레이터로 활용이 가능하다. 이제 여기서 change of measure를 활용할 수 있다. 한계효용을 활용하여 가중치를 둔 가능성을 구한다면 아래와 같다.

$$P_j^{S_1}=P_j\frac{U'[C(T,j),t]S_1(T,j)}{U'(t)S_1(t)} \tag{14.12}$$

이를 재구성하면 아래와 같다.

$$\frac{S_k(t)}{S_1(t)}=\sum_{j=1}^{m}P_j^{S_1}\frac{S_k(T,j)}{S_1(T,j)} \tag{14.13}$$

이 식을 바탕으로, 재구성하면 다음과 같다.

$$\frac{S_k(t)}{S_1(t)} = E_t^{S_1}\left[\frac{\widetilde{S}_k(T)}{S_1(T)}\right] \rightarrow x(t) = E_t\left[\frac{U'(T)}{U'(t)}\widetilde{x}(T)\right] \rightarrow \frac{x(t)}{S_1(t)} = E_t^{S_1}\left[\frac{\widetilde{x}(T)}{S_1(T)}\right]$$

이와 같은 식의 변형이 강력함은 뒤에 설명될 예시들에서 증명될 것이다.

3. 기르사노프 정리(Girsanov's Theorem)

지금까지의 논의에서는 자산이 어떠한 스토캐스틱 프로세스도 따르지 않는다고 가정하였다. 그러나 많은 이론의 적용에서는 자산이 이토 정리를 따르는 것은 매우 자연스러운 현상이다. 이에 대하여 기르사노프 정리는 측정의 변화를 만들어내는 과정에 대한 방법에 대해 해결책을 제시한다.

위너 과정이 적용되는 확률변수 W_t와 여과F_t^W에 순응하는 가측함수 X_t를 가정할 때, $X_0 = 0$일 경우, $Z_t = \varepsilon(X)_t$라는 식을 알아낼 수 있다. 여기서 $\varepsilon(X)_t$는 X의 W에 대한 돌레앙 지수이다. 따라서 Z_t는 항상 양의 값을 갖는 국소 마팅게일이며 다음과 같은 새로운 확률측도 Q를 정의할 수 있다.

$$\frac{dQ}{dP}F_t = Z_t = \varepsilon(X)$$

만일 어떤 확률 과정 Y_t가 확률측도 P 하에서 마팅게일이라면 다음과 같이 정의된 확률과정 $\widetilde{Y}_t$은 여과확률공간의 국소 마팅게일이다.

$$\widetilde{Y}_t = Y_t - [Y, X]_t$$

4. Numeraire와 측정변화에 대한 예

우리는 numeraire와 측정의 변화가 어떻게 파생상품의 가격 측정에서 작용하는지를 개괄적으로 알아보았다. 자산 i와 관련된 측정 아래에서 이 자산이 numeraire로 사용된다면 모든 자산의 밸류는 마팅게일이다. 여기에는 두 가지 주목할 만한 이슈가 있다.

첫째, 특정 numeraire의 선택은 밸류에이션을 위한 지속적인 프레임워크를 제공한다. 일단 numeraire와 측정 조합을 선택하면, 여기에 대해서 추후에 변경을 할 수 없다는 것이다.

둘째, 마팅게일 제약은 자산 수익 모델에 쓰일 통계적 과정에 대한 어떠한 추가적 유도도 제공하지 않는다.

앞으로 우리는 자산이 배당을 제공하지 않는다고 가정할 것이다. 이러한 가정을 투자자들이 기초자산 대신 주식선불계약을 소유하고 있는 것으로 생각해볼 수 있다. 만일 주식이 $\frac{dS}{S}=(\alpha-\delta)dt+\sigma d\tilde{Z}$ 의 과정을 따른다고 할 때, Ito's Lemma에 따르면, 주식선불가격은 아래와 같은 과정을 따른다.

$$\frac{dF^P}{F^P}=\alpha dt+\sigma d\tilde{Z}_i$$

이후에 답을 도출하고 난 뒤, 주식가격을 $F^P_{t,T}$에서 $S_t e^{-\delta(T-t)}$로 대체하여 답을 표현할 수 있다. 그러므로, 모든 위험자산은 아래와 같은 과정을 통하여 도출될 수 있음을 가정한다.

$$\frac{dS_i(t)}{S_i(t)}=\alpha_i dt+\sigma_i d\tilde{Z}_i$$

5. Numeraire로서의 금융시장계정(위험중립측정)

위험중립측정은 numeraire로서 금융시장계정을 선택할 때 발생하게 된다. 이러한 numeraire 선택과 함께, 금융시장에 근거하여 다른 자산들의 가격을 측정하게 된다. 자산 수익은 식 (14.2)를 따르는 것처럼 볼 수 있다.

(1) 금융시장계정

시간 t와 $t+dt$ 사이에, 금융시장계정은 무작위일 수 있으나 해당 시간에는 알 수 있는 현재 무위험 이자율 $r(t)$을 얻을 수 있다. 그 이후에, 그 계정은 어떠한 이자율로든 측정될 것이다. 그래서 금융시장계정은 다음과 같은 프로세서를 거치게 된다.

$$\frac{dB(t)}{B(t)} = r(t)dt \tag{14.14}$$

만약 계좌에 $B(0)$의 초기 투자로 시작하게 된다면 t기간 이후에는 계좌의 가치가 다음과 같은 공식처럼 된다.

$$B(t) = B(0)e^{\int_0^t r(s)ds} \tag{14.15}$$

즉, 가치 $B(t)$가 구해진 가치이다. 만약 위의 식에서 $r(s)$가 임의의 변수이면, $B(t)$도 또한 $r(s)$에 근거한 임의의 변수가 된다. 여기서 $r(t)$를 일반적인 stochastic 과정으로서 볼 수 있다.

(2) Numeraire로서의 금융시장계정

Numeraire로서의 금융시장계정과 함께, 식 (14.13)은 n 자산 각각에 대하여 다음과 같은 식을 포함하게 된다.

$$\frac{S_i(t)}{B(t)} = E_t^B\left[\frac{S_i(T)}{B(T)}\right] \tag{14.16}$$

이것은 금융시장계정에 의해 발생한 측정하에서는, 금융시장계정에 대한 자산가격의 비율은 마팅게일이라는 것을 보여준다. 위의 식에서 양 측면에 $B(t)$를 곱해주고 식 (14.15)를 이용함으로써, 식 (14.16)을 다음과 같이 변경할 수 있다.

$$S_i(t) = E_t^B\left[S_i(T)e^{-\int_t^T r(s)ds}\right] \tag{14.17}$$

오늘날의 자산 가격은 미래 자산 가격에서 측정된 금융시장수익에서 할인을 적용한 위험중립측정하에서의 기대가격이다. 식 (14.17)에서 할인 요인을 이해하는 것이 중요한데, *exp*[$-fTt\ r(s)ds$]이 임의의 값이라는 것이다.

일반적으로 주식가격과 할인요인을 구하는 것은 서로 상관관계가 있다. 즉, 위험중립가격측정을 다음과 같이 정의 내릴 수 있다. 예측된 payoff는 금융시장계정결과에 대해 구해진 수익을 이용하여 각각 특별한 결과를 할인하고 금융시장 자체를 통해서 구해진 probability를 이용하여 평가된 것이다.

R이 nonstochastic인 특별한 경우에, 다음과 같은 공식을 얻을 수 있다.

$$S_i(t) = e^{-\int_t^T r(s)ds} E_t^B [S_i(T)] \qquad (14.18)$$

6. $S_i(t)$를 구하는 과정

$S_i(t)$가 Ito's process를 따른다고 가정하면, Ito's Lemma는 physical measure 하에, 다음과 같은 공식을 갖는 것을 보여준다.

$$d\left[\frac{S_i(t)}{B(t)}\right]\left[\frac{B(t)}{S_i(t)}\right] = (\alpha_i - r)dt + \sigma_i d\tilde{Z}_i \qquad (14.19)$$

비율 $S_i(t)/B(t)$는 α가 r과 같지 않을 때 마팅게일이 성립되지 않는다. 그러나 식 (14.16)에서 알 수 있듯이 $S_i(t)/B(t)$가 마팅게일이 되도록 측정방법을 만들 수 있다.

이 $dZ_i^B = d\tilde{Z}_i + \left(\frac{\alpha_i - r}{\sigma_i}\right)xdt$식이 성립한다고 가정하자. 그러면 위험중립과정을 얻기 위해 주식에 대한 physical process를 다음과 같이 다시 쓸 수 있다.

$$\begin{aligned}\frac{dS_i(t)}{S_i(t)} &= \alpha_i dt + \sigma_i d\tilde{Z}_i(t) \\ &= rdt + \sigma_i\left(d\tilde{Z}_i(t) + \frac{\alpha_i - r}{\sigma_i}dt\right) \\ &= rdt + \sigma_i dZ_i^B(t)\end{aligned} \qquad (14.20)$$

공식에서, 리스크 프리미엄인 $\alpha-r$은 효용극대화의 결과에 따른 투자자의 수요로 인해 결정된다. 일반적으로 말하자면, 투자자가 더욱 위험회피자라면 $\alpha-r$은 더 커질 것이다. 따라서 새로운 측정을 만들기 위해 sharpe ratio를 사용하면 단순히 추가적인 효용을 설명할 수 있다.

기르사노프의 이론은 $dZ_i^B(t)$가 마팅게일에 속할 수도 있다는 가능성을 말해준다. $dZ_i^B(t)$를 마팅게일로 다룸으로써, 한 번 더 $d\left[\frac{S_i(t)}{B(t)}\right]$를 평가할 수 있는데 이를 통해 다음과 같은 공식을 얻을 수 있다.

$$d\left[\frac{S_i(t)}{B(t)}\right]\times\left[\frac{B(t)}{S_i(t)}\right]=(r-r)\,dt+\sigma dZ_i^B \qquad (14.21)$$

dZ^B가 마팅게일에 속한다는 가정 아래, $\frac{S_i(t)}{B(t)}$ 역시 마팅게일에 속하는 것을 알 수 있다.

7. 해석

$d\sim Z_i$와 dZ_i^B는 비록 다른 측정방법 아래에서도 둘 다 마팅게일이 될 수 있는데, 이는 이것들이 다른 관점을 반영하고 있기 때문이다.

역사적 자산 수익을 조사하는 통계학자들은 현재 물리적인 측정 방법에 대해 주목하고 있다. 이러한 관점에서 보았을 때, 브라운 운동에 의한 증가, 즉 $d\sim Z_i$는 마팅게일이라 할 수 있다. $\frac{S_i(t)}{B(t)}$ 비율은 주식 i와 금융시장펀드에서의 움직임이 다를 때 마팅게일이 될 수 없다. 유가증권이 채권에 비해 평균적으로 수익이 좋다고 주장하는 사람들은 물리적 측정에 대한 상태를 뜻하는 $a_i>r$ 임을 강하게 주장한다.

위험회피적인 투자자들에게, $d\sim Z_i$로부터 오는 효용성은 마팅게일이 될 수 없다. 이는 식 (14.1)을 통해서도 명백히 알 수 있는데, $\sim Z$에서의 하나의 단위 상승으로부터 얻어지는 효용성의 증가는 $\sim Z$에서의 한 단위 감소로 인해 생기는 효용성의 감소보다 적다. 그러므로 공정한 베팅조차 받아드리려 하지 않을 위험회피적 투자자들은 마팅게일적 성격의 기대수익을 지닌 자산에 투자하려 하지 않을 것이다. 이는 기대효용성의 가치가 네거티브하기 때문이다. 이것은 시장 평균적인 자산들이 (+)의 위험 프리미엄을 가지고 있는 이유이기도 하다. 이 위험 프리미엄은 마팅게일 리스크를 끌어안음으로써 얻게 되는 손해를 상쇄시켜준다. First-order 상태의 포트폴리오를 보여주었던 식 (14.5)는 균형상태(equilibrium)에서 marginal 효용성에 의해 계산된 수익과 같은 순효과는 마팅게일이 된다는 것을 보여준다.

식 (14.20)에서 dZ_i^B를 얻기 위해 sharpe ratio를 $d\sim Z_i$에 더했다. (+)의 sharpe ratio를 $d\sim Z_i$에 더함으로써, 한계효용이 낮을 때(결과가 좋을 때)의 결과의 확률을 증가시키고, 한계효용이 높을 때(결과가 나쁠 때) 결과에 대한 확률을 감소시킬 수 있다. 이는 한계효용 베이스로 dZ^B를 평가할 때 이를 마팅게일로 만든다. 그러므로 이러한 위험중립적인 과정은 새로운 확률을 만들기 위해 위험 프리미엄을 사용함과 동시에 내재적으로 measure의 차이로부터 발생하는 한계효용을 포함한다. Measure의 차이에 따라 발생하는 경제적인 직감(economic intuition)은 균형상태에 있는 투자자들로 하여금 그들의 포트폴리오가 위험자산과 무위험자산 사이에서 약간의 비중 차이에 무차별하다는 것을 의미한다. 그러므로 sharpe ratio는 이러한 형질전환을 나타내는데, 이는 sharpe ratio가 투자자가 추가적인 리스크를 흡수하기 위한 목적으로 얻는 균형 리스크 프리미엄을 측정하기 때문이다.

비록 식 (14.21)을 얻기 위해 기르사노프의 이론을 언급하긴 하였으나, 실제로는 식 (14.1)에서 a를 $r(t)$로 대체하고, 기대 보상을 무위험 수익률로 감소시키는 것만으로도 충분하다. 위험중립적인 공정을 사용하는 것은 특별한 작업이 필요하지 않으며, 마치 주식이 무위험 수익률과 같은 기대수익률을 가진다고 가정함으로써 이를 간단히 구할 수 있다. 이와 같은 논쟁은 위험중립적인 measure에 내재되어 있는 논리를 설명하고 있으나, 실제 적용에 있어서는 이와 같은 작업을 반복할 필요는 없다.

8. Numeraire로서의 위험 자산

임의의 위험 자산은 또한 numeraire가 될 수 있다. 만약 asset 1을 선택한다면, $S_i(t)/S_1(t)$는 모든 자산에 대해 마팅게일이 성립되어야 한다. 이 과정을 보기 위해서는, 먼저 모든 자산이 $\delta_i=0$을 위험중립 측정 방식에서 만족하여야 한다. Ito's Lemma를 사용하면 다음을 얻을 수 있다.

$$\frac{dS_i}{S_i}=(r-\delta_i)\,dt+\sigma_i dZ_i \tag{14.22}$$

$$d\left[\frac{S_i(t)}{S_1(t)}\right]\frac{S_1(t)}{S_i(t)}=\frac{dS_i(t)}{S_i(t)}-\frac{dS_1(t)}{S_1(t)}+\sigma_1^2dt-\sigma_1\sigma_i\rho_{1,i}dt$$

$$=\sigma_i dZ_i^B-\sigma_1 dZ_1^B+\sigma_1^2dt-\sigma_1\sigma_i\rho_{1,i}dt \tag{14.23}$$

일반적으로 $\sigma_1^2\neq\sigma_1\sigma_i\rho_{1,i}$이므로 이 표현은 마팅게일이 아니다. S_1이 numeraire일 때 필요한 change of measure를 이해하기 위해서는 위 수식에서 asset i가 MMA이고 $\sigma_B^2=0$임을 가정하여야 한다. 이 경우 위의 수식은 아래와 같이 변한다.

$$d\left[\frac{B(t)}{S_1(t)}\right]\frac{S_1(t)}{B(t)}=-\sigma_1 dZ_1^B+\sigma_1^2dt \tag{14.24}$$

식 (14.23)에서 numeraire asset을 마팅게일로 만드는 change of measure는 다음과 같다.

$$dZ_1^{S_1}=dZ_1^B-\sigma_1 dt$$

$dZ_1^{S_1}$이라고 할 때, $S_i(t)/S_1(t)$는 $dZ_i^{S_1}=dZ_i^B-\sigma_1\sigma_i\rho_{1,i}dt$일 때 마팅게일이 성립한다. 따라서 다음이 성립한다.

$$\frac{dS_1}{S_i}=rdt+\sigma_i dZ_i^Bt=(r+\sigma_1\sigma_i\rho_{1,i})\,dt+\sigma_i dZ_i^{S_1} \tag{14.25}$$

9. Numeraire로서의 제로 쿠폰 본드

Numeraire로서의 위험 자산의 특별한 케이스는 T시점에 만기가 도래하는 제로 쿠폰 본드를 선택할 때 발생한다. 결과적인 measure는 forward measure 라고 불린다. Forward measure라는 용어를 이해하기 위해서는 차익거래가 존재하지 않는 선물 가격은 $F_{t,T}=S_i(\mathrm{t})/p_t(t,T)$ 식을 기억해야 한다. T시점에서 선물 가격은 T시점에 만료되는 제로 쿠폰 본드가 numeraire로 사용될 때 마팅게일이 성립한다. 따라서 $dF_{t,T}=\sigma dZ^F$라는 것을 도출할 수 있다. Forward measure는 제로 쿠폰 본드에 의해 수축된 가격에 마팅게일이 성립한다는 것을 알려준다. 또한 위험중립 measure는 MMA에 의해 수축된 가격에 마팅게일이 성립한다는 것을 알려준다. 위험중립 measure에서 기대 수익은 $r(t)$와 일치한다. Forward measure에서 자산의 기대 수익은 $r(t)+\rho_{p,i}\sigma_p\sigma_i$이다. 이를 볼 때 forward measure는 이자율 모형에서 중요한 역할을 한다.

V. 랜덤워크와 브라운 운동

1. 랜덤워크(Random Walk)

주가의 흐름을 예측하기 위해 많은 연구들이 있어 왔다. 여러 학설 중 하나로 랜덤워크, 즉 술 취한 사람이 비틀거리며 걸어가는 모습과 주가의 움직임이 유사하다는 이론이 힘을 얻고 있다. 그리하여 랜덤워크를 우리말로는 난보, 혹은 취보라고 한다. 랜덤워크의 핵심적인 내용은 미래 가격 변동을 예상하는데 있어 과거의 가격이 아무 쓸모없다고 가정하는 것이다. 이는 많은 사람들에게 터무니없이 무의미한 것처럼 받아들여진다. 실제로 신문의 금융면을 꾸준히 읽는 정도로도 사람들은 시장의 패턴을 예측하곤 한다. 하지만 랜덤워크 이론의 대가인 프린스턴 대학 경제학 교수 버튼 G. 맬키앨은 이는 반복적인 패턴에 대한 신뢰를 고집하는 것이며, 통계적 환상이라고 언급한다. 실제로 그는 침팬지에게 두건을 씌우고 다트를 던지게 하여 포트폴리오를 구성하는 것과 전문가가 기술적 지식을 활용하여 포트폴리오를 구성하는 것의 투자 수익에 큰 차이가 없다고 주장하기까지 한다. 하지만 이러한 랜덤워크 이론은 금융이론 전개를 위한 주가 모형 설정에 있어 꽤나 유용한 근거를 제공해준다. 랜덤워크 이론을 전개하기 위해서는 확률변수가 서로 독립적이어야 하고, 동일한 형태의 확률분포를 가져야 하며, 이에 가장 대표적인 예로는 동전을 던지는 행위를 들 수 있다.

위와 같은 동전 던지기의 랜덤워크 과정을 수식화시켜 보자. 이 실험의 j번 실행에서 앞면은 1, 뒷면은 −1로 하기로 하고 1번째부터 j번째까지의 값을 모두 더하면 j번째의 Mk값이다. 이때의 값을 체계적 랜덤워크라고 한다.

$$X_j = \begin{cases} 1 & if \;\; W_j = Head \\ -1 & if \;\; W_j = Tail \end{cases}$$

$$M_k = \sum_{j=1}^{k} X_j \;\; (k=1,2,3\ldots),\; M_0 = 0$$

랜덤워크의 평균은 0이고 (+1과 −1로 구성되어 있으므로) 분산은 1이다. 이를 k단위로 확장해 본다면 분산은 k이다. 이를 다음과 같은 수식으로 나타낼 수 있다.

$$E(M_k) = 0$$

$$Var(X_j) = 1$$

$$k_0 < k_1 < k_2 .. < k_m$$

$$M_{k^{i+1}} - M_{k^i} = \sum_{j=k_i+1}^{k_{i+1}} X_j$$

$$Var(M_{k_{i+1}} - M_{k_i}) = \sum_{j=k_i+1}^{k_{i+1}} Var(X_j) = \sum_{j=k_i+1}^{k_{i+1}} 1 = k_{i+1} - k_i$$

2. 브라운 운동(Brownian Motion)

동전을 던져서 앞은 +1, 뒤는 −1이 나온다고 가정하자. 일례로 총 1,000번 동전을 던진 후 다시 구간을 나누어서 방금 전 실험의 사이 사이에 다시 다수의 실행을 한다고 했을 때, 처음 실험을 1, 2, ⋯ t 번째로 순서를 매기고 그 사이는 1, 2, ⋯ n 이라고 매긴다. 그렇다면 방금과 같은 랜덤워크 과정은 아래와 같이 표현이 가능하다.

$$W^{(n)}(t) = M_{nt} \tag{14.26}$$

$$W^{(n)}(t) = \frac{1}{\sqrt{n}} M_{nt} \tag{14.27}$$

식 (14.28)은 식 (14.26)과 식 (14.27)을 square N으로 나누어 준 것이다. 식 (14.28)에서 n이 무한히 커진다면 이것을 브라운 운동 혹은 위너 과정으로 부른다.

식 (14.28)처럼, 위너 과정도 랜덤워크 과정과 그 특성을 같이하므로 평균은 0, 분산은 dt를 나타낸다. 시점 0부터 t까지의 분산은 t, 표준편차는 square t가 된다. 여기서 이 과정의 변화량은 평균이 0, 분산이 dt인 정규분포를 따르게 된다.

$$\begin{aligned} &E(W^{(n)}(t_j) - W^{(n)}(t_i)) = 0 \\ &Var(W^{(n)}(t_j) - W^{(n)}(t_i)) = t_j - t_i = \Delta t \\ &\Delta W^{(n)}(t) \sim N(0, (\sqrt{\Delta t})^2) \\ &\Delta W^{(n)}(t) \sim N(0, 12(\sqrt{\Delta t})^2) \end{aligned} \tag{14.28}$$

3. 기하 브라운 운동(Geometric Brwonian Motion)과 주가 모형

주가는 항상 변동성을 가지고 있고, 장기적으로 봤을 때는 물가상승만큼의(=risk-free rate) 상승 효과가 존재한다고 할 수 있다. 따라서 단순히 무작위의 브라운 운동만으로는 주가 가격 결정 모형을 만들 수 없다. Risk-free rate 만큼 올라가는 추세에다가 최근의 주가 변동성을 반영한 브라운 운동을 추가하여 모형을 만든다. 즉, 브라운 운동(위너 과정)의 효과가 장기적인 추세보다 더 많이 하락할 경우 장기적으로 주가도 하락할 수 있다는 것이다. 단기적으로 주가는 risk-free rate가 거의 0에 가깝기에 주가의 흐름도 추세 성분은 제하고 위너 과정의 성분만을 지니게 될 것이다. 이것을 고려하여 주가의 움직임을 나타내는 것을 기하적 브라운 운동(geometric Brownian motion)이라고 한다. 기하 브라운 운동은 아래와 같은 가정을 필요로 한다.

- 현재 주가는 알 수 있지만 내일의 주가는 불확실하다.
- 주가 변화는 연속적이다.
- 주가는 로그 정규분포를 따른다.
- 주가수익률은 정규분포를 따른다.
- 주식의 기대수익률과 수익률의 불확실성은 보유기간에 비례한다.

주가 S가 geometric brownian motion을 따른다면 주가의 확률모형은 다음과 같다.

$$dS=\mu Sdt+\sigma Sdz$$

여기서 dS는 t시점에서 주가 S가 다음 시점인 $t+1$에서 어떻게 될 것인지를 의미하고, μSdt는 아주 짧은 시간(dt) 동안 주가의 순간적인 변화의 기댓값을 의미하며, σSdz는 순간적인 시간 변화(dt) 동안 주가 변화의 순간변동성을 의미한다.

z는 위너 과정을 따르는 변수로, $dz=\lim_{\Delta t\to 0}\varepsilon\sqrt{\Delta t}$로 정의된다. 이때 ε는 평균이 0이고 분산이 1인 정규분포 확률변수이다. 기하 브라운 운동(이하 GBM)은 주가의 단기와 장기의 기대수익률 간의 관계를 나타내준다. 즉, 주가가 GBM을 따른다면 미래 T시점까지의 수익률은 평균이 $(\mu-\sigma^2/2)(T-t)$이고 분산이 $\sigma^2(T-t)$인 정규분포를 따른다.

여기서 주목해야 하는 것은 기간수익률의 기댓값은 시간에 비례하여 증가하지만 $(\mu-\sigma^2/2)$의 비율로 증가한다는 점이다. 이는 단기수익률(μ)이 장기수익률의 예측치로 적절하지 않음을 보여주는 것이다. 변동성, 즉 불확실성이 장기의 기대수익률을 낮추는 역할을 하기 때문이다.

주가가 GBM을 따른다면 주가에 자연로그를 취한 값 $\ln S$는 다음의 확률과정을 따르게 된다.

$$d\ln S = (\mu - \sigma^2/2)dt + \sigma dz$$

$$\ln S_T - \ln S_t \sim N[(\mu - \sigma^2/2)(T-t),\ \sigma^2(T-t)]$$

따라서 S_t가 대수정규분포를 하게 된다는 것을 나타낸다. 한편 정규분포를 하는 확률변수와 대수정규분포를 하는 확률변수의 평균의 관계인 식($E[S_t | S_0]$)과 GBM의 결과를 이용하면 미래 주가의 기댓값은 다음과 같이 나타낼수 있다.

$$E[S_T | S_0] = S_0 exp(\mu T)$$

기하 브라운 운동으로 정의된 주가의 모형을 이용하면 몬테카를로 시뮬레이션 등 다양한 이론들을 전개해 볼 수 있다.

VI. 위험중립확률(Risk Neutral Probability)

위험중립확률을 간단히 정의하자면, 게임이 공정하게 전개되기 위한 조건의 확률이다. 위험중립확률, 즉 risk neutral probability는 옵션 가격결정 모형들 중 특히 이항 모형에서 주로 사용된다. 또한 마팅게일의 성질과 더불어 대단히 중요한 개념들 중에 하나라고 이야기할 수 있다.

위험중립확률에 대하여 설명하기 위해서 아래와 같은 간단한 게임을 사용해 보겠다. A, B, C가 각각 1,000원씩을 투자했을 때, A가 이겼을 시에는 투자한 금액의 2배인 2,000원을 받게 된다. 반면에 성공하지 못했을 경우에는 원금의 절반인 500원을 받게 된다. 반면에 B의 경우에는 이겼을 시에 1,500원을 받으며 성공하지 못하였을 때에는 동일하다. C의 경우에는 이겼을 때에는 1,200원을 받지만 반대로 성공하지 못했을 경우에는 400원밖에 받지 못한다.

A – 1000 → 2000 or 1000 → 500 (p = 1/2, q = 1/2)

B – 1000 → 1500 or 1000 → 500 (p = 1/2, q = 1/2)

C – 1000 → 1200 or 1000 → 400 (p = 1/2, q = 1/2)

(p, q는 각각 이길 확률과 질 확률)

기댓값을 계산해 보면 A는 1,250원, B는 1,000원, C는 800원이다. 이럴 경우 게임을 하는 사람의 입장에서는 A가 가장 유리한 게임이 되고, C는 불리한 게임, B는 공정한 게임이 된다.

이 세 가지 게임을 모두 공정한 게임이 되기 하기 위해서는 세 가지 게임의 기댓값이 모두 1,000원이 되어야 한다. 즉, 이길 확률과 질 확률을 50%가 아닌 다른 확률로 조정해야 한다. 그럴 확률을 계산해 보면 다음과 같이 변하게 된다.

A – 1000 → 2000 or 1000 → 500 (p = 1/3, q = 2/3)

B – 1000 → 1500 or 1000 → 500 (p = 1/2, q = 1/2)

C – 1000 → 1200 or 1000 → 400 (p = 3/4, q = 1/4)

(p, q는 각각 이길 확률과 질 확률)

그렇다면 이자율이 존재하는 경우를 가정해 보고 다시 한 번 생각해 보면 다른 결론이 나온다. 아래의 게임 A는 이자율이 25%이고, 원금 1,000원을 은행에 예금할 경우 기간 1이 지나고 난 뒤에는 1,250원이 되는 상황이다. 만약 이길 확률이 1/2인 게임에 참가했다면, 기간 1이 지나고 난 뒤에는 기댓값이 1,250이 되므로 은행에 예금한 것과 같은 결과를 낳는다. 즉, 이 게임은 참가자 입장에서 봤을 때 공정한 게임으로 볼 수 있다. 반면, B와 C의 경우 이길 확률이 절반이라면 기댓값이 1,250원 이하가 되게 되므로 참가자 입장에서는 불리하다고 말할 수 있다.

A – 1000 → 2000 or 1000 → 500 (p = 1/2, q = 1/2)

B – 1000 → 1500 or 1000 → 500 (p = 1/2, q = 1/2)

C – 1000 → 1200 or 1000 → 400 (p = 1/2, q = 1/2)

(이자율은 25%로 동일)

위의 게임과 마찬가지로, 이 경우도 모두 참가자 입장에서 공정하다고 느낄 수 있도록 확률을 조정한다면 아래의 p, q와 같이 된다. 계산을 할 때에는 이길 확률을 p, 질 확률을 $1-p$로 둔다. 그러고 나서 기간 1이 지난 후의 기댓값을 구한다. 그 이후 주어진 이자율로 할인하여 현재 가치를 구한다. 그리고 그 값이 원금과 같아지게 하면 된다. 게임 C의 경우 기간 1이 지난 후의 값들이 모두 1,250원에 미치지 못하는 금액이 되므로 아무도 이 게임에 참여하려고 하지 않을 것이다. 따라서 p와 q는 계산할 수 없게 된다.

A – 1000 → 2000 or 1000 → 500 (p = 1/2, q = 1/2)

B – 1000 → 1500 or 1000 → 500 (p = 15/20, q = 5/20)

C – 1000 → 1200 or 1000 → 400

(이자율은 25%로 동일)

이와 같이 게임이 공정해지도록 이자율도 고려하여 다시 계산한 확률을 위험중립확률이라고 한다. 위험중립확률을 이용하게 되면 이미 확률이 이자율을 포함한 개념이 되므로 따로 이자율을 고려해 주지 않아도 된다. 그렇게 되면 계산에서 월등한 편리성을 지니게 된다.

위험중립확률을 일반적으로 표현하면 아래와 같다. 원금 S가 1기간 후에, u배 상승한 경우는 $u*S$가 되고, d배 하락한 경우는 $d*S$가 된다. 또한, 원금 S는 1기간 후에 이자율(r)이 적용되어, $(1+r)*S$가 된다. 위험중립확률로 1기간 후의 기댓값을 구해서, 1기간 이전의 가치로 환산하면 원금인 S와 같아져야 한다. 이때의 확률이 위험중립확률이 되고, p, q 위에 물결무늬를 붙여서 표기한다. $0<d<1+r<u$의 관계가 성립할 때 아래의 식들을 정의할 수 있다.

$$S = \frac{1}{1+r}\{uS\tilde{p} + dS(1-\tilde{p})\}$$

$$1+r = u\tilde{p} + d(1-\tilde{p})$$

$$\tilde{p} = \frac{1+r-d}{u-d}$$

$$\tilde{q} = 1 - \tilde{p} = \frac{u-1-r}{u-d}$$

기간을 2로 잡았을 때에도 아래와 같은 결과가 나오게 된다. 아래의 식과 같이 위험중립확률을 계산하여 기간이 두 번 지나간 후의 기댓값을 구한다. 그 이후에 이자율을 사용하여 두 번의 기간 앞으로 할인한다. 그때의 원금과 같아지는 확률을 구하면 된다.

$$\begin{aligned} S &= \frac{1}{(1+r)^2}\{u^2 S\tilde{p}^2 + 2ud\tilde{p}\tilde{q}S + d^2 S\tilde{q}^2\} \\ (1+r)^2 &= u^2\tilde{p}^2 + 2ud\tilde{p}\tilde{q} + d^2\tilde{q}^2 \\ &= (u\tilde{p} + d\tilde{q})^2 \\ 1+r &= u\tilde{p} + d(1-\tilde{p}) \end{aligned}$$

위험중립확률은 마팅게일이라는 개념과 함께 대단히 중요한 개념이다. 특정 게임이 공정하다는 것은 공정한 가격을 구할 수 있다는 의미이다.

VII. 마팅게일(Martingale)

시장이 불공정해지면 불공정해질수록 시장의 참여자들은 급속도로 줄어들게 된다. 그렇게 되면 시장은 더 이상 존재하기 어렵다. 시장은 다수의 참여자에 의해 스스로 공정성을 유지하는 성질이 있다. 시장의 이러한 성질, 공정성에 대하여 위험중립확률, 효율적시장가설 등으로 설명할 수 있다. 하지만 더 구체적인 표현으로 마팅게일이라는 개념이 사용된다.

금융자산의 가격이나 시장의 공정성에 대한 표현이 바로 마팅게일이다. 이는 어떤 참여자도 공정성에 대해 불만을 갖지 않는 상태를 의미한다. 이것은 금융시장의 정석에 해당하며 균형을 이룬 상태를 의미한다. 금융자산의 공정가격은 마팅게일 조건하에서 산출되므로 마팅게일은 금융공학에서 대단히 중요한 위치를 차지하고 있다.

효율적시장가설 혹은 마팅게일을 확률적인 측면에서만 바라볼 경우 절대로 초과수익을 낼 수 없다는 의미로 해석될 여지가 있다. 그러나 시장을 본다면 분명히 수익을 내는 투자자가 있으며 반대로 손실을 보는 투자자도 있다. 이 두 가지 양상을 살펴보면 공정한 상태가 된다는 의미이다. 큰 위험을 감수하고 투자하는 투자자는 큰 수익을 기대할 수 있겠지만, 반대로 큰 손실을 볼 여지도 있다. 시간이나 노력을 많이 지불한 투자자는 보다 더 그 확률을, 성공할 확률을 높게 기대할 수도 있을 것이다. 분명한 것은, 남들은 알지 못하는데 자신은 자신만의 비법·전략으로 큰 수익을 올릴 수 있다는 기대가 큰 착각이고 욕심이라는 점이다. 그 이유는 바로 앞서 언급한 마팅게일에 위배되기 때문이다.

순간 평균항이 0인 확률과정, 조금 더 엄밀하게는 모든 양의 i값에 대하여 $E(x_i \mid x_{i-1}, x_{i-2} \cdots\cdots x_0) = x_{i-1}$인 경우 확률변수들은 마팅게일이라고 정의할 수 있다. 이것이 마팅게일이다. 변수 θ가 마팅게일을 따르는 경우는 아래와 같다.

$$d\theta = \delta dz$$

여기서 dz는 위너 과정에 해당한다. 이때 변수 δ 자체도 확률과정인 경우를 무시할 수 없으므로 θ나 다른 확률적 변수에 따라 달라질 가능성이 존재한다. 마팅게일은 미래 임의의 시점에서의 기댓값이 현재 시점에서의 값과 동일하다는 속성을 가지고 있다. 이는 매우 편리한 속성이다. 즉, θ_T와 θ_0이 각각 T 시점과 0시점에서 θ값을 나타낸다고 하자. 그렇다고 하면 다음 식이 성립하게 된다.

$$E(\theta_T) = \theta_0$$

위와 같은 결과를 이해하기 위해서는 아주 짧은 기간 동안의 θ가 변화하는 기댓값 0인 정규분포임을 이해하여야 한다. 이 경우 아주 짧은 기간 동안의 θ변화의 기댓값은 0이라고 할 수 있다. 그런데 0시점과 T시점 사이에서의 θ의 증감은 여러 기간 사이에 걸쳐 증가하고 감소한 값의 합이 된다. 그렇기에 0시점과 T시점 사이에서의 변화의 기댓값 역시 0이 된다는 것이다.

1. 동등 마팅게일의 측도 결과

f와 g가 단 하나의 불확실성 요인에 기초하는 유가증권들의 가격들을 표시한다고 가정해 보자. 해당 기간 동안에는 이 유가증권들로부터 아무런 중간소득이 없다고 가정하고 변수 Φ를 f와 g로 정의해 본다. 이때 변수 Φ는 g에 대한 f의 상대가격이 될 것이다. 이 값은 f의 가격을 어떤 통화가 아니라 g의 단위로 측정한 것으로 생각할 수 있다. 여기서 g의 가격을 가치척도라고 부르게 된다.

동등 마팅게일 측도 결과란 만일 차익거래기회가 존재하지 않는다고 할 때 어떤 시장위험가격에 대하여 변수 Φ가 마팅게일이 된다는 것을 의미한다. 또한 일정한 가치척도 g에 대하여 동일한 시장위험가격을 선택하게 될 경우 모든 증권 f에 대하여 변수 Φ가 마팅게일이 된다는 의미가 되기도 한다. 이때 g의 변동성이 여기서의 시장위험가격이 된다. 이와 같은 결과를 증명하기 위하여 f와 g의 변동성을 각각 σ_f와 σ_g라고 해본다. 시장위험가격이 σ_g라면 다음이 성립하게 된다.

$$d_f = (r+\sigma_g\sigma_f)fdt + \sigma_f fdz$$
$$d_f = (r=\sigma_g{}^2)gdt + \sigma_g gdz$$

여기에 이토 정리를 적용하게 되면 다음과 같은 식 역시 성립한다.

이토 정리를 테일러 정리를 활용하여 살펴보자. 주어진 함수를 $f(x,y)$라고 하면, 다음이 성립된다.

$$df(x,y) = f_x dx + f_y dy + \frac{1}{2}f_{xx}(d_x)^2 + f_{xy}d_x d_y + \frac{1}{2}f_{yy}(d_y)^2$$

여기서 뒤의 오류를 생략하고, 만약 $y = \mathrm{B}_t$, $x = t$라면, 다음과 같이 나타난다.

$$df(t,y) = f_t dt + f_y d\mathrm{B}_t + \frac{1}{2}f_{tt}(d_t)^2 + f_{ty}dt\,d\mathrm{B}_t + \frac{1}{2}f_{yy}(d\mathrm{B}_t)^2$$

이를 정리한 다음의 식이 이토 정리이다.

$$df(t,y) = f_t dt + f_y dB_t + 0 + 0 + \frac{1}{2} f_{yy} dt$$
$$d \ln f = [(r + \sigma_g \sigma_f - \sigma^2 f)/2]dt + \sigma_f dz$$
$$d \ln g = [(r + \sigma_g^2)/2\,]dt + \sigma_g dz$$

따라서 다음 식 역시 성립한다.

$$d(\ln f - \ln g) = (\sigma_g \sigma_f - \sigma_g^2/2 - \sigma_g^2/2)\,dt + (\sigma_f - \sigma_g)\,dz$$

이제 $\ln(f/g)$의 확률과정으로부터 f/g의 확률과정을 유도하기 위하여 이토 정리를 다시 한 번 이용하게 되면 다음과 같은 식이 도출된다.

$$d(f/g) = (\sigma_f - \sigma_g)\,\frac{g}{f}\,dz$$

위 식은 f/g가 마팅게일임을 보여주고 있다. 이제부터 σg가 시장위험가격인 곳을 g에 대한 선도위험중립세계라고 부르기로 한다. 그런데 g에 대한 선도위험중립세계에서 f/g는 마팅게일이므로 다음의 식 역시 성립한다.

$$f_0/g_0 = E_g\,(f_T/g_T) \text{ 또는 } f_0 = f_0 E_g\,(f_T/g_T)$$

여기서 E_g는 g에 대한 선도위험중립세계에서의 기댓값을 표시한다.

2. 가치척도로서의 MMA

MMA란 Money Market Account의 약자이다. 현재 시점에서의 가치는 1달러이고, 미래 임의의 시점에서 순간 무위험 이자율만큼을 얻게 되는 증권이다. 여기서 이자율은 확률과정일 수도 있다. 만약 MMA를 앞에서의 g라고 정의한다면, MMA는 이자율만큼의 성장률로 증가하게 되므로 아래의 식이 성립하게 된다.

$$dg = rgdt$$

여기서 g의 순간 평균은 확률과정이라도 상관 없다. 하지만 g의 변동성은 0이다. 따라서 g에 대하여 선도위험중립인 세계는 시장위험가격이 0인 세계와 같게 된다. 이것이 바로 위험중립세계가 된다. 이는 다음과 같게 된다.

$$f_0 = g_0 E\left(\frac{f_T}{g_T}\right)$$

단, $\hat{E}$은 전통적인 위험중립세계에서의 기댓값을 나타낸다. 여기서 $g_0 = 1$이 성립한다. 또한 $g_T = e - \int_0^T rdt$이므로 $f_0 = \hat{E}(e^{-\int_0^T rdt} f_T)$ 즉, $f_0 = \hat{E}(e^{-\bar{r}T} f_T)$이 성립하게 된다.

여기서 마지막 r은 0시점과 T시점 동안 r의 평균값이 된다. 전통적인 위험중립세계에서의 단기금리 r을 가정하는 것이 금리파생상품의 가치를 평가하는 하나의 방법이 된다는 것을 보여주게 된다. 즉, 파생상품의 기대이득과 단기금리를 예상하여 기대이득을 단기금리의 평균으로 할인하면 이러한 파생상품의 가치평가를 할 수 있게 된다는 것이다.

3. 가치척도로서의 무이표채

T시점에서 1달러를 지불하는 무이표채의 t시점에서의 가격을 $P(t,\ T)$라고 한다면 이것이 g가 되는 경우는 어떤 의미가 되는지 알아야 한다. 여기서 E_T는 $P(t,\ T)$에 대한 선도위험중립세계에서의 기댓값을 표시하게 된다. 그런데 $g_T = P(t,\ T) = 1$이고, $g_0 = P(0,\ T)$이 되므로 아래의 식이 성립하게 된다.

$$f_0 = P(0,\ T)\ E_T(f_t)$$

이자율이 아닌 어떤 변수 θ가 있다고 가정한다면 이럴 때 θ가 기초자산인 만기 T인 선도 계약을 특정 시점에서 $\theta_T - K$ 만큼의 이득을 지급하는 계약이라 정의하고, θ_T는 T시점에서 변수 θ의 값이라고 가정해 보자. f를 이러한 선도계약의 가치라고 정의하면 아래의 식이 성립하게 된다.

$$f_0 = P(0,\ T)[E_T\ (\theta_T) - K]$$

θ의 선도가격 F는 f_0의 값이 0이 되게 하는 K의 값이기 때문에 아래의 식도 성립하게 된다.

$$P(0,\ T)[E_T\ (\theta_T)-F]=0$$

따라서 선도가격은 아래의 식과 같게 된다.

$$F=E_T(\theta_T)$$

위의 식은 이자율이 아닌 어떤 변수에 대한 선도가격은 $P(t,\ T)$에 대한 선도위험중립세계에서의 기대 현물가격임을 나타낸다. 여기서 선도가격과 선물가격 간의 차이에 대하여 중요성을 확인하여야 한다. 왜냐하면 어떤 변수의 선물가격은 전통적인 위험중립세계에서의 기대 현물가격이기 때문이다.

4. 블랙 모형

이자율이 일정한 경우, 기초자산의 선도가격이나 선물가격을 이용하여 유럽식의 채권옵션의 가치를 평가하게 해 주는 블랙 모형은 매우 유용한 모형이다. 이자율이 일정하다는 가정 외에 이자율이 확률적인 경우에도 기초자산의 선도가격을 이용하여 유럽식의 가치평가에 블랙 모형을 이용할 수 있다.

만기가 T이고 행사가격이 K인 어떤 자산에 유럽식 콜옵션이 있다고 가정할 때 옵션가격은 아래의 식과 같다.

$$c\ =\ P(0,\ T)E_T[max(S_T-K,\ 0)]$$

단, S_T는 T시점에서의 주가를 나타내고, E_T는 $P(t,\ T)$에 대한 선도위험중립세계에서의 기댓값을 나타내게 된다. 각각 F_0, F_T의 만기가 위의 $P(t,\ T)$ 선도계약의 0시점과 T시점에서의 선도가격이라고 할 때 $S_T=F_T$이므로 다음이 성립한다.

$$c\ =\ P(0,\ T)E_T[max(F_T-K,\ 0)]$$

현재 고려하고 있는 선도위험중립세계에서 F_T가 대수정규분포를 이룬다고 가정하고 $\ln(F_T)$의 표준편차는 $\sigma_F\sqrt{T}$라고 한다면 이것은 선도가격이 변동성이 일정한 값 σ_F를 갖는 확률과정을 따르기 때문이다. 이때 아래와 같은 식이 성립함을 알 수 있다.

$$E_T[max(F_T - K,\ 0)] = E_T(F_T)N(d_1) - KN(d_2)$$

이때 d_1과 d_2는 다음과 같다.

$$d_1 = [\ \ln[E_T(F_T)/K] + \sigma^2 F_T\ /\ 2\ ]\ /\ \sigma_F\sqrt{T}$$
$$d_2 = [\ \ln[E_T(F_T)/K] - \sigma^2 F_T\ /\ 2\ ]\ /\ \sigma_F\sqrt{T}$$

이때 $E_T(F_T) = E_T(S_T) = F_0$이 성립한다. 따라서 다음 식이 성립한다.

$$c = P(0,\ T)[F_0\ N(d_1) - KN(d_2)]$$

유럽식 풋옵션의 경우도 동일한 논리를 적용하면 다음과 같은 결과가 나온다.

$$P = P(0,\ T)[KN(-d_2) - F_0N(-d_1)]$$

P는 만기가 T이고 행사가격이 K인 유럽식 풋옵션의 가격을 나타낸다. 위의 식들이 바로 블랙 모형이다. 기초자산이 투자자산과 소비자산인 경우 모두에 적용될 수 있는 것이 이 모형이다. 위에서 증명한 것과 같이 f_0의 이자율이 기초자산의 선도가격 이상 확률적인 경우에도 유효한 모형이 된다.

VIII. 마팅게일 가격결정의 예시

지금부터 자산가격비율에 대한 마팅게일의 특징이 다양한 옵션가격공식을 얻는 데에 어떻게 사용될 수 있는지 간단하게 보도록 하자. 일반 콜옵션과 뛰어난(outperformance) 콜옵션을 다룰 것이다. 첫 번째 예제에서, 논리에 대해 정확한 이해를 하기 위해 derivation에 대해 살펴볼 것이다.

일단 두 가지의 옵션의 가격을 보자. 첫 번째는 $S_T > K$일 때 1달러를 지불하는 cash-or-nothing call이고 다른 하나는 $S_T > K$일 때 S_T가치에 해당하는 share를 주는 asset or nothing call이다. 그리고 이 두 가지를 통해 Black-Scholes 공식을 얻을 수 있다. 또한 이를 이용하여 zero-coupon bond가 기초자산인 시장에서의 옵션과 outperformance 옵션에서의 가격 공식을 얻을 수 있다.

1. Cash-or-Nothing Call

Cash-or-nothing call은 $S_T > K$일 때, 1달러를 지불하고 $S_T < K$일 때는 지불하지 않는 것이다. 이를 $S_T > KP_T(T, T)$로 다시 쓸 수 있는데 $Pt(s, T)$에서 t는 s에 사고 T에 종료되는 default-free \$1 제로 쿠폰제의 시간적 가치를 말하는 것이다. 정의에 의하면, $P_T(T, T) = 1$이 성립한다. 이러한 방향으로 strike price를 쓰는 것은 strike asset이 K 제로 쿠폰제로도 취급될 수도 있다는 것을 강조한다. 그리고 이것이 in-the money라고 가정하면 이를 제로 쿠폰제를 지불하는 것으로도 볼 수 있다. 즉, payoff는 $V(S_T, T) = P_T(T, T)1[S_T > KP_T(T, T)]$으로 쓰일 수 있다. 여기서 $1(x)$은 이벤트 x가 일어날 때 얻을 수 있는 가치 1을 의미한다. 반대로 x가 일어나지 않을 때는 0이 된다. 시간이 0일때, payoff의 가치를 구하기 위해 stochastic 할인 요인을 사용함으로써, 다음과 같은 식을 얻을 수 있다.

$$
\begin{aligned}
V(S_0, 0) &= E_0\left[\frac{U'(T)}{U'(0)} P_T(T,T) \quad 1[S(T) \geq KP_T(T,T)]\right] \\
&= P_0(0,T) E_0\left[\frac{U'(T)\,P_T(T,T)}{U'(0)\,P_0(0,T)} \quad 1\left(\frac{S(T)}{P_T(T,T)} \geq K\right)\right] \\
&= P_0(0,T) E_0^{P(T)}\left[1\left(\frac{S(T)}{P_T(T,T)} \geq K\right)\right] \qquad (14.29)
\end{aligned}
$$

2번째에서 3번째 줄로 갈 때, 기대치에서의 실제 가능성을 측정의 변화에 영향을 끼칠 수 있는 $\dfrac{U'(T)\,P_T(T,T)}{U'(0)\,P_0(0,T)}$에 곱하였다. $EP(T)$는 제로 쿠폰제를 numeraire로 사용하는 도구로 계산된다. 즉, forward measure를 통해 계산된다고 볼 수 있다. 이러한 측정에서, 자산의 가격이 채권의 가격으로 나누어 지는 것이 마팅게일이다. Valuation에 있어서의 문제는 $EP(T)$와 $PrP(T)$가 계산되는 데에 있어서 forward measure와 관련된다는 것이다.

$$E_0^{P(T)}\left[1\left(\frac{S(T)}{P_T(T,T)}\geq K\right)\right]=Pr^{P(T)}\left(\frac{S(T)}{P_T(T,T)}\geq K\right) \tag{14.30}$$

위의 식을 계산하기 위해서, stochastic 과정을 가격비율인 $S(t)/Pt(t,\ T)$을 위해 명확히 해야 한다. 그리고 가격비율이 계속되는 변동성을 반영하는 Brownian motion을 따른다는 가정을 이용할 것이다. 즉, specification에 따라 다른 가격 모델이 적용된다는 것이다. 여기서 알아야 할 것이 $S(t)/Pt$이 주식의 선물가격이고 그래서 선물가격이 계속해서 변동성을 가진다고 가정한다는 것이다. 변동성이 계속되는 가정하에 다음과 같은 식을 쓸 수 있다.

$$d\left[\frac{S(t)}{P_t(t,T)}\right]\times\frac{P_t(t,T)}{S(t)}=\sigma dZ$$

가격비율의 natural log를 고려할 때 이를 다음과 같은 식으로 볼 수 있다.

$$d\ \ln\left[\frac{S(t)}{P_t(t,T)}\right]=-0.5\sigma^2 dt+\sigma dZ$$

이것은 다음과 같은 식을 함축하게 된다.

$$\ln\left[\frac{S(T)}{P_T(T,T)}\right]=\ln\left[\frac{S(t)}{P_t(t,T)}\right]-0.5\sigma^2(T-t)+z\sigma\sqrt{T-t}$$

여기서 z는 standard normal random variable이다. 따라서, 옵션이 in-the-money에서 종료될 확률은 다음으로 볼 수 있다.

$$\begin{aligned}
&Pr^{P(T)}[\ln(S(T)/P_T(T,T))\geq\ln(K)]\\
&=Pr[\ln(S(t)/P_t(t,T))-0.5\sigma^2(T-t)+z\sigma\sqrt{T-t}\geq\ln(K)]\\
&=Pr\left[-z\leq\frac{\ln[S(t)/KP_t(t,T)]-0.5\sigma^2(T-t)}{\sigma\sqrt{T-t}}\right]
\end{aligned}$$

식 (14.29)를 참고하면, 식 (14.31)과 같은 식 또한 얻을 수 있다.

$$V(S_t,t)=P_t(t,T)N\left(\frac{\ln[S(t)/KP_t(t,T)]-0.5\sigma^2(T-t)}{\sigma\sqrt{T-t}}\right) \tag{14.31}$$

그리고 $\ln(P_t(t,\ T))=-r(T-t)$로 쓸 수 있다. 여기서 r은 continuously compounded yield to maturity on the zero-coupon bond이다. 따라서 식 (14.29)는 Black-Scholes 공식에서의 두 번째 조건(second term)이 된다.

$$V(S_t,t)=e^{-r(T-t)}N\left(\frac{\ln(S_t/K)+(r-0.5\sigma^2)(T-t)}{\sqrt{\quad}\ \sigma\ T-t}\right)$$

(1) 변동성에 대한 해석

Derivation은 주식과 채권의 수익성을 모두 stochastic이 되도록 만들었다. 이러한 경우에, 즉각적인 σ는 S_t와 $P_t(t,\ T)$의 변동성과 혼합될 것이다. 즉, 다음과 같은 식이 도출된다.

$$\sigma^2\ =\ \sigma_s^2+\sigma_p^2\ -\ 2\rho\sigma_{s\sigma p}$$

여기서 $\rho dt=dZ_S\times dZ_P$이다. 실제로, σ는 종종 주식의 변동성으로 여겨진다. Short-term 옵션에서는 주식의 변동성은 채권의 변동성보다 훨씬 클 것이며 그에 따라 $\sigma\approx\sigma S$이 성립하게 된다. Long-term 옵션에서는, 채권 가격의 불확실성을 설명하는 것이 더 중요하다.

추가적인 이슈는 본드의 변동성이 시간이 지남에 따라 변화된다는 것인데, 보통 채권이 만기에 다다를수록 변동성이 감소한다는 것이다. 적절한 변동성은 전체적인 옵션의 기간에 있어서 필수적인 요소이다.

(2) 배당금

앞에서 언급한 derivation은 기초 자산이 배당금을 지불하지 않는 것으로 가정했다. 자산이 배당금을 지불할 때, 그것을 선불 선물가격으로 볼 수 있다. 그렇게 되면, 기초 자산의 가격인 S_t를 $S_te^{-\delta(T-t)}$로 대체함으로써 derivative 가격을 선불 선물가격보다 주식가격으로 표현하는 것이 더 간단해 진다. 그렇게 함으로써 주식이 continuous 배당금을 지불할 때, 공식을 얻을 수 있다.

2. Asset or Nothing Call

Asset or nothing call $S_T>K$일 때 S_T의 가치에 해당하는 하나의 share를 지불한다. 반면에 $S_T<K$이면 아무것도 지불하지 않는다. Cash-or-nothing call처럼 시간이 0일 때 지급액의 가치를 다음과 같이 계산할 수 있다.

$$W(S_0,0)=E_0\left[\frac{U'(T)}{U'(0)}S(T)\quad 1[S(T)\geq KP_T(T,T)]\right]$$

$$=S(0)E_0\left[\frac{U'\ (T)S(T)}{U'\ (0)S(0)}\quad 1[S(T)\geq KP_T(T,T)]\right]$$

$$=S(0)E_0^S\{1[S(T)\geq KP_T(T,T)]\} \tag{14.32}$$

이것은 cash-or-nothing call의 derivation과 비슷하다. 하지만, payoff가 share이기 때문에, forward measure보다 stock measure를 사용하는 것이 더 자연스럽다. 그래서 위의 식은 다시 다음과 같이 쓰일 수 있다.

$$E_0^S\left[1\left(\frac{1}{K}\geq\frac{P_T(T,T)}{S(T)}\right)\right]=Pr^S\left[\frac{1}{K}\geq\frac{P_T(T,T)}{S(T)}\right] \tag{14.33}$$

$S(t)$ 측정하에서 비율 $P_t(t,\ T)/S(t)$가 마팅게일이라는 사실을 이용하여 이 가능성을 측정할 수 있다.

더 진행을 하기 전에, 식 (14.32)와 식 (14.30)의 공식을 비교해보자. 식 (14.30)에서, $S(t)/P_t(t,\ T)$는 마팅게일이다. 식 (14.32)에서는 그 반대가 마팅게일이다. Ito 정리는 x의 추세항과 $1/x$은 σ^2dt에 의해 차이가 있음을 보여준다. 이것은 Black-Scholes 공식에서 d_1과 d_2가 σ^2T에 의해 다르다는 것에 대한 이유가 된다.

Cash-or-nothing call의 경우에, 비율이 일정한 표준편차와 함께 마팅게일이라고 가정한다.

$$d\left[\frac{P_t(t,T)}{S(t)}\right]\times\frac{S(t)}{P_t(t,T)}=\sigma dZ$$

가격비율의 the natural log와 Ito's Lemma를 이용할 때, 아래와 같은 식을 구할 수 있다.

$$d\ln\left[\frac{P_t(t,T)}{S(t)}\right]=-0.5\sigma^2 dt+\sigma dZ$$

이러한 과정을 통해 $z\sim N(0,\ 1)$인 다음의 식을 얻을 수 있다.

$$\ln\left[\frac{P_T(T,T)}{S(T)}\right]=\ln\left[\frac{P_t(t,T)}{S(t)}\right]-0.5\sigma^2(T-t)+\sigma z\sqrt{T-t}$$

그래서 시간이 t일 때의 가능성은 다음이 된다.

$$Pr[\ln(P_T(T,T)/S(T))\leq \text{In}(1/K)]$$
$$=Pr[\ln(P_t(t,T)/S(t))-0.5\sigma^2(T-t)+\sigma z\sqrt{T-t}\leq(1/K)]$$

그리고 용어의 재배열과 식 (14.32)의 참고를 통해 다음을 얻을 수 있다.

$$W(S_0,0)=S_0N\left(\frac{\ln[S(t)/P_t(t,T)K]+0.5\sigma^2(T-t)}{\sigma\sqrt{T-t}}\right) \tag{14.34}$$

한 번 더, $\ln[P_t(t,T)]=-r(T-t)$를 대체함으로써 이것은 Black-Scholes 공식의 첫 번째 용어인 $SN(d_1)$이 될 수 있다.

Cash-or-nothing option과 같이, 변동성은 주식과 채권이 혼합된 변동성이다. 이전과 같은 이유 때문에, $\sigma\approx\sigma S$라고 가정하는 것은 일반적이다.

그리고 derivation이 상대적으로 간단하여 놀라게 될 텐데, Black-Scholes 공식에서의 첫 번째 용어는 조건적인 기대인 $E[S_T|S_T\geq K]$를 평가하는 것을 필요로 하지만, 단지 가능성만 계산할 뿐이다. 이러한 간단함은 numeraire의 변화 때문인데, 주식의 조건에서 payoff를 명명하게 된다면, 더 이상 S_T dollars를 받는 게 아니라 one share를 받게 된다. 그래서 payoff는 0(share)이나 1(share)이 된다. Numeraire의 변화는 조건적인 기대의 계산을 변경함으로써 derivation을 단순히 하는데 이러한 눈에 띄는 derivation은 Geman et al.(1995) 때문이다.

3. The Black-Scholes Formula(블랙-숄즈 공식)

Call에 대한 payoff는 식 (14.34)에서 주어진 가치와 함께 asset or nothing option을 사면서 비슷해 질 수 있다. 그리고 식 (14.31)과 K를 곱하여 주어진 가치와 K Cash-or-nothing call을 빼면서, 다음의 식을 얻을 수 있다.

$$S_0 N\left(\frac{\ln[S(t)/P_t(t,T)K]+0.5\sigma^2(T-t)}{\sigma\sqrt{T-t}}\right)$$

$$-KP_t(t,T)N\left(\frac{\ln[S(t)/KP_t(t,T)]-0.5\sigma^2(T-t)}{\sigma\sqrt{T-t}}\right) \quad (14.35a)$$

$$C(S,K,\sigma,r,T,\delta)=\sqrt{e}^{-sT}N(d_1)-K\cdot e^{-rt}N(d_2) \quad (14.35b)$$

식 (14.35a)와 (14.35b)의 눈에 보이는 차이점은 $e-r(T-t)$가 $P_t(t,\ T)$로 대체될 수 있다는 것이다. 그리고 앞에서 언급한 것처럼, 변동성은 혼합된 변동성이다. 이것은 옵션에 가치를 매기는 데에 적절한 이자률은 옵션과 동일한 만기기간을 가진 default-free bond에서의 yield와 같다는 것을 명확히 만든다. 그리고 변동성은 주식의 수익과 zero-coupon default-free bond의 차이이다.

4. European Outperformance Option

Outperformance option은 $max[S_1(T)-KS_2(T),\ 0]$의 payoff를 가진다.이 옵션에 가치를 매기기 위해서 2개의 asset or nothing option의 차이를 이용할 수 있는데, 하나는 $S_1(T)>KS_2(T)$시 S_1을 지불하는 것이고 다른 경우에는 동일한 조건으로 $KS_2(T)$를 지불하는 것이다. 이것은 앞서 봤던 문제와 동일한 것이다. Cash-or-nothing outperformance option에 대한 해답은 식 (14.30)에서 $P_t(t,\ T)$를 $S_2(t)$로 바꾼 것이다. 이전과 같이, 변동성은 혼합된 변동성이다.

비록 outperformance options는 전형적으로 일반적인 옵션과 다르게 취급되지만, 사실은 둘은 다르지 않다. 일반적인 옵션과 같은 경우에는, strike asset은 zero coupon bond이고 반대로 outperformance option에서는 strike asset은 stock이거나 index이다.

5. Option on a Zero-Coupon Bond(무이표채에 대한 옵션)

Holder가 s 시간에서 만료기간 동안 zero-coupon bond를 사기 위해 K를 지불할 수 있도록 허용하는 기간 T에서 만료되는 콜옵션을 고려해보자. 지불형식을 다음과 같이 쓸 수 있다.

$$max[0, P_T(T, T+s)-KP_T(T, T)]$$

이것은 기초자산이 $T+s$ 시간에서 만료하는 zero-coupon bond이고 strike asset이 T시간에 만료하는 K zero-coupon bonds인 곳이다. 이 옵션의 구조는 stock의 일반적인 콜과 같으면서, 재고 가격이 $T+s$에서 만료하는 bond가격으로 바뀐다. 식 (14.34)의 S_t가 $P_t(t, T+s)$로 바뀐 것을 Black formula라고 부른다.

CHAPTER

15

특이옵션 2

CHAPTER 15

I. 서론

특이옵션은 표준형 옵션계약의 만기시점에 특정한 행사가격으로 자산을 매도하거나 매수할 수 있는 권리를 말한다. 이러한 표준형 계약의 조건들을 약간씩 수정함으로써 비표준옵션 또는 특이옵션 거래를 만들 수 있다. 이러한 특이옵션 거래를 통해 표준형태의 옵션이나 자산으로는 실현하기 어려운 투자전략을 수행할 수 있으며, 투자의 위험도 또한 원하는 대로 조정할 수 있다.

*XYZ*라는 유럽계열 다국적 기업에 매월 대규모의 유로화 현금흐름이 발생하고, 이것을 달러로 전환한다고 가정해보자. *XYZ*는 유로화 평가절하에 대한 보험으로 만기 1년 풋옵션 매수 등의 대안을 검토하고 있다. 이러한 상황에서 표준형 풋옵션을 매수하면 옵션만기일에 유로화 변동에 대한 효과적인 헷징이 가능하다고 생각해볼 수 있다. 하지만 만기 1년 옵션을 사용한 헷징의 경우, 옵션 만기시점의 가격과 연간 평균가격의 차이로 발생하는 베이시스 위험에 노출된다. 만기 1달 단위의 풋옵션을 매수하면 이러한 베이시스 위험은 적어지지만 비용적인 측면에서 비합리적이다.

이러한 맥락에서 관련 자산의 특정 시점의 가격이 아닌, 평균가격에 기반한 새로운 종류의 옵션 거래가 형성된다. 새로운 종류의 옵션은 보다 효과적인 헷징을 가능하게 한다. *XYZ*사의 사례에서는 평균가격은 연간 평균 환율이 될 것이며, 이 같은 사례는 특이옵션이 표준형 옵션으로 다룰 수 없는 문제들을 다룰 수 있음을 보여준다. 이처럼 특이옵션은 헷징을 위해서 활용할 수 있지만 또한 투기적인 목적으로도 활용 가능하다. 일반적으로, 특이옵션(비표준형 옵션)은 표준형 옵션과 계약상의 차이가 있는 모든 옵션을 포함한다고 볼 수 있다.

새로운 종류의 옵션을 만드는 것은 어렵지 않다. 하지만 잠재적 수요가 존재하면서, 가격결정과 헷징을 어렵지 않게 할 수 있는 특이옵션 거래는 만들기 쉽지 않다. 일반적으로 특이옵션은 표준형 옵션과 동일한 방식으로 가격결정과 델타헷지가 이루어지기 때문에, 많은 비표준형 파생상품이 존재하고 있으며, 그것들의 가격결정 및 헷징 관련 전략도 많이 개발되어 있다.

이 장에서는 이러한 특이옵션들의 종류와 관련 요소들을 정리하고자 한다. 내용은 우선 특이옵션들을 경로종속옵션, 변동성종속옵션, 복수자산옵션, 디지털옵션 등으로 분류하고 이를 XYZ사 환 헷징 사례를 중심으로 아시아옵션, 배리어옵션, 갭옵션을 소개하고, 복합옵션, 디지털옵션 등의 특이옵션을 소개하고자 한다. 특이옵션의 종류와 함께 정리하고자 하는 각 옵션의 요소에는 다음의 내용들이 포함된다.

- 특이옵션의 수익 구조
- 특이옵션의 가격 결정방법
- 특이옵션을 이용한 헷징(특이옵션을 사용하는 이유)
- 다른 옵션을 통한 특이옵션을 복제

이 장의 서술방법은 Robert L. McDonald, *Derivatives market*(3rd ed.), 2013을 참고했다.

II. 경로종속옵션(Path-Dependent Option)

경로종속옵션은 그 가치가 단순히 자산의 최종가격에 의해 결정되는 것이 아니라 기초자산의 일정기간 동안의 일련의 가격들에 의해 결정되는 옵션을 말한다. 이러한 경로종속옵션에는 아시안옵션, 배리어옵션, 룩백옵션 등이 있다.

1. 아시안옵션

아시안옵션은 옵션의 이득이 만기일의 기초자산가격에 의해 결정되지 않고, 옵션만기 동안의 평균가격에 의해 결정되는 옵션이다. 아시안옵션은 경로종속옵션(path-dependent option)의 한 예다. 이것은 옵션이 최종 가격에 도달하는 동안의 경로에 의해 만기 옵션가격이 결정된다는 것을 의미한다.

평균값을 이용함으로써 다양한 실질적인 응용을 할 수 있다. *XYZ*사의 경우처럼 회사가 평균 환율을 고려하는 경우 외에도, 평균값은 거래량 부족으로 인해 단일 시점의 가격이 시장 조작이나 가격 변동에 취약한 경우에도 사용된다. 전환사채의 경우, 전환조건을 채권수명 직전 20일의 평균 주식 가격으로 사용한다. 이 같은 평균값 활용이 계약의 만기에만 이루어지기 때문에 평균을 기반으로 한 청산을 '아시안테일(Asian tail)'이라 한다.

아시안옵션은 발행 시점에는 동등한 다른 일반 옵션보다 가치가 떨어진다. 기초자산의 평균 가격은 기초자산 그 자체보다 변동성이 작고 변동성이 작은 옵션은 가치가 떨어지기 때문이다.

(1) *XYZ*사의 헷징 문제

*XYZ*사의 통화 헷징 문제에 대해 생각해보자. *XYZ*사가 유럽에서의 상품판매에 대한 수익으로 매달 1억 유로의 현금 유입이 있다고 가정하자. 하지만 처음에 계약했던 대로 달러로 지불이 이루어진다. x_i를 i월에 받는 유로의 달러 변환 값이라고 하자. 연말에 변환된 달러의 총 값은 아래와 같다.

$$€100\text{m} \times \sum_{i=1}^{12} x_i e^{r(12-i)/12}$$

마지막 연도의 현금흐름을 헷징하는 다양한 방법이 있다. 다음은 몇 가지 예시이다.

- 선물계약의 스트립: 매월 만기 1개월의 유로 선물 계약을 매도한다. 이 전략의 프리미엄은 0원이다.
- 유로 스왑: 유로를 달러로 바꾸는 스왑계약을 체결한다. 스왑은 선물 스트립과 같은 결과를 낸다. 스왑계약 역시 프리미엄이 0이다.
- 풋 스트립: 매월 말을 만기로 하는 €100m에 대한 풋옵션을 구매한다. 비용은 12개월 분의 옵션 프리미엄이다.

선물과 옵션 전략의 차이는 유로화의 평가절상으로부터 수익을 낼 수 있는가에서 생긴다. 하지만 이익을 얻을 수 있다는 가능성에 대해 프리미엄을 지급한다.

아시안옵션의 아이디어는 앞의 식에서 비롯되었다. 우리가 진짜 고려해야 하는 것은 변환된 현금흐름의 합의 미래 가치이다. 이것은 월말 환율에 영향을 받는다. 간단히 하기 위해 이자율을 무시한다면, 헷지하려고 하는 것은 아래와 같다.

$$\sum_{i=1}^{12} x_i = 12 \times \left(\frac{\sum_{i=1}^{12} x_i}{12} \right)$$

덧붙여 말하면, 이 수식은 월말의 환율의 산술평균을 의미한다.

(2) 아시안옵션의 종류

옵션이 콜인지 풋인지, 산술평균으로 계산되는지 기하평균으로 계산되는지, 자산의 평균 가격이 기초자산의 가격으로 이용되는지 행사 가격으로 이용되는지에 따라 8가지로 분류할 수 있다.

만기의 수입은 평균 주가를 기초자산가격 혹은 행사 가격으로 사용하여 계산될 수 있다. 평균이 자산 가격으로 사용될 경우 그 옵션을 평균가격옵션이라 한다. 평균이 행사 가격으로 사용될 경우에는 평균행사가격옵션이라 한다. 다음은 기하평균을 이용하는 4가지 종류의 옵션의 수익구조이다.

- 기하평균가격콜옵션 = $max[0,\ G(T)-K]$
- 기하평균가격풋옵션 = $max[0,\ K-G(T)]$
- 기하평균행사가격콜옵션 = $max[0,\ S_t-G(T)]$
- 기하평균행사가격풋옵션 = $max[0,\ G(T)-S_t]$

'평균가격'과 '평균행사가격'이라는 용어는 각각 평균이 자산 가격으로 이용되는지 행사가격으로 이용되는지를 지칭한다. 각각의 경우 평균은 산술평균으로도 계산될 수 있다. 그렇게 해서 총 8가지 종류의 아시안옵션 종류가 나온다.

(3) 아시안옵션의 비교

표 〈15-1〉은 기하평균가격콜옵션과 기하평균가격풋옵션의 가격을 보여준다. 만약 평균들의 수를 나타내는 N이 1이라면 평균은 최종 주가가 된다. 이 경우 평균가격은 일반 콜옵션의 가격과 같다.

직관적으로 생각해보면, 평균값을 취하는 것은 만기 S_t에서 주가의 변동성을 나타내는 $G(T)$의 변동성을 줄여준다. 그럼으로써 평균옵션가격이 평균을 계산할 때 사용되는 주가의 개수를 줄여줄 것으로 기대할 수 있다. 아래 제시된 표 역시 에버리징의 빈도가 높아질수록 평균옵션가격이 줄어드는 것을 보여준다.

표 15-1 Call & Put Option Price[1]

	Average Price($)		Average Strike($)	
N	Call	Put	Call	Put
1	6.285	3.209	0.000	0.000
2	4.708	2.645	2.225	1.213
3	4.209	2.445	2.748	1.436
5	3.819	2.281	3.148	1.610
10	3.530	2.155	3.440	1.740
50	3.302	2.052	3.668	1.843
1000	3.248	2.027	3.722	1.868
∞	3.246	2.026	3.725	1.869

또한 이 표에서 평균가격콜옵션과 달리 평균행사가격콜옵션은 평균 기간이 길어짐에 따라 가격이 올라가는 것을 볼 수 있다. 0부터 T기간 동안의 주가의 평균은 T시점의 주가 S_t와 양의 상관관계가 있다. 만약 $G(T)$가 높다면 S_t역시 높을 것이다. 에버리징의 빈도가 높을수록 평균행사가격옵션의 가치가 높아진다. 왜냐하면 그것은 S_t와 $G(T)$의 상관성을 감소시키기 때문이다. 이 패턴을 확인하려면, 최종 주가만을 이용하여 평균이 계산될 때 어떤 결과가 나오는지를 보면 된다. 콜옵션의 가격은 다음과 같다.

$$max[0, S_t - G(T)]$$

만약 하나의 주가가 이용되었다면 $G(T)=S_t$가 되고 옵션의 가격은 0이 된다. 에버리징의 빈도가 높아질수록 상관성은 감소되고 평균행사가격옵션의 가

1) $S=\$40$, $K=\$40$, $r=0.08$, $\sigma=0.3$, $\delta=0$, $t=1$이라 가정.

격은 올라가게 된다.

언제 평균행사가격옵션이 이점이 있을까? 이러한 옵션은 옵션 기간 동안의 평균 주식가격과 만기의 주식가격 사이에 차이가 있을 때 수익이 있다. 이 옵션은 우리가 한 자산을 기간 동안 모았다가 전체를 한 가격에 팔아버리는 경우에 보험으로서 사용될 수 있다.

(4) 아시안옵션을 이용한 *XYZ*사의 문제 해결

*XYZ*사가 유로를 받고 비용은 달러로 고정되어 있다면, 유로가 평가절하됨에 따라 (유로에 대해 지불 받는 달러의 수가 적어짐에 따라) 수익은 줄어들게 된다. 그렇다면 평균환율을 제공하고 행사가격 *K*까지의 수익을 보장하는 아시안 풋옵션을 설계해볼 수 있다. 이 옵션의 유로 당 수입은 다음과 같다.

$$max(0, K - \frac{1}{12}\sum_{i=1}^{12} x_i)$$

표 15-2 헷징 전략의 비용

Hedge Instrument	Premium($)
Put option expiring in 1 year	0.2753
Strip of monthly put options	0.2178
Geometric average price put	0.1796
Arithmetic average price put	0.1764

*XYZ*사를 위한 헷징 전략의 비용을 비교한 표이다. 두 번째 열의 가격은 1개월, 2개월…만기의 풋옵션의 프리미엄을 합한 값이다. 첫 번째, 세 번째, 네 번째 열의 프리미엄은 1년 만기를 가정하고 계산한 후 12를 곱한 값이다. 현재 환율은 $0.9/€, 옵션 행사 가격은 0.9, $r_s = 6\%$, $r_€ = 3\%$, $/€ 변동성은 10%라고 가정한다.

예를 들어, 만약 평균 환율을 유로 당 $0.90를 보장하고 싶으면 *K*=$0.9로 설정하면 된다. 만약 평균 환율이 그보다 낮다면, 그 평균과 $0.9의 차이만큼을 지불받으면 된다. 기간 동안 €1.2b를 송금했기 때문에 €1.2b를 커버하는 계약을 하면 된다.

*XYZ*사가 택할 수 있는 다른 헷징 전략들도 있다. 위의 표는 몇 가지 대안들에 대한 프리미엄을 보여준다. 연말에 만기되는 개별 풋옵션은 가격이 가장 높다. 앞에서 논의한 것과 같이, 만기 환율은 평균값과 꽤 차이가 있을 수 있기 때문에 기본적으로 리스크를 갖고 있다. 유로피언 풋옵션 스트립과 산술평균으로 계산된 아시안옵션을 이용한 전략들은 기초 위험보다 확연히 낮은 리스크를 갖는다. 풋옵션 스트립은 낮은 환율에 월별로 헷징할 수 있다. 반면 아시안 풋옵션은 12개월 평균을 헷징한다. 아시안 풋옵션은 개별 풋옵션이 가치가 큰 상황이 있을 수 있기 때문에 싸다. 하지만 아시안 풋옵션은 지불하지 않는다. 기하평균을 이용한 옵션은 산술평균을 이용한 옵션보다 헷징을 잘 하지 못한다. 헷지 대상이 되는 것은 기하평균이 아닌 산술평균이기 때문이다.

마지막으로, 여기서 언급한 예시들은 몇 개의 요소들을 고려하지 않았음을 알아야 한다. 예를 들어 옵션 행사 가격은 환율에 대한 선물 곡선에 따라 달라지도록 만들어져야 한다. 이자율의 효과 역시 고려되어야 한다.

2. 배리어옵션

배리어옵션은 기초자산의 가격이 배리어라고 불리는 미리 설정해놓은 수준에 다다를 경우 옵션의 효력이 발생하거나 옵션의 효력이 정지되는 특성을 가지고 있는 옵션이다. 배리어 풋옵션과 배리어 콜옵션 둘 다 처음의 자산가격이 배리어에 다다를 경우 효력이 발생하거나 소멸한다. 만약 둘 다 만기일에 소멸하지 않는다면 보통의 풋옵션이나 콜옵션과 같다.

배리어옵션은 표준형 옵션보다 저렴하며 배리어옵션 또한 경로종속옵션으로 분류된다. 배리어옵션은 실제로 특이옵션 중에서 많이 쓰이고 있는 옵션이며 표준형 옵션에 비해 평균 수익이 낮기 때문에 낮은 프리미엄을 지니고 있다.

(1) 배리어옵션의 종류

배리어옵션은 세 가지 기본적인 유형이 있다.

- 넉아웃(Knock-out)옵션: 자산의 가격이 배리어에 도달하게 되면 소멸하는 옵션이다.
- 넉인(Knock-in)옵션: 자산의 가격이 배리어에 도달하게 되면 효력이 발생하는 옵션이다. 기초자산의 가격이 배리어에 도달하기 위해 떨어져야 한다면 그 옵션은 down and in이고 반대로 가격이 올라가야 배리어에 도달하게 된다면 해당 옵션은 up and in이다.
- 리베이트 옵션: 자산의 가격이 배리어에 도달하면 고정된 지불금이 발생한다. 이런 지불금은 배리어에 도달하게 되면 발생하거나 옵션이 만료되었을 경우에는 리베이트가 연기된다. 리베이트 옵션은 배리어가 현재 가격보다 위냐 아래냐에 따라 업 리베이트 또는 다운 리베이트가 될 수 있다.

[그림 15-1]은 배리어옵션이 어떻게 작동하는지 보여주고 있다. 주가가 $100 근처에서 시작하여 $80에서 끝이 나며 그해의 반쯤에 $75의 배리어에 이른다. 만약 옵션의 행사가격이 $95인 down and in 풋옵션이라면, 옵션은 넉인이 되고 $15($95−$80)를 만기일에 지불해야 할 것이다. 만약 옵션이 down and

그림 15-1 주가변화[2]와 배리어옵션

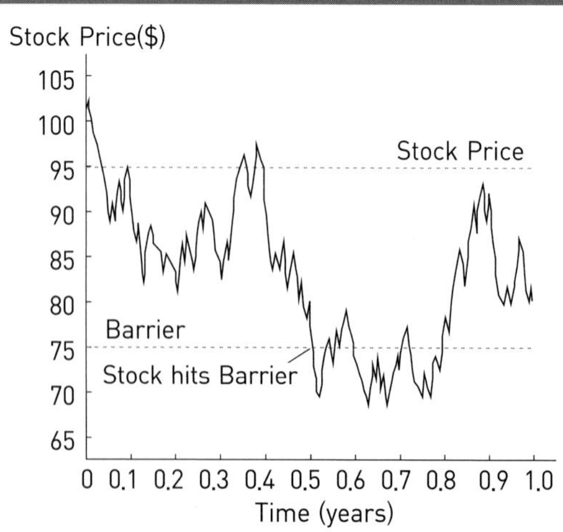

2) 초기 주가는 $100이며 배리어는 $75이다. $T=0.5$일 때, 주식은 배리어에 다다른다.

out 풋이라면 이 옵션은 만기일에 무가치해 질것이다. 만약 옵션이 down and in 콜이라면, 옵션은 $75에 넉인이 될 것이나 주가가 행사가격보다 아래에 있기 때문에 여전히 만기일에 무가치해질 것이다.

배리어옵션의 등가관계식은 아래와 같이 나타낼 수 있다.

Knock-in 옵션 + Knock-out 옵션 = 표준형 옵션

예를 들어 만약 옵션들이 동등하지 않다면 아래와 같은 식으로 나타낼 수 있다.

Down and in 콜옵션 + Down and out 콜옵션 = 표준형 콜옵션

이러한 옵션 프리미엄들은 음수가 아니기 때문에 위 등식은 배리어옵션이 일반적인 옵션보다 낮은 프리미엄을 가진다는 것을 증명한다.

(2) 환 헷징(Currency Hedging)

*XYZ*사에 대해 다시 살펴보면 어떻게 배리어 풋과 일반적인 풋을 비교하는지 이해함으로써 6개월 이후의 현금흐름에 대한 헷징에 초점을 맞출 수 있다.

환율감소에 대비하여 헷징을 하게 될 것이다. Down and out 풋 옵션은 필요로 할 때 쓸모없어질 것이다. 마찬가지로 up and in 풋은 먼저 환율이 행사가격 아래로 떨어지게 된다면 보험금을 지불하고 환율이 오른다면 옵션은 넉인했을 것이다.

Down and in과 up and out인 옵션들을 고려해보면 〈표 15-3〉은 일반적인 옵션의 가격들, down and in, up and out 풋들의 다른 행사가격과 배리어를

표 15-3 6개 이후의 현금흐름[3)]

Strike ($)	Standard ($)	Down-and-In Barrier($)		Up-and-Out Barrier($)		
		0.8000	0.8500	0.9500	1.0000	1.0500
K=0.8	0.0007	0.0007	0.0007	0.0007	0.0007	0.0007
K=0.9	0.0188	0.0066	0.0167	0.0174	0.0188	0.0188
K=1.0	0.0870	0.0134	0.0501	0.0633	0.0847	0.0869

3) 일반 옵션의 프리미엄, down and in과 up and out currency 풋옵션의 행사가격을 *K*로 한다. 열에서의 standard는 보통의 풋옵션 가격들을 포함한다. $X_0=0.9$, $\sigma=0.1$, $r_\$=0.06$, $r_€=0.03$, $t=0.5$로 가정한다.

나타내고 있다. 첫 번째 행의 $K=0.8$을 보면 모든 옵션들이 같은 가격을 나타내고 있음을 알아차릴 수 있다. 이것은 배리어옵션의 논리에서 왜 옵션들이 같은 가격을 가지게 됐는지 이해할 수 있는 유용한 활동이다.

〈표 15-3〉에서의 옵션가격들은 환율에서의 다른 시나리오들의 연관된 가능성에 대해 말하고 있다. 행사가격이 0.8일 때 일반적인 풋 프리미엄은 환율이 만기에 0.8 아래에 위치할 것이라는 위험중립적인 가능성을 반영한다. 0.9나 적어도 0.8의 시작 환율 아래의 행사가격을 가지는 down and in 옵션 둘 다 필연적으로 환율이 0.8 이하로 떨어지는 넉인을 가질 것이다. 다르게 표현하면, 행사가격 위에 있는 배리어의 down and in 풋은 일반적인 풋과 같다. 그러므로 $K=0.8$에 있는 처음의 세 옵션프리미엄은 동일하다.

넉아웃 풋의 $K=0.8$일 때 일반적인 풋과 0.95의 배리어를 가지는 up and out 풋 사이에서의 차이점은 가끔씩 환율이 0.9에서 0.95보다 위로 이동하고 그러고는 0.8 아래로 이동한다는 것이다. 이 경우에 있어서 일반적인 풋은 수익을 얻을 수 있을 것이나 넉아웃 풋은 가지지 못할 것이다.

일반적인 풋의 0.0007이라는 낮은 프리미엄은 환율이 6개월 동안 0.9에서 0.8로 이동하는 것이 거의 쉽지 않다는 것을 말해준다. 이것은 심지어 환율이 0.8 아래로 떨어졌을 때에도 0.95에 다다를 가능성이 적어 보인다. 넉아웃은 가능성이 있지만 행사가격이 0.8인 일반적인 풋이 지불될 때 넉아웃이 일어나는 것은 드물다. 이와 같이 넉아웃의 특징은 옵션의 가치에서 많이 제하지 않는다는 것이다. 1과 1.05의 넉아웃 배리어의 경우 이 논쟁은 더욱 심해진다. 그럼에도 불구하고 이런 옵션들은 넉아웃되고 현금화가 되는 기회가 있기 때문에 프리미엄들은 넉인 풋보다 작고 배리어와 함께 증가한다. 이와 같이 $K=0.8$인 up and out 가격은 일반적인 풋옵션 가격보다 약간 작다.

행사가격이 1.0일 때 배리어가 1.0이거나 1.05인 up and outs는 같은 행사가격을 가진 일반적인 풋옵션의 상당한 모든 가치를 가진다. 풋옵션의 대부분의 가치는 옵션이 내가격으로 남아있는 시나리오에서 나온다. 옵션이 넉아웃되는 시나리오에서는 옵션이 가치 있게 될 정도로 평균 환율이 충분히 떨어지지 않는다.

3. 룩백옵션

룩백옵션(look-back option)은 옵션만기시점까지의 기초자산가격의 최댓값 또는 최솟값 중 매입자에게 가장 유리한 가격이 행사가격으로 결정되는 옵션이다. 따라서, 룩백콜옵션의 행사가격은 만기일까지의 기초자산가격 중 최솟값이 되고, 반대로 룩백풋옵션의 행사가격은 만기일까지의 기초자산가격 중 최댓값이 된다.

룩백옵션의 수익은 만기일까지의 가격 중 최솟값 또는 최댓값과 만기일의 기초자산가격과의 차이가 된다. 만기일까지의 가격 중 최솟값이 S_{min}, 최댓값이 S_{max}라고 할때, 룩백콜옵션과 룩백풋옵션의 수익구조는 다음과 같다.

$$C_T^{LB} = S_T - S_{min}$$
$$P_T^{LB} = S_{max} - S_T$$

여기서 룩백콜옵션의 수익이 0이 되는 경우는 만기일의 기초자산가격이 만기일까지 움직인 가격 중에서 최솟값이 되는 경우뿐이다. 룩백풋옵션의 수익이 0이 되는 경우는 만기일의 기초자산가격이 최댓값이 되는 경우이다. 이러한 경우를 제외한 다른 모든 경우, 만기에 룩백옵션의 수익은 항상 0보다 크거나 같다.

룩백옵션의 행사가격이 미리 정해지지 않고 만기시점에 매입자에게 유리한 가격으로 결정되기 때문에 가격변동위험이 모두 매도자에게 전가된다. 따라서 룩백옵션을 활용하면 변동성이 큰 시장에서 옵션거래시점을 잘못 선택할 위험을 감소시킬 수 있다. 예를 들면 현재 KOSPI 200이 150인 상황에서 3개월 후 주식시장 상승을 예상한 투자자가 행사가격이 150인 표준 콜옵션을 매입했고, 1개월 후 지수가 130까지 하락한 뒤, 만기인 3개월 후 160으로 반등했다고 보자. 이 경우, 투자자는 지수의 반등폭인 10만큼 이익을 얻게 되지만, 1개월 후에 행사가격이 130인 콜옵션을 매입하였다면 더 큰 이익을 얻었을 것이다. 만약 이 투자자가 룩백콜옵션을 매입했다면 3개월 동안 KOSPI 200이 가장 낮았던 시점에서 콜옵션을 매입한 것과 같은 효과를 얻을 수 있어 옵션매입시점을 잘못 선택하는 위험을 줄여준다.

이처럼 룩백옵션은 투자자가 만기일까지의 최소가격으로 자산을 매입하기를 원할 때나 또는 만기일까지의 최대가격으로 자산을 매각하고자 할 때 이용할 수 있다. 하지만, 이와 같은 이점으로 인해 룩백옵션의 옵션가격은 표준형 옵션에 비해 큰 경우가 일반적이다. 룩백옵션의 높은 매입 비용은 이 옵션을 실제로 이용하는 것을 어렵게 만드는 요인이 되기도 한다.

Ⅲ. 변동성종속옵션(Volatility-Dependent Option)

1. 복합옵션(Compound Option)

복합옵션은 옵션을 사기 위한 옵션이다. 보통의 옵션을 주식과 비슷한 자산이라 여기면, 복합옵션을 보통옵션처럼 생각할 수 있다.

복합옵션은 원래 옵션과 복합옵션, 두 개의 행사가격과 만기가 있기 때문에 보통의 옵션보다는 복잡하다. 현재 시점을 t_0이라 하면 t_1의 만기에 X의 가격을 내고 행사가격이 K인 옵션을 살 수 있다. 기초옵션은 만기가 T이다. [그림 15-2]는 복합옵션과 만기 T의 보통옵션 행사결정 시기를 비교하고 있다.

그림 15-2 Ordinary Call, Call to Buy Call(Compound Option)

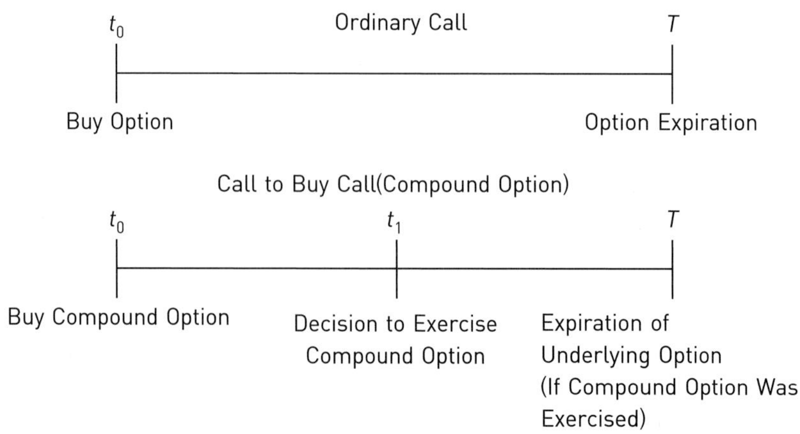

t_1시점에 복합 콜(call)을 행사하면, $C(S, K, T-t_1)$의 옵션을 받을 수 있다. 시간 T의 옵션의 가치는 $max(0, S_T-K)$가 된다. 이는 행사가격이 K인 일반적인 콜과 같다. t_1시점에 복합옵션의 만기가 되면 복합옵션의 가치는 다음과 같다.

$$max[C(S_t, K, T-t_1)-X,0]$$

t_1시점에 주가가 충분히 상승해 보통옵션 가치가 복합옵션 행사가격 X보다 높으면 복합옵션을 행사한다. S^*를 복합옵션이 행사될 때 주가라 정의하면 S^*은 다음과 같다.

$$C(S^*, K, T-t_1)=X$$

복합옵션은 $S_{t_1}>S^*$일 때 행사된다.

복합 콜이 최종적으로 가치있기 위해서는 2가지 선결조건이 필요하다. 먼저 t_1시점에 $S_{t_1}>S^*$를 만족해야 한다. 둘째로 T시점에 $S_T>K$를 만족해야 한다. 먼저 두 개의 조건을 만족해야 하기 때문에, 복합 콜은 이변량정규분포를 따른다. 이는 일변수분포를 따르는 블랙-숄즈 공식과 맞지 않는다.

복합옵션에는 네 가지 종류가 있는데 콜옵션을 사기 위한 옵션(Call-On-Call), 콜옵션을 팔기 위한 콜(Put-On-Call), 풋옵션을 사기 위한 옵션(Call-On-Put), 풋옵션을 팔기 위한 옵션(Put-On-Put)이 있다. 복합옵션을 평가하는 것은 표준형옵션을 평가하는 것보다 개념적인 측면에서 보다 수학적인 측면에서 다르다. 블랙-숄즈 공식은 로그 정규분포를 따른다고 가정한다. 그러나 복합옵션은 가치가 없어질 가능성이 크기에, 로그 정규분포를 따르지 않는다. 그러므로 복합옵션은 표준형옵션과 개념적인 측면에서보다 수학적인 측면에서 차이난다고 할 수 있다. 공식을 유도할 때는 로그 정규분포를 따르지 않는 기초옵션의 가격을 쓰기보다는 로그 정규분포를 따르는 주가를 사용하면 된다.

(1) 복합옵션의 패리티(Parity)

복합옵션 가격에는 패리티관계가 존재한다. 같은 행사가격, 그리고 기초옵션과 만기를 가진 call-on-call을 사고 put-on-call을 팔았을 때, 만기가 도래하면 행사가격 X를 지불하고 기초옵션을 획득한다. 만약 주가가 높으면 복합 콜을 행사하고, 주가가 낮으면 복합 풋이 행사되어 콜을 사게 된다. 그래서 call-on-call에 put-on-call의 프리미엄을 빼고 X의 현재가치를 더하면 기초옵션을 사기 위한 프리미엄과 일치하게 된다. 그래서 다음과 같이 되며 풋에도 이와 유사한 관계가 적용된다.

$$\text{Call On Call}(S, K, X, \sigma, r, t_1, T, \delta) - \text{Put On Call}(S, K, X, \sigma, r, t_1, T, \delta) + Xe^{-rT}$$
$$= \text{기초 Call}(S, K, X, \sigma, r, T, \delta)$$

(2) 유배주(Dividend-Paying Stocks)에 대한 옵션

Chapter 11에서는 이항모델을 통해 유배주에 대한 미국식 옵션의 가격을 살펴 보았다. 이는 복합옵션이 만기 이전에 한 번의 독립적인 배당금을 허락한다고 가정한다.

t_1시점에 배당금 D를 지불한다고 하면, 옵션을 배당부(주식의 구매자가 다음 배당을 받는 주식)가격인 $S_{t_1}+D$에 행사하거나 배당락 가격인 S_{t_1}에 보유할 수 있다. 그러므로 t_1시점에 콜옵션의 가치는 그 행사가격인 $S_{t_1}+D-K$와 배당락 가격인 $C(S_{t_1}, T-t_1)$ 중에 큰 것이다. 콜옵션의 가치는 다음과 같다.

$$max[C(S_{t_1}, T-t_1),\ S_{t_1}+D-K] \tag{15.1}$$

풋–콜 패리티에 의하면 t_1시점에 배당락 비행사 콜은 다음과 같다.

$$C(S_{t_1}, T-t_1) = P(S_{t_1}, T-t_1) + S_{t_1} - Ke^{-r(T-t_1)}$$

식 (15.1)에 이를 대입하면 다음과 같다.

$$S_{t_1}+D-K+max[P(S_{t_1}, T-t_1) - \{D-K(1-e^{-r(T-t_1)})\}, 0 \tag{15.2}$$

옵션의 가격은 이 식의 현재가치가 된다. 식 (15.2)를 이용해 아래의 합으로 배당부 주식에 대한 옵션가격을 구할 수 있다.

- 주가의 현재가치인 S_0(S_0은 $S_{t_1}+D$의 현재가치이다.)에서 행사가격의 현재가치인 Ke^{-rT_1}를 뺀다.
- Call-on-Put인 복합옵션 가치를 더한다. 복합옵션은 행사가가 $D-K(1-e$

$^{-r(T-t_1)}$)이고 만기가 t_1이며, 만기가 T이고 행사가가 K인 풋옵션을 살 수 있는 권리를 부여한다.

이 해석에 의하면 복합옵션을 행사하는 것은 주식에 대한 옵션을 행사하지 않은 것과 같아야 한다. 이를 확인하기 위해 복합옵션을 행사함이 식 (15.2)를 만족하는지 확인한다. 이는 다음과 같이 표현할 수 있다.

$$S_{t_1}+P(S_{t_1},T-t_1)-Ke^{-r(T-t_1)}$$

만약 복합옵션을 행사하지 않는다면, 주가에 배당금을 더한 값에 행사가격을 뺀다. 이는 $S_{t_1}+D-K$로 표현될 수 있다.

이 행사평가 방법을 이용해 조기행사를 이해할 수 있다. 아메리칸 콜을 행사하는 것은 식 (15.2)의 방식으로 풋옵션을 구매하는 복합옵션을 행사하지 않는 것과 같다. 옵션을 행사하지 않는 비용은 배당금을 잃은 것에 행사가격에 대한 이자를 뺀 값과 같다. 이는 패리티와 다른 옵션 간의 관계, 블랙–숄즈 공식에서 조기 행사 처리 방법과 같다.

(3) 환 헷징(Currency Hedging)과 복합옵션

복합옵션을 이용하여 환 헷징 전략을 더욱 다양하게 만들 수 있다. 유로에 대한 6개월 풋옵션을 구매하는 대신, 풋옵션에 대한 콜옵션을 산다면 복합옵션은 어느 정도 기다렸다 어떻게 할지 지켜볼 수 있는 기회를 제공해준다.

3개월이 지난 후에서야 풋옵션을 구매할지에 대한 결정을 할 수 있다. 아래는 동일한 거래를 구성하는 방법이다. 3개월이 지난 후 행사가격이 \$0.9일 때의 환율이 여전히 \$0.9일 때 프리미엄을 구해보자. 블랙–숄즈 공식을 이용하면 3개월에 행사가격이 \$0.9로 등가일 때, 프리미엄이 \$0.0146임을 볼 수 있다.

이제 복합가격공식을 call on put에 적용시키면, 행사가격을 \$0.0146으로 똑같이 설정한다. 복합 콜의 가격은 \$0.0093이 된다. 그리하여 6개월 등가격(at-the-money) 옵션의 2/3보다 적은 돈으로 \$0.0146에 3개월 옵션을 살 수 있는 권리를 가지게 된다. 이 행사가격을 선택해서, 환율이 0.9 이하일 때 행사할 수 있는 옵션을 구성할 수 있다. 만약 환율이 오르면 옵션을 행사하지 않고 프리미엄을 절약할 수 있다. 만약 환율이 내리면 등가격 옵션가격으로 내가격(in-the-money) 옵션을 살 수 있다. 이를 통해 다양한 거래를 구성할 수 있다.

2. 선택자옵션

선택자옵션(chooser option)은 옵션 매입시점에 옵션의 종류(콜 또는 풋)가 정해져 있지 않고 미리 약정한 선택일에 옵션매입자가 콜옵션 또는 풋옵션 중의 하나를 선택할 수 있는 옵션이다. 선택일 이전에 기초자산가격에 영향을 미치는 사건들이 발생할 수 있는 경우, 그 영향이 유리한 방향으로 작용할지 불리한 방향으로 작용할지 현재시점에서 판단하기 어려울 수 있는데, 이때 선택자옵션을 매입하여 미래의 불확실성에 대비할 수 있다.

이처럼 선택자옵션의 중요한 특징은 만기일과 별도로 선택일이 있다는 것이다. 매입자는 정해진 선택일 이전의 원하는 시점에 콜옵션과 풋옵션 중의 하나를 선택할 수 있다. 옵션의 종류가 선택된 다음에는 표준형 옵션과 동일하다. 선택자옵션의 기초자산이라고 할 수 있는 콜옵션과 풋옵션의 만기화 행사가격은 서로 동일한 경우가 대부분이지만, 가끔 만기와 행사가격을 서로 다르게 하는 경우도 있다.

선택자옵션의 선택일을 t라고 하고 만기일을 T라고 할 때, 선택일에 옵션이 결정되면 이 옵션의 만기까지 남은 기간은 $T-t$가 된다. 기초자산인 콜옵션과 풋옵션의 만기와 행사가격이 같은 경우, 선택일에 선택자옵션의 수익은 다음과 같다.

$$CH_t = max[C_t, P_t]$$

무위험 이자율이 r, 행사가격이 K, 만기가 $T-t$이고 기초자산가격이 S_t인 풋옵션가치를 풋–콜 패리티를 이용해 나타내면 다음과 같다.

$$P_t = C_t + Ke^{-r(T-t)} - S_t$$

따라서 선택자옵션 수익은 다음과 같이 정리할 수 있다.

$$CH_t = max[C_t, C_t + Ke^{-r(T-t)} - S_t] = C_t + max[0, Ke^{-r(T-t)} - S_t]$$

첫째 항은 행사가격이 K이고 만기가 T인 표준콜옵션의 t 시점에서의 가격이고, 둘째 항은 행사가격이 $Ke^{-r(T-t)}$이고 선택일이 만기일인 표준풋옵션의 수익과 같다.

선택자옵션을 매입하는 시점에서 행사가격이 K인 표준콜옵션의 가격을 $C(K)$라고 하고 행사가격이 $Ke^{-r(T-t)}$인 표준풋옵션의 가격을 $P(Ke^{-r(T-t)})$라고 하면 매입시점에서 선택자옵션의 가격은 다음과 같다.

$$CH = C(K) + P(Ke^{-r(T-t)})$$

콜옵션과 풋옵션을 동시에 거래하는 옵션전략인 스트래들과 비교했을 때, 선택자옵션의 경우 풋옵션 행사가격이 $Ke^{-r(T-t)}$로 스트래들의 행사가격 K보다 작다. 따라서 선택자옵션의 매입비용이 스트래들의 매입비용보다 작다. 스트래들은 만기에 콜옵션과 풋옵션을 동시에 보유하고 있기 때문에 기초자산의 가격 변화에 관계없이 수익이 발생한다. 하지만, 선택자옵션은 선택일 이전에 콜옵션과 풋옵션 중의 하나를 결정해야 하기 때문에, 선택일과 만기일 사이에 기초자산의 가격이 불리하게 움직이면 만기일에 옵션의 가치가 0이 될 수 있다. 단 선택일 t가 옵션의 만기인 T와 일치하는 경우에는 선택자옵션과 스트래들은 동일하다.

IV. 복수자산옵션(Multi-Factor Option)

복수자산옵션은 지불이 두 개 이상의 기초자산의 결과에 의해 결정되는 옵션을 말한다. 복수자산옵션에는 콴토옵션, 바스켓옵션, 무지개옵션이있다.

1. 콴토옵션

콴토옵션은 만기에서 주식이 기초자산의 가격뿐만 아니라 환율과 같은 다른자산의 가격에도 영향을 받는 옵션이다.

만기시점의 환율을 FX_T, 기초자산의 가격을 S_T, 행사가격을 K라고 하고 만기에서 콴토콜옵션과 콴토풋옵션의 수익을 각각 $C_T^{Q_T}$와 $P_T^{Q_T}$라고 하면 다음과 같이 나타낼 수 있다.

$$C_T^{Q_T} = max[FX_T \times S_T - K, 0]$$
$$P_T^{Q_T} = max[K - FX_T \times S_T, 0]$$

콴토콜옵션을 이용하여 기초자산의 가격상승위험과 환율상승위험을, 콴토풋옵션을 이용하여 기초자산가격하락위험과 환율하락에 대한 위험을 헷징할 수 있다.

2. 바스켓옵션

바스켓옵션은 여러 기초자산의 평균가격에 의해 수익이 결정되는 옵션이다. 주식포트폴리오나 통화바스켓에 주로 이용된다. N개의 자산으로 구성된 바스켓에서 자산 I의 만기가격을 S_i라 하고 이 자산의 비율을 W_i라고 하면 만기에서 가중평균의 가격 A_T는 다음과 같이 나타낼 수 있다.

$$A_T = w_1 S_1 + w_2 S_2 + \cdots w_N S_N = \sum_{i=1}^{N} w_i S_i$$

바스켓콜옵션과 바스켓풋옵션의 만기수익을 각각 C_T^{BAS}와 P_T^{BAS}라고 하면 다음과 같이 나타낼 수 있다.

$$C_T^{BAS} = max[A_T - K, 0]$$
$$P_T^{BAS} = max[K - A_T, 0]$$

바스켓옵션은 여러 나라 통화로 현금흐름이 발생하는 기업이 환위험을 동시에 헷지하고자 할 때 자주 이용된다. 또 여러 통화로 표시된 자산이나 부채를 가지고 있는 기업이나, 다수의 주식으로 구성된 주식 포트폴리오를 가지고 있는 펀드매니저도 바스켓옵션을 이용할 수 있다.

3. 무지개옵션

무지개옵션은 여러 개의 기초자산의 가격을 이용하여 만기에서 수익이 결정되도록 만든 옵션이다. 기초자산의 개수가 N개이면 N색 무지개옵션이라고 부른다. 앞서 논의되었던 교환옵션 또한 2개의 자산으로 구성된 무지개옵션의 일종이라고 할 수 있다. N개의 자산으로 구성된 무지개옵션의 경우 자산 i의 만기에서 가격 또는 수익률을 S_i라 하자. 무지개옵션 중에서 최상옵션과 최하옵션의 만기 수익을 각각 BO_T와 WO_T라고 하면 다음과 같이 나타낼 수 있다.

$$BO_T = max[S_1, S_2, \cdots, S_N]$$
$$WO_T = min[S_1, S_2, \cdots, S_N]$$

최하옵션은 만기에 특정조건의 자산을 매입하여 갚아야 하는 경우에 이 조건을 만족시키는 자산 중에서 가장 저렴한 자산을 선택할 수 있는 옵션으로 이해할 수 있다. 무지개옵션은 자산들 사이에 상관관계가 낮을수록 가치가 높다.

V. 디지털옵션(Digital Option)

디지털옵션(digital option)이란 내가격상태에서 옵션매입자가 권리를 행사하면 미리 약속한 현금이나 기초자산을 받을 수 있는 옵션을 말한다. 표준옵션이 권리행사에 따른 현금흐름이 연속적인 데 비하여 디지털옵션은 권리행사에 따른 현금흐름이 불연속적인 것이 특징이다. 권리행사에 따른 수익을 현금으로 받는 경우를 자산디지털옵션이라고 한다.

1. 현금디지털옵션

(1) 현금디지털옵션의 수익

유럽식 현금디지털콜옵션의 수익구조를 살펴보자. 이 옵션의 매입자는 만기일에 기초자산의 가격(S_T)이 행사가격(K)보다 크면 미리 정해놓은 일정금액(D)을 현금으로 받는다. 반면에 기초자산의 가격이 행사가격 이하이면 아무것도 받지 못한다. 만기에는 현금디지털콜옵션의 수익을 C_T^{CON}으로 표시하면 다음과 같이 나타낼 수 있다.

$$C_T^{CON} = \begin{bmatrix} 0 & S_T \leq K\text{인 경우} \\ \text{D} & S_T > K\text{인 경우} \end{bmatrix} \tag{15.3}$$

식 (15.3)에서 보는 것과 같이 현금디지털콜옵션의 만기에서의 수익형태는 매우 단순하다. 만기에 일정한 금액 D를 받거나 그렇지 않으면 아무것도 받지 못한다. 이러한 특징 때문에 디지털옵션을 이항옵션(binary option)이라고 부르기도 한다.

한편 유럽식 현금디지털풋옵션의 매입자는 만기일에 기초자산의 가격이 행사가격보다 작으면 일정금액 D를 받고 그렇지 않으면 아무것도 받지 못한다. 현금디지털풋옵션의 수익을 P_T^{CON}으로 표시하면 다음과 같이 나타낼 수 있다.

$$P_T^{CON} = \begin{bmatrix} \text{D} & S_T < K\text{인 경우} \\ 0 & S_T \geq K\text{인 경우} \end{bmatrix}$$

만기에서 현금디지털콜옵션과 풋옵션 매입자의 수익을 그래프로 나타내면 [그림 15-3]과 같다.

그림 15-3 디지털옵션의 수익그래프

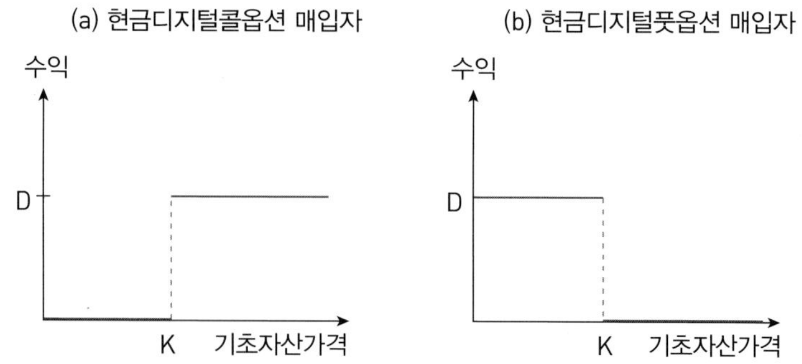

(2) 현금디지털옵션의 가격결정

블랙–숄즈 모형을 이용하여 현금디지털옵션의 가격을 계산하여 보자. 현금디지털옵션은 만기에 옵션이 내가격으로 끝나는 경우에만 일정금액 D를 받고 그렇지 않은 경우 수익은 0이다. 블랙–숄즈 모형에서 콜옵션가격의 두 번째 항 $K\cdot e^{-r\cdot T}\cdot N(d_2)$를 만기에 콜옵션이 행사될 때 지불해야 하는 행사가격의 현재가치라고 해석하였다.[4] 현금디지털콜옵션의 경우 옵션의 행사 시에 기초자산 대신에 약정된 현금 D를 받는다. 따라서 $D\cdot e^{-r\cdot T}\cdot N(d_2)$를 옵션이 행사될 경우 받게 되는 일정금액 D의 현재가치라고 생각할 수 있고 이것이 바로 디지털콜옵션의 가격이다.

마찬가지 방법으로 현금디지털풋옵션은 행사가격 D를 받으면서 기초자산을 제공하지 않는 풋옵션이라고 생각할 수 있다. 블랙–숄즈 모형의 풋옵션가격에서 두 번째 항이 0이 되고 첫 번째 항에 행사가격 K 대신 D를 대입하면 현금디지털풋옵션의 가격은 $D\cdot e^{-r\cdot T}\cdot N(-d_2)$가 된다. 현금디지털콜옵션과 풋옵션의 가격을 정리하면 각각 다음과 같다.

$$C_T^{CON}=D\cdot e^{-r\cdot T}\cdot N(d_2)$$
$$P_T^{CON}=D\cdot e^{-r\cdot T}\cdot N(-d_2)$$

만약 투자자가 행사가격이 같은 현금디지털콜옵션과 풋옵션을 동시에 매입한다면 만기일의 수익은 액면금액이 D인 무위험자산을 매입하는 경우에 얻게 되는 수익과 같다. 만기에 액면금액 D를 지불하는 무위험채권의 현재가격은 $D\cdot e^{-r\cdot T}$이다. 따라서 행사가격이 같은 현금디지털콜옵션과 풋옵션을 동시에 매입하는 비율도 무위험채권가격 $D\cdot e^{-r\cdot T}$가 되어야 한다.

$$D\cdot e^{-r\cdot T}\cdot N(d_2)+D\cdot e^{-r\cdot T}\cdot N(-d_2)=D\cdot e^{-r\cdot T}[N(d_2)+N(-d_2)]=D\cdot e^{-r\cdot T} \tag{15.4}$$

정규분포함수의 특성에 따라 $N(-d_2)=1-N(d_2)$이므로 식 (15.4)가 성립한다.

---

4) Robert L. McDonald, Derivatives market(3rd ed.), Pearson, 2013

2. 자산디지털옵션

(1) 자산디지털옵션의 수익

유럽식 자산디지털콜옵션은 만기일에 기초자산의 가격이 행사가격을 초과하는 경우 기초자산을 받고 기초자산의 가격이 행사가격 이하이면 아무것도 받지 못하는 옵션이다. 만기에서 자산디지털콜옵션의 수익을 C_T^{AON}으로 나타내면 다음과 같다.

$$C_T^{AON} = \begin{bmatrix} 0 & S_T \leq K \text{인 경우} \\ S_T & S_T > K \text{인 경우} \end{bmatrix}$$

위 식의 만기에서 자산디지털콜옵션의 수익은 표준콜옵션의 수익과 유사하다. 다만 기초자산을 받으면서 행사가격 K를 지불하지 않는 점이 다르다.

자산디지털풋옵션은 기초자산의 가격이 행사가격보다 작으면 기초자산을 받고 그렇지 않은 경우 받지 못하는 옵션이다. 만기에서 자산디지털풋옵션의 수익을 P_T^{AON}으로 표시하면 다음과 같이 나타낼 수 있다.

$$P_T^{AON} = \begin{bmatrix} S_T & S_T < K \text{인 경우} \\ 0 & S_T \geq K \text{인 경우} \end{bmatrix}$$

만기에서 자산디지털콜옵션과 풋옵션 매입자의 수익을 그림으로 나타내면 [그림 15-4]와 같다.

그림 15-4 자산디지털옵션의 수익그래프

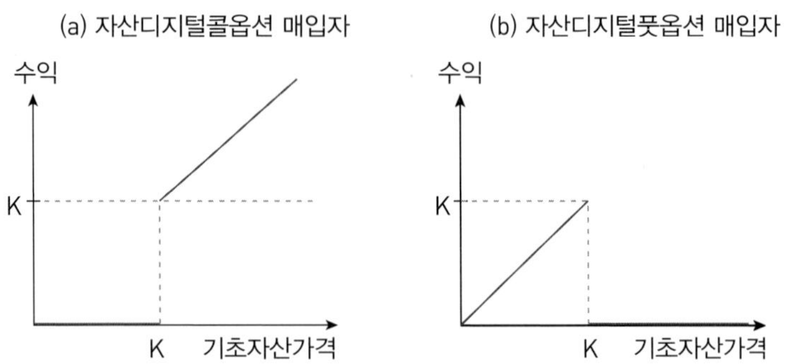

(2) 자산디지털옵션의 가격결정

자산디지털옵션의 가격도 블랙–숄즈 모형을 이용하여 쉽게 계산할 수 있다. 자산디지털콜옵션은 만기에 행사가격을 지불하지 않고 기초자산을 받을 수 있는 것이므로 블랙–숄즈 콜옵션가격 공식에서 두 번째 항 $K \cdot e^{-r \cdot T} \cdot N(d_2)$의 K가 0인 옵션이다. 따라서 블랙–숄즈 콜옵션가격의 첫 번째 항 $S \cdot N(d_1)$이 자산디지털콜옵션의 가격이 된다. 자산디지털풋옵션의 경우 만기에 행사가격을 지불하지 않고 기초자산만을 받기 때문에 블랙–숄즈 풋옵션가격 공식에서 행사가격 K는 0이고 기초자산을 주는 대신 받는 것이므로 두 번째 항의 부호만 반대로 바뀐다. 즉, 자산디지털풋옵션의 가격은 $-S \cdot N(-d_1)$이 된다. 자산디지털 콜옵션과 풋옵션의 가격을 정리하면 각각 다음과 같다.

$$C^{AON} = S \cdot N(d_1)$$
$$P^{AON} = S \cdot N(-d_1)$$

[그림 15–4]에서 보는 것과 같이 행사가격이 같은 자산디지털콜옵션과 풋옵션을 동시에 매입하는 것은 기초자산을 매입하는 것과 수익이 같다. 두 옵션의 가격의 합이 현재 기초자산의 가격이 되는 것은 다음과 같다.

$$S \cdot N(d_1) + S \cdot N(-d_1) = S[N(d_1) + N(-d_1)] = S$$

정규분포함수에서 $N(-d_1) = 1 - N(d_1)$이므로 위의 식이 성립한다.

자산디지털옵션과 현금디지털옵션을 합성하여 표준옵션을 만들어낼 수 있다. 표준콜옵션은 자산디지털콜옵션을 매입하고 동시에 현금디지털콜옵션을 매도하면 된다. 이에 현금디지털콜옵션을 행사하면 받는 일정금액 D를 행사가격 K와 같도록 하면 된다. 마찬가지 방법으로 표준풋옵션도 디지털풋옵션을 이용하여 합성할 수 있다.

3. 디지털옵션의 이용

표준풋옵션을 매입하는 방어풋전략을 이용하면 기초자산가격이 하락하는 폭에 관계없이 기초자산의 가치를 행사가격 수준에서 보호할 수 있다. 그러나 자산의 가격이 하락할 가능성은 있지만 특정수준 이하로 떨어질 가능성은 크지 않다고 생각하는 경우 표준풋옵션 대신에 디지털풋옵션을 매입하여 헷지할 수 있다. 즉 가능성이 낮은 큰 폭의 가격하락위험에 대한 헷지를 포기하는 대신 보다 저렴한 옵션 프리미엄을 지불하는 디지털옵션을 매입함으로써 특정한 수준까지의 가격하락에 따른 손실만을 보전받는 전략을 택할 수 있다.

반대로 미래에 자산을 매입해야 하는 투자자가 자산가격이 상승하는 위험을 헷지하려고 하는 경우 가격상승폭이 크지 않을 것으로 예상된다면 가격상승위험을 모두 헷지하는 표준콜옵션 대신에 일정한 상승폭에 대해서만 헷지하는 디지털콜옵션을 이용할 수 있다.

콜옵션을 매도하여 프리미엄 수입을 얻으려는 투자자도 표준콜옵션을 매도하면 기초자산의 가격이 큰 폭으로 상승하는 경우 지불해야 하는 금액이 무제한으로 커질 수 있는 위험이 있다. 이 경우에 디지털콜옵션을 매도하면 기초자산의 가격이 크게 상승하더라도 지불해야 하는 금액이 정해져 있기 때문에 최대손실금액을 일정수준으로 제한할 수 있는 장점이 있다.

VI. 기타 특이옵션

1. 갭옵션(Gap Option)

콜옵션 매수자는 만기에 기초자산가격(S)이 행사가격(K)보다 클 때, ($S-K$)만큼의 수익을 얻는다. 행사가격 K는 $S>K$ 일 때, 그 옵션이 보수를 만들 때의 주식가격의 범위와 보수의 크기($S-K$) 또한 결정하는 역할을 한다.

그러나 이 행사가격의 두 가지 기능을 나누어 생각해볼 수 있다.

$S>100$일 때, $S-90$만큼을 받는 옵션을 생각해보자. 보수가 생기기 시작하는 점을 결정하는 가격(\$100)과 보수의 크기를 결정하는 데 사용되는 가격

(\$90) 사이에 차이점이 있다는 것을 알 수 있다. 이 차이점은 보수 다이어그램 하에서 불연속성(또는 갭)을 만든다. 이 옵션을 갭옵션이라 부르는 이유가 바로 이 때문이다.

즉 갭옵션은 표준 유로피언옵션과 비슷하나, 옵션 행사 시에 기초자산가격이 미리 정해놓은 금액(행사가격과 다를 수 있는 금액)을 초과하는 부분만큼 지급하는 옵션을 의미한다.

[그림 15-5]는 $S>100$일 때, $S-90$만큼의 보수를 주는 갭 콜옵션을 보여준다. 주식가격이 \$99.99에서 \$100.01로 변화함에 따라 옵션의 보수가 \$0에서 \$10으로 점프할 때, 보수에서 갭이 발생한다고 한다.

[그림 15-6]은 $S<100$일 때, $90-S$만큼의 보수를 주는 갭 풋옵션을 묘사하

그림 15-5 갭 콜옵션[5)]

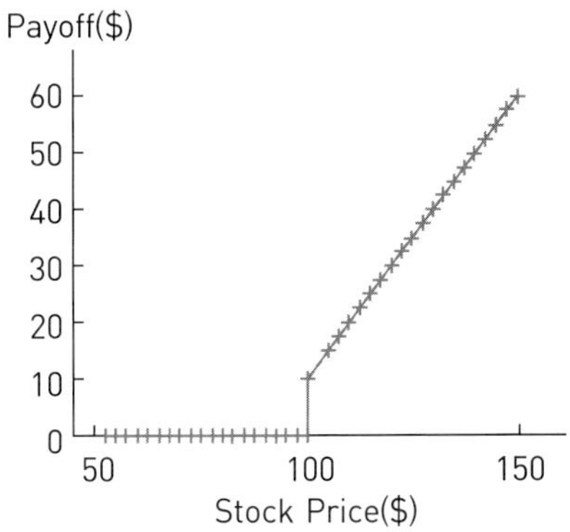

그림 15-6 갭 풋옵션[6)]

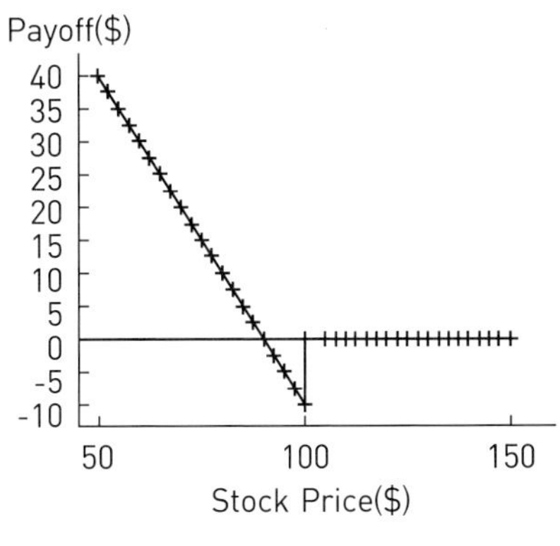

5) 기초자산가격(S)이 \$100 이상일 때 S−\$90을 지급하는 갭 콜옵션

6) 기초자산가격(S)이 \$100 이하일 때 \$90−S만큼을 지급하는 갭 풋옵션

그림 15-7 Paylater 전략[7)]

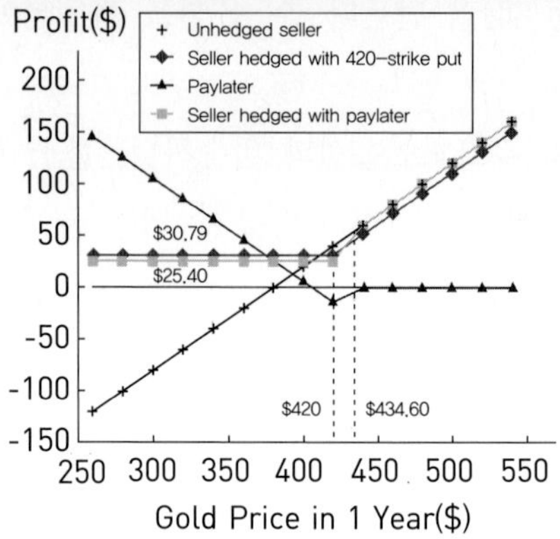

고 있다. 이 옵션은 갭옵션이 일부 주식가격에 대하여 만기일에 옵션 보유자들로부터 자금을 요구하도록 구성할 수 있다는 것을 보여준다.

[그림 15–6]과 [그림 15–7]을 비교해보면, 갭 풋옵션은 paylater 전략과 매우 유사하게 보인다. Paylater 전략이란 보험이 불필요해지는 상황에 미리 프리미엄을 지불해서 손해가 발생하는 문제를 해결하기 위한 전략이다. 옵션이 현금화될 때, 만기일에 프리미엄을 지불하는 형식이기 때문에 특이옵션 발생을 가능하게 한다. $S<100$일 때 [그림 15–6]의 풋옵션 보유자가 그 옵션을 행사한다는 기본 전제가 깔려 있다.

$S>K_2$일 때, $S-K_1$을 지급하는 갭 콜의 가격 공식은 블랙–숄즈 공식을 단순 변형하여 구할 수 있다. K_1을 행사가격(주식을 얻기 위해 만기일에 옵션 보유자가 지불해야 하는 가격)이라 하고, K_2를 payment trigger(옵션의 보수 지급이 시작되는 가격)라 하자. 그러면 공식은 다음과 같다. 풋 공식의 변형도 간단하다.

$$C(S,\ K_1,\ K_2,\ \sigma,\ r,\ T,\ \delta)=Se^{-\delta T}N(d_1)-K_1e^{-rT}N(d_2)$$

$$d_1=\frac{\ln(Se^{-\delta T}/K_2e^{-rT})+\frac{1}{2}\sigma^2 T}{\sigma\sqrt{T}}$$

$$d_2=d_1-\sigma\sqrt{T}$$

7) 420-strike put을 사는 전통적인 보험전략과 비교하여 420-strike put을 2개 사고 434.6-strike put을 하나 파는 'paylater' 전략을 묘사.

표 15-4 갭 풋옵션의 프리미엄[8)]

Strike(K_1)($)	Put($)	Payment Trigger(K_2)($)		
		0.8	0.9	1.0
0.8000	0.0007	0.0007	−0.0229	−0.0888
0.9000	0.0188	0.0039	0.0188	−0.0009
1.0000	0.0870	0.0070	0.0605	0.0870

XYZ 통화 헷징의 예를 다시 들어보면, 위험 회피 수단으로 갭옵션의 사용을 검사할 수 있다.

갭옵션의 직관적인 매력은 손실이 일정 금액을 초과하는 경우에 우리는 우리가 완전히 보호되고 있는 보험에 가입할 수 있다는 것이다.

〈표 15-4〉는 서로 다른 행사가격과 payment trigger에 대한 갭 풋 프리미엄을 언급하고 있다. 행사가격과 payment trigger가 일치하는 경우, 프리미엄은 표준형풋옵션과 동일하다.

주어진 행사가격하에서 payment trigger의 상승은 프리미엄의 감소로 이어진다. 그 이유는 payment trigger가 행사가격을 상회한다면, 옵션보유자가 어떤 경우에는 옵션판매자에게 지불금을 지급해야 하기 때문이다. 예를 들어 행사가격이 $0.8이고 payment trigger가 $1인 경우를 생각해 보자. 환율이 0.95인 경우 갭 풋옵션 보유자는 오직 $0.8을 위해 $0.95 가치의 유로를 판매해야 할(즉, $0.15의 손실을 발생시키는) 의무가 있다. 이 경우 옵션 프리미엄은 −$0.0888이고, 이는 옵션 구매자가 옵션 판매자에게 만기에 납부금 지급을 끝낼 가능성을 반영한 결과이다. 환율이 0.8 미만이 될 것이라고 믿는 헷저는 환율이 0.8에서 1.0 사이에 형성될 수 있는 위험에 대한 대가로 프리미엄을 받을 용의가 있다.

주어진 trigger K_2 하에서 항상 옵션 프리미엄을 제로로 만들어주는 행사가격 K_1을 찾을 수 있다.

8) 행사가격 K_1과 payment trigger K_2를 가지는 갭 풋옵션의 프리미엄 $x_0=0.9$, $\sigma=0.1$, $r\$=0.06$, $r_€=0.03$, $t=0.5$를 가정한다.

2. 교환옵션(Exchange Option)

교환옵션은 초과성과옵션(outperformance option)으로도 불리며 K_T가 위험자산의 가격인 다음과 같은 수익구조를 지니고 있다.

$$max(0, S_T - K_T)$$

따라서 교환옵션은 기초자산(S_T)의 가격이 일정한 기준자산(K_T)의 가격보다 높을 때 수익이 발생한다.(일반적인 콜옵션도 옵션의 행사가치가 존재하기 위해서는 기초자산의 가격이 일정한 현금자산보다 높아야 한다는 점에서 일종의 초과성과옵션으로 볼 수 있다.) 이러한 종류의 옵션의 가격결정 공식은 블랙-숄즈 공식의 간단한 변형으로 나타낼 수 있다.

(1) 유럽형 교환옵션

만기 T기에 위험자산2 한 단위를 위험자산1 한 단위로 교환할 수 있는 교환콜옵션을 생각해보자.(예를 들면 S&P 500 지수를 닛케이지수로 교환하는 식이다.) T기의 위험자산1과 위험자산2의 가격을 각각 S_T, K_T라고 하고, 배당수익률을 δ_S, δ_T, 변동성을 δ_S, δ_T라고 하고, ρ를 두 자산 연속복리수익률의 상관계수라고 하면, 이러한 옵션의 수익은 $max(0, S_T - K_T)$이다.

교환옵션의 가격결정 공식은 다음과 같다.

$$C(S,\ K,\ \sigma,\ \delta_K,\ T,\ \delta_S) = Se^{-\delta_S T}N(d_1) - Ke^{-\delta_K T}N(d_2)$$

$$d_1 = \frac{\ln(Se^{-\delta_S T}/Ke^{-\delta_K T}) + \frac{1}{2}\sigma^2 T}{\sigma\sqrt{T}},\ d_2 = d_1 - \sigma\sqrt{T},\ \sigma = \sqrt{\sigma_S^2 + \sigma_K^2 - 2\rho\sigma_S\sigma_K}$$

여기서 변동성 σ는 두 위험자산 연속복리수익률의 만기까지의 차이의 변동성이다. 이러한 변동성을 통합변동성(blended volatility)이라고 한다. 교환옵션의 가격결정공식은 블랙-숄즈 공식에서 행사가격을 기준자산 가격(K_T)으로, 무위험 수익률을 기준자산 배당수익률로, 자산의 변동성을 혼합변동성으로 바꾼 것이다.

교환옵션의 가격결정공식은 선급선물가격을 사용한 블랙-숄즈 공식으로 해석하는 것 또한 가능하다. $Ke^{-\delta_K T}$는 기준자산의 선불 선물가격이다.

교환옵션의 가격결정공식에서 배당수익률과 변동성을 적절하게 변경하면 표준형 콜옵션과 풋옵션의 공식을 도출할 수 있다.

콜옵션의 경우, 주식을 사기 위해 현금을 지불해야 한다. 현금에 대한 배당수익률은 이자율이라고 할 수 있다. 그러므로 δ_S를 δ(주식의 배당수익률)로 δ_k를 r(무위험 수익률)로 σ_K를 0(현금은 무위험자산이기 때문에)으로 놓으면 표준형 콜옵션의 가격결정공식을 도출할 수 있다.

풋옵션의 경우, 주식을 팔고 현금을 받는다. 그러므로, δ_S를 r로, δ_k을 δ로, σ_S를 0으로 놓으면 표준형 풋옵션의 가격결정공식을 도출할 수 있다.

CHAPTER

16

변동성

CHAPTER

16

I. 변동성

1. 변동성의 추정

블랙과 숄즈는 일반화된 형태의 옵션가격모형으로 시장이 완전하고, 주가변동이 연속적으로 발생하는 경우의 옵션가격모형을 유도하였다. 현재까지 이 모형은 이론가격과 현실적인 옵션가격과의 차이에도 불구하고 옵션에 대한 가장 정확한 모형으로 평가받고 있으며, 주식옵션이 아닌 다른 옵션가격의 계산에도 광범위하게 적용되고 있다.

블랙-숄즈 모형에 의하면 콜옵션가격을 결정하는 변수는 기초자산의 가격 즉 주가, 행사가격, 만기, 무위험 이자율, 기초자산의 수익률 변동성(표준편차)의 다섯 가지이다. 주가와 행사가격, 만기는 옵션이 거래되는 시점에서 모두 확정되는 값이므로 모형에 대입하는 데 문제가 없다. 그러나 무위험 이자율과 변동성은 직접적으로 관찰되지 않으므로 다른 자료를 이용하여 모형에 대입하여야 한다.

무위험 이자율은 시장에서 관찰되는 여러 가지 이자율 중 이론적으로 적절한 대용변수(proxy)를 선정함으로써 모형에 대입할 수 있다. 물론 블랙-숄즈 모형에서는 무위험 이자율도 연속복리이자율을 사용하였으므로 대용변수의 이자율을 연속복리로 환산하면 된다. 그러나 기초자산 수익률의 변동성은 직접적으로 관찰이 불가능하다. 따라서 적절한 변동성의 추정이 블랙-숄즈 모형의 현실에의 적용여부를 판단할 수 있는 중요한 척도가 된다. 현재까지 변동성을 추정하는 방법으로 알려진 것은 크게 두 가지이다.

첫째, 기초자산의 과거자료를 통해 수익률의 연속복리 값을 구하고 이 연속복리수익률의 표준편차를 계산하여 연간변동성의 추정치로 사용하는 방법이 있다. 이를 역사적 변동성(historical volatility)이라 한다.

둘째, 옵션시장에서 주어진 가격을 블랙-숄즈 모형에 대입하여 이 가격을 얻어낼 수 있는 변동성의 값을 거꾸로 산출해내는 방법이다. 이렇게 해서 계산된 변동성을 내재변동성(implied volatility)이라 한다.

(1) 역사적 변동성

역사적 변동성은 과거의 자료를 이용하여 변동성을 계산하고 이러한 변동성이 일정하게 유지될 것이라는 가정하에 이를 미래 기초자산 수익률의 변동성으로 사용하는 방법이다. 이러한 변동성의 계산방법은 최근의 경향이 가까운 미래에도 계속될 것이라는 가정에 근거를 두고 있으므로 기초자산가격변동의 확률분포에 대한 안정성(stationarity)이 유지되어야 한다. 역사적 변동성을 계산하기 위해서는 최근 일정기간 동안 기초자산의 가격자료를 구한 다음 이를 통해 수익률을 계산하고 이것을 다시 연속복리수익률로 환산한다. 이 연속복리수익률 자료로부터 수익률의 표준편차를 구하고 이를 연간분산으로 계산하는 과정을 거치게 된다.

(2) 내재변동성

역사적 변동성은 계산하기가 비교적 용이한 편이다. 그러나 옵션가격이 본래 기초자산의 미래가격에 의존하고 기초자산의 미래가격은 미래의 변동성을 근거로 계산되어야 한다는 면에서 과거의 자료를 사용한 변동성이라는 한계를 갖게 된다. 기초자산가격에 대한 투자자들의 기대성향이 과거와 마찬가지로 미래에도 일정하게 유지되어야만이 역사적 변동성을 통해 미래 기초자산 수익률의 확률분포를 추정할 수 있기 때문이다.

이에 비해 내재변동성은 옵션의 현재 시장가격을 균형가격이라고 가정한다. 즉, 블랙-숄즈 모형에 의해 계산된 옵션가격이 시장가격과 동일하다는 가정하에서 다른 변수들의 값을 대입하여 역으로 모형 속에 포함되어 있는 변동성을 계산해내는 것이다. 이 방법은 이론적으로는 간단하지만 블랙-숄즈 모형에서는 다른 옵션가격 결정요인을 변동성(표준편차)에 관한 함수로 계산하는 것은 불가능하다. 즉 식의 좌변에 표준편차를, 시장의 옵션가격을 포함한 다른 모든 변수를 우변에 등식으로 표시하는 것이 가능하지 않다. 따라서 내재변동성의 추정은 블랙-숄즈 모형의 종속변수인 옵션가격을 대입하고 표준편차만을 확률변수로 하여 시행착오법[1])으로 계산할 수 밖에 없다. 내재변동성은 다음 부분에서 더 자세히 살펴보도록 한다.

2. 내재변동성

앞에서도 말했다시피 옵션가격을 결정하는 변수 중에서 가장 중요한 것 중 하나가 바로 변동성(volatility)이다. 일반적으로는 변동성 값으로 기초자산(underlying asset)의 과거 로그 수익률의 표준편차 값을 이용한다. 이렇게 과거 자료로부터 계산된 변동성을 보통 역사적 변동성(historical volatility)이라고 부른다. 이에 반해 내재변동성(implied volatility)은 모델을 이용하여 계산한 옵션의 가격이 시장가격과 일치하도록 하는 변동성의 값을 말한다. 즉, 옵션의 시장가격으로부터 역산한 변동성을 의미하는 것이다.

예를 들어, 옵션가격 계산에 Black-Scholes 모델을 이용한다고 하자. 이 경우 옵션의 가격은 현재 기초자산의 가격(S), 행사가격(X), 기초자산의 변동성(σ), 만기까지의 기간(T), 무위험 수익률(r)의 함수로 계산될 수 있다. 즉, 옵션가격$=f(S, X, \sigma, T, r)$이 되는데 여기서 옵션가격을 시장가격과 일치시키는 σ값을 구하면 이것이 내재변동성이 된다.

$$C=SN[d_1]-Xe^{-r(T-t)}N[d_2]$$

$$d_1=\frac{\ln\left(\frac{S}{X}\right)+\left(r+\frac{\sigma^2}{2}\right)(T-t)}{\sigma\sqrt{T-t}}$$

$$d_2=\frac{\ln\left(\frac{S}{X}\right)+\left(r-\frac{\sigma^2}{2}\right)(T-t)}{\sigma\sqrt{T-t}}=d_1-\sigma\sqrt{T-t}$$

현재 주가지수가 112.50인 상황에서 행사가격 120인 만기 3개월 지수 콜옵션이 2.48에 거래되고 있다고 한다. 무위험 이자율이 3.5%이고 과거 주가지수의 변동성이 연 20%였다면 블랙-숄즈의 옵션가격 결정모형에서 계산된 이

1) 가장 많이 사용되는 방법은 뉴튼-랩슨 방법(Newton-Raphson method)과 이분법(bisection method)이다.

론가격은 2.09가 된다. 하지만 실제로 시장에서 거래되는 행사가격 115의 콜옵션가격은 2.48이다. 그렇다면 시장에서 거래되고 있는 옵션의 가격은 이론가격과 차이를 보이고 있고, 이는 옵션의 가격결정에 필요한 요인들 중 무언가가 블랙–숄즈의 가정과 다르다는 것을 의미한다.

옵션가격 계산에 이용되는 변수 가운데 기초자산의 가격, 행사가격, 만기까지의 시간, 무위험 수익률은 시장 참여자 누구나 비슷한 값으로 인식을 한다. 그러나 변동성 값에는 차이가 날 수 있다.[2] 따라서 옵션의 시장가격이 이론가격과 큰 차이를 보인다면 이는 옵션을 거래하는 사람들이 생각하는 대상자산의 변동성이 과거의 자료로부터 계산한 변동성(역사적 변동성)과 차이가 있다는 것이다.

따라서 시장에서 거래되는 옵션의 가격으로부터 시장에서 사람들이 생각하는 대상자산의 변동성이 어느 정도가 되는지를 알아볼 수 있다. 앞의 예에서 주가지수가 112.50인 상황에서 행사가격 120인 만기 3개월 지수 콜옵션의 시장가격이 2.48이고, 무위험 이자율이 3.5%이므로 블랙–숄즈의 옵션가격결정모형을 이용하면 다음과 같은 관계식을 얻을 수 있다.

$$2.48 = 112.5\ N(d_1) - 120e^{-0.035\times 0.25}\ N(d_2)$$

$$d_1 = \frac{\ln(112.5/120) + (0.035 + \sigma^2/2)\cdot 0.25}{\sigma\sqrt{0.25}}$$

$$d_2 = d_1 - \sigma\sqrt{0.25}$$

여기서 우리가 모르는 변수는 하나이므로 위의 식을 풀면 $\sigma = 21.95\%$를 얻을 수 있다. 이러한 방식으로 시장에서 거래되는 옵션의 가격으로부터 역산한 변동성을 내재변동성이라 부른다.

---

2) 실제로 옵션의 가격결정에 필요한 변동성은 다른 요인들처럼 발표되거나 정해져 있는 값이 아니다. 따라서 과거의 변동성을 사용하는 것은 대상자산이 향후에도 과거와 동일한 정도의 변동성을 가진다는 것이 전제되어야 한다고 볼 수 있다. 실제로 자산의 변동성은 기간에 따라 큰 차이를 보일 수도 있기 때문에 옵션가격 계산에 이용되는 변동성을 계산하는 방법에 관해서는 많은 연구들이 진행되어 왔다.

표 16-1 KOSPI 200옵션의 내재변동성 예

콜옵션			행사가격	풋옵션		
시장가	이론가	내재변동성		시장가	이론가	내재변동성
2.48	2.09	21.95	120.0	9.11	8.54	22.83
3.36	2.85	22.36	117.5	7.41	6.83	22.70
4.46	3.81	22.91	115.0	6.01	5.30	23.13
5.76	4.97	23.53	112.5	4.89	3.99	24.01
7.27	6.36	24.30	110.0	3.90	2.90	24.69
8.97	7.96	25.20	107.5	3.06	2.03	25.34
10.57	9.77	24.73	105.0	2.42	1.35	26.25
13.13	11.75	29.19	102.5	1.97	0.86	27.35

〈표 16-1〉은 위와 같은 과정을 통해 다양한 행사가격을 가진 옵션들의 시장가격으로부터 내재변동성을 계산한 결과이다. 표에서 행사가격(X) 120인 콜옵션가격의 예를 들어보면, 변동성(σ)을 21.95%(내재변동성)로 하여 옵션가격(C)을 구하면 2.48, 즉 현재 시장가격과 같은 값을 얻게 된다. 이러한 과정은 풋옵션의 경우도 마찬가지이다.

앞에서 설명한 것처럼 내재변동성은 시장가격과 이론가격을 같게 하는 변동성 값이므로 실제 시장에서는 내재변동성을 옵션의 시장가격과 동일시하는 지표로 사용하는 경우가 있다. 즉, 어떤 옵션의 내재변동성이 역사적 변동성보다 크다는 것은 그 옵션이 시장에서 이론가보다 높은 가격에 거래되고 있음을 의미한다. 또한 내재변동성은 시장 참여자들의 시장에 대한 전망을 나타낸다고도 이해할 수 있다. 즉, 콜옵션의 내재변동성은 주식시장 상승에 대한 기대치를, 풋옵션의 내재변동성은 주식시장 하락에 대한 기대치를 나타낸다고 할 수 있다.

3. 변동성 스마일(Volatility Smile)

블랙-숄즈의 옵션모형은 옵션의 가격을 결정하는 이론으로서 설명력이 매우 높은 모형이기는 하지만, 실제로 시장에서 거래되는 옵션의 가격을 살펴보면 블랙-숄즈 모형에서의 가정과는 일치하지 않는 현상을 찾을 수 있다.[3] 그중 가장 대표적인 현상이 변동성 스마일이다. 내재변동성은 옵션의 종류(콜옵션 또는 풋옵션), 기초자산(underlying asset) 그리고 만기가 같다 하더라도 행사가격에 따라 다른 값을 갖는다. 행사가격에 따른 내재변동성을 그림으로 그리면 마치 웃는 모습과 같다 하여 이것을 변동성 스마일(volatility smile)현상이라고 부른다. 즉, 내가격(in-the-money) 옵션과 외가격(out-of-the-money) 옵션이 등가격(at-the-money) 옵션보다 큰 내재변동성을 갖는다는 의미로 해석할 수 있다.

그러나 이러한 현상은 옵션시장의 도입초기에 많이 발생하였으며, 실제로 옵션 시장에서는 변동성 스마일 현상보다는 변동성 스큐(skew)현상을 많이 보게 된다.

그렇다면 왜 이런 현상이 나타나는 것일까? 다양한 설명이 가능하겠지만, 우선 블랙-숄즈모형에서는 기본적으로 기초자산의 수익률의 확률분포가 로그정규분포(log normal distribution)의 형태를 갖는 것으로 가정한다. 변동성 스마일 또는 스큐현상은 이와 같은 가정이 실제 시장과는 괴리가 있다는 것을 의미한다.

실제 기초자산의 확률 분포가 로그 정규분포보다 양쪽 꼬리가 더욱 두꺼

그림 16-1 변동성 스마일과 변동성 스큐

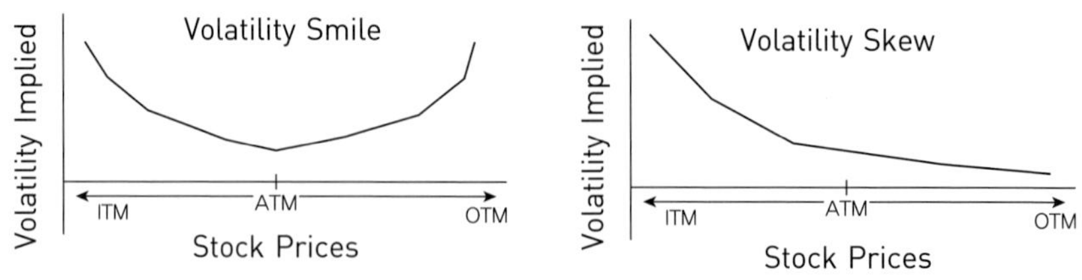

3) 설명력이 높다는 말은 시장에서 거래되는 옵션의 가격이 블랙-숄즈의 모형으로 계산한 이론가격과 비슷한 수준에서 거래된다는 것을 의미한다.

운 형태(fat tail)를 보일 경우 변동성 스마일 현상이 나타난다.[4] 콜옵션을 예로 직관적으로 생각해보자. 실제 기초자산 확률분포의 양쪽 꼬리가 로그 정규분포보다 더 두터울 경우, 외가격콜옵션이(행사가격:B) 만기에 옵션이 행사될 확률(기초자산의 가격이 행사가격보다 높은 확률)은 로그 정규분포일 때보다 높다. 옵션이 행사될 확률이 높다는 것은 곧 옵션가격이 비싸다는 것(내재변동성이 크다는 것)을 의미한다. 이번에는 풋옵션을 기준으로 생각해 보자. 외가격풋옵션의 경우(행사가격:A) 역시 만기에 옵션이 행사될 확률(기초자산의 가격이 행사가격보다 낮을 확률)이 로그 정규분포일 때보다 높다. 그리고 마찬가지로 이는 옵션가격이 비싸다는 것(내재변동성이 크다는 것)을 의미한다.

실제 기초자산의 확률분포가 좌우대칭이 아닌 로그 정규분포보다 왼쪽 꼬리는 더욱 두껍고, 오른쪽 꼬리는 더 얇은 형태를 보일 경우는 변동성 스큐현상이 나타난다. 마찬가지로 콜옵션의 경우를 직관적으로 생각해 보자. 외가격콜옵션의 경우(행사가격:B) 만기에 옵션이 행사될 확률(기초자산의 가격이 행사가격보다 높을 확률)이 로그 정규분포일 때보다 낮다. 옵션이 행사될 확률이 낮다는 것은 곧 옵션가격이 싸다는 것(내재변동성이 작다는 것)을 의미한다. 이번에는 풋옵션을 기준으로 생각해 보자. 외가격풋옵션의 경우(행사가격:A) 역시 만기에 옵션이 행사될 확률(기초자산의 가격이 행사가격보다 낮을 확률)이 로그 정규분포일 때보다 높다. 그리고 옵션의 행사 가능성이 높다는 것은 옵션가격이 비싸다는 것(내재변동성이 크다는 것)을 의미한다.

그림 16-2 스마일인 경우와 스큐인 경우의 기초자산 확률분포

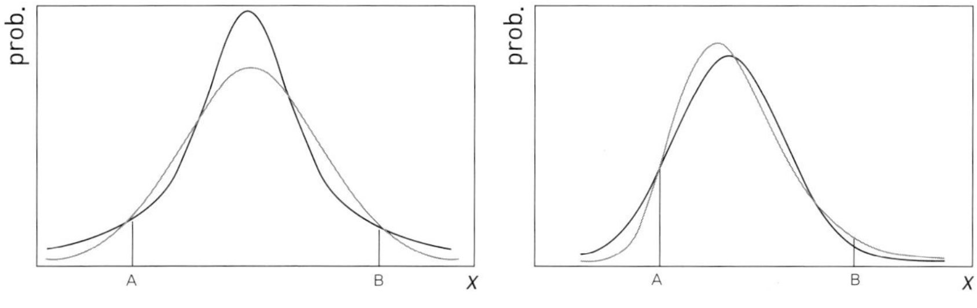

4) 보통의 경우 변동성 스마일은 여기서 언급한 것처럼 양쪽 꼬리가 로그 정규분포보다 두터운 현상(fat tail)과 왼쪽 꼬리가 더 두터운 좌우비대칭 현상(skew)이 결합되어 나타나는 현상을 말한다. 여기서는 이해를 쉽게 하기 위해 두 경우를 분리해서 설명하고 있다.

주식시장에서의 수요-공급을 통해서도 주식시장에서의 변동성 스큐현상에 대해 설명할 수 있다. 즉, 시장 참여자들이 주식시장의 상승보다는 붕괴에 대해 우려하는 심리가 강하므로 현재 주식가격보다 작은 쪽에 베팅하는 경향이 강하기 때문에 행사가격이 작은 옵션의 고평가 현상(내재변동성이 커지는 현상)이 나타난다는 것이다.

II. 변동성의 추정 방법

1. 지수가중 이동평균 모형(Exponentially Weighted Moving Average)

지수가중 이동평균 모형은 시간이 과거로 갈수록 가중치 α_i가 지수적으로 감소하는 모형으로서 $\sigma^2 = \sum_{i=0}^{n} \alpha_i \mu_{n-1}^2$의 특별한 형태이다. 구체적으로 말해서 $\alpha_{i+1} = \lambda\alpha_i$인 모형이다. (여기서 λ는 0과 1 사이의 값을 갖는 상수이다.) 이와 같은 가중치 부여 방법은 변동성 추정치를 갱신하는 데 매우 단순한 공식을 만들어낸다. 변동성 추정공식은 다음과 같다.

$$\sigma_n{}^2 = \lambda\sigma_{n-1} + (1-\lambda)\mu_{n-1}^2 \tag{16.1}$$

$n-1$일 말에 추정한 n일의 변동성 추정치 $\sigma_n d$은 $n-1$일의 추정을 위해 $n-2$일 말에 이루어진 변동성 추정치 σ_{n-1}과 시장변수의 최근 일별 변화율인 μ_{n-1}로부터 계산된다. 식 (16.1)이 지수적으로 감소하는 가중치를 갖는 이유를 알기 위하여 σ_{n-1}^2을 대체하여 식을 전개하면 다음과 같다.

$$\sigma_n{}^2 = \lambda[\lambda\sigma_{n-2}^2 + (1-\lambda)\mu_{n-2}^2] + (1-\lambda)\mu_{n-1}^2 = (1-\lambda)(\mu_{n-1}^2 + \lambda\mu_{n-2}^2) + \lambda^2\sigma_{n-2}^2$$

같은 방식으로 σ_{n-2}^2을 대체하여 식을 전개하면 다음 식을 얻을 수 있다.

$$\sigma_n{}^2 = (1-\lambda)(\mu_{n-1}^2 + \lambda\mu_{n-2}^2 + \lambda^2\mu_{n-3}^2) + \lambda^3\sigma_{n-3}^2$$

이와 같은 대체를 계속하면 다음과 같은 일반화된 식을 얻을 수 있다.

$$\sigma_n{}^2 = (1-\lambda)\sum_{i=1}^{m} \lambda^{i-1}\mu_{n-1}^2 + \lambda^m \sigma_{n-m}^2$$

M이 상당히 커지면 $\lambda^m \sigma_{n-m}^2$은 무시할 정도로 충분히 작아지며, 따라서 식 (16.1)은 $\sigma_n{}^2 = \sum_{i=1}^{m} \alpha_1 \mu_{n-1}^2$와 같아진다.

μ_i의 가중치는 과거로 갈수록 λ의 비율로 감소한다. 각각의 가중치는 전기의 가중치에 λ를 곱한 것이다.

지수가중 이동평균 모형은 상대적으로 필요한 정보의 양이 적다는 점에서 매력적이다. 현재 분산추정치와 시장변수의 최근 관찰 자료만 있으면 어떤 시점에서나 새로운 변동성을 추정할 수 있다. 시장변수의 값을 새로 얻을 때, 우리는 새로운 일별 변화율을 계산하고 이를 식 (16.1)에 대입해서 새로운 분산추정치로 갱신할 수 있다. 그러면 과거의 분산추정치와 시장변수의 값을 더 이상 이용할 필요가 없다. 지수가중 이동평균 모형은 변동성의 변화를 감안하도록 설계된 모형이다. $N-1$일에 시장변수가 크게 움직였다고 하면 μ_{n-1}^2이 커질 것이다. 식 (16.1)에 따르면, 이런 큰 움직임은 우리가 지금까지 추정한 변동성을 상향 이동시킬 것이다. λ의 값은 일별 변동성의 추정치가 최근의 일별 변화율에 어떻게 반응하는지를 결정한다. 낮은 λ의 값은 σ_n을 계산할 때 μ_{n-1}^2에 큰 가중치를 부여하는데 이 경우 연속되는 날짜의 변동성 추정치는 스스로 크게 변한다. 높은 λ값(즉, 1에 가까운)은 일별 변화율에 의해 제공되는 새로운 정보에 상대적으로 느리게 반응하는 일별 변동성 추정치를 만들어낸다.

2. 자기회귀 조건부 이분산성(Time-Varying Volatility : ARCH)

자기회귀 조건부 이분산성은 시간의 흐름에 따라 분산과 변동성을 추정하 모형이다. 즉, 자기회귀 조건부 이분산성 모형은 변동하는 분산을 설명하는 데 주로 쓰인다. 자기회귀 조건부 이분산성이 비록 시간의 흐름에 따라 변하는 분산과 변동성을 추정하는 데 쓰이지만, 중심적으로 쓰이는 부분은 단기간에 변동성이 증가하는 상황에 주로 사용된다. 한마디 덧붙이자면 ARCH 모형과

GARCH 모형은 가장 폭넓게 사용되는 변동성 모형이다.

ARCH 모형의 첫 번째 특징으로는, 변동성에서의 자기상관을 모형화함에 있어서, 조건부 분산이 직전의 오차항의 제곱 값에 의존하도록 했다는 것에 있다. 두 번째 특징으로는, ARCH 모형은 Engle(1982)에 의해 제시되었으며, 오차항의 분산의 현재 값이 이전의 오차항의 제곱 값의 제곱 값들에 의존할 것이라는 접근에서 출발했다는 것이다.

$$\sigma_t^2 = \sigma_0 + \sigma_1 e_{t-1}^2 \quad \rightarrow \quad \text{ARCH}$$

세 번째 특징으로는 ARCH의 전체 모형은 조건부 평균과 조건부 분산에 대해 다음 두 개의 구별되는 모형을 포함한다는 것에 있다.

$$Y_t = \gamma_0 + \gamma_1 X_u + \cdots \gamma_k X_{kt} + e_t, e_t \sim N(0, \sigma_t^2)$$

$$\sigma_t^2 = \alpha_0 + \alpha_1 e_{t-1}^2 + \cdots + \alpha_q e_{t-q}^2 \quad \rightarrow \quad \text{ARCH}(q)$$

ARCH 모형의 문제점은 ARCH의 차수를 결정하는 데 뚜렷한 해법이 없다는 것이다. 또한 실제로 필요한 q 값이 상당히 클 수가 있다는 점이다. 이 문제는 추정해야 하는 모수의 수가 너무 많아지는 문제를 초래할수 있다. 마지막으로는 조건부 분산이 양이 되기 위한 충분조건은 추정모수가 모두 비음이어야 하는데, 추정해야 하는 모수가 많아지는 경우 이러한 비음 제약이 충족되지 않을 수 있다는 점이다.

3. 일반화된 자기회귀 조건부 이분산성(The Garch Model)

이제부터는 1986년에 Bollerslev에 의해 제시된 GARCH 모형을 설명하기로 하자. GARCH 모형의 가정은 시간이 흐름에 따라 변동성이 변한다는 것이다. 어떤 기간은 변동성이 상대적으로 크고, 다른 기간은 변동성이 상대적으로 작다. 이를 달리 표현하면 μ_i^2이 클 때 μ_{i+1}^2, μ_{i+2}^2 등이 높아지는 경향이 있고 μ_i^2이 작을 때 μ_{i+1}^2, μ_{i+2}^2 등이 작아지는 경향이 있다. 이것이 얼마나 사실인지는 μ_i^2 의 자기상관 구조를 조사함으로써 검증될 수 있다. μ_i^2이 자기상관성을 갖는다고 가정하자. 만약에 GARCH 모형이 좋은 모형이 되려면 그것이 자기상관성을 제거할 수 있어야 한다. 자기상관성이 제거되는지는 변수의 자기상관 구조를 살펴봄으로써 검증할 수 있다. 만일 변수가 상관성을 거의 갖지 않는다면, σ_i에 대한 모형이 μ_i^2의 자기상관성을 잘 해결하고 있는 것이다.

GARCH 모형의 첫 번째 특징으로는 ARCH 모형의 문제점을 극복하기 위한 자연스러운 확장이라는 점을 들 수 있으며 Bollerslev와 Taylor에 의하여 독립적으로 제시되었다. 따라서 오늘날 ARCH는 거의 사용되지 않고 있으며 GARCH만이 광범위하게 사용되고 있다. 또한 GARCH 모형의 조건부 분산이 직전의 오차항의 제곱과 함께 자체 시차 값에 의존하도록 했다는 특징이 있다. 표준적인 GARCH의 설정은 다음과 같이 할 수 있다.

$$Y_t = \gamma_0 + \gamma_1 X_u + \cdots \gamma_k X_{kt} + e_t$$

$$\sigma_t^2 = w + \alpha\ e_{t-1}^2 + \beta\sigma_{t-1}^2$$

두 번째 특징으로는 조건부 평균에 대한 식은 외생변수 및 오차항의 함수로 표현된다는 점이 있다. 세 번째 특징으로는 $T-1$기까지 알려진 정보에 기반한 조건부 분산의 예측치는 세 가지 항의 함수로 표현되고 있다는 점이다. 그 세 가지 항은 상수항 w, 이전 기의 변동성에 대한 새로운 정보, 이전 기의 조건부 분산에 대한 예측치로 구성되어 있다. 네 번째 특징으로는 GARCH(1,1)의 (1,1)은 1차 GARCH 항과 1차 ARCH 항의 존재를 가리킨다는 점이다. 통상의 ARCH 모형은 GARCH 모형의 특별한 경우로 조건부 분산 방정식에 시차 조건부 분산이 존재하지 않는 경우이다. 그리고 금융분야에 있어서 이러한 모형 설정은 다음과 같이 해석된다.

- 금융거래자가 금융자산 수익에 대한 이번 기의 분산을 예측함에 있어 과거 시기로부터 예측된 분산 그리고 이전에 관측된 변동성에 대한 정보의 가중 합으로 예측함.
- 자산의 수익이 상방 혹은 하방으로 예기치 않게 컸을 경우, 금융거래자는 다음 기의 분산에 대한 예측치를 증가시킴.
- 이 모형은 금융자산의 수익 자료에서 종종 관찰되는 변동성 군집과 부합됨.

그림 16-3 Daily S&P 500 Returns for January 1990~December 1999

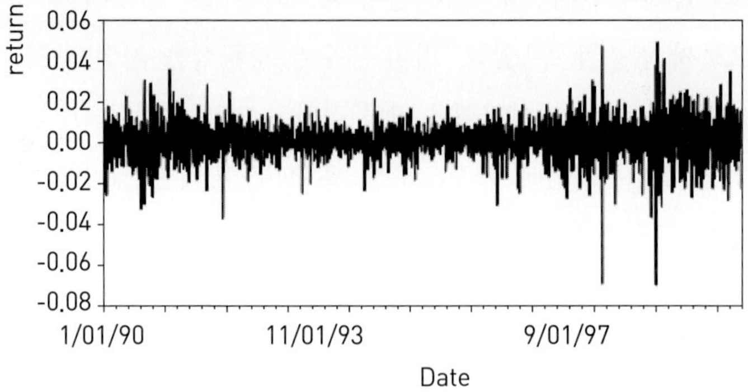

마지막 특징으로는 GARCH 모형의 해석에 도움이 되는 분산 방정식에 대한 다른 표현들이 있다는 점이다.

4. 실현 이차 변동성(Realized Quadratic Variation)

이차 변동성이란 하나의 진행과정의 변동성을 시간에 걸쳐서 추정하는 것을 말한다. 즉 확률과정의 변동성을 나타내는 단위 중의 하나로, 확률과정 및 브라운 운동의 분석에 쓰인다. 선물가격의 예측과 실현 이차 변동성의 차이점을 들자면 실현 이차 변동성이 일반적으로 가장 괜찮은 방법이라고 볼 수 있다.

5. 최우 추정법(Maximum Likelihood Estimation)

최우 추정법의 기본 개념은 자료발생 가능성을 최대화하는 모수 값을 선택하는 방법이다. 즉, 일반적으로 GARCH(1,1) 모형과 유사 모형의 모수를 역사적 자료로부터 추정하기 위하여 이용된다고 말할 수 있다. 이런 방법들은 역사적 발생 가능성을 최대화시키는 모수 값을 결정하기 위하여 반복적인 절차를 이용한다. 따라서 일단 모수가 결정되면, 모형은 μ_i^2으로부터 자기상관성을 얼마나 잘 제거하느냐에 의해서 평가될 수 있다.

III. 변동성 헷징과 추정

1. 변동성 헷징

(1) 개요

전통적으로 투자자들은 표준 콜옵션과 풋옵션 그리고 기초자산의 가치에 따라 변하는 파생상품으로써 시장의 변동성에 대응해왔다. 변동성과 분산에 기초하여 파생상품을 거래함으로써 투자자들은 직접적으로 미래의 알려진 변동성에 대한 생각을 드러낼 수 있다. 이러한 것들 중 가장 간단한 방법이 변동성 스왑과 분산 스왑이다.

변동성 스왑은 미래 가치에 대한 선도 계약이다. 마찬가지로, 분산 스왑 역시 미래 가치에 대한 선도 계약인데, 분산은 변동성의 제곱과 같다. 두 가지 경우 모두, 거래의 시작과 행사 시점이 공정 가치가 0일 때 이루어진다. 이러한 행사 시점은 각각 공정 변동성, 또는 공정 분산이라고 불린다.

다시 정리하자면 분산 스왑은 옵션 매입자가 매 기마다 사전에 약정된 변동성에 상응하는 금액을 매도자에게 지불하고, 대신 시장에서 실현된 변동성의 분산수준에 상응하는 금액을 매수자로부터 수취하는 계약이다. 즉, 변동성의 약정 분산과 실현 분산의 차이만큼 옵션 매입자가 수익을 얻게 되는 구조이다.

변동성 스왑은 이자 발생 기간 동안에 시장에서 실현된 변동성이 고정 변동성과 교환되는 스왑이다. 양 변동성 백분율이 동일한 명목 원금에 적용되어 지급액이 결정되는 구조이다.

분산 스왑의 준거 자산으로 일반적으로 주가지수가 사용되지만 포지션 헷지에 필요한 거래비용을 줄이기 위해 현물지수 대신 선물지수가 사용되는 경우도 많다. 일반적으로 준거 가격과 변동성의 음의 상관관계를 갖고 있다는 점을 이용해 준거 가격이 상승할 것으로 기대될 때에는 분산 스왑을 매도하고 준거 가격이 하락할 것으로 기대되면 분산 스왑을 매입함으로써 선물 포지션에 대한 헷지 수단으로 활용될 수 있기 때문이다.

분산 스왑은 채권과 결합된 형태로 활용되기도 한다. 예를 들어 채권의 쿠폰을 분산 스왑의 스왑률, 즉 약정 변동성에 연동시켜 매 기마다 분산 스왑 스왑률의 증감을 추가적인 쿠폰으로 지급하는 것이 가능하다. 즉, 채권 보유자는 준거가격이 하락하고 그 분산이 증가할 때보다 많은 쿠폰을 지급받게 된다. 특히 준거자산을 해당 채권으로 설정하면 채권 가격 하락에 따른 손실을 일정 부분 보전할 수 있다.

분산 스왑은 시장 변동성 변화에 따라 보유 포트폴리오의 가치가 하락할 위험을 헷지할 수 있다는 점에서 주식과 주가지수, 외환 포지션 등의 장내 옵션 상품의 대체제로 활용될 수 있다. 또한 장내 옵션가격으로 산정되는 내재변동성 수준 등과 비교해 매입 및 매도 포지션을 동시에 취함으로써 무위험 차익을 누릴 수 있는 투자수단으로 여겨지고 있는 추세이다.

두 가지 스왑 모두 변동성의 노출이 기초자산의 가격에 영향을 받는 바닐라 옵션과는 다르게 '순수하게' 변동성에 노출된다는 점이 특징이다. 변동성 스왑과 분산 스왑에 따라서 미래의 변동성을 예측할 수 있으며, 이는 내재변동성의 스프레드를 거래하거나 다른 포지션에서 변동성의 노출을 헷지하는 데 이용될 수 있다.

(2) 기술적 사항

분산 스왑은 이론적으로 변동성 스왑보다 간단하다. 유동적인 기초자산과 정적인 유로피언 콜옵션 또는 풋옵션을 같이 묶어 헷지를 할 수 있다. 변동성 스왑의 경우 유동적인 유로피언옵션의 포트폴리오만을 이용해서 헷지가 가능하다. 그러나 두 스왑이 헷지를 한다는 점은 둘이 독립적인 방식으로 가치가 매겨질 수 있다는 것을 의미한다. 가격은 각 행사가격에 따른 시장에서의 유로피언옵션의 가격에 따라 가치 환산이 가능하며 따라서 변동성 미소 효과는 포트폴리오와 옵션의 구성에 따라 변하게 된다.

분산 스왑은 유로피언 바닐라 옵션과 함께 지분 포지셔닝을 합친 정적인 포트폴리오를 통해 복제가 가능하다. 이러한 이유 때문에 분산 스왑은 이미 시장에 많은 정적 복제 전략이 존재하는 상황에서 변동성 스왑보다 인기가 많다.

분산 스왑 복제는 다른 액면 가격 옵션의 포트폴리오로 이루어진다. 이 포트폴리오의 구성은 블랙-숄즈 모델을 통해 직관적으로 이해될 수 있다. 유로피언 옵션의 기초자산의 분산에 대한 민감도가 자산가격을 결정하는 요인으로 작용된다. 이 '분산 베가'는 기초자산의 가격이 행사가격에 가까워질수록 커지게 된다.

(3) 분석 보충

FINCAD는 변동성 스왑과 분산 스왑에 대해 다음과 같은 분석에 이용될 수 있다.

- 복제 인수를 통해 변동성 스왑의 공정 변동성, 분산 스왑의 공정 분산을 측정할 수 있다.
- 각 행사가격의 유로피언옵션의 필요 개수를 측정하는 데 도움을 준다. 이 옵션들은 복제 포트폴리오를 만드는 데 이용된다.
- 각 변동성 스왑과 분산 스왑의 공정 가격을 측정하는 데 있어서 방향을 제시해 준다.

2. 변동성 측정

(1) 개요

다른 변수들과는 다르게 변동성만큼은 사용자가 직접 측정해야 한다. 그리고 이러한 변동성을 어떻게 측정하느냐에 따라 옵션가격이 크게 달라질 수 있다. 그러므로 변동성을 정확하게 측정하는 일은 옵션모형이나 여러 분야에 적용하는 데 있어서 가장 역점을 두어야 할 사항이라고 할 수 있다.

주식수익률의 변동성을 측정하는 데 사용될 수 있는 자료는 일별, 주별 또는 월별 주가자료이다. 통계이론상 표본의 수는 많을수록 좋다고 할 수 있다. 그러나 표본의 수를 늘리기 위해서는 장기간의 주가자료를 사용해야 하는데, 시간의 경과에 따라 주식수익률의 변동성이 달라질 가능성이 있다. 그러므로 표본의 수는 이러한 점들을 감안하여 적당한 크기로 정할 필요가 있다. 대체로 일별 주가자료는 60개 내지 200개 정도, 주별 주가자료는 40개 내지 60개 정도,

그리고 월별 주가자료는 30개 내지 50개 정도가 적당하다고 한다.

옵션가격모형으로 계산한 이론가격과 옵션의 시장가격 간에는 다음과 같은 관계가 있다. 첫째, 변동성이 과대평가된 옵션은 시장가격이 이론가격에 비해 과대평가되고, 변동성이 과소평가되면 옵션의 시장가격이 이론가격에 비해 과소평가되는 경향이 있다. 둘째, 주식옵션의 경우에 만기일까지의 잔존기간이 짧은 옵션에 비해 크다. 특히 잔존기간이 길어서 이 기간 중에 새로운 정보를 얻을 수 있을 것이라는 기대가 큰 경우에는 이러한 현상이 더욱 뚜렷이 나타난다.

변동성을 추정하는 중요한 목적은 첫째로 변동성의 변화에 대해 옵션가격이 얼마나 민감하게 반응하는가를 평가하여 옵션을 포함한 최적의 포트폴리오를 구성하는 데 있다. 둘째로 여러 가지 옵션가격결정모형의 전제가 되는 시장의 옵션가격이 적정하게 평가되어 있는가를 판단하여 이에 대응하는 적절한 옵션 포지션을 유지하는 것이다.

가장 많이 사용되는 변동성 추정방법은 과거의 기초자산가격 변화로부터 변동성(σ)을 추정하는 역사적 변동성 추정(historical volatility estimates)방법과 옵션가격을 이용하여 그 옵션가격이 대표하는 가격변동성, 즉 내재변동성(implied volatility)을 추정하는 방법이 있다.

(2) 역사적 변동성

역사적 변동성 추정은 과거의 가격자료를 이용하여 변동성을 구하는 방법이다. 가장 보편적으로 사용되는 방법은 종가의 수익률을 이용하여 표준편차를 구하는 방법이다.

(3) 내재변동성

옵션가격은 S, X, r, t, σ의 함수로서 이상의 5가지가 주어지면 옵션가격이 계산될 수 있다. 즉, $C=f(S, X, r, t, \sigma)$이다. 그런데 내재변동성의 추정방법은 이미 알려진 옵션가격을 이용하여 미지수 σ를 찾는 것이다.

내재변동성은 컴퓨터를 이용하지 않고서는 구할 수 없다는 단점이 존재한다. 즉, σ가 S, X, r, C, t변수들의 함수인 것은 알지만 σ가 이들의 폐쇄형

(closed-form)으로 표현되지 못하기 때문에 비선형 함수(non-linear function)의 해를 구하는 수치 최적화 방법으로 컴퓨터를 이용하여 계산해야만 한다.

또한 여러 가지의 행사가격을 가진 표본으로부터 계산된 변동성이 일치된 값을 갖지 못하는 경우가 많다. 즉, 시장에는 만기일은 같으나 상이한 행사가격에 의해 다른 옵션가격이 존재하기 때문에 이 옵션가격에서 산출되는 내재변동성은 서로 다르다. 이론적으로 일치되어야 함에도 불구하고 이러한 현상이 발생하는 원인은 거래비용의 존재, 시간에 따라 변동이 일정하지 않을 수 있는 가능성, 옵션 기준의 가격분포에 대한 일치되지 않은 시장의 인식 등 때문이다.

따라서 실제적으로는 대표되는 내재변동성을 구하기 위하여 여러 가지 상이한 행사가격으로부터 구해진 여러 개의 내재변동성들을 가중 평균하여 사용하는 것이 일반적이다. 이때, 등가(ATM)옵션의 가중치를 가장 크게 두는데 이는 등가옵션의 가격이 가장 높을 뿐만 아니라 등가옵션의 경우 변동성의 변화에 대한 옵션가격의 변화가 가장 민감하기 때문이다.

IV. 블랙-숄즈 모델의 확장

1. 블랙-숄즈 모형의 한계

기본적으로 변동성은 미래를 예측하는 부분이다. 자산가격의 미래 움직임을 완전하게 예측하는 것은 불가능하지만, 이 가격 변화폭의 비율을 예측하는 것이 변동성이다. 이러한 변동성을 예측하는 데 일반적인 금융시장에서는 자산가격 수익률의 표준편차를 변동성으로 정의해 왔다.

우리가 이전까지 중점적으로 다뤘던 블랙-숄즈 모델은 분명 옵션가격을 설명하는 가장 효과적인 모델이었다. 유럽식 옵션의 가격을 설명하는 방법을 이론적으로 최초로 제기한 공식이었다. 그리고, 변동성을 예측하는 데 있어서도 가장 기초가 되는 공식으로 자리잡았다. 그래서 블랙-숄즈 모형은 다양하게 사용되어 왔지만, 실제 주식시장의 움직임을 효과적으로 설명하는 데는 실패한 부분이 존재했다. 일반적으로 자산가격의 분포는 두꺼운 꼬리를 가졌다고 본다. 그러나 주식시장의 모습을 보면 블랙-숄즈 모델은 이와 같은 모습을 완벽하게 설명하지 못한다.

그리고 실제 시장에 존재하는 옵션가격을 블랙-숄즈 모델에 적용하면 변동성을 역으로 구한 내재변동성이 사전에 정해진 가격인 행사가격이나 특정 시점과 현재와의 시간 간격을 의미하는 잔존만기가 되는 것으로 나타나 모형 자체의 가정에 위배되는 결과가 도출되는 것이다. 변동성 자체를 상수로 놓는 블랙-숄즈 모델은 변동성 스마일(volatility smile) 현상을 설명할 수 없었고, 이를 통해 블랙-숄즈 모델에서 사용되는 브라운 운동을 더 잘 설명할 필요성이 있었다.

이를 위한 다양한 연구로는 교과서에서 언급된 Merton의 점프 확산 모델(Jump diffusion model), Cox의 순수 점프 모델, Heston의 변동성 모델 등이 있다. 이러한 이론들은 모두 기존에 블랙-숄즈 공식이 가지고 있는 한계를 넘어 현실에 적용시키기 쉽게 만들기 위한 이론들이다. 모든 모델이 내재변동성을 제대로 예측하지 못하는 부분을 비현실적 가정을 약화시킴으로써 극복해 나가고 있다.

Merton의 점프 확산 모델의 경우 기존에 가정하고 있었던 주가가 지속적으로 움직인다는 가정을 완화시켰다. 그리고 Cox가 제안한 순수 점프 이론에서는 변동성이 지속적으로 움직인다는 가정을 완화시켰다. 이러한 이론은 점프

그림 16-4 실제 주식시장과 모형간의 괴리

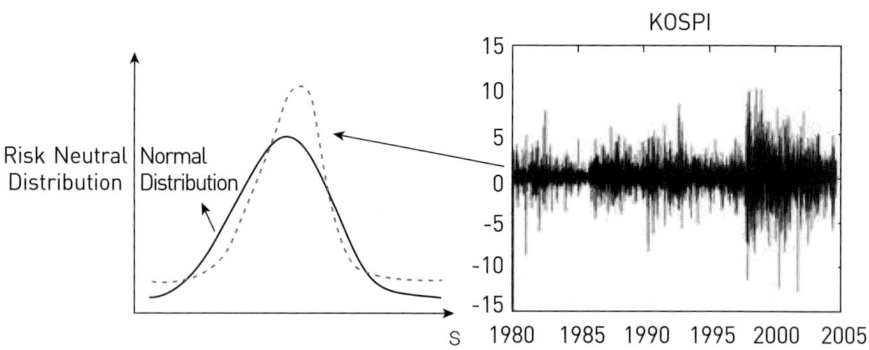

가 얼마나 자주 일어나는가와 그 크기가 얼마나 되는가를 연구함으로써 자산가격의 불연속적 움직임을 표현할 수 있었다. 그러나 이러한 공식들 역시 내재변동성에 대한 가정은 변하지 않았고, 때문에 블랙-숄즈 모형의 기본적인 한계를 극복하지 못했다.

이러한 부분을 극복한 모형이 확률 변동성(Stochastic volatility)을 가정한 모형이라고 볼 수 있다. 기존의 변동성의 문제를 극복하기 위해 기존 실증 분석 연구 결과 가장 중요한 요소로 결론지은 Heston 모형이 가장 광범위하게 사용되고 있다. 이 모형은 또한 기초자산과 변동성 사이의 상관 관계를 분석할 수 있도록 폐쇄했다는 장점을 가지고 있다. 이에 따라 월 가 등에서 가장 활발하게 사용되고 있는 이론이 Heston 모델이라고 할 수 있다.

2. 점프 확산 모델(Jump Diffusion Model)

점프 확산 모델에서는 주식의 수익을 스마일 변동성에서 구해지는 주식의 평균 jump size에 기반해서 구한다. Merton의 jump 모델로 내재변동성을 계산한다면, 모든 옵션은 이에 따라서 같은 변동성을 가진다.

Merton은 점프 확산 모델에서 아래와 같은 가정을 한다.

- 거래비용이 없다.
- 배당이 없다.
- 무위험 이자율이 변하지 않는다.
- 거래와 가치 산정에 대한 제한이 없다.
- 단기 거래가 금지되어 있지 않다.
- 주식은 random하게 배분된다.
- 모든 정보는 균일하게 배포된다.
- 재정 거래가 불가능하다.
- 주식 가격은 아래의 Stochastic differential equation을 따른다.

이러한 가정하에서 jump risk를 통해 변동성을 계산할 때, 기존에 lognomal을 따르던 블랙–숄즈 모델보다, 점프 변동성을 추가함으로써 실제 시장에서 관찰되는 변동성과 더 가깝게 관찰된다. 이를 통해 블랙–숄즈보다 스마일 변동성 문제를 정확하게 예측할 수 있게 되었지만 중요한 것은 Merton의 모델은 점프가 바뀔 수 있다고 가정하였고, jump에 risk premium은 존재하지 않는다고 가정하였다. 또한, 점프와 관련되지 않은 변동성은 일정하다. 그러나 이미 이전에 변동성이 계속 변화하고, 이에 따른 risk premium도 존재한다는 것이 나타났기 때문에 이 부분은 여전히 한계라고 볼 수 있다.

3. 고정분산탄력성(Constant Elasticity of Variance : CEV)

Constant Elasticity of Variance(이하 CEV)모델은 확률적 변동성 모델로서 변동성이 주식 가격의 레벨에 따라 변화한다고 주장하는 이론이다. 기존에 고착화되어있던 변동성이 이제 주식의 가격에 따라 변할 수 밖에 없다고 주장하는 것이다. 이에 따라서 $\frac{dS}{S}=\mu dt+\sigma dZ$ 라는 식이 도출되는데, 주식 가격 변동의 비율은 그 순간의 평균과 분산에 의해서 결정된다고 말한다. 이를 통해서 $dS=\mu S\ dt+\sigma S^{\alpha/2}dZ$(the elasticity factor $0\leq\alpha<2$)라는 식이 도출된다. 일반적으로 알파 값이 2보다 작으면, 주식 가격이 오름에 따라서 변동성이 떨어진다. 알파 값이 2와 같아지면 변동성은 기존 lognormal 분포를 따라 결정된다. 전통적인 분포에서는 알파 값이 2 이하로 규정되지만, 알파가 2 이상으로 커지면 가격이 오름에 따라 변동성도 함께 증가한다.

이러한 CEV 모델은 시장의 주식 가격과 변동성의 관계를 탐구하면서 등장했다. 일반적으로, 만약 주식의 가격이 떨어지면 자산의 가격이 부채의 가격보다 빠르게 떨어진다. 이 결과 부채/자산 비율이 급속도로 증가하고, 이는 주식의 risk 증가로 이어진다. 부채가 없는 기업에도 이러한 모습은 비슷하게 나타난다. 부채는 없더라도 고정비용이 존재하기 때문에 수익이 떨어지면 기업의 가치가 떨어지고, 이는 risk의 증가로 이어진다. 이러한 재무적 leverage나 운영에서의 leverage 문제는 주식의 가격과 변동성의 관계에 대한 연구로 이어진다.

앞에서 언급했다시피, 알파 값이 2보다 낮다면 주식의 가격이 떨어짐에 따라 변동성이 높아진다. 때문에, 이러한 상황에서는 strike price가 높아지면 내재변동성은 낮아지게 된다. 이러한 부분은 블랙-숄즈 모델에서 캐치하지 못했던 부분을 설명할 수 있게 만든다.

그림 16-5 내재변동성

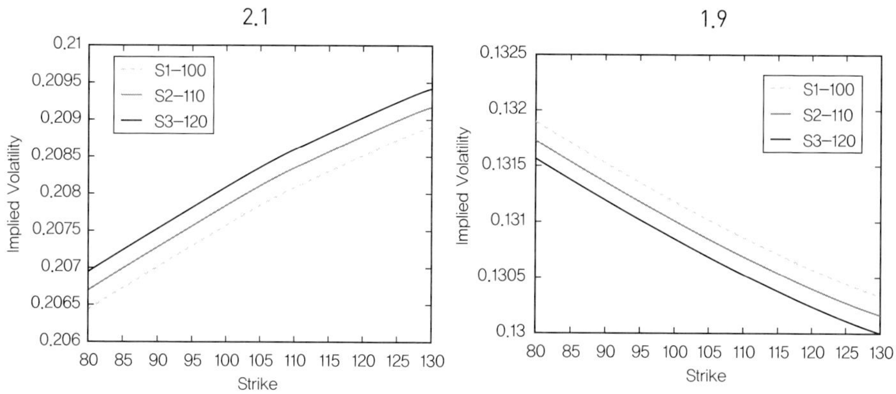

4. 헤스턴(Heston) 모델

Heston 모델은 앞서 언급했던 바와 같이 현재 실제 현장에서 가장 많이 쓰이는 모델이다. 기본적으로 Heston 모델이 이야기하고자 하는 바는, 변동성이 다양하게 바뀌지만, 그럼에도 불구하고 여전히 주식과 연관되어 있다는 것이다. 여기서 CEV 모델과 차이점을 보인다. CEV 모델하에서는 risk hedging을 하는 데 있어서 주식의 가격만을 고려하면 충분했다. 그러나 Heston 모델을 사용하게 된다면, 단순히 주식의 가격뿐만 아니라 변동성 risk에 대해서도 hedging을 할 필요성이 생기는 것이다.

Heston 모델은 이 두 가지 공식에서 시작한다.

$$dV_t = K(\theta - V_t)dt + \xi\sqrt{V_t}dW_t^v$$
$$dSt = \mu S_t dt + \sqrt{V_t}S_t dW_t^s$$

첫 번째 공식은 하나의 의미를 가진다. 변동성(V_t)의 값이 random하다는 뜻이다.

두 번째 공식은 두 가지 특징을 가지고 있다. 하나는 변동성이 결국 평균의 값으로 수렴하는데, 식에서 주어진 u값에 따라서 평균을 향해 수렴하는 값의 속도가 바뀌게 된다는 것이고, 또 다른 하나는 변동성의 분산이 변동성의 제곱근을 따라간다는 것이다.

이러한 Heston의 모형을 따라갔을 때, 기존에 블랙–숄즈 모델이 가지고 있는 한계점을 상당 부분 해소할 수 있다는 장점이 있다. Skwed의 문제나 변동성 스마일 현상 등도 기본적으로 변동성을 고정시키지 않음으로써 더 정확한 예측을 가능하게 만들었다. 이와 같은 성과는 변동성이 심한 옵션 시장을 분석하는 데 있어서 큰 도움을 주었다고 볼 수 있고, 때문에 매우 널리 사용되고 있다.

실제로 2009년 KIKO 투자 문제가 불거졌을 당시, 법정에 출석했던 로버트 앵글 뉴욕대 교수는 "KIKO 계약은 본질적으로 기업의 환위험을 헷지하는 게 아니라 은행이 환위험을 헷지하는 것으로, 기업에 불리하게 설계된 불공정한 계약"이라고 언급하면서 그의 실례로 은행이 이 KIKO 옵션의 가치를 산정하는 데 사용되었던 블랙–숄즈 모델에 의해 계산했을 경우에도 2.2배로 나타나지만, 여기서 Heston 모델을 사용해서 계산을 할 경우 4.6배에 달하고, 최고 814배까지 차이가 나는 경우가 생겼다는 것이다. 이에 대해서 앵글 교수는 환위험 같은 경우는 분포에 따라서 옵션의 가치가 매우 민감하게 반응한다고 주장했다. 또한 이에 따라서 환율이 정규분포를 따르고, 일정한 변동성을 가진다고 정의하는 블랙–숄즈 모델은 복잡한 환율 시장을 예측하는 데 사용될 수 없고, 다양한 가능성을 가지고 있는 Heston 모형이 훨씬 정확한 예측을 할 수 있다는 것이다. 이를 은행이 알고 있었음에도 블랙–숄즈 모형을 이용해 옵션의 가격을 산정했고, 이와 같은 사실은 기업을 의도적으로 속이기 위한 위장을 한 것이라는 주장을 펼친 것이다. 그러나 이에 대해서 은행 관계자는 정상적인 현상 아래에서는 Heston 모형과 블랙–숄즈 모형이 큰 차이를 보이지 않는다면서 은행이 가지는 콜옵션의 가치를 의도적으로 부풀린 것에 불과하다는 주장을 했다. 이는 블랙–숄즈와 Heston 모델의 사용에 대한 현실적인 예가 될 수 있을 것이다.

그림 16-6 KIKO 모델별 기대이익[5] (단위: 억 원)

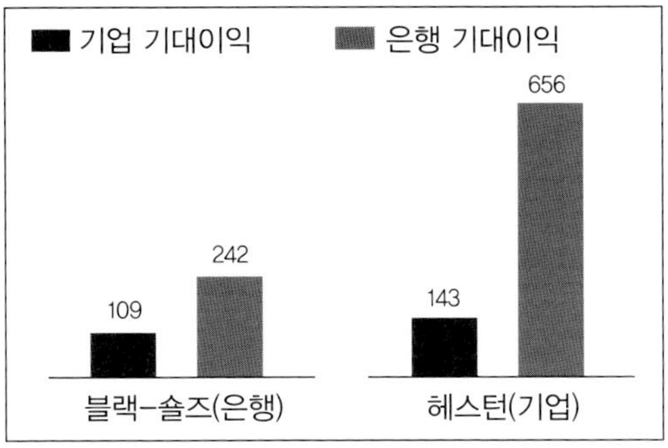

출처: 환헷지피해기업공동대책위원회

5. 결론

이후에도 자산가격의 움직임 및 변동성을 더욱 정확하게 예측하고 설명하기 위한 연구는 계속되어 왔다. 앞에서 언급된 점프 과정들은 불연속한 점프가 유한한 횟수를 가진다는 가정을 사용한 것이었다. 이러한 가정을 사용하지 않고 일반화함으로써, 무한 횟수의 점프 과정을 이용한 레비(Levy) 과정을 연구하는 시도 역시 있었다. 순수 점프 레비 과정에 대한 연구는 주로 90년대 후반 이후에 이루어졌는데, 대표적으로는 반도프-닐슨(Barndorff-Nielsen)의 표준역가우시안 모형(Normal Inverse Gaussian model, NIG), 프라우스(Prause)의 일반화 쌍곡모형(Generalized Hyperbolic model), 메이던-카-창(Madan-Carr-Chang)의 베리언스-감마 모형(Variance-Gamma model), 카-메이던-게만-욜(Carr-Madan-Geman-Yor)의 CGMY 모형을 꼽을 수 있다.

물론 위와 같은 레비 확률과정들도 문제를 가지고 있다. 확률밀도함수를 닫힌 해로 가지고 있지 못하기 때문에 위험중립확률밀도함수를 이용한 모멘트나 옵션가격 계산 등에 난점을 가지고 있다. 확률밀도함수가 존재하는 경우에도 그 함수가 특수함수를 통해 표현되는 복잡한 형태여서 최우 추정법과 같은 방법으로 모수를 추정해내는 작업은 상당히 어렵다. 다만, 고유의 특성함수를

5) 17개 기업 분석. 기대이익 차이가 작을수록 안 보이는 이익이 많은 것을 뜻함.

이용하여 각 모멘트 및 옵션가격 계산 등을 할 수 있다.

실제 주식의 움직임을 반영하는 다양한 모형들을 이용하여 옵션, 채권 등의 금융상품의 가치를 계산하기 위해서는 모형의 모수를 정확하게 추정해야 하며 이를 위해서는 금융모형에 적합한 최적화 방법론을 필요로 한다. 현재까지 다양한 종류의 최적화 방법론이 제안되었지만 여전히 해결해야 할 숙제가 많이 남아있다.

CHAPTER

17

이자율 모델

CHAPTER

17

I. 서론

이자율 모형은 미래의 이자율에 관한 모형이다. 주어진 이자율이 미래에 어떻게 변화하는지를 분석한 것으로, 주로 정규분포나 로그노말(lognormal) 분포를 따른다고 가정한다. 현재 이자율은 convexity, expectation, risk premium에 따라 결정되는데, 이 3가지 요인은 미래 이자율을 결정할 때도 똑같이 적용된다. Volatility와 drift(risk premium + expected change)가 이자율을 결정하는 요소이다. 다양한 요인으로 결정되는 이자율 모형을 알아보자.

II. 순간이자율 모형(Short Rate Model)

1. 어파인 이자율기간구조(Affine Term Structure)

이자율기간구조(term structure of interest rates)는 신용도가 동일한 주체가 발행한 채권의 만기대비 수익률을 만기의 순서에 따라 연결한 곡선으로, 수익률 곡선(yield curve)이라고도 한다. 어떤 시점에서 잔존 만기가 상이한(다른 조건은 모두 동일) 채권들의 수익률을 잔존 만기와 수익률에 대해 도식화한 것으로 볼 수 있다.[1)]

이자율은 금융시장에서 가장 기본적이고도 중요한 가격 중 하나로서, 이자율의 변동을 파악하는 것은 채권 운용 전략 수립, 위험관리모형 구축 등에 있어 필수적이다. 또한 미래의 이자율 및 인플레이션을 예측하는 데 있어서도 매우 유용하다. 기업의 의사결정 및 개인의 소비 성향, 그리고 더 나아가 정부의 통화 및 부채 정책 등에 영향을 미치기도 한다. 또한 이자율의 움직임을 파악하

---

1) 서신구, A Comparative Study on Intereset Rates Term Structure Models(2001), An Empirical Study on the Valuation of Power Spread Note(2006) 참조.

는 것은 채권과 이자율 파생상품 등의 가격 및 가치 결정에 있어서도 필수적인데, 이는 결코 쉽지 않다. 개별 이자율의 움직임은 주식이나 환율 등에 비해 복잡하고, 이자율은 파생상품의 현금흐름에 영향을 줌과 동시에 할인계수로서의 역할도 하기 때문이다. 따라서 이자율의 확률적 행태를 나타내는 모형 개발의 필요성이 대두되었으며, 이를 수학적으로 서술하는 이자율기간구조모형(term structure model of interest rate)이 개발되었다. 이자율기간구조모형은 모든 무이표이자율 및 현물이자율이 어떻게 변화하는지를 묘사해주는 모형으로, 시간에 따른 이자율의 전개 과정을 확률적으로 나타낸다.

대표적인 이자율기간구조모형으로는 Duffie and Kan(1996), Dai and Singleton(2000)의 ATSM(affine term structure model), Ahn et al.(2002), Leippold and Wu(2002)의 QTSM(quadratic gaussian term structure model), Ahn and Gao(1999)의 ISRM(inverted square root model) 등이 있다. 이 모형들은 해석적 행태로 채권 및 파생상품의 가격을 얻을 수 있으며, 다루기 용이하다는 장점이 있다. 이 중 ATSM은 무이표채권(Zero-coupon Bond)의 가격 $P(t,T)$가 상태변수에 대한 지수선형함수로 표현되는 모형으로, 비교적 추정이 용이하여 실증분석에 많이 사용되고 있다.[2)] 본문에서도 ATSM을 중점적으로 살펴볼 것이다.

이자율기간구조모형은 기본적 목적에 따라 균형모형(equilibrium model)과 무차익거래모형(no-arbitrage model)으로 구분된다. 두 모형 모두 단기이자율(short rate)의 행태를 모형화하여 이자율의 움직임을 확률적으로 나타낸다.

균형모형의 경우 기간구조를 output으로 간주하는 반면 무차익거래모형은 input으로 취급한다. 전자의 경우 외생적 경제(상태)변수에 대한 가정으로부터 출발하여 모형을 통해 초기 이자율기간구조(initial term structure)를 도출하여 채권가격을 분석 및 예측하지만, 후자의 경우 주어지거나 관측된, 현실에서 이용 가능한 초기 이자율기간구조 및 정보를 모델에 적용하여 가격을 산출하고, 이를 이용해 실제 기간구조와 일치하는 모수를 찾아내는 방식을 취한다. 또한

2) 박정민·김태형·조재호, 이자율기간구조모형 설정의 유효성 분석, 한국증권학회, 2011

균형모형의 모수들은 시간에 대해 독립적인 상수인 반면, 무차익거래모형의 모수들은 시간에 대한 함수라는 차이가 있다.

균형모형으로는 Rendleman and Barter(1980), Vasicek(1977), Cox, Ingersoll and Ross(1985) 모형 등이 있으며, 무차익거래모형으로는 Ho and Lee(1986), Black-Derman-Toy(1990), Hull and White(1990), Black and Karasinski(1991), Heath-Jarrow-Morton(1992) 모형 등이 있다. 우리나라의 경우 채권 시장의 구조적 열악함 등으로 인해 이자율 모형에 대한 연구가 상대적으로 부진했으나, 최근 채권시가평가제와 이자율 파생상품의 도입 등에 힘입어 활발히 진행되고 있다.

이자율기간구조는 무이표채의 가격과 잔존 만기, 연속복리 기준 이자율에 의해 표현될 수 있다. 채권의 현금흐름(cash flow)의 현재가치 계산에 사용되는 할인함수는 $d(t,T)$로 정의되며, 이는 만기인 T시점에 1만큼의 액면금액을 지급하는 무이표채의 t시점에서의 가격인 $P(t,T)$로 정의되기도 한다.

현물이자율 $R(t,T)$는 $T-t$기간 동안의 연속복리 기준 이자율이며, 이때 $T-t$는 현재부터 만기일까지의 기간을 의미한다. $R(t,T)$는 만기 가치(maturity value)가 1이며 만기 시점이 T인 무이표채의 (t시점에서의) 만기수익률과 같다. 이를 연속복리와 할인함수의 개념을 사용하여 나타내면 다음과 같다.

$$d(t,T)=P(t,T)=exp[-R(t,T)\,(T-t)]$$

현물이자율 $R(t,T)$은 위 식에 자연대수를 취하면 다음과 같이 도출된다.

$$R(t,T)=-\frac{1}{T-t}\ln[P(t,T)]$$

이때 만기 시점 T가 현재시점 t로 수렴할 때, 즉 t시점에서 매우 짧은 순간 적용되는 현물이자율을 단기이자율이라고 하며, 순간현물이자율(instantaneous spot interest rate, $r(t)$)이라고도 부른다. 이를 수식으로 표현하면 다음과 같다.

$$r(t)=\lim_{T\to t}R(t,T)$$

위 식을 이용하면 특정 시점의 r값과, r의 위험중립확률과정(risk neutral stochastic process)으로부터 그 시점의 이자율기간구조를 유도할 수 있다. r의 확률과정을 완전하게 정의한다면 초기의 무이표 이자율 곡선과 시간 경과에 따른 수익률 곡선의 변화를 파악할 수 있게 된다. 채권 및 옵션 가격, 기타 파생상품의 가격은 모두 이 위험중립세계(risk neutral world)의 확률 과정에 의해 결정된다.

1요인 모형에서 단기이자율 r의 확률 과정은 단 하나의 불확실성 요인 혹은 상태변수(state variable)만을 포함한다. 무위험 단기이자율의 위험중립확률과정은 일반적으로 다음과 같은 이토 과정(Ito's process)으로 묘사된다.

$$dr = m(r)dt + s(r)dz$$

dr : 이자율의 변화분

$m(r)$: 추세함수(drift term) – 순간평균, 순간변화율

$s(r)$: 확산함수(diffusion term) – 순간표준편차, 이자율 변화의 변동성

dz : Brownian motion(Wiener 확률과정[3]을 따름)

여기서 추세함수(순간평균)와 확산함수(순간표준편차)는 r의 함수이며, 균형모형의 경우 시간과 독립적이다. 1요인 모형은 이자율이 극히 짧은 기간 같은 방향으로 움직인다는 것을 의미하지만, 같은 크기만큼 움직인다는 것을 의미하지는 않는다. 따라서 수익률 곡선의 모양은 시간이 경과함에 따라 변화하며 매우 다양한 형태의 기간 구조를 산출할 수 있다.

2. Some Standard Model(일반적 모형)

(1) 균형모형

균형모형은 경제 여건과 상황에 대해 주어진 가정하에서 개별 경제주체의

3) Wiener 확률과정은 확률과정 중 가장 간단한 형태로, $\Delta Z(t) = \varepsilon(t)\sqrt{\Delta t}$ 로 나타낼 수 있다. Wiener 확률과정은 첫째로 $\varepsilon(t)$는 각 시점 t에서 0의 기댓값과 1의 분산을 갖는 정규분포를 따른다. 둘째로 어떤 두 시점 t_i, t_j에 있어서 $\varepsilon(t_i)$와 $\varepsilon(t_j)$ 간 공분산은 0이다. $\Delta z(t)$의 기댓값은 0이고 $\Delta z(t)$의 분산은 Δt이다. Δt가 매우 작아짐에 따라 위의 식은 $dz = \varepsilon\sqrt{dt}$ 라는 미분 형태로 표시될 수 있다. 이때의 z를 기본적 Wiener 확률과정이라고 한다.

효용함수를 극대화하면서 모든 시장이 균형을 이루는 가격 조건을 통해 이자율이 결정되는 모형이다. 즉 개별 경제 주체의 분권화된 행위가 시장 전체적으로 균형을 이루어야 한다는 논리하에서 단기이자율의 확률과정을 도출한 후, 그것이 채권가격과 옵션가격에 대해 어떻게 작용하며 어떠한 의미를 갖는지 탐색하는 알고리즘을 내포하고 있다. 단기이자율과 같은 상태변수(state variable)가 경제 전반의 균형 가격을 결정하며, 그 변화 양상은 이러한 상태 변수의 확률과정에 의해 결정된다. 따라서 균형모형은 이자율기간구조에 대해 일관적인 정보를 제공한다는 장점이 있으며, 상태변수로 어떤 변수를 택하느냐에 따라 상이한 모형으로 구분된다.

1요인 균형모형의 기본적 가정은 다음과 같다.[4)]

- 채권시장은 거래비용, 세금, 공매 등에 대한 제한이 없으며 채권이 무한히 분할 가능한 완전 시장(Perfect Market)이다.
- 모든 투자자의 선호 함수는 단조증가함수이다.
- 모든 채권가격은 하나의 상태변수에 의해 결정되며, 이는 단기이자율 r이다.
- 단기이자율 r은 $dr = m(r)dt + s(r)dz$과 같은 행태방정식으로 정의된다.

1) 렌들만-바터(Rendleman and Barter) 모형

렌들만-바터 모형에서 r의 위험중립확률과정은 $dr = \mu(r)dt + \sigma(r)dz$로 표현된다(이때 μ, σ는 상수). 이러한 확률과정은 이자율이 로그 정규분포를 따른다고 가정하며, 이는 r이 기하 브라운 운동(geometric Brownian motion)[5)]을 따른다는 것을 의미하는 것으로 불확실성을 내포한다.

---

4) 박성문, An Empirical Study on the Valuation of Power Spread Note, 2007

5) 주가의 기대 수익을 제외하면 주가에 로그함수를 취한 값이 랜덤워크를 따른다는 이론. 주식의 가격이 랜덤워크를 따른다고 주장한 루이 바실리에(Louis Bachelier)의 아이디어에서 출발하여 이후 폴 새뮤얼슨(Paul Samuelson)이 수정하였다. Wiener 확률과정이라 불리기도 한다.

Rendleman과 Barter는 단기이자율이 주가처럼 움직인다는 가정을 했는데, 이는 자연스러운 출발점이기는 하나 이상적이라고 볼 수는 없다. 이자율과 주가 간 중요한 차이점은 이자율이 평균회귀(mean reversion)[6]를 한다는 점인데, 이자율의 평균회귀에 의해 이자율이 높을 경우에는 확률과정의 순간평균이 음수가 되고, 이자율이 낮을 경우에는 양이 된다. 즉 렌들만–바터 모형은 이러한 평균회귀현상을 반영하지 않는다는 한계점을 갖고 있는 것이다.

2) 배시첵(Vasicek) 모형

배시첵 모형에서는 r의 위험중립확률과정이 $dr = a(b-r)dt + \sigma dz$와 같이 표현된다($a$, b, σ는 상수). 이자율의 평균회귀현상을 반영하여 추세함수(drift term)를 $a(b-r)$로 모형화했는데, 이는 단기이자율이 a만큼의 속도로 b의 수준으로 회귀함을 의미한다.[7] 여기에 정규분포를 따르는 σdz항을 더하여 위험중립확률과정을 산출한 것이다.

이 모형은 다음과 같은 한계점을 지닌다. 먼저 이 모형에서 $\frac{\sigma}{b}$값이 매우 커질 경우, 단기이자율 r이 음의 값을 가질 수 있다는 가능성이 있다는 것이다. 이는 시장에 부정적인 충격이 가해질 경우($dz < 0$) 변동성 σ가 장기 평균이자율 수준에 비해 큰 값을 가지는 경우이다. 또한 σ가 상수이므로 이자율의 변동성이 일정해져 이분산성(heteroskedasticity)을 표현하지 못한다는 약점이 있다.

3) 콕스–잉거솔–로스(Cox, Ingersoll and Ross) 모형

콕스–잉거솔–로스(이하 CIR) 모형에서 단기이자율 r에 대한 위험중립확률과정은 $dr = a(b-r)dt + \sqrt{\sigma}\, r\, dz$로 표현된다.

CIR 역시 배시첵 모형과 마찬가지로 이자율의 평균회귀현상을 반영하고 있으나, 단기간 동안의 이자율 변화의 표준편차가 $\sqrt{r}$에 비례한다는 점이 다르

---

6) 이자율이 균형 수준보다 올랐다가 다시 내려오고, 균형 수준 이하로 내려갔다가 다시 올라오는 경향을 평균회귀(mean reversion)현상이라고 한다.

7) a : 평균회귀 성향(mean-reverting property)
b : 장기 평균이자율 수준(long-run average)
단기이자율 r이 얼마나 빠른 속도로 장기평균수준에 회귀하는지를 나타내는 조정 속도(speed of adjustment)이다. 이와 같은 단기이자율 행태 방정식을 Ornstein-Uhlenbeck 과정이라고 한다.

다. 이는 단기이자율이 상승하면 표준편차가 증가함을 의미하는 것으로, 금리 수준에 의존하는 변동성의 이분산성(heteroskedasticity)을 고려하여 확산함수(diffusion term)를 $\sigma(r)=\sigma\sqrt{r}$로 모형화한 것이다. 제곱근 과정을 포함하여 단기이자율의 수준이 낮을수록 변동성이 감소하며, 이에 따라 이자율이 음의 값을 갖는 현상을 피함으로써 배시첵 모형의 한계를 극복하였다. 또한 일반적으로 높은 이자율 수준에서 이자율 과정의 변동성은 증가하는데, 이는 실증적 연구에서 도출된 사실과도 상통한다. 이 모형은 경제학에서 주로 사용되는 일반균형모형의 기본적 특성을 지닌다.

앞서 소개한 균형모형들 중 특정한 모형을 선택하여 이용하는 경우 모형의 모수들을 추정하는 방법 중 하나는 과거의 단기이자율의 변동을 이용하는 방법이다. 이자율기간구조가 단기 현물이자율에 의해서 결정된다고 보는 배시첵, CIR과 같은 모형은 비교적 간단한 해를 도출할 수 있으나, 만기가 상이한 이자율들이 모두 같은 방향으로 움직여야 한다는 다소 비현실적인 가정에서부터 출발하였다. 또한 이자율기간구조가 단기이자율이라는 단 하나의 요인에 의해 산출된다는 가정 역시 제약적이다.

이자율 모형에 의해 얻어진 기간구조가 현재의 실제 이자율기간구조와 일치해야 한다는 점은 파생상품의 가치를 평가하는 데 있어 매우 중요하다. 그러나 균형모형은 위험의 시장가격(market price of risk)과 같은 실제 관찰이 불가능한 모수들이 모형 내에 포함되어 있다는 점과 모형에서 추정한 금리 기간구조가 실제 기간구조와 일치하지 않는다는 단점이 있다. 무차익거래모형은 균형모형의 이러한 단점을 보완하고 있다.

(2) 무차익거래모형

앞서 살펴본 균형모형은 모형을 통해 얻어진 이자율기간구조가 현재 시장가격으로부터 얻어지는 이자율기간구조와 일치하지 않는다는 단점을 가진다. 이러한 현재 이자율기간구조와의 불일치 문제는 옵션가격설정에 있어서 치명적인데, 이자율기간구조상의 작은 오차도 옵션가격설정에 있어서는 큰 오류를 야기하기 때문이다. 무차익거래모형은 시간에 따라 변하는 모수를 모형 내에 도입함으로써 이러한 불일치 문제를 극복하였다. 즉, 시장에서 관찰되지 않는 모수를 추정하고 이 모수를 이용하여 채권가격을 구하는 균형모형과는 달리, 무차익거래모형에서는 시장에서 관찰되는 특정 시점의 이자율기간구조를 이용하여 모수를 추정하고 채권가격을 구한다. 모형 내 변수를 이용하여 설명해보자면, 모형에 의한 기간구조가 현재의 기간구조에 부합하도록 $\theta(t)$값을 결정한다고 표현할 수 있다. 현재의 이자율기간구조를 산출물(output)로 취급하는 균형모형과는 달리, 무차익거래모형은 이를 투입물(input)로 취급한다. 모형에서 유도된 가격과 시장가격이 다른 균형 모형에서는 모형의 모수가 정확할지라도 차익거래의 기회가 존재할 수 있는데, 무차익거래모형은 현재의 이자율기간구조를 input으로 취급함으로써 이를 해결한다. 즉, 무차익거래모형은 서로 다른 만기를 지닌 무이표채의 가격으로부터 채권가격과 이자율이 시간의 흐름에 따라 변화하는 과정을 모형화함으로써 차익거래를 배제하는 모형을 구축한 것이다. 본 과제에서는 이러한 무차익거래모형으로 Ho-Lee(1986), Black-Derman-Toy(1990), Hull-White(1990), Black-Karasinski(1991), Heath-Jarrow-Morton(1990) 모형에 대해 알아보겠다.

1) Ho-Lee 모형

Ho와 Lee는 1986년 발표한 논문에서 최초로 이자율기간구조의 무차익거래모형을 제시했다. 이들은 단기이자율의 미래시점의 확률분포가 정규분포를 이룬다고 가정하여 다음과 같은 이자율 확률과정을 제시했다. 제시한 모형은 채권가격에 대한 이항과정의 형태인데 단기이자율의 표준편차와 단기이자율의 시장위험가격이라는 두 가지 변수를 사용하였다.

$$dr=\theta(t)dt+\sigma dz$$

σ는 단기이자율의 순간 표준편차로서 상수이고, 시간 t의 함수인 $\theta(t)$는 모형이 초기의 기간구조에 부합하도록 선정된다. 변수 $\theta(t)$는 r이 t시점에서 움직이는 평균적인 방향을 정의하지만 r과는 독립적인 변수이며, 초기 기간구조로부터 $\theta(t)=F_t(0,t)+\sigma^2 t$에 의해 계산된다. 여기서 $F_t(0,t)$는 시점 0에서의 만기

일 t의 순간 선도이자율이다. 여기서 $\sigma^2 t$는 충분히 작으므로 $\theta(t) \approx F_t(0,t)$와 같이 나타낼 수 있는데, 이는 미래 단기이자율이 움직이는 평균적인 방향이 순간 선도수익률곡선의 기울기와 유사하다는 것을 뜻한다.

한편, Ho-Lee는 기간구조가 상향 또는 하향으로만 움직이는 이항움직임을 가정하여 이자율의 확률과정에 불확실성을 도입한다. Ho-Lee 모형의 이자율 수형도는 다음과 같이 나타낼 수 있다.

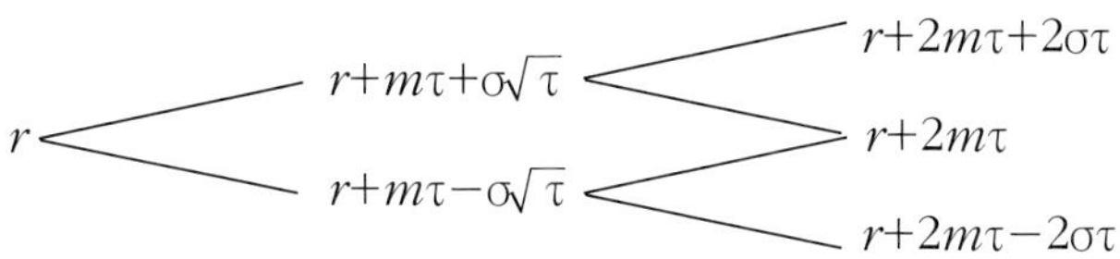

(m: 단기이자율의 평균변화율, τ: 연단위 시간)

과거 시계열 자료로부터 분산을 구한 후, 초기 기간구조에 부합하도록 평균성장률을 조정해 나감으로써 수형도의 각 분기점 상의 이자율들을 구해 나갈 수 있다.

한편, Ho-Lee 모형에서는 위와 같이 이항 구조를 이용하여 채권 및 이자율 파생상품의 가격을 구할 수 있을 뿐만 아니라, 다음과 같은 방식으로 공식화하여 옵션을 평가할 수도 있다. 우선, t시점에서 무이표채의 가격을 순간 단기이자율을 이용하여 다음과 같이 나타낼 수 있다.

$$P(0,T) = A(t,T)e^{-r(t)(T-t)}$$

$$\ln A(t,T) = \ln\frac{P(0,T)}{P(0,t)} + (T-t)F(0,t) - \frac{1}{2}\sigma^2 t(T-t)^2$$

(0: 현재시점, t와 T: $T \geq t$인 미래시점)

따라서 이 식들은 현재의 채권가격(현재의 기간구조에 의하여 계산할 수 있다.)과 t시점의 단기이자율을 이용하여, 미래시점 t에서의 무이표채 가격을 정의하고 있다고 해석할 수 있다.

Ho-Lee 모형은 가장 단순한 무차익거래모형으로서 손쉽게 사용할 수 있다. 또한, 수형도상의 결절점들이 재결합되는 성질을 갖기 때문에 옵션에 대해 분석적 접근을 할 수 있다는 장점이 있다. 하지만, 이 모형은 현물이자율과 선도이자율의 변동성을 동일하다고 가정하기 때문에 이자율 변동성 구조의 유연성을 반영하지 못한다. 게다가, 이자율의 평균회귀현상을 반영하지 않음으로써 음의 이자율 값을 배제하지 못한다는 단점을 가진다.

2) Black-Derman-Toy 모형

Black-Derman-Toy 모형(이하 BDT 모형)은 이자율이 음의 값을 가질 수 있고 이자율의 평균회귀현상을 반영하지 못하는 Ho-Lee 모형의 단점을 보완하였다. 이를 위해 단기이자율이 로그 정규분포를 따른다고 가정하여 음의 이자율이 나올 가능성을 배제하였고, 단기이자율의 변동성이 시간에 따라 변하고 평균변화율(drift) 항이 이자율 수준에 의존한다고 가정하여 평균회귀현상을 반영하였다. 그런데 Ho-Lee 모형의 이자율 수형도와는 달리, 변동성의 변화를 반영한 BDT 모형의 이자율 수형도에서는 각 결절점상의 이자율이 일치하지 않는 문제를 방지하기 위하여 다음과 같은 가정이 필요하다.

$$re^{(m+m')\tau+\sigma\sqrt{\tau}-\sigma'\sqrt{\tau}}=re^{(m+m'')\tau-\sigma\sqrt{\tau}+\sigma'\sqrt{\tau}}$$

여기서 좌변은 상승 후 하락한 이자율을 나타내고, 우변은 하락 후 상승한 이자율을 나타낸다. 이는 다시 $(m''-m')\sqrt{\tau}=2(\sigma-\sigma')$와 같이 나타낼 수 있는데, BDT 모형에서는 이러한 관계가 성립함을 가정하여야 변동성의 기간구조가 현실의 변동성기간구조와 일치한다. 한편, BDT 모형에서 단기이자율의 확률과정은 연속적인 형태로 다음과 같이 표현된다.

$$d\ \ln r=\left[\theta(t)-\frac{\sigma'(t)}{\sigma(t)}\ln r\right]dt+\sigma(t)dz$$

$\ln r$: 단기이자율의 자연로그값

$\left[\theta(t)-\frac{\sigma'(t)}{\sigma(t)}\ln r\right]$: 시간에 따라 변하는 drift 함수

$\sigma(t)$: t시점에서의 변동성

앞의 식에서 $\ln r$의 값은 음수가 될지라도 r의 값은 언제나 양수임을 알 수 있는데, 이렇듯 음의 이자율의 가능성을 배제하는 특징은 Ho-Lee 모형과 Hull-White 모형과 비교했을 때 BDT 모형의 장점이라 할 수 있다. 다음으로, 단기이자율의 평균회귀속도가 변동성에 대한 함수로 표현되는데, 여기서 변동성 모수인 $\sigma(t)$와 회귀속도 모수인 $\frac{\sigma'(t)}{\sigma(t)}$가 특정한 관계를 가지도록 제한되는 것을 볼 수 있다. 앞의 식의 관계에 따르면, 단기이자율의 변동성이 시간의 감소함수인 경우에만 회귀속도의 모수가 양의 값을 갖는데, 이는 BDT 모형의 치명적인 단점으로 꼽을 수 있다. 따라서 이 모형이 현실에서 유용성을 갖도록 하기 위해선 $\sigma(t)$가 상수인 경우를 가정해야 한다. 그러면 $\frac{\sigma'(t)}{\sigma(t)}$이 0이 되어 평균회귀가 존재하지 않게 되고, BDT 모형은 다음과 같이 표현된다.

$$d\ln r = \theta(t)dt + \sigma dz$$

Ho-Lee 모형이 $dr = \theta(t)dt + \sigma dz$이었음을 상기해본다면, 변동성 모수 $\sigma(t)$가 상수일 때의 BDT 모형은 $\ln r$에 대한 Ho-Lee 모형이라 할 수 있다.

BDT 모형의 또 다른 단점은 채권가격을 공식화할 수 없다는 점이다. 단기이자율의 변화에 대해 로그 정규분포를 가정하기 때문에 채권가격에 대한 닫힌 해가 존재하지 않기 때문이다. 따라서 BDT 모형을 이용하여 채권 및 이자율 파생상품의 가격은 위의 수형도를 이용한 이항모형을 통해 구해야 한다는 불편함이 있다. 하지만, 위에서 살펴보았듯이 이자율이 양의 값을 갖도록 설계되었다는 점과, 현재의 이자율기간구조뿐만 아니라 변동성기간구조 또한 반영하고 있다는 장점으로 인해 BDT 모형은 널리 이용되고 있다.

3) Hull-White 모형

1990년 Hull과 White는 단기이자율이 초기 이자율기간구조와 정확하게 일치되는 확률과정을 다음과 같이 제시하였다.

$$dr = [\theta(t) - ar]dt + \sigma dz$$

$$dr = a\left[\frac{\theta(t)}{a} - r\right]dt + \sigma dz$$

이는 이자율이 장기평균에 회귀한다는 속성을 Ho-Lee 모형에 추가하여 모형화한 것이라고 할 수 있다. 따라서 $\theta(t)$를 Ho-Lee 모형에서처럼 초기의 이자율기간구조를 사용하여 표현하면 다음과 같다.

$$\theta(t) = Ft(0,t) + aF(0,t) + \frac{\sigma^2}{2a}(1-e^{-2at})$$

이때 $\frac{\sigma^2}{2a}(1-e^{-2at}) \fallingdotseq 0$이므로(매우 작으므로), $\theta(t) = F_t(0,t) + aF(0,t)$와 같이 나타낼 수 있고, 양변에서 ar을 차감하여 다음과 같이 표현할 수 있다.

$$[\theta(t) - ar] = F_t(0,t) + a[F_t(0,t) - r]$$

여기서 $[\theta(t)-ar]$은 t시점의 순간 단기이자율의 drift를 의미한다. 위 식은 이자율이 초기 선도이자율 곡선의 기울기와 유사하게 움직임을 보여준다. 또한, 이러한 단기이자율의 결정과정 중에 초기 선도이자율의 곡선에서 이탈했을 경우에는 a의 속도로 곡선에 회귀함을 알 수 있다.

한편, Hull-White 모형에 의한 채권가격 결정식은 다음과 같다.

$$P(t,T) = A(t,T)e^{-B(t,T)r(t)}$$

여기서 $A(t,T)$와 $B(t,T)$는 각각 다음과 같다.

$$B(t,T) = \frac{1-e^{a(T-t)}}{a}$$

$$\ln A(t,T) = \ln\frac{P(0,T)}{P(0,t)} - B(t,T)\frac{\partial \ln P(0,T)}{\partial t} - \frac{1}{4a^3}\sigma^2(e^{-aT}-e^{-at})^2(e^{2at}-1)$$

즉, 미래 t 시점의 채권가격은 그 시점의 단기이자율 (t), 현재의 채권가격 $P(0,t)$, 그리고 $P(0,T)$에 의해 결정됨을 알 수 있다. 한편, $r(t)$(순간 단기이자율)는 구하기 어려우므로 $R(t)$(t 시점에서의 Δt 기간 동안 적용되는 이자율)를 사용하여 채권가격을 구할 수 있다. 그러기 위하여 위의 식을 다음과 같이 변화시켜보자.

$$P(t,T)=\hat{A}(t,T)e^{-\hat{B}(t,T)R(t)}$$

이때 $\hat{A}$과 $\hat{B}$는 다음과 같다.

$$\ln \hat{A}(t,T)=\ln\frac{P(0,T)}{P(0,t)}-\frac{B(t,T)}{B(t,t)+\Delta t}\ln\frac{P(0,t+\Delta t)}{P(0,t)}$$

$$-\frac{\sigma^2}{4a}(1-e^{-2at})B(t,T)[B(t,T)-B(t,t+\Delta t)]\hat{B}(t,T)=\frac{B(t,T)}{B(t,t)+\Delta t}\Delta t$$

4) Black-Karasinski 모형

1991년에 Black과 Karasinski는 BDT 모형을 확장시킨 모형을 개발하였는데, 이 모형에서는 회귀속도와 변동성이 각각 독립적으로 결정된다. 이 모형의 가장 일반적인 형태는 다음과 같다.

$$d\ \ln r=[\theta(t)-a(t)\ln r]dt+\sigma(t)dz$$

이 모형은 $a(t)$와 $\sigma(t)$간에 아무런 관계가 없다는 점을 제외하면 BDT 모형과 동일한 모형이다. 앞에서 살펴보았듯이, BDT 모형에서는 변동성 모수인 $\sigma(t)$와 회귀속도 모수인 $\frac{\sigma'(t)}{\sigma(t)}$가 특정한 관계를 가지도록 제한된다. 즉 BDT 모형에서는 단기이자율의 변동성이 시간의 감소함수인 경우에만 회귀속도의 모수가 양의 값을 갖도록 모형화되어 있는 약점이 있는데, Black-Karasinski 모형은 이러한 약점을 제거한 것이다. 현실에서는 $a(t)$와 $\sigma(t)$ 값을 상수로 가정하여 다음과 같은 형태의 모형을 많이 사용한다.

$$d\ \ln r=[\theta(t)-a\ \ln r]dt+\sigma dz$$

5) Heath-Jarrow-Morton 모형

1990에 Heath, Jarrow, Morton(이하 HJM)은 수익률곡선 모형이 반드시 충족시켜야 하는 무차익 조건을 설명했다. HJM은 Ho-Lee 모형을 확장하고 일반화시켰다. HJM 모형은 가장 실무에 가까운 일반적인 모형이다. HJM 모형은 Ho-Lee 모형과 같이 선도이자율이 확률과정에 따라 발전한다는 가정을 한다.

그렇지만 HJM 모형은 변동성의 원천이 한 가지뿐만 아니라 두 가지 이상인 경우에도 가능하다.

먼저 1요인만 존재한다고 가정하고, 위험중립적 세계라는 가정을 한다. 이 가정에서 무이표채의 수익률은 r이여야만 하고, 다음 무이표채의 가격은 다음과 같은 확률과정을 따른다.

$$dP(t,T)=r(t)P(t,T)dt+v(t,T,\Omega_t)P(t,T)dz(t)$$

$P(t,T)$: 시점 T가 만기인 액면가 1달러짜리의 무이표채의 시점 t에서의 가격

Ω_t: 시점 t에서의 채권의 가격변동성을 결정하는 데 사용될 과거와 현재의 이자율과 시점 t에서 채권가격을 나타내는 벡터

$v(t, T, \Omega_t)$: $P(t,T)$의 변동성

$r(t)$: 시점 t에서의 단기 무위험이자율

$dz(t)$: 기간구조 변화를 결정하는 위너과정

위의 식으로 각 요인들의 변동성 구조(volatility structure)에 의해서만 선도이자율의 전개를 표현하였다. 그런데 채권의 가격 변동성은 만기가 다가올수록 0에 수렴해야 하므로, $v(t, T, \Omega t)=0$ 이 성립해야 한다.

선도이자율은 다음과 같이 순수할인채의 가격으로 표현할 수 있다.

$$f(t, T_1, T_2)=\frac{\ln[P(t,T_1)]-\ln[P(t,T_2)]}{T_2-T_1}$$

$f(t, T_1, T_2)$: 점 t에서 결정된 T_1과 T_2동안의 선도이자율

$f(t, T)$: 시점 T가 만기인 선도계약에 대한 시점 t에서의 순간 선도이자율

이토 정리를 이용하면 다음의 두 식이 성립한다.

$$d\ln[P(t,T_1)]=\left[r(t)-\frac{v(t,T_1,\Omega_t)^2}{2}\right]dt+v(t,T_1,\Omega_t)dz(t)$$

$$d\ln[P(t,T_2)]=\left[r(t)-\frac{v(t,T_2,\Omega_t)^2}{2}\right]dt+v(t,T_2,\Omega_t)dz(t)$$

순수할인채의 가격으로 표현한 식에 의해 다음 식이 성립한다.

$$f(t,\ T_1,\ T_2)=\frac{v(t, T_2, \Omega_t)^2-v(t, T_1, \Omega_t)^2}{2(T_2-T_1)}dt+\frac{v(t, T_1, \Omega_t)-v(t, T_2, \Omega_t)}{(T_2-T_1)}dz(t)$$

위 식은 f의 중립가정은 오직 v에만 의존함을 나타낸다. 따라서 f의 확률과정은 v자체가 r과 P값에 의해 결정되는 정도만큼 r과 P값에 따라 결정된다.

이제 $T_1=T,\ T_2=T+\Delta T$ 라고 놓고 ΔT가 0으로 수렴할 때 극한값을 구하면, $f(t,\ T_1,\ T_2)$는 $F(t,T)$가 되고, $dz(t)$의 계수는 $-v_T(t,T,\Omega_t)$가 되며, dt의 계수는 다음과 같이 된다.

$$\frac{1}{2}\frac{\partial[v(t, T_2, \Omega_t)^2]}{\partial T}=v(t,T,\Omega_t)v_T(t,T,\Omega_t)$$

여기서 v의 첨자는 편도함수를 의미한다. 위의 식들을 종합적으로 정리할 수 있다.

$$dF(t,T)=v(t,T,\Omega_t)v_T(t,T,\Omega_t)dt-v_T(t,T,\Omega_t)dz(t)$$

이제 위의 식에서 함수 $v(t,T,\Omega_t)$의 구체적인 형태를 알게 되면 $F(t,T)$의 위험중립확률과정을 알 수 있게 되는 것이다. 이 식은 순간 선도이자율의 순간평균과 순간표준편차 간에 관련이 있다. 이것이 HJM 모형의 핵심이다.

$$v(t,T,\Omega_t)-v(t,T,\Omega_t)=\int_t^T v_T(t,T,\Omega_t)dt$$

그런데 $v(t,T,\Omega_t)$이므로 위의 식은 다음과 같다.

$$v(t,T,\Omega_t)=\int_t^T v_T(t,T,\Omega_t)dt$$

이제 $m(t,T,\Omega_t)$, $s(t,T,\Omega_t)$를 각각 $F(t,T)$의 순간 평균과 순간표준편차라고 하면 다음이 성립하며, 이것이 HJM 모형이다.

$$dF(t,T)=m(t,T,\Omega_t)dt+s(t,T,\Omega_t)dz$$

$$m(t,T,\Omega_t)=s(t,T,\Omega_t)\int_t^T s(t,T,\Omega_t)dt$$

HJM 단일모형은 몇 개의 독립적인 요인 존재할 때의 경우로 확장할 수 있다. 선도이자율의 확률과정을 다음과 같이 가정해보자.

$$dF(t,T) = m(t,T,\Omega_t)dt + \sum_k s_k(t,T,\Omega_t)dz_k$$

앞에서와 유사하게 분석하게 되면, 순간 선도이자율의 순간평균과 순간표준편차 간에 존재하는 관계식을 유도할 수 있게 된다.

$$m(t,T,\Omega_t)dt = \sum_k s_k(t,T,\Omega_t)\int_t^T s_k(t,T,\Omega_t)dt$$

HJM 모형에서 단기이자율의 확률과정은 비-마코브(non-Markov) 과정이다. 변동성들이 과거의 행로에 의해 결정되는 행로 의존적(path-dependent) 성격을 띠기 때문이다. 이것은 미래 t시점에의 r은 현재와 t시점 사이의 r의 경로뿐만 아니라 t시점의 r의 값에 따라서도 달라짐을 의미한다. 이것이 HJM 모형을 활용할 때, 가장 큰 문제점이기도 하다.

III. 다요인 모형

1. 이자율기간구조모형의 분류

모든 이자율기간구조모형은 다음의 세 가지 구성요소로 이루어진다.

- 상태변수(state variable, risk factor)의 진행 과정

$$dY(t) = \mu_Y(Y,t)dt + \sigma_Y(Y,t)dZ(t)$$

- 상태변수와 단기이자율의 관계식

$$r(t) = f(Y_t, t)$$

- 위험시장가격 Λ_t 또는 추계적 할인요인 M_t

$$\frac{dM_t}{M_t} = -r_t dt - \Lambda'_t dZt$$

이자율기간구조의 기본적인 위 구성요소들은 여러 종류의 각 모형에서 채권의 만기 수익률과 이자율 파생상품 가격의 적률(moment)을 잘 적합시키기 위해 선택된다. 첫째 요소는 이자율에 영향을 주는 요인의 프로세스이며 둘째는 그 요인들과 단기이자율과의 관계이다. 마지막으로는 페이오프(payoff)를 할인하는 추계적 할인요인의 프로세스 또는 위험시장가격이다. 따라서 위 세 가지 구성요소 간의 관계를 설명할 수 있다면 이를 이자율기간구조모형이라고 할 수 있다.

위에서 설명한 이자율 모형은 여러 가지 분류기준에 의하여 나눌 수 있다. 첫 번째 분류기준으로는 이자율의 분포를 모수 또는 비모수 형태 중 어느 것으로 볼 것인지에 따라 달라진다. 모수에 기반한 모형은 이자율이 위험요인들에 의해 함수관계를 가지는 모수적 모형인 반면 비모수 모형은 이자율이 가질 수 있는 분포에 제한을 주지 않고 실증데이터를 기반으로 이자율이 어떤 특성을 지니는지 알아보는 방법이다.

이자율 모형을 분류하는 두 번째 기준으로는 어파인 모형(affine model)과 비어파인 모형이 있다. 어파인 모형은 채권의 만기 수익률과 단기이자율이 위험요인으로 구성된 어파인 함수로 이루어지는 모형을 말한다.

세 번째 가능한 분류기준으로는 이자율의 상태변수 또는 위험요인의 수이다. 이자율이 한 개의 위험요인에 영향을 받는 모형일 경우 단일 요인 모형이라고 하는데, 앞 장에서 다룬 Vasicek, CIR, Ho-Lee 모형 등 대부분의 모형에서 위험요인은 단기이자율 자체가 되기 때문에 단기이자율 모형이라고 불린다. 반면 위험요인이 여러 개일 경우 다요인모형(Multi-factor model)이라고 한다.

2. 다요인모형의 적용

앞장에서 시간이 동일하고 비교적 간단한 단기이자율 모형에 대해 알아 보았다. 초기 이자율 모형은 단일요인모형으로써 발전되어 왔다. 단일요인모형은 채권가격에 대한 일정한 닫힌 해를 주고 위험요인의 수가 하나이기 때문에 모형 응용이 간편하다는 장점이 있다.

그러나 단일요인모형은 현실의 복잡한 요인들을 반영하기에는 다소 비현실적이다. 전체 기간구조 내에서의 복잡한 이자율의 시간에 따른 움직임과 이자율곡선을 오직 1차원에서 해당 시점의 단기이자율만으로 설명하는 것은 기간구조모형을 분석하는 데 있어 너무 제한적이다. 또한 단일요인모형은 시장에 존재하는 모든 채권이 하나의 요인에 의해 영향을 받기 때문에 채권들 간의 상관관계가 1에 가까워야 한다는 단점이 존재한다. 특히 기간구조모형을 분석할 때 주요인 분석(principal component analysis)방식을 주로 활용하는데 최소 두 개 이상의 설명 변수를 필요로 하는 이 분석 방식에서는 단일요인모형은 치명적인 한계를 지닌다. 따라서 이번 장에서는 모형의 해석에 대한 유연성을 위해 이자율에 영향을 주는 위험요인이 2개 이상인 다요인모형을 다루고, 특히 넬슨-시겔 모형(Nelson-Siegel model)을 사용하여 이자율 추정 곡선을 피팅(fitting)하는 과정을 고려해보고자 한다.

3. 넬슨-시겔(Nelson-Siegel) 모형

(1) 이자율기간구조의 추출

시장 내의 모든 시점을 만기로 하는 채권이 존재한다면 만기 시점별 spot rate, 즉 이자율(무이표채권의 만기수익률)을 다양한 만기에 따라 그리는 이자율 곡선인 이자율기간구조(term structure)를 그리는 데 아무런 문제가 없다.

그러나 시장 내에서 관찰 가능한 채권의 만기는 제한적이므로 시장에 없는 만기에 대한 이자율까지 얻기 위해서는 곡선 위에 존재하는 각 점들을 일정한 방법으로 연결할 필요가 있다.

만기일과 해당 이자율로 이루어진 각 점들을 내삽(interpolation)하는 방법으로는 크게 스플라인 방법(spline methods)과 모수적 방법(parametric methods)이 존재한다. 우선 스플라인 방법은 적당히 만기일에 대한 구간을 구분하고 각 구간별로 몇 가지 제약하에서 곡선을 피팅한다. 반면 모수방법에서는 임의의 함수를 통해 전체 구간에 대한 이자율을 피팅한다. 이러한 모수적 방법에서 피팅에 사용되는 함수로서 가장 널리 사용되는 모형으로 넬슨–시겔 모형(1987)이 있으며 이 모형에 요인을 더 추가한 확장 넬슨–시겔 모형 등도 널리 쓰인다.

(2) Nelson and Siegel 모형(1987)

Nelson-Siegel 모형은 사용이 간편하고 다양한 모양의 수익률곡선에 적합한 통계적 모형인데, 이자율 예측에 있어서 스플라인 방법을 앞서는 우수한 성과를 보인다는 장점이 국내외 여러 연구에 의해 밝혀졌다.[8)]

넬슨–시겔 모형은 0시점에서의 선도이자율이 2개의 해를 갖는 2차 차분방정식의 해라는 전제에서 시작한다. 아래 식은 선도이자율을 추정하는 방식으로 정밀한 수리적 도출과정을 통해 나온 모형이 아니라 단지 선도이자율이 0 이상의 값을 갖고 여러 모수 값의 조합에 따라 다양한 형태의 곡선을 나타낼 수 있도록 하는 지수함수 형태 중의 하나이다. 이러한 이유로 넬슨–시겔 모형이 지수다항족(exponential-polynomial families)에 속한다고 할 수 있다.

$$f(0,s) = \beta_0 + \beta_1 exp\left(-\frac{s}{\theta}\right) + \beta_2 \frac{s}{\theta} exp\left(-\frac{s}{\theta}\right)$$

위 식에서 s는 선도계약의 결제일이며, 추정해야할 모수는 네 개의 모수 β_0, β_1, β_2, θ이다. 위 이자율 곡선은 모수들이 어떻게 변하느냐에 따라서 단조증가, 험프(hump), 역험프(inverted-shaped) 등의 여러 형태를 나타낼 수 있다. 위 이자율 추정식의 평균으로 이자율함수를 다음과 같이 나타낼 수 있다.

$$R(s) = \frac{1}{s}\int_0^s f(0,r)\,dr$$

$$= \beta_0 + (\beta_1 + \beta_2)\frac{1 - exp\left(-\frac{s}{\theta}\right)}{\frac{s}{\theta}} - \beta_2 exp\left(-\frac{s}{\theta}\right)$$

위와 같은 모수적 추정방법에 의해 시간상수 θ가 추정되었을 때, β_0의 계

8) 이준행, Nelson-Siegel 모형을 이용한 이자율기간구조의 추정 및 예측, 선물연구 제12권 제2호, 2004, pp. 101~126

수가 1이므로 이는 만기와 상관없이 일정하다. 따라서 β_0은 장기이자율을 결정 짓는 요인이라고 할 수 있다. β_1과 β_2는 단기이자율을 결정 짓고, β_2는 중기이자율을 결정한다. 아래 그림은 각 계수가 만기일이 증가함에 따라 변화하는 과정을 나타낸다.

그림 17-1 Nelson-Siegel 모형 모수의 계수

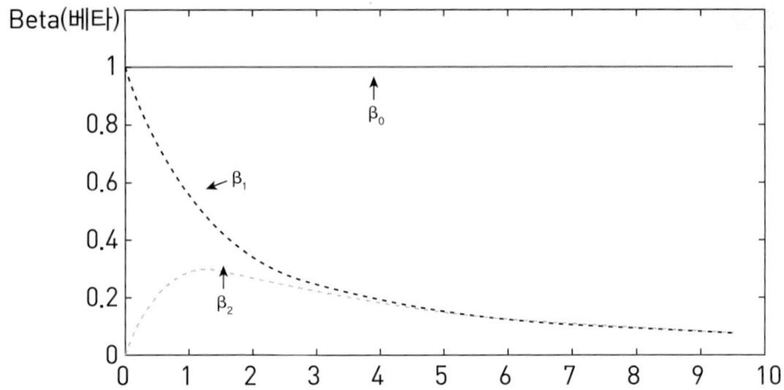

(3) 스벤슨(Svensson) 모형(1994) - Extended Nelson and Siegel

Nelson-Siegel 모형은 다요인모형임에도 추정이 간편하고 모수를 경제적으로 활용할 수 있다는 장점이 있지만, 수익률곡선을 위 4개의 모수만으로 추정하기는 힘들다는 단점이 있다. 또한 BIS에서는 Nelson-Siegel 모형군을 이용하여 이자율기간구조를 추정 및 예측할 때 6개 이상의 모수를 사용하도록 권장하고 있다. 따라서 Svensson(1994)은 넬슨-시겔 모형에 하나의 항을 추가함으로써 위 단점을 보완하여 피팅할 수 있도록 하였다. 이 확장모형에서의 이자율은 다음과 같다. 넬슨-시겔 모형에 비해 추정이 필요한 모수가 두 개 더 추가되었다.

$$R(s) = \beta_0 + (\beta_1 + \beta_2)\frac{1 - exp\left(-\frac{s}{\theta_1}\right)}{\frac{s}{\theta_1}} + \beta_2\left(\frac{1 - exp\left(-\frac{s}{\theta_1}\right)}{\frac{s}{\theta_1}} - exp\left(-\frac{s}{\theta_1}\right)\right)$$
$$+ \beta_2\left(\frac{1 - exp\left(-\frac{s}{\theta_2}\right)}{\frac{s}{\theta_2}} - exp\left(-\frac{s}{\theta_2}\right)\right)$$

이러한 모수적 방법에서의 모수 추정과정은 아래와 같다.

$$min_{\theta}[min_{\beta_0, \beta_1, \beta_2}(P_i - \hat{P}_i)\,|\,\theta] = \hat{\theta}$$

(이때 $\hat{P}_i = c\sum_{k=1}^{Lk} exp(-r(s_k)s_k) + exp(-r(T_k)T_k)$이다.)

Extended Nelson and Siegel 모형은 때때로 단기이자율이 잘 정의되지 않는다는 문제점을 가지고 있다.

IV. LIBOR 시장 모형

HJM 모형은 순간 선도이자율로 표현된 모형인데 순간 선도이자율을 시장에서 직접 관측할 수 없다는 문제점이 있기 때문에 이 점이 HJM 모형의 단점으로 지적된다. HJM 모형의 또 다른 단점은 시장에서 활발하게 거래되는 상품들의 가격을 이용하여 모형의 모수를 추정하기가 쉽지 않다는 점이다. 이 때문에 브레이스, 가타렉, 뮤시엘라 등(Brace, Gatarek, and Musiela. 이하 BGM)과 잼시디안(Jamshidian), 밀터슨, 샌드만, 손더만(Miltersen, Sandmann, and Sondermann) 등이 이에 대한 대안을 제시하게 되었다.[9)] 이들이 제시한 기법을 LIBOR 시장 모형(LIBOR market model) 또는 BGM 모형이라고 부르는데 이 모형은 거래자들이 다루기에 익숙한 선도이자율로 표현되는 모형이다.

---

9) A. Brace, D. Gatarek, and M. Mussiela, The Market Model of Interest Rate Dynamics, Mathematical Finance, 7, 2 (1997): 127–55;
F. Jamshidian, LIBOR and Swap Market Models and Measures, Finance and Stochastics, 1(1997): 293–330;
K. Miltersen, K. Sandmann, and D. Sondermann, Closed Form Solutions for Term Structure Derivatives with LogNormal Interest Rate, Journal of Finance, 52, 1 (1997.3): 409–30

1. 모형

우선 $t_0=0$이라 하고 $t_1, t_2, \cdots$ 등은 현재 시장에서 거래되고 있는 캡의 금리조정일이라고 하자. 미국에서는 가장 인기있는 금리캡의 경우 분기별로 금리가 조정된다는 것을 기억한다면, 대강 $t_1=0.25$, $t_2=0.5$, $t_3=0.75$ 등으로 둘 수 있다. 이제 $\delta_k=t_{k+1}-t_k$라고 정의하고 다음과 같이 기호를 정의해보자.

$F_k(t)$: 시점 t에서 결정된 t_k와 t_{k+1} 동안의 연속복리 기준 선도이자율로서 실제 일수/실제 일수 기준으로 정의

$m(t)$: 시점 t에서 다음 금리조정일을 나타내는 지표로, $m(t)$는 $t \le t_{m(t)}$의 조건을 만족시키는 수 중 가장 작은 정수를 의미

$\xi_k(t)$: 시점 t에서 $F_k(t)$의 변동성

여기서는 우선 1요인 모형을 가정한다. $P(t,t_{k+1})$에 대하여 선도위험중립세계에서 $F_k(t)$는 마팅게일이므로 다음과 같은 과정을 따른다.

$$dF_k(t)=\xi_k(t)F_k(t)dz \tag{17.1}$$

여기서 dz는 위너과정이다.

$P(t,t_{k+1})$의 확률과정은 다음과 같은 형태를 갖는다.

$$\frac{dP(t,t_k)}{P(t,t_k)}=\cdots+v_k(t)dz \tag{17.2}$$

단, 채권가격과 이자율 간의 반비례 관계 때문에 $v_k(t)$는 음의 값을 갖는다. 그런데 실무적으로는 다음 금리조정일에 만기가 되는 채권에 대하여 언제나 선도위험중립인 세계에서 금리 파생상품의 가치평가를 하는 것이 훨씬 편리하다. 이러한 세계를 만기연장 선도위험중립세계(rolling forward risk-neutral world)라고 부르기로 한다.[10) 이 세계에서는 시점 t_k에서 관측한 만기 t_{k+1}의 무

10) 가치척도가 '만기연장(rolling) CD'인 세계라고 할 수 있다. 만기연장 CD란 t_1이 만기인 채권에 1달러를 투자하고 시점 t_1에서의 원리금을 다시 t_2가 만기일인 채권에 투자하며 t_2에서의 원리금을 다시 t_3가 만기인 채권에 투자하는 행위를 계속 반복하는 경우이다.

이표 이자율을 이용하여 시점 t_{k+1}의 현금흐름을 시점 t_k로 할인할 수 있다는 장점이 있다. 따라서 시점 t_k와 t_{k+1} 사이의 이자율 변동에 대해서는 고려할 필요가 없게 된다.

시점 t에서 만기연장 선도위험중립세계는 채권가격 $P(t,t_{m(t)})$에 대하여 선도위험중립세계인데 식 (17.1)은 $P(t,t_{k+1})$에 대하여 선도위험중립세계에서 $F_k(t)$의 확률과정을 제시해주고 있다. 따라서 만기연장 선도위험중립세계에서 $F_k(t)$의 확률과정은 다음과 같이 표시할 수 있다.

$$\frac{dF_k(t)}{F_k(t)}=\sum_{i=m(t)}^{k}\frac{\delta_i F_i(t)\xi_i(t)\xi_k(t)}{1+\delta_i F_i(t)}dt+\xi_k(t)dz$$

2. 선도이자율의 변동성

그런데 $\xi_k(t)$가 다음 금리조정일과 시점 t_k 사이의 이자 발생기간 횟수만의 함수라고 가정함으로써 LIBOR 시장 모형을 단순화시킬 수 있다. 이를 위해 이자 발생기간이 모두 i회 있는 경우의 값을 $\xi_k(t)$값을 Λ_i라고 정의해보자. 이것은 $\xi_k(t)=\Lambda_{k\text{-}m(t)}$가 계단함수(step function)가 됨을 의미한다.

그런데 Λ_i의 값은 (최소한 이론적으로는) 캡레트의 가치평가를 위한 블랙 모형에서의 변동성으로부터 추정할 수 있다. 이를 위해 시점 t_k와 t_{k+1} 사이의 기간에 상응하는 캡레트 평가를 위한 블랙 모형 변동성을 σ_k라고 해보자. 이때 분산을 같게 해주면 다음이 성립한다.

$$\sigma^2_k t_k=\sum_{i=1}^{k}\Lambda^2_{k-i}\,\delta_{i-1} \tag{17.3}$$

이제 위 식을 반복적으로 계산하면 Λ_i 값이 계산된다.

3. 모형의 활용

몬테카를로 시뮬레이션을 이용하여 LIBOR 시장 모형을 실행할 수 있는데 이를 위해 우선 식 (17.2)를 Λ_i를 이용하여 표시하면 다음과 같다.

$$\frac{dF_k(t)}{F_k(t)} = \sum_{i=m(t)}^{k} \frac{\delta_i F_i(t)\,\Lambda_{i-m(t)}\Lambda_{k-m(t)}}{1+\delta_i F_i(t)}dt + \Lambda_{k-m(t)}dz$$

이토정리에 의해 이 식은 다음과 같게 된다.

$$d\ln F_k(t) = \left[\sum_{i=m(t)}^{k} \frac{\delta_i F_i(t)\,\Lambda_{i-m(t)}\Lambda_{k-m(t)}}{1+\delta_i F_i(t)} - \frac{(\Lambda_{k-m(t)})^2}{2}\right]dt + \Lambda_{k-m(t)}dz$$

그런데 $\ln F_k(t)$의 순간 평균의 근사값을 계산하기 위해 $t_j < t < t_{j+1}$에 대해 $F_i(t) = F_i t_j$라고 가정하면 다음과 같은 식이 성립한다.

$$F_k(t_{j+1}) = F_k(t_j)exp\left[\sum_{i=j+1}^{k} \frac{\delta_i F_i(t_j)\,\Lambda_{i-j-1}\Lambda_{k-j-1}}{1+\delta_i F_i(t)} - \frac{\Lambda^2_{k-j-1}}{2}\right)\delta_j + \Lambda_{k-j-1}\in\sqrt{\delta_j}\,\right]$$

(17.4)

단, 여기서 $\in$는 평균 0, 표준편차 1인 정규분포로부터의 난수이다. 이 식을 이용하여 시점 0의 선도이자율로부터 시점 t_1에서의 선도이자율을 계산하고, 다음으로 시점 t_1에서의 선도이자율을 이용하여 시점 t_2에서의 선도이자율을 계산하는 방식으로 몬테카를로 시뮬레이션을 진행한다.

4. 다요인모형으로의 확장

LIBOR 시장 모형은 여러 개의 독립 요인을 포함하는 모형으로 확장할 수 있다. 이를 위해 p개의 요인이 있다고 가정하고 q번째의 요인으로부터 발생하는 $F_k(t)$의 변동성 요소를 $\xi_{k,q}$라고 가정해보자. 이와 같이 다요인이 존재하는 경우 식 (17.2)는 다음과 같이 표현된다.

$$\frac{dF_k(t)}{F_k(t)} = \sum_{i=m(t)}^{k} \frac{\delta_i F_i(t)\sum_{q=1}^{p}\xi_{i,q}(t)\xi_{k,q}(t)}{1+\delta_i F_i(t)}dt + \sum_{q=1}^{p}\xi_{k,q}(t)dz_q$$

이제 다음 금리조정일과 선도계약의 만기일 사이에 모두 i개의 이자 발생기간이 있는 경우 변동성의 q번째 구성요소를 $\lambda_{i,q}$라고 정의하면 식 (17.4)는 다음과 같이 된다.

$$F_k(t_{j+1}) = F_k(t_j) \times exp\left[\left(\sum_{i=j+1}^{k} \frac{\delta_i F_i(t_j) \sum_{q=1}^{p} \lambda_{i-j-1,q}\lambda_{k-j-1,q}}{1+\delta_i F_i(t_j)} - \frac{\sum_{q=1}^{p} \lambda^2_{k-j-1,q}}{2}\right)\delta_i + \sum_{q=1}^{p} \lambda_{k-j-1,q} \in_q \sqrt{\delta_j}\right] \quad (17.5)$$

여기서 $\in_q$는 평균 0, 표준편차 1인 정규분포로부터의 난수이다.

각 이자 발생기간 동안 선도이자율의 순간 평균이 일정하다고 추산함으로써 시뮬레이션상에서 임의의 금리조정일로부터 다음 조정일로 넘어갈 수 있게 된다. 앞에서 언급한 바와 같이 만기연장 선도위험중립세계에서는 한 금리조정일로부터 다음 조정일로 할인하는 것이 가능하기 때문에 이러한 가정은 계산과정을 쉽게 해준다. 만약 N개의 이자 발생기간에 대한 무이표수익률곡선을 시뮬레이트한다고 가정해보자. 이때 최초의 무이표수익률곡선에서 계산한 시점 0에서의 선도이자율들인 $F_0(0)$, $F_1(0), \cdots$, $F_{N-1}(0)$로부터 시뮬레이션을 시작하고, 그 다음에 식 (17.5)를 이용하여 $F_1(t_1)$, $F_2(t_1), \cdots$, $F_{N-1}(t_1)$를 계산한다. 그리고 다시 식 (17.5)를 이용하여 $F_2(t_2)$, $F_3(t_2), \cdots$, $F_{N-1}(t_2)$를 계산하고 이런 식으로 계속하여 $F_{N-1}(t_{N-1})$를 계산해나간다. 이때 시간이 경과함에 따라서 무이표수익률곡선이 점점 짧아짐을 알 수 있다. 예를 들어 이자 발생기간이 3개월이고, $N=40$이라고 가정해보자. 이런 경우에는 10년 동안의 무이표수익률곡선에서 시작하면 시뮬레이션으로부터 6년 후 시점(시점 t_{24})에서는 4년 동안의 무이표수익률곡선에 대한 정보를 얻게 되는 것이다.

여기서 사용한 순간 평균의 추산방식(즉, $F_i(t) = F_j(t_j), t_j < t < t_{j+1}$)을 검증하기 위해서는 식 (17.5)를 이용한 캡레트의 가격과 블랙 모형에 의한 가격을 비교하면 된다. 우선, 시점 t_k와 t_{k+1} 사이의 실현된 선도이자율 값 $F_k(t_k)$을 구하고 이를 이용하여 시점 t_{k+1}에서 캡레트의 이득을 계산한다. 이렇게 계산한 이득을 이자 발생기간을 따라 역행하여 시점 0으로 할인하고 이 값들을 평균하여 캡레트의 가치를 계산한다. 이런 식의 분석은 몬테카를로 시뮬레이션에 의한 캡 가치가 블랙 모형에 의한 값들과 유의적인 차이가 없다는 것을 보여준다.

이는 이자 계산기간이 1년이고 시뮬레이션 횟수가 매우 많은 경우에도 마찬가지이다.[11] 이러한 결과는 순간 평균에 대한 앞에서와 같은 근사계산이 대부분의 경우 무리한 가정이 아니라는 점을 시사한다고 할 수 있다.

V. 결론

앞에서 살펴본 것과 같이 균형모형은 변수들에 대한 가정으로부터 출발하여 단기이자율 r의 확률 과정을 유도한 후, 채권 및 옵션가격에 적용하는 방식을 취한다. 기간구조에 대한 일관적 정보를 제공한다는 장점이 있으나 실제 관측이 어려운 변수가 모형에 포함되기도 하며 모형에서 도출한 기간구조가 실제 기간구조와 일치하지 않는다는 한계점이 있다.

반면에 무차익거래모형은 현재의 이자율기간구조를 input으로 취급함으로써 균형모형에서 발생하는 현재 이자율기간구조와의 불일치 문제를 극복한다. Ho-Lee 모형은 최초의 무차익거래모형으로서 모형의 단순함으로 인해 현실 적용이 용이하다는 장점을 갖는다. 하지만 평균회귀현상과 이자율 변동성 구조의 유연성을 반영하지 못한다는 단점을 가진다. 다음으로, BDT 모형은 단기이자율에 관한 가정을 추가하여 모형 내의 이자율이 양의 값을 갖도록 설계하고 평균회귀현상을 반영하였다. 또한, Ho-Lee 모형과는 달리 변동성 기간구조도 모형 내에 반영하였다. 하지만 변동성 모수와 회귀속도 모수가 특정한 관계를 가지도록 제한된다는 점과 채권가격을 공식화할 수 없다는 단점을 가진다. 다음으로, Hull-White 모형은 Ho-Lee 모형에 이자율이 장기 평균에 회귀한다는 속성을 추가하여 Ho-Lee 모형의 단점을 보완하였다. Black-Karasinski 모형은 회귀속도와 변동성이 서로 독립적으로 결정되도록 모형화함으로써 BDT모형을

11) J. C. Hull and A. White, Forward Rate Volatilities, Swap Rate Volatilities, and the Implementation of the LIBOR Market Model, Journal of Fixed Income, 10, 2, 2000, pp. 46~62(단, 캡의 변동성이 매우 큰 경우에는 예외이다.)

보완·확장한 것이다. 다음으로 Heath-Jarrow-Morton 모형은 순간선도이자율의 평균순간변화율(drift=expectation + risk premium)과 표준편차 간에 연관이 있음을 최초로 지적하였다는 것에 의의가 있다. 또한 HJM 모형은 선도이자율에 대한 다수요인 로그노말 모형(multi-factor lognormal model)을 제시한 모형이기도 하다.

또한 다요인모형은 단기이자율 적합에는 최적하나 전반적인 기간 구조 내의 이자율을 적합시키키에는 한계가 있던 기존의 단기이자율 모형을 확장한 데에 의의가 있다. 더하여 이자율 추정값이 아닌 이자율곡선을 추정하는 데 용이하여 이자율 모형 이론을 확장시켰다.

HJM 모형과 LIBOR 시장 모형은 변동성 기간구조를 선택하는 데 있어 사용자에게 완전한 융통성을 제공해 줄 수 있다. 그런데 LIBOR 시장 모형은 HJM 모형에 비해 두 가지 장점을 가지고 있는데, 첫째는 순간 선도이자율이 아니라 캡의 가치평가에 이용되는 선도이자율로 표시되는 모형이라는 점이다. 둘째는 캡이나 유로피언 스왑 옵션의 가격을 이용하여 모형의 모수를 추정하기 쉽다는 점이다. 반면에 HJM 모형과 LIBOR 시장 모형의 단점은 재결합하는 다항과정으로 구현할 수 없다는 점이다. 따라서 이 모형들을 실무적으로 활용하기 위해서는 몬테카를로 시뮬레이션을 이용해야 한다.

참고문헌

강태훈, 기초자산 측정 방법, 금융선물옵션과 장외파생상품, 시그마프레스, 2013

국찬표·구본열, 현대재무론, 무역경영사, 2008

김건우·이홍재, 금융공학, 경문사, 2003

김규형, 금융기관의 위험관리, 한국금융공학 컨설팅, 1998

김대환·김영진, Valuing Income-Contingent Loans as Path-Dependent Options, The Korean Economic Review, 제27호, 2011

김동준, 외환 헤지 활동 결정요인에 관한 연구, 홍익대학교, 2009

김문기·김희호, 상장지수펀드(ETFs)의 헤지성과측정, 경북대학교, 2007

김민환, 객관식 재무관리, 제6판, 도서출판 파란, 2012

김민환, 재무관리, 제7판, 도서출판 파란, 2011

김성호, 헤지펀드(Hedge Funds)의 규제에 관한 비교법적 고찰, 한국경영법률학회, 2009

김종길, 재무관리, 제2판, 상경사, 2013

김종길·오철웅, 고급재무관리, 상경사, 2011

김종유, 이자율옵션의 가격결정모형에 관한 연구, 한국과학기술원, 1998

리그베다위키, 옵션, 〈mirror.enha.kr/wiki/%EC%98%B5%EC%85%98#s-2〉

릭니슨 사태 만화, dcinside 주식갤러리, 〈job.dcinside.com/board/view/?id=stock&no=585719&page=〉

문경년, 한국 주식시장의 랜덤워크가설에 관한 연구(Tests of the Random Walk Hypothesis in the Korea Stock Market), 전남대학교, 2003

박윤선·조담, Nelson-Siegel 모형군을 이용한 이자율기간구조 예측, 산업경제연구, 제24권 제5호, 2011

박윤선·조담, 이자율기간구조 추정에 관한 실증연구, 금융공학연구, 제10권 제2호, 2011

박진우, 파생금융상품, 명경사, 2003

버튼 G. 맬키엘, 랜덤워크 이론, 국일증권경제연구소, 2000

베어링스 은행 파산사건, 〈blog.naver.com/PostView.nhn?blogId=leyjy90&logNo=70187472551〉

베어링스 은행 파산사건 이모저모 시리즈, 연합뉴스, 1995, 〈media.daum.net/breakingnews/newsview?newsid=19950228090200042〉

서상호, 외환선물거래의 헤지효과에 관한 실정적 연구, 부산대학교, 2001

선물/옵션교실, 신한금융투자, 〈www.goodi.co.kr/edu/invest/fut/Invest_fut03_01.htm〉

성기철, 단기이자율모형의 적합성에 관한 연구, 부산대학교, 2000

손건태, 몬테카를로란 무엇인가?, R을 활용한 전산 통계 이론, 자유아카데미, 2014

손석륜, 이항격자모델을 이용한 기업가치평가: 사례연구, 한국과학기술원, 2002

신민식, 금융공학, 광명사, 1996

아시아 경제, 〈m.asiae.co.kr/view.htm?no=2009121717035434250〉

옥기율·송영호, 효율적 시장가설과 서브마팅게일의 검증, 한국재무관리학회〈재무관리연구〉, 1997

윤진걸, 헤지도구로서 옵션의 기능에 대한 연구, 서강대학교, 2003

윤창현, 복합옵션(compound option)및 등가격복합옵션(at the money compound option)의 구조와 가치에 관한 소고, 경영연구, 제12호

이영우, 재무관리, 웅진미래경영아카데미, 2009

이완석, 이색옵션의 헤지전략에 관한 연구, 한국과학기술원, 1999

이요섭·황의갑, 금융시장과 금융상품, 연암사, 2003

이정진, 기준 변수의 비연속점프를 효율적으로 모형화 할 수 있는 확장된 이항옵션평가모형, 한국증권학회지, 제31집, 2002

이준행, Nelson-Siegel 모형을 이용한 이자율기간구조의 추정 및 예측, 선물연구, 제12권 제2호, 2004

이필상, 선물옵션, 법문사, 2010

이필상, 시뮬레이션이란 무엇인가, 선물옵션, 법문사, 2003

이필상·정은호·조한용, 선물·옵션, 제2판, 법문사, 1999

임병균, 파생상품과 위험관리, 시그마프레스, 2007

임윤수, 후지불옵션 가격결정모형에 관한 연구, 경영논집, 제13호, 충남대학교, 1997

장경천·정현용, 파생상품의 이해, 삼영사, 2009

정기원, 삼산이수 선물옵션 실전교실, 태일사, 2006

조재호·박종원·조규성, Futures Options Swaps, 다산출판사, 2009

지청·장하성, 재무학원론, 학현사, 2001

지청·조담, 투자론, 제8전정판, 학현사, 2008

채지윤, 주요 선진국의 헤지펀드 규제와 국내 규제방향의 시사점, 대한경영교육학회, 2011

최규찬, 선물·옵션 투자자가 가장 알고 싶은 101가지, 국일 증권경제연구소, 2001

최병선, 금융파생상품의 수리적 배경, 세경사, 2004

최영곤, 이색옵션(exotic option)의 價格評價에 대한 硏究, 국제경영연구, 제13호, 2000

최윤성, 무차익거래모형을 이용한 구조화 채권 가격결정에 관한 연구, 한국과학기술원, 2005

포항공대 신문, 〈times.postech.ac.kr/news/articleView.html?idxno=5401〉

형성우·이상만·김주안, 경영과학, 몬테카를로 시뮬레이션, 형설출판사, 2008

황인무, 이항나무모형을 이용한 옵션가치와 헤지 비율평가, 서울대학교 대학원, 2007

Ahmad, Riaz, and Paul Wilmott, "The Market Price of Interest-rate Risk: Measuring and Modelling Fear and Greed in the Fixed-income Markets", Wilmott magazine, 2006

Andrea Pascucci, PDE and Martingale methods in option pricing, Springer, 2011

CH Hui, Time-dependent barrier option values, Journal of Futures Markets, 1997

D. Heath, R. A. Jarrow, and A. Morton, Bond Pricing and the Term Structure of Interest Rates : A New Methodology for Contingent Claims Valuation, Econometrica, 1992

F. A. Longstaff and E. A. Schwartz, Interest Rate Volatility and the Term Structure: A Two Factor General Equilibrium Model, Journal of Finance, 1992

F. Black, E. Derman, and W. Toy, A One-Factor Model of Interest Rates and Its Application to Treasury Bond Options, Financial Analysts Journal, 1990

G. Stolyarov II, Option Valuation Using True Probabilities in the Binomial Model, Yahoo Contributor Network, 2009, 〈voices.yahoo.com/option-valuation-using-true-probabilities-binomial-4300419.html〉

J. C. Cox, J. E. Ingersoll, and S. A. Ross, A Theory of the Term Structure of Interest Rates, Econometrica, 1985

John C. Hull, Fundamentals of Futures and Options Markets, 8th ed., Pearson, 2013

John C. Hull, Options, Futures and Other Derivatives, 8th ed., Pearson, 2012

John C. Hull, 박경욱·김철중·윤평식 역, 선물·옵션 투자의 이론과 전략, 제8판, 퍼스트북, 2012

John C. Hull, 윤평식·박경욱·김철중 역, 선물·옵션 투자의 이론과 전략, 제7판, 교보문고, 2009

John C. Hull, 파생상품의 평가와 헷징전략, 제7판, 피어슨에듀케이션코리아, 2010

John Cox, Stephan Ross and Mark Rubinstein, Option Pricing : A Simplified Approach, Journal of Financial Econometrics, 1979

John Cox and Mark Rubinstein, Option Markets, Journal of Financial Econometrics, 1979

K. Back, A Course in Derivative Securities : Introduction to Theory and Computation, Springer-Verlag, New York, 2005

KIS채권평가 Weekly 295호, KIS 채권평가, 2008

Laurent L. Jacque, 글로벌 파생상품 투자 대재앙 사례분석, 한티미디어, 2014

Marek Musilea and Marek Rutkowski, Martingale methods in financial modelling, Springer, 1998

Menachem, Brenner and Youngho Eom, No-arbitrage option pricing : new evidence on the validity of the martingale property, 한국증권학회〈한국증권학회 정기학술발표회〉, 1998

Michael Durbin, All About Derivatives, McGraw-Hill, 2005

Milica Cudina, Understanding Risk-Neutral Probability, The University of Texas at Austin, 〈www.ma.utexas.edu/users/mcudina/risk_neutral.pdf〉

NEW 경제용어사전, random walk hypothesis, 미래와 경영, 2006

Nicolas Gisiger, Risk-Neutral Probabilities Explained(working paper)

O. A. Vasicek, An Equilibrium Characterization of the Term Structure, Journal of Financial Economics, 1977

Option Greeks, The Blog of Finance, 2011, 〈blog.naver.com/6463hunter?Redirect=Log&logNo=110126691209〉

Rangarajan K. Sundaram, Sanjiv Das, Derivatives, McGraw-Hill, 2010

Robert L. McDonald, Derivatives Markets, 3rd ed., Pearson, 2013

Shu Yan, Jump Risk, Stock Returns, and Slope of Implied Volatility Smile, Moore school of business, 2008, 〈www.finance-innovation.org/risk09/work/6666812.pdf〉

Timothy Falcon Crack, Basic Black-Scholes : option pricing and trading, 1st ed. Timothy Crack, 2004

Van Haastrecht, Alexander, and Antoon Pelsser. "Efficient, almost exact simulation of the Heston stochastic volatility model." International Journal of Theoretical and

Applied Finance 13.01 (2010): 1-43

Wikipedia, Efficient-market hypothesis, 2012, 〈en.wikipedia.org/wiki/Efficient-market_hypothesis〉

Wikipedia, Exotic Option, 〈en.wikipedia.org/wiki/Exotic_option〉

Wikipedia, Financial Concepts : Random Walk Theory, 2009, 〈www.investopedia.com/university/concepts/concepts5.asp〉

Wikipedia, Random walk hypothesis, 2014, 〈en.wikipedia.org/wiki/Random_walk_hypothesis〉

Wikipedia, 코스피 200, 〈ko.wikipedia.org/wiki/코스피200〉

XS Yan, Valuation of commodity derivatives in a new multi-factor model, Review of Derivatives Research, 2002

Xue Li, A Study on the Pitfalls of One Period Binomial Option Pricing Model, 창원대학교 대학원, 2008

Zvi Bodie, Alex Kane, and Alan J. Markus, Investment and Portfolio Management, Global Edition, McGraw-Hill, 2012

〈mathworld.wolfram.com/LogNormalDistribution.html〉

〈www.columbia.edu/~hz2244/teaching/Lec8.pdf〉

찾아보기

한글 찾아보기

영문 찾아보기

A

E

F

G

H

I

J

K

L

M

N

O

P

Q

R

S

T

U

V

W

Z

기타

저자약력

김창기

서울대학교 자연과학대학 졸업 (학사 : 수학전공)
서울대학교 자연과학대학원 졸업 (석사 : 수학전공)
아이오와 대학교 졸업 (석사 : 보험계리, 통계학 전공)
아이오와 대학교 졸업 (박사 : 금융, 보험, 위험관리 전공)
삼성생명, 영풍매뉴라이프생명, 라이나생명 근무
University of Texas - Austin 수학과 전임강사
University of New South Wales, Australian School of Business 교수
현재 고려대학교 경영대학 경영학과 교수 (재무금융)
금융보험연구소 소장

금융공학

2015년 12월 02일 초판 인쇄
2015년 12월 10일 초판 발행

저 자 김 창 기
발 행 인 김 영 훈
기획 영업 전 영 완
편 집 김 병 성
발 행 처 도서출판 문우사 MoonWoo
주 소 경기도 고양시 일산동구 정발산로 24
(장항동, 웨스턴돔타워) 2동 814호
전 화 031) 901-6542 / 070) 4200-6542
팩 스 031) 906-6542
이 메 일 moonwoosa@hanmail.net
홈페이지 www.munu.co.kr
출판신고번호 제396-2013-000113호

정가 30,000원 ISBN 979-11-85994-11-6

이 책의 무단전재 또는 복제행위는 저작권법 제136조 제1항에 의거, 5년 이하의 징역 또는 5,000만 원 이하의 벌금에 처하게 됩니다.

※ 저자와의 협의하에 인지는 생략합니다.